LA DANSE DE LA RÉALITÉ

« Espaces libres »

ALEXANDRO JODOROWSKY

LA DANSE DE LA RÉALITÉ

Traduit de l'espagnol
par Alex et Nelly Lhermillier

Albin Michel

Albin Michel
▪ *Spiritualités* ▪

Collection « Espaces libres »
dirigée par Marc de Smedt et Jean Mouttapa

Titre original :
LA DANSA DE LA REALIDAD
(PSICOMAGIA Y PSICHOCHAMANISMO)

« Il y a des problèmes que le savoir ne résout pas. Nous finirons un jour par comprendre que la science n'est qu'une espèce de variété de l'imagination, l'une de ses spécialités, avec tous les avantages et dangers que comporte la spécialité. »

Le Livre du Ça,
Georg Groddeck

Enfance

Je suis né en 1929 dans le nord du Chili, sur une terre conquise au Pérou et à la Bolivie. Tocopilla est le nom de mon village natal. Un petit port situé — sans doute n'est-ce pas un hasard — sur le 22e parallèle. Le tarot a 22 arcanes majeurs. Chacun des 22 arcanes du tarot de Marseille est dessiné dans un rectangle composé de deux carrés. Le carré supérieur peut symboliser le ciel, la vie spirituelle ; le carré inférieur peut symboliser la terre, la vie matérielle. Au centre de ce rectangle s'inscrit un troisième carré qui symbolise l'être humain, union entre la lumière et l'ombre, réceptif vers le haut, actif vers la terre. Cette symbolique, que l'on trouve dans les mythes chinois ou égyptiens — le dieu Shu, « être vide », sépare le père-terre, Geb, de la mère-ciel, Nuth —, apparaît également dans la mythologie des Mapuches : au commencement, le ciel et la terre étaient tellement serrés l'un contre l'autre qu'ils ne laissaient aucun espace entre eux, jusqu'à l'arrivée de l'être conscient qui libéra l'homme en élevant le firmament. Autrement dit, en établissant la différence entre bestialité et humanité.

En quechua, *toco* signifie « double carré sacré » et *pilla*, « diable ». Ici, le diable n'est pas une incarnation du mal, mais un être de la dimension souterraine qui se montre à une fenêtre faite d'esprit et de matière, le corps, pour observer le monde et lui apporter sa connaissance. Chez les Mapuches, *Pillán* est « l'âme, l'esprit humain parvenu à son état définitif ».

Je me demande parfois si je me suis laissé absorber par le tarot la plus grande partie de ma vie à cause de l'influence qu'a exercée sur moi le fait d'être né sur le 22ᵉ parallèle, dans un village qui s'appelait « double carré sacré » — fenêtre par où surgit la conscience —, ou bien si je suis né là tout simplement prédestiné à faire ce que j'ai fait soixante ans plus tard : restaurer le tarot de Marseille et inventer la psychomagie. Un destin peut-il exister ? Notre vie peut-elle être orientée vers des fins qui dépassent les intérêts individuels ?

Est-ce par hasard que mon bon maître de l'école publique s'appelait Toro ? Entre « Toro » et « tarot », la similitude est frappante. Il m'apprit à lire avec une méthode personnelle : il me montra un paquet de cartes dont chacune était imprimée d'une lettre. Il me demanda de les battre, d'en prendre quelques-unes au hasard et d'essayer de former des mots. Le premier que j'obtins — je n'avais pas plus de quatre ans — fut OJO (œil). Quand je le dis à voix haute, ce fut comme si, brusquement, quelque chose explosait dans mon cerveau ; d'un coup, comme ça, j'appris à lire. Un grand sourire illuminant son visage sombre, M. Toro me félicita : « Je ne suis pas surpris que tu apprennes aussi vite, car tu as un œil d'or (*ojo de oro*) au milieu de ton nom. » Et il disposa les cartes de cette manière : « alejandr OJO D ORO wsky* ». Cet instant me marqua à jamais. D'abord parce qu'il exalta mon regard en m'offrant le paradis de la lecture, et ensuite parce qu'il me sépara du monde. Je ne fus plus comme les autres enfants. On me fit passer dans une classe supérieure, avec des enfants plus âgés qui, n'ayant pas ma facilité pour la lecture, devinrent des ennemis. Tous ces enfants, pour la plupart des fils de mineurs au chômage — l'effondrement de la Bourse nord-américaine, en 1929, avait précipité soixante-dix pour cent des Chiliens dans la misère —, avaient la peau brune et un petit nez. Moi, descendant d'émigrants russes juifs, j'avais un grand nez busqué et la peau très blanche. Ce fut suffisant pour qu'ils me baptisent « Pinocchio » et m'empêchent, par

---

* La prononciation du *j* en espagnol se rapproche de celle du *x* en français. *(N.d.E.)*

leurs moqueries, de porter des pantalons courts. « Pattes de lait ! » C'est peut-être parce que j'avais un œil d'or, et pour adoucir le manque horrible de petits amis, que je me cloîtrai dans la bibliothèque municipale, inaugurée depuis peu. À cette époque, je ne prêtai pas attention à l'emblème qui dominait la porte, un compas croisant une équerre. Les francs-maçons l'avaient fondée. Là, dans l'ombre fraîche, j'ai lu pendant des heures les livres que l'aimable bibliothécaire me laissait prendre sur les étagères. Contes de fées, aventures, adaptations pour enfants de livres classiques, dictionnaires de symboles. Un jour, fouillant dans les rangées d'ouvrages, je trouvai un volume jauni, *Les Tarots*, par Etteilla. Malgré tous mes efforts, il me fut impossible de le lire. Les lettres avaient des formes étranges et les mots étaient incompréhensibles. J'eus peur de ne plus savoir lire. Lorsque je lui fis part de mon angoisse, le bibliothécaire se mit à rire. « Comment pourrais-tu comprendre, mon petit ami : il est écrit en français ! Moi non plus je ne le comprends pas ! » Ah, comme je me sentis attiré par ces pages mystérieuses ! Je les parcourus une à une, je vis souvent des nombres, des sommes, plusieurs fois le mot « Thot », quelques formes géométriques... mais ce qui me fascina, ce fut un rectangle dans lequel, assise sur un trône, une princesse portant une couronne terminée par trois pointes caressait un lion qui appuyait sa tête sur ses genoux. L'animal avait une expression de profonde intelligence s'ajoutant à une douceur extrême. C'était un fauve dressé ! L'image me plut tant que je commis un délit, dont je ne me suis jamais repenti : j'arrachai la page et l'emportai dans ma chambre. Cachée sous une lame du parquet, « LA FORCE » devint mon trésor secret. De toute la force de mon innocence, je tombai amoureux de la princesse.

J'ai tellement pensé, rêvé, imaginé cette amitié avec un fauve pacifique que la réalité me mit en contact avec un véritable lion. Jaime, mon père, avant de se calmer et d'ouvrir sa boutique, *Casa Ukrania*, la Maison d'Ukraine, avait travaillé comme artiste de cirque. Son numéro consistait à faire des exercices au trapèze, puis à se pendre par les cheveux. En hiver, ce chaud Tocopilla adossé aux montagnes du désert de Tarapacá, où il n'avait pas plu depuis trois siècles, devenait une irrésistible attraction pour toutes sortes de spectacles. Parmi eux arriva le grand cirque Les Aigles humains. Après le spectacle, mon père m'emmena voir les artistes, qui ne l'avaient pas oublié. J'avais six ans lorsque deux clowns, l'un vêtu de vert avec un nez et une perruque de même couleur, le clown Laitue, l'autre complètement orange, le clown Carotte, me mirent dans les bras le petit lion auquel la lionne avait donné naissance quelques jours plus tôt.

Caresser un lion, petit mais plus fort et plus lourd qu'un chat, aux pattes larges, au grand museau, au pelage doux et aux yeux d'une innocence incommensurable, fut un plaisir suprême. Je posai le petit animal sur la piste couverte de sciure et jouai avec lui. Simplement, je devins un autre lionceau. J'absorbai son essence animale, son énergie. Puis, jambes croisées, je m'assis au bord de la piste ; le lionceau cessa de courir d'un côté et d'autre et vint appuyer sa tête sur mes genoux. Il me sembla qu'il restait ainsi une éternité. Quand on me l'enleva, j'éclatai en sanglots inconsolables. Ni les clowns, ni les autres artistes, ni mon père ne parvinrent à me calmer. De mauvaise humeur, Jaime me conduisit par la main jusqu'à la boutique. Mes plaintes durèrent au moins deux heures.

Plus tard, enfin calmé, j'eus la sensation que mes poings avaient la force des pattes larges du lionceau. Je descendis sur la plage, qui se trouvait à deux cents mètres de notre rue principale, et là, me sentant aussi puissant que le roi des animaux, je défiai l'océan. Ses vagues qui venaient lécher mes pieds étaient petites. J'entrepris de lui jeter des pierres pour le mettre en colère. Au bout de dix minutes, les vagues commencèrent à augmenter de volume. Je crus avoir rendu furieux le monstre bleu. Je continuai à lui lancer des galets aussi fort que je le pouvais. Les vagues devinrent violentes, de plus en plus grosses. Une main rude immobilisa mon bras. « Arrête, imprudent enfant ! » C'était une mendiante qui vivait près d'une décharge publique. On l'appelait Reine de Coupes — comme celle du jeu de cartes espagnol — parce que, toujours ivre et coiffée d'une couronne en laiton oxydée, elle marchait en titubant. « Une petite flamme incendie une forêt, un seul coup de pierre peut tuer tous les poissons ! »

Je me libérai de ses griffes et du haut de mon trône imaginaire lui criai d'un ton méprisant : « Lâche-moi, vieille puante ! Ne viens pas m'embêter ou je te jette des pierres à toi aussi ! » Elle recula, effrayée. J'allais reprendre mes attaques quand, faisant entendre un grognement de félin, la Reine de Coupes pointa l'index vers la mer. Une énorme tache argentée s'approchait de la plage... et au-dessus de celle-ci, la suivant, un épais nuage sombre ! En aucune façon je ne prétends affirmer que mon acte infantile fut la cause de ce qui arriva, mais il est pourtant étrange que tous ces événements se soient produits en même temps, me donnant une leçon qui jamais plus ne s'effacerait de mon esprit. Pour une mystérieuse raison, des milliers de sardines vinrent s'échouer sur la plage. Les vagues les déversaient, moribondes, sur le sable obscur qui peu à peu se couvrit de l'argent de leurs écailles. Éclat qui bientôt disparut, car le ciel devint noir, envahi par des mouettes affamées. La mendiante ivre, fuyant vers sa caverne, me cria : « Enfant assassin ! En martyrisant l'océan tu as tué toutes les sardines ! »

Je sentis que chaque poisson, dans les râles douloureux de son agonie, me jetait un regard accusateur. Je pris une grande brassée de sardines et les jetai à l'eau. L'océan me répondit en vomissant une autre armée moribonde. Je retournai ramasser des poissons. Les mouettes, avec des cris assourdissants, me les arrachèrent. Je tombai assis sur le sable. Le monde m'offrait deux options : soit je souffrais à cause de la douleur des sardines, soit je me réjouissais du bonheur des mouettes. La balance pencha vers la joie quand je vis venir une foule de pauvres, des hommes, des femmes, des enfants, qui avec un enthousiasme frénétique, chassant les oiseaux, ramassèrent jusqu'au dernier cadavre. La balance bascula vers la tristesse lorsque je vis les mouettes, privées de leur banquet, picorer sur le sable, dépitées, quelques écailles.

Naïvement, je me rendis compte que dans cette réalité —

dans laquelle moi, Pinocchio, me sentais un étranger — tout était relié avec tout à travers une épaisse trame de souffrances et de plaisirs. Il n'y avait pas de petites causes, n'importe quel acte produisait des effets qui s'étendaient jusqu'aux confins de l'espace et du temps.

Je fus si affecté par ce tapis de poissons échoués que je me mis à voir la foule de pauvres qui s'entassait dans La Mandchourie — ghetto de cabanes de calamines oxydées, de morceaux de carton et de sacs en papier — comme des sardines échouées et nous, la classe aisée composée des commerçants et des fonctionnaires de la compagnie d'électricité, comme des mouettes avides. Je découvris la charité.

À côté de la porte de la Maison d'Ukraine, il y avait un petit axe dans lequel venait s'incruster une manivelle qui servait à lever ou baisser le rideau métallique. Parfois, le Frelon venait s'y frotter le dos. On lui avait donné ce surnom parce qu'à la place des bras il exhibait deux moignons qu'il agitait, au dire des moqueurs, comme des ailes d'insectes. Le pauvre était l'un des nombreux mineurs qui dans les salpêtrières avaient été victimes d'une explosion de dynamite. Les patrons yankees expulsaient impitoyablement, sans un sou en poche, les accidentés. On comptait par douzaines les mutilés qui s'enivraient avec de l'alcool à brûler jusqu'à en perdre la raison dans un sordide magasin du port. Je dis au Frelon : « Veux-tu que je te gratte le dos ? » Il me regarda avec des yeux d'ange battu. « Eh bien... si je ne vous dégoûte pas, petit monsieur. » À deux mains je me mis à le gratter. Il poussa des soupirs rauques pareils aux ronronnements d'un chat. Sur son visage buriné par l'implacable soleil du désert se dessina un sourire de plaisir et de gratitude. Je me sentis libéré de la faute d'avoir assassiné les sardines. Brusquement, mon père surgit de la boutique et chassa le manchot à coups de pied. « Espèce de sale dégénéré, ne reviens jamais par ici ou je te fais jeter en prison ! » Je voulus expliquer à Jaime que c'était moi qui avais proposé au malheureux un soulagement si nécessaire. Il ne me laissa pas placer un mot. « Tais-toi et apprends à ne pas laisser ces misérables dégénérés abuser de toi ! Ne t'approche jamais d'eux, ils sont couverts de poux qui transmettent le typhus ! » Oui, le monde était un tissu de souffrance et de plaisir ; dans chaque acte le bien et le mal dansaient comme un couple d'amants.

Aujourd'hui encore, je ne comprends pas pourquoi me vint ce caprice : je me levai un matin en disant que si on ne m'achetait pas des souliers rouges je ne sortirais pas. Mes parents, habitués aux bizarreries de leur fils, m'enjoignirent la patience. On ne pouvait trouver ce genre de chaussures dans la petite cordonnerie de Tocopilla. À Iquique, à cent kilomètres de là, on en trouverait sûrement. Un représentant accepta d'emmener Sara, ma mère, dans sa voiture jusqu'au grand port. Elle en revint souriante, rapportant dans une boîte en carton une belle paire de bottines rouges aux semelles de caoutchouc. En les chaussant, j'eus la sensation que des ailes me poussaient aux talons. Je courus vers l'école en exécutant des bonds agiles. L'avalanche de moqueries de mes compagnons ne me toucha guère, j'en avais l'habitude. Le seul qui applaudit mon goût fut le bon M. Toro. (Ce désir de chaussures rouges ne me venait-il pas directement du tarot ? Dans celui-ci, le Fou, l'Empereur, le Pendu et l'Amoureux portent des chaussures rouges.) Carlitos, mon compagnon de banc, était le plus pauvre de tous. Après l'école, il devait s'asseoir devant les bancs de la place publique et, équipé d'une petite caisse, offrir ses services de cireur. J'avais honte de voir Carlitos accroupi à mes pieds en train de donner des coups de brosse, de mettre de la couleur et du cirage pour faire briller le cuir sali. Je le faisais pourtant chaque jour afin de lui donner l'occasion de gagner quelques pièces de monnaie. Lorsque je posai sur sa caisse mes souliers rouges, il poussa un cri d'admiration et de joie. « Comme ils sont beaux ! Par chance, j'ai de la teinture rouge et du cirage incolore. Je vais te les rendre comme s'ils étaient vernis. » Pendant près d'une heure, lentement, patiemment, avec mille précautions, il caressa ces deux objets, pour lui sacrés. Lorsque je lui offris mes pièces, il refusa de les accepter. « Je te les ai faits tellement brillants que tu pourras marcher dans la nuit sans avoir besoin de lanterne ! » Enthousiasmé, je me mis à admirer mes splendides souliers en courant autour du kiosque. Essuyant quelques larmes en cachette, Carlitos murmura : « Tu as de la chance, Pinocchio... Moi, jamais je ne pourrai en avoir des pareils. »

Une douleur me transperça la poitrine, et je ne pus faire un pas de plus. Je retirai mes souliers et les lui donnai. Oubliant ma présence, le garçon les chaussa vivement et parti en courant vers la plage. Non seulement il m'oublia, mais il oublia aussi sa caisse de cireur. Je la gardai, pensant la lui rendre le lendemain, à l'école.

Quand mon père me vit rentrer pieds nus, il laissa exploser sa colère. « Tu dis que tu en as fait cadeau à un cireur ? Mais tu es fou ? Ta mère a fait cent kilomètres à l'aller et cent kilomètres au retour pour te les acheter ! Ce morveux va revenir chercher sa caisse sur la place. Tu vas l'attendre le temps qu'il faudra, et quand il reviendra tu lui reprendras tes chaussures, par la force si nécessaire. »

Comme méthode d'éducation, Jaime employait l'intimidation. La peur qu'il me frappât de ses bras musclés de trapéziste me donnait des sueurs froides. J'obéis. Je partis sur la place et m'installai sur un banc. Cinq interminables heures passèrent. La nuit tombait lorsque s'avança un groupe de badauds courant autour d'un cycliste. L'homme pédalait lentement, penché comme si un poids énorme lui brisait le dos ; sur le guidon, plié en deux, semblable à une marionnette aux fils coupés, il portait le cadavre de Carlitos. Entre les lambeaux de vêtement sa peau luisait ; autrefois brune, elle était à présent aussi blanche que la mienne. À chaque coup de pédale, ses petites jambes raides se balançaient, dessinant des arcs rouges avec mes bottines. Derrière la bicyclette et le groupe de curieux consternés persistait une rumeur, tel un sillage invisible : « Il est allé jouer sur les rochers mouillés. Les semelles de caoutchouc l'ont fait glisser. Il est tombé à la mer qui l'a projeté contre les rochers. C'est comme ça que l'imprudent s'est noyé. » Son imprudence, oui, mais ma bonté, surtout, l'avait tué. Le lendemain, toute l'école alla déposer des fleurs sur le lieu de l'accident. Sur ces rochers escarpés, de pieuses mains avaient élevé une chapelle miniature en ciment. À l'intérieur, on voyait une photo de Carlitos et les souliers rouges. Ayant quitté trop tôt ce monde, sans accomplir la mission que Dieu accorde à chaque âme qui s'incarne, mon compagnon de classe s'était converti en « petite âme ». Prisonnier là, il réaliserait désormais les miracles que le peuple croyant lui demanderait. De nombreuses bougies brûleraient devant les souliers magiques, hier porteurs de mort, aujourd'hui dispensateurs de santé et de prospérité... Souffrance, consolation... Consolation, souffrance... La chaîne était sans fin. Quand je donnai la caisse de cireur à ses parents, ils s'empressèrent de la remettre entre les mains de Luciano, le cadet. L'après-midi même, l'enfant alla faire briller les chaussures sur la place.

En réalité, à cette époque où j'étais un enfant différent, de race inconnue — Jaime ne se disait pas juif, mais chilien fils de Russes —, personne ne m'a jamais adressé la parole en dehors des livres. Faisant confiance à mes capacités littéraires, mon père et ma mère, enfermés dans la boutique dès huit heures le matin et jusqu'à dix heures le soir, me laissèrent m'éduquer seul. Et ce qu'ils voyaient que je ne pouvais faire moi-même, ils en chargeaient le Rebe.

Jaime savait très bien que son père, mon grand-père Alejandro, expulsé de Russie par les cosaques, lorsqu'il arriva au Chili sans l'avoir choisi, pour la seule raison qu'une société caritative l'embarqua là où il y avait de la place pour lui et sa famille, ne parlant que le yiddish et un russe rudimentaire, complètement déraciné, sombra dans la folie. Dans sa schizophrénie, il inventa le personnage d'un savant cabaliste dont les ours dévorèrent le corps au cours de l'un de ses voyages dans une autre dimension. En fabriquant laborieusement des chaussures sans l'aide de machines, jamais il ne cessa de converser avec son ami et maître imaginaire. En mourant, il le légua à Jaime. Celui-ci, bien qu'il sût que le Rebe était une hallucination, se vit contaminé. Le fantôme se mit à lui rendre visite chaque nuit dans ses rêves. Mon père, athée fanatique, vécut l'invasion du personnage comme une torture et, dès qu'il le put, il essaya de s'en défaire en me le fourrant dans le crâne comme s'il était réel. Je n'ai pas avalé ce mensonge. J'ai toujours su que le Rebe était imaginaire, mais Jaime, pensant peut-être que m'appelant moi aussi Alejandro j'étais aussi fou que mon grand-père, me disait : « Je n'ai pas le temps de t'aider à faire ce devoir, demande donc au Rebe », ou bien, plus souvent encore : « Va donc jouer avec le Rebe ! » Cela l'arrangeait bien car, interprétant à sa manière les idéaux marxistes, il avait décidé de ne pas m'acheter de jouets. « Ces objets sont des produits de la perverse économie de consommation. Ils t'apprennent à être soldat, à faire de cette vie une guerre, à penser que toutes les choses fabriquées, pourvu que tu les aies en modèles réduits, sont source de plaisir. Les jouets transforment l'enfant en futur assassin, en exploiteur, bref en acheteur compulsif. » Les autres enfants avaient des épées, des tanks, des petits soldats de plomb, des trains, des poupées, des animaux en peluche ; moi, rien. J'utilisais donc le Rebe comme jouet, lui prêtant ma voix, imaginant ses conseils, le laissant guider mes actions. Par la suite, ayant développé mon imagination, j'étendis mes conversations animées. Je donnais la parole aux nuages, à la mer, aux rochers, aux quelques arbres de la place publique, à l'antique canon qui ornait la porte de l'hôtel de ville, aux meubles, aux insectes, aux montagnes, aux horloges, aux vieux qui n'attendaient plus rien, assis telles des statues de cire sur les bancs de la place publique. Je pouvais parler avec toutes les choses et chacune avait quelque chose à me dire. Me mettant à la place de ce qui n'était pas moi, j'eus la sensation que tout était conscient, que tout était doté de vie, que ce que je croyais inanimé était une entité plus lente, que ce que je croyais invisible était une entité plus rapide. Chaque conscience possédait une vitesse différente. Si j'adaptais la mienne à ces vitesses, je pouvais entamer des relations enrichissantes.

Le parapluie couvert de poussière qui gisait dans un coin se plaignait amèrement : « Pourquoi m'a-t-on amené ici où il ne pleut jamais ? Je suis né pour te protéger de l'eau, sans elle je n'ai aucun sens. — Tu te trompes, lui disais-je, tu continues à avoir un sens ; peut-être pas dans l'immédiat, mais au moins dans l'avenir. Apprends-moi la patience, la foi. Un jour il pleuvra, je te l'assure. » Après cette conversation, pour la première fois depuis bien des années, une tempête éclata et pendant toute une journée il tomba un véritable déluge. Les gouttes frappaient avec une telle violence que lorsque je me rendis à l'école, avec le parapluie enfin ouvert, elles ne tardèrent pas à trouer sa toile. Un vent d'ouragan me l'arracha des mains et, tout déchiré, le fit disparaître dans le ciel. J'imaginai les murmures de plaisir du parapluie, tandis qu'après avoir traversé les gros nuages, transformé en barque, il voguait heureux vers les étoiles.

Désespérant d'entendre un jour les paroles affectueuses de mon père, je passais mon temps à observer, tel un voyageur d'un autre monde, ses faits et gestes. Orphelin à dix ans et ayant à sa charge sa mère, son frère et ses deux sœurs, tous plus jeunes, il dut abandonner l'école et se mettre à travailler durement. Il savait à peine écrire, lisait avec difficulté et parlait un espagnol presque guttural. Sa véritable langue était l'action. Son territoire, la rue. Fervent admirateur de Staline, il se laissa pousser les mêmes moustaches, de ses propres mains confectionna la même casaque à col fermé et imita ces mêmes gestes débonnaires cachant une agressivité sans faille. Par chance, le mari de ma grand-mère maternelle, Moïshé, qui avait perdu sa fortune à cause de la crise, tenait une minuscule boutique d'achat et de vente de l'or ; sa bouche édentée, son crâne chauve, outre d'énormes oreilles, le faisaient ressembler à Gandhi, ce qui équilibrait les choses. Fuyant la sévérité du dictateur, je me réfugiais sur les genoux du saint. « Alejandrito, la bouche n'est pas faite pour dire de méchantes phrases, à chaque parole dure l'âme se dessèche un peu. Je t'apprendrai à adoucir les mots que tu dis. » Et après m'avoir badigeonné la langue de peinture végétale bleue, prenant un pinceau à poils doux d'un centimètre de large, il l'enduisait de miel et faisait semblant de peindre l'intérieur de ma bouche. « Maintenant, ce que tu diras aura la couleur du ciel pur et la douceur du miel. »

Pour Jaime-Staline au contraire, la vie était une implacable lutte. Ne pouvant tuer ses concurrents, il les ruinait. La Maison d'Ukraine fut un char d'assaut. Comme la rue principale — rue du 21 Mai, date d'une bataille navale historique dont le héros, Arturo Prat, vaincu par les Péruviens, avait fait de sa défaite un triomphe moral — était pleine de boutiques qui offraient les mêmes articles que lui, il employa une technique de vente agressive.

Il se dit : « L'abondance attire l'acheteur : si le vendeur est prospère, cela veut dire qu'il offre les meilleurs articles. » Il remplit les étagères du local de cartons d'où dépassait un échantillon de ce qu'ils contenaient, la pointe d'une chaussette, le plissement d'un bas, l'extrémité d'une manche, la bretelle d'un soutien-gorge... Le magasin paraissait plein de marchandises, ce qui était faux, car les cartons, vides, ne contenaient que le bout qui dépassait.

Pour éveiller la convoitise des clients, au lieu de vendre les articles séparément, il les disposait en différents lots. Sur des plateaux en carton il exposait des ensembles composés, par exemple, d'un caleçon, de six verres, d'une horloge, d'une paire de ciseaux, d'une petite statue de la Vierge du Carmel. Ou bien d'un gilet de laine, d'une tirelire en forme de cochon, de quelques jarretelles ornées de dentelle, d'un maillot de corps sans manches et d'un drapeau communiste... Tous les lots étaient au même prix. Comme moi, mon père avait découvert que tout était relié.

Il mit devant la porte, au milieu du trottoir, des vendeurs exotiques. Il en changeait chaque semaine. Chacun, à sa manière, vantait à tue-tête la qualité des articles et leur bas prix, invitant les curieux à entrer dans la Maison d'Ukraine, sans obligation d'achat. Je vis, entre autres, un nain vêtu d'un costume tyrolien, un maigre déguisé en négresse nymphomane, une Carmen Miranda sur des échasses, un faux automate en cire qui, muni d'un bâton, frappait la vitre de l'intérieur de la vitrine, une momie terrifiante, et aussi un stentor qui avait une telle voix que ses cris s'entendaient à des kilomètres à la ronde. La faim fait naître des artistes : ces mineurs au chômage avaient le génie d'inventer toutes sortes de déguisements. Avec des sacs de meunier teints en noir, ils fabriquaient un costume de Dracula ou de Zorro ; avec des débris trouvés dans les poubelles, ils faisaient des masques et des capes de lutteur ; l'un d'eux arriva avec un chien galeux habillé en paysan chilien qui, dressé sur ses pattes arrière, exécutait des danses populaires ; un autre proposa un bébé qui poussait des cris de mouette.

À cette époque où la télévision n'existait pas et où le cinéma n'ouvrait ses portes que le samedi et le dimanche, les gens étaient attirés par n'importe quelle nouveauté. Si on ajoute à cela la beauté de ma mère, grande, blanche, aux seins énormes, et qui parlait toujours en chantant, vêtue d'un costume de paysanne russe, on comprend pourquoi Jaime vola les clients de ses concurrents somnolents.

Le propriétaire de la boutique voisine, le Cèdre du Liban, était pour nous un « Turc ». Au lieu de comptoirs transparents, il utilisait de grossières tables en bois, n'avait pas de vitrines donnant sur la rue et s'éclairait avec une ampoule de soixante watts couverte de crottes de mouches. De l'arrière-boutique venait une épaisse odeur de graillon. L'épouse de don Omar, homme de petite taille, était une femme aussi menue que lui mais aux jambes éléphantiasiques, si enflées que, bien qu'enveloppées de bandages noirs, elles semblaient prêtes à se répandre et à couvrir le plancher, gris de la poussière des ans, d'une couche de chair. Là, une invasion d'araignées était venue se substituer à l'absence de clients.

Un jour, alors qu'assis dans un coin de notre petite cour je lisais *Les Enfants du capitaine Grant*, j'entendis des lamentations déchirantes qui provenaient de la cour du Turc, séparée de la nôtre par un mur de briques. Ces cris, que tentaient d'étouffer de longs chuuut féminins, étaient si désolants que la curiosité me donna la force d'escalader le mur. Je vis la femme aux grosses jambes en train de chasser, à l'aide d'un éventail de paille, les mouches posées sur les croûtes qui recouvraient presque entièrement le corps d'un enfant. « Qu'est-ce qu'il a votre fils, madame ? — Oh ! petit voisin, ça ressemble à une infection, mais ça n'en est pas. Ce qui se passe, c'est qu'il est tombé en pâmoison. — En pâmoison ? — Mon mari, à cause de ses mauvaises affaires, est très triste.

Le petit a confondu cette tristesse avec le vent. En se couvrant de croûtes, pour empêcher l'air malin de toucher sa peau, il est tombé en pâmoison. Pour lui, le temps ne passe pas. Il vit des secondes aussi longues que la queue du diable. » Ils me donnèrent envie de pleurer. Je me sentis coupable pour mon père. Avec sa cruauté stalinienne, il avait ruiné le Turc, le plongeant dans la tristesse. À présent, son fils en payait douloureusement les frais.

Je retournai dans ma chambre, ouvris la fenêtre qui donnait sur la rue et sautai du deuxième étage. Mes os résistèrent au choc, je perdis uniquement la peau de mes genoux. Un tumulte se forma. Le sang coulait sur mes jambes. Jaime arriva, il écarta rageusement les curieux, me félicita de ne pas pleurer et m'emmena dans la Maison d'Ukraine pour désinfecter les plaies. Bien que l'alcool me brûlât, je ne criai pas. Jaime, dans son rôle de guerrier marxiste, voyant en moi une sensibilité qu'il jugeait féminine, avait décidé de m'élever à la dure. « Les hommes ne pleurent pas et par leur volonté ils dominent la douleur... » Les premiers exercices ne furent pas difficiles. Il commença par me chatouiller les pieds avec une plume de vautour. « Tu dois être capable de ne pas rire ! » Je parvins non seulement à dominer les chatouilles de la plante des pieds, mais encore celles des aisselles, et aussi, victoire totale, à garder mon sérieux lorsqu'il introduisit la plume dans mes fosses nasales. Il me dit alors : « C'est très bien... Je commence à être fier de toi. Attends, je dis que je commence, pas que je le suis ! Pour gagner mon admiration tu dois prouver que tu n'es pas un lâche, et que tu sais résister à la douleur et à l'humiliation. Je vais te donner des claques. Tu me tendras tes joues. Je te frapperai très doucement. Tu me demanderas de frapper plus fort. C'est ce que je ferai, je frapperai de plus en plus fort, au fur et à mesure que tu me le demanderas. Je veux voir jusqu'où tu peux aller. » Moi, avide d'amour, pour obtenir l'admiration de Jaime lui demandai de me frapper de plus en plus fort. À mesure que brillait dans ses yeux ce que je prenais pour de l'admiration, une ébriété brouillait peu à peu mon esprit. L'affection de mon père était plus importante que la douleur. Je résistai tant et plus. Je finis par cracher le sang et rejeter un morceau de dent. Jaime lança une exclamation de surprise admirative, me prit entre ses gros bras musclés et m'emmena en courant chez le dentiste.

Le nerf de la prémolaire, en contact avec la salive et l'air, me faisait atrocement souffrir. Don Julio, l'arracheur de dents, prépara une piqûre calmante. Jaime me dit à l'oreille (jamais je ne l'avais entendu s'exprimer de façon aussi délicate) : « Tu t'es comporté comme moi, tu es courageux, tu es un homme. Ce que je vais te demander, tu n'es pas obligé de le faire, mais si tu le fais, je considérerai que tu es digne d'être mon fils : refuse la piqûre. Laisse-toi soigner la dent sans anesthésie. Domine la douleur par ta volonté. Tu le peux, tu es comme moi ! » Jamais de ma vie je n'ai ressenti une douleur aussi abominable. (Je mens, je l'ai à nouveau sentie quand Pachita, la guérisseuse, m'arracha une tumeur au foie avec un couteau de chasse.) Don Julio, convaincu par mon père qui pour la peine lui promit une demi-douzaine de bouteilles de *pisco*, ne dit rien. Il creusa, appliqua sa petite machine à torturer, m'introduisit un amalgame à base de mercure et boucha enfin le trou. Arborant un sourire de chimpanzé, il s'exclama : « Voilà, mon garçon, tu es un héros ! » Catastrophe : moi qui avais résisté à la torture sans un gémissement, sans un tremblement, sans une larme, j'interrompis le geste de mon père, qui ouvrait les bras comme les ailes d'un condor triomphant, et je m'évanouis ! Oui, je tombai dans les pommes, comme une femmelette !

Jaime, sans même me donner la main, me ramena à la maison. Moi, humilié, les joues enflées, me mis au lit et dormis vingt heures d'affilée.

Je ne sais si mon père se rendit compte que j'avais voulu me suicider en sautant par la fenêtre. Je ne sais pas non plus s'il prit conscience qu'en tombant « par hasard » à genoux devant le Cèdre du Liban (nous vivions au deuxième étage, juste au-dessus) je demandais pardon au Turc. Il me dit seulement : « Idiot, tu es tombé. Voilà ce qui arrive quand on est toujours fourré dans les livres. » C'est vrai, je passais mon temps fourré dans les livres, dans une telle concentration que, plongé dans la lecture, je n'entendais rien si on m'adressait la parole ; quant à lui, dès qu'il arrivait à la maison, aussi sourd que moi, il se plongeait dans sa collection de timbres-poste ; il trempait dans l'eau tiède les enveloppes que lui donnaient les clients, décollait soigneusement les timbres avec des pincettes — s'ils perdaient une petite dent du bord, ils perdaient aussi leur valeur —, les séchait entre des feuilles de buvard, les classait et les rangeait dans des albums que personne n'avait le droit d'ouvrir.

Deux grosses croûtes, presque circulaires, s'étant formées, une sur chaque genou, mon père les mouilla avec un coton imbibé d'eau chaude et, quand elles furent ramollies, il les détacha entièrement à l'aide de ses pincettes, exactement comme il le faisait pour ses timbres. Bien sûr, je retins mes cris. Satisfait, il passa de l'alcool sur la chair rouge, écorchée, à vif. Dès le lendemain, deux nouvelles croûtes s'étaient formées. Me les laisser décoller sans me plaindre devint un rite qui me rapprochait du Dieu lointain. Quand je commençai à me sentir mieux et qu'une nouvelle peau annonça par sa teinte rosée la fin du traitement, j'osai prendre la main de Jaime, l'emmenai dans la cour, lui demandai de grimper avec moi sur le mur, lui montrai l'enfant tombé en pâmoison et lui indiquai mes genoux. Il n'eut pas besoin d'autres gestes, il comprit. Tocopilla n'avait pas d'hôpital à cette époque. L'unique médecin était un gros et brave homme du nom d'Angel Romero. Mon père remercia le crieur de service — un boxeur qui donnait des coups à un mannequin décoré d'un grand $ —, il demanda à don Omar de lui permettre d'entrer en compagnie du docteur Romero venu rendre visite au malade, régla la consultation, puis avec l'ordonnance fit les cents kilomètres qui le séparaient d'Iquique, acheta les médicaments, revint, et, muni des désinfectants, des pincettes et de la cuvette d'eau chaude dans laquelle il trempait ses enveloppes, il mouilla les croûtes du pauvre enfant et, avec une délicatesse infinie, les décolla une à une. Au bout de deux mois de visites assidues, le petit Turc retrouva son aspect normal.

Il faut comprendre que tous ces épisodes se sont déroulés sur une période de dix ans. En les racontant en bloc, il peut sembler que mon enfance fut remplie de faits insolites, mais tel n'est pas le cas. Ce sont là de petites oasis dans un désert infini. Le climat était chaud et sec. Pendant la journée, un silence implacable tombait du ciel, filtrait de la muraille de monts stériles qui nous poussait vers la mer, montait d'un sol caillouteux sans une motte de terre. Au coucher du soleil, pas un oiseau ne chantait, pas un arbre dont le vent faisait murmurer les feuilles, pas de chants métalliques de grillon. Quelques vautours, les braiments d'un âne au loin, un chien hurlant à la mort, des combats de mouettes et le claquement des vagues, incessant et hypnotique, qu'on finissait par ne plus entendre. Dans la nuit froide, le silence se faisait encore plus pesant : cachant les étoiles, dont l'éclat aurait pu être synonyme de musique, la *camanchaca*, un épais brouillard, s'accumulait sur les sommets des montagnes pour former un mur laiteux, impénétrable. Tocopilla ressemblait à une prison pleine de morts. Jaime et Sara étaient allés au cinéma. Je venais de me réveiller en sueur, effrayé. Le silence, reptile invisible, pénétrait sous la porte et venait lécher les pieds de mon lit. Je savais que j'étais en danger, le silence voulait entrer par mes narines, se nicher dans mes poumons, effacer le sang de mes veines. Pour le chasser je me mettais à crier. C'étaient des hurlements d'une telle intensité que les vitres de la fenêtre vibraient en faisant entendre des bourdonnements de guêpe, ce qui redoublait ma terreur. Alors arrivait le Rebe. Je savais que ce n'était qu'une simple image, rien, son apparition ne suffisait pas à chasser le mutisme universel. J'avais besoin de la présence d'amis. Mais lesquels ? Pinocchio, parce qu'il avait un grand nez, qu'il était blanc et circoncis, n'avait pas d'amis. (Sous ce climat torride, la sexualité était précoce. À côté de notre boutique se dressait la caserne des pompiers. Dans sa grande cour, suspendues à un grand mur, telles les cordes d'une harpe gigantesque, s'étiraient des lanières de cuir qui servaient à accrocher les tuyaux, lavés et mis à sécher après les incendies. Les enfants du gardien et leurs amis, une bande de huit vauriens, m'invitèrent à escalader avec eux vingt mètres de corde. Là en haut, à l'abri des regards adultes, assis en cercle, ils se mirent à se masturber, bien que l'émission de sperme fût chose imaginaire. J'avais un tel désir de communiquer que je les imitai. Leurs phallus d'enfant, au prépuce fermé, se dressaient telles de brunes ogives. Le mien, pâle, montrait sans se cacher sa large tête. Tous notèrent la différence et éclatèrent de rire. « T'as un champignon ! » Humilié, rouge de honte, je me laissai glisser le long de la corde, me blessant les paumes des mains. La nouvelle se répandit dans toute l'école. J'étais un enfant anormal, j'avais un zizi différent. « Il lui en manque un bout, il est tondu. » Me savoir mutilé me fit me sentir encore plus séparé des êtres humains. Je n'étais pas de ce monde, je n'y avais pas ma place. Tout ce que je méritais, c'était d'être dévoré par le silence.) « Ne te fais pas de souci », me dit le Rebe, autrement dit, me dis-je moi-même en utilisant l'image de ce vieux juif vêtu comme un rabbin. « La solitude, c'est ne pas savoir être avec soi-même. » Bon, je ne veux pas qu'on pense qu'un enfant de sept ans peut parler un tel langage. Je comprenais les choses, oui, mais pas de manière rationnelle. Le Rebe, étant une image intérieure, entreposait dans mon esprit des contenus qui n'étaient pas intellectuels. Il me faisait sentir quelque chose que j'avalais de la même manière que le petit aigle, les yeux encore fermés, avale le ver qu'on lui met dans le bec. Par la suite, bien plus tard, adulte déjà, j'ai peu à peu traduit en mots ce qui à cette époque était — comment pourrais-je l'expliquer ? — des ouvertures sur d'autres plans de la réalité.

« Tu n'es pas seul. Te souviens-tu, la semaine dernière, quand tu as eu la surprise de voir pousser un tournesol dans la cour ? Tu en as conclu que c'était le vent qui avait transporté une graine. Une graine, insignifiante en apparence, contenait la future fleur. Cette graine *savait*, d'une manière ou d'une autre, quelle plante elle serait ; et cette plante ne se trouvait pas dans le futur : bien qu'immatériel, juste à l'état de projet, le tournesol existait déjà, flottant dans le vent sur des centaines de kilomètres. Et non seulement la plante existait, mais aussi l'adoration de la lumière, les girations à la recherche du soleil, la mystérieuse union avec l'étoile Polaire et — pourquoi pas ? — une forme de conscience. Tu n'es pas différent. Tu es déjà tout ce que tu seras. Tu sais déjà tout ce que tu sauras. Ce que tu chercheras te cherche déjà, cela est en toi. Peut-être n'est-il pas vrai, mais le vieillard que tu vas voir maintenant, bien qu'il ait mon inconsistance, est réel parce qu'il est toi, c'est-à-dire qu'il est ce que tu seras. »

Tout cela, je ne l'ai ni pensé ni entendu, je l'ai senti. Et devant moi, à côté du lit, mon imagination permit qu'apparût un vieux monsieur à la barbe et aux cheveux argentés, les yeux emplis de douceur. C'était moi-même changé en mon frère aîné, en mon père, en mon grand-père, en mon maître. « Ne te fais pas tant de souci, je t'ai accompagné et je t'accompagnerai toujours. Chaque fois que tu as souffert, te croyant seul, j'étais auprès de toi. Veux-tu que je te donne un exemple ? Eh bien, te souviens-tu quand tu as fait cet éléphant avec tes crottes de nez ? »

Jamais je ne m'étais senti aussi abandonné, aussi incompris, aussi injustement puni que cette fois-là. Moïshé, avec son sourire édenté et son cœur de saint, proposa à mon père de m'emmener un mois en vacances à la capitale, Santiago, pour que ma grand-mère maternelle me connaisse. La vieille dame, que deux mille kilomètres séparaient de sa fille, ne m'avait jamais vu. Pour ne pas décevoir Jaime, je cachai l'angoisse que me procurait l'idée d'être séparé des miens. Montrant une tranquillité qui était feinte, je m'embarquai sur l'*Horace*, un petit vapeur qui tangua tellement que j'arrivai au port de Valparaíso l'estomac vide. Puis, ayant été ballotté pendant quatre heures dans le wagon de troisième classe d'un train à vapeur, je me présentai, timide et verdâtre, devant doña Jashé, une dame qui ne savait pas sourire et encore moins se comporter avec des enfants aussi maladivement sensibles que moi. Le demi-frère de Sara, Isidoro, un gros garçon efféminé, sadique, se mit à me poursuivre, vêtu d'une blouse d'infirmier, me menaçant d'une bombe insecticide. « Je vais te faire une piqûre dans le derrière ! »

La nuit, dans une chambre obscure, sur un petit lit dur

fixé au mur, sans une lampe pour lire, éclairé par une lueur lunaire filtrant à travers l'étroite lucarne, j'enfonçais mon index dans mon nez et fabriquais des boulettes que je collais sur le mur tapissé de bleu ciel. Pendant tout le mois, peu à peu, avec mes crottes de nez, je dessinai un éléphant. Personne ne venant jamais nettoyer ou faire mon lit, cela passa parfaitement inaperçu. Au bout d'un mois, le pachyderme était presque terminé. Au moment du départ — Moïshé revenait avec moi à Tocopilla —, ma grand-mère entra dans la chambre pour prendre les draps qu'elle m'avait prêtés. Elle ne vit pas le superbe éléphant flottant dans un ciel infini, mais une horrible collection de crottes de nez collées sur son beau papier. Ses rides prirent une teinte violacée, son dos voûté se redressa, sa petite voix aimable se fit rugissement de lion, ses yeux vitreux se remplirent d'éclairs. « Dégoûtant enfant, cochon, ingrat ! Il va falloir tout retapisser ! Tu devrais être mort de honte ! Je ne veux pas d'un petit-fils comme toi ! — Mais, grand-mère, je ne voulais rien salir, je voulais seulement faire un bel éléphant. Il me manque une défense pour le terminer. » Cela la rendit encore plus furieuse. Elle crut que je me moquais d'elle. Elle saisit une poignée de mes cheveux et se mit à tirer, résolue à me les arracher. Gandhi s'interposa, l'arrêtant avec délicatesse, mais fermement. Derrière Jashé, moqueur, l'odieux Isidoro agitait dans ma direction, d'avant en arrière, sa bombe insecticide à la manière d'un phallus violeur. Ils m'obligèrent à assister à l'arrachage du papier, chose qu'ils firent en protégeant leurs mains avec des gants en caoutchouc. Puis ils entassèrent les lambeaux au milieu de la cour commune de cet ensemble de petites maisons, les arrosèrent d'alcool et me forcèrent à y jeter des allumettes jusqu'à ce qu'ils aient entièrement brûlé. Je vis se consumer mon cher éléphant. De nombreux voisins se mirent aux fenêtres. Jashé m'enduisit le nez et les doigts avec les cendres, et ainsi, sale, ils me conduisirent au train. Quand la locomotive fut loin de Santiago, Moïshé, avec son mouchoir blanc mouillé de salive, me lava la figure et les mains. Il s'étonna : « Tu parais insensible, mon enfant. Tu ne te plains pas, tu ne pleures pas. » J'embarquai sur l'*Horace*, voyageai trois jours et débarquai à Tocopilla sans ouvrir la bouche. Lorsque ma mère apparut, je courus vers elle et éclatai en sanglots convulsifs, plongé entre ses énormes seins. « Méchante ! Pourquoi m'as-tu laissé partir ? » Dès que j'aperçus mon père, qui était en retard d'un quart d'heure, je retins mes larmes, séchai mes yeux et simulai un sourire.

« J'étais là, percevant les limites mentales de ces gens, me dit le vieil Alejandro. Ils voyaient le monde matériel, les crottes de nez, mais l'art, la beauté, l'éléphant magique, cela leur échappait. Cependant, réjouis-toi de cette souffrance : grâce à elle tu arriveras jusqu'à moi. “Plus de savoir, plus de douleur”, dit l'Ecclésiaste. Mais moi je te dis : seul celui qui connaît la douleur approche la sagesse. Je ne peux t'affirmer que je l'ai obtenue, je ne suis qu'une étape sur le chemin de cet esprit qui voyage vers la fin des temps. Qui serai-je dans trois siècles ? Quoi ? Quelles formes me serviront de véhicule ? Dans dix millions d'années, ma conscience aura-t-elle encore besoin d'un corps ? Devrai-je encore utiliser des organes sensoriels ? Dans des centaines de millions d'années, continuerai-je à diviser l'unité du monde en visions, en sons, en odeurs, en saveurs, en images tactiles ? Serai-je un individu ? Un être collectif ? Quand j'aurai connu l'univers entier, ou les univers, quand j'aurai atteint la fin de tous les temps, quand l'expansion de la matière s'arrêtera et qu'avec elle j'entreprendrai le chemin du retour vers le point d'origine, me dissoudrai-je en lui ? Deviendrai-je le mystère qui gît hors du temps et de l'espace ? Découvrirai-je que le Créateur est une mémoire sans présent ni futur ? Toi, enfant, moi, vieillard, n'aurons-nous été que des souvenirs, des images sans substance, n'ayant jamais foulé la moindre réalité ? Pour toi je n'existe pas encore, pour moi tu n'existes plus, et quand notre histoire sera racontée, celui qui la racontera ne sera qu'un chapelet de mots échappés d'un tas de cendres. »

Il me devint essentiel, la nuit, quand je me réveillais solitaire dans la maison obscure, d'imaginer mon double venu du futur. En l'écoutant, peu à peu je me calmais et un sommeil profond venait m'accorder le merveilleux oubli de moi-même.

Pendant la journée, l'angoisse de vivre sans être apprécié, Robinson Crusoé dans mon île intérieure, ne m'affligeait pas. Enfermé dans la bibliothèque, mes amis les livres, avec leurs héros et leurs aventures, me cachaient le silence. Un autre aussi cessa, grâce aux livres, d'entendre le silence : Morgan le gringo. Comme tous les Anglais, il travaillait pour la compagnie d'électricité qui alimentait en énergie les usines de salpêtre et la mine de cuivre et d'argent. Boire tant de genièvre lui donna la goutte. Quand on lui interdit de boire de l'alcool, mort d'ennui, il se plongea dans la section « ésotérisme » de la bibliothèque. Les francs-maçons avaient légué des étagères bourrées de livres en anglais qui traitaient de thèmes mystérieux. D'après Jaime, *La Doctrine secrète* d'Helena Blavatsky lui avait dérangé l'esprit. « Il a une araignée au plafond ! » avait-il l'habitude de dire. Le gringo accepta l'existence de maîtres cosmiques invisibles et se mit à croire ardemment en la réincarnation de l'âme. En accord avec la femme de lettres qu'il idolâtrait, il déclara à qui voulait l'entendre qu'enterrer et vénérer les cadavres était une coutume barbare, car ils infectaient la planète. Il fallait les incinérer, comme en Inde. Il vendit tout ce qu'il possédait et avec cet argent, plus ses économies, ouvrit un commerce de pompes funèbres qu'il baptisa « Rives du Gange, crématoire sacré ». Le lieu, décoré de colliers de fleurs artificielles, de friandises en pâte d'amandes imitant des fruits et d'exotiques dieux en plâtre, certains à tête d'éléphant, s'ouvrait sur une large cour dallée de carreaux de faïence orangés au centre de laquelle s'élevait un four, semblable à ceux dans lesquels on cuit le pain, où pouvait entrer un chrétien. Le curé, avec ses diatribes contre une telle monstruosité sacrilège, se mit en tête d'enfoncer une porte grand ouverte : les habitants de Tocopilla auraient-ils permis qu'on brûlât leurs défunts sur un gril ? Personne, bien sûr, ne voulait voir la silhouette charnelle de chers disparus se changer en un tas de poudre grise. Morgan, qu'on surnommait désormais « le Théosophe », haussa les épaules. « Cela n'a rien de nouveau, la même chose est arrivée à Mme Blavatsky et à son associé Olcott, à New York ; les coutumes ancestrales ont des racines profondes. » Il changea la tournure de son négoce : si le curé soutenait, d'après la théologie chrétienne, que les animaux n'avaient pas d'âme, il était très recommandable de brûler leurs restes. Le four commença à fonctionner : d'abord, ce furent des chiens, puis, étant donné la modicité des prix, des chats, quelques souris blanches et des perroquets déplumés. Les cendres étaient remises dans des bouteilles de lait peintes en noir, avec un bouchon doré. Attirés par la fumée nauséabonde, des tas de vautours commencèrent à venir se poser sur les carreaux orange, les salissant de leurs excréments blancs. Le Théosophe avait beau les chasser à coups de balai, têtus ils volaient en cercles et, se changeant en spirales descendantes, revenaient atterrir en criaillant et déféquant. L'odeur fétide devint insupportable. Le Théosophe ferma boutique et se mit à passer le plus clair de son temps assis sur le dossier d'un banc de la place publique, promettant la réincarnation à qui voulait l'accepter pour maître. C'est alors — car le voir devenu la risée de tout le village me faisait de la peine — que je me liai d'amitié avec lui.

À moi, il ne me paraissait pas fou, comme le disait mon père. Ses idées me plaisaient. « Mon enfant, de toute évidence, nous avons été quelque chose avant de naître et nous serons quelque chose après notre mort. Peux-tu me dire quoi ? » Je me frottai les mains, balbutiai, puis restai muet. Il se mit à rire. « Viens avec moi sur la plage ! » Je le suivis, et lorsque nous arrivâmes sur la côte il me montra des tourelles reliées par des câbles sur lesquels glissaient des wagonnets d'acier, apparemment pleins. Ils venaient des montagnes, traversaient la plage sur toute sa longueur et disparaissaient entre d'autres montagnes. Je vis tomber de l'un d'eux un caillou, mi-gris, mi-cuivré. « D'où viennent-ils ? Où vont-ils ? — Je ne sais pas, Théosophe. — Allons, tu ne sais pas d'où ils viennent ni où ils vont, mais tu es capable de ramasser l'une de leurs pierres et de la garder comme un trésor... Regarde, mon petit, moi oui je sais de quelle mine ils viennent et vers quel moulin ils vont, mais à quoi cela servirait-il de te le dire ? Les noms de ces endroits ne te diront rien, car tu ne les as jamais vus. Ainsi est l'âme que transporte notre corps : nous ne savons d'où elle vient ni où elle va, mais maintenant, ici, nous l'aimons et nous ne voulons pas la perdre, c'est un trésor. Une conscience mystérieuse, infiniment plus vaste que la nôtre, connaît l'origine et la fin, mais elle ne peut nous les révéler parce que nous n'avons pas un cerveau suffisamment développé pour le comprendre. »

Le gringo mit sa main couverte de taches de rousseur dans une poche et en tira quatre petites médailles dorées. Sur l'une d'elles il y avait un Christ, sur une autre, deux triangles s'entrecroisant, sur la troisième, une demi-lune contenant une étoile et, sur la quatrième, deux gouttes collées, blanche et noire, formant un cercle. « Prends, c'est pour toi. Toutes quatre sont différentes ; elles se disent catholique, hébraïque, islamique et taoïste. Elles croient symboliser des vérités différentes, mais si tu les mets dans un petit four et les fais fondre, elles formeront une seule graine du même métal. L'âme est une goutte de l'océan divin dont nous sommes, pour un temps très bref, l'humble véhicule. Elle est sortie de Dieu et voyage pour revenir et se dissoudre en Dieu, qui est jouissance éternelle. Prends cette cordelette, mon petit ami, et fais-toi un collier avec les quatre médailles. Porte-le toujours pour te souvenir qu'un fil unique, la conscience immortelle, les unit toutes. »

J'arrivai tout fier à la Maison d'Ukraine, exhibant mon collier. Plus Staline que jamais, Jaime trembla de fureur. « Crétin de Théosophe, qui apaise la peur de mourir avec des illusions ! Viens avec moi aux cabinets ! » Il m'arracha les médailles et les jeta une à une dans la cuvette. « Dieu n'existe pas, Dieu n'existe pas, Dieu n'existe pas, Dieu n'existe pas ! Tu meurs et tu pourris ! Après, il n'y a rien ! », et il tira la chasse. Le jet bruyant emporta les médailles et avec elles mes illusions. « Papa ne ment jamais ! Qui crois-tu, moi ou ce taré ? » Lequel des deux allais-je choisir, moi qui aspirais tant à l'admiration de mon père ? Jaime sourit une seconde, puis il me regarda sévèrement, comme à son habitude. « Je suis fatigué de ta tignasse, tu n'es pas une fille ! »

Sara était orpheline de père. Jashé s'était amourachée d'un danseur russe, non juif, un goy, bien fait de sa personne et à la chevelure dorée. Alors qu'elle était enceinte de huit mois, ce grand-père monta, pour allumer une lampe, sur un tonneau plein d'alcool. Le couvercle se brisa, il tomba au milieu du liquide inflammable et se mit à brûler. La légende familiale raconte qu'il sortit en courant dans la rue, qu'entouré de flammes il fit des bonds de deux mètres de haut et mourut en dansant. À ma naissance, je vins au monde avec des cheveux aussi abondants et dorés que ceux du danseur adoré. Sara ne m'a jamais caressé le corps, mais elle a passé des heures à peigner ma crinière, me faisant des boucles, refusant de la couper. J'étais son père réincarné. Comme à cette époque aucun enfant ne portait les cheveux longs, on ne cessait de m'appeler « pédé ».

Mon père, profitant de ce que Sara faisait la sieste, m'emmena chez le coiffeur. Il s'appelait Osamu et était japonais. En quelques minutes, récitant plusieurs fois : « *Gate, Gate, Paragate, Parasamgate, Bodhi Svaha*[1] », il coupa mes cheveux ras et, impassible, balaya les boucles d'or. Je cessai aussitôt d'être le mort brûlé vif pour être moi-même. Je ne pus retenir quelques larmes qui me valurent à nouveau le mépris de mon père. « Gringalet, apprends à être un macho révolutionnaire et cesse de t'accrocher à cette tignasse de putain bourgeoise ! » Comme Jaime se trompait : qu'on me coupe cette toison qui m'avait valu tant de sarcasmes était un énorme soulagement... Je pleurais parce qu'en perdant mes boucles je perdais aussi l'amour de ma mère.

De retour au magasin, je jetai dans les waters ma pierre cuivrée, tirai d'un coup la chasse et courus plein d'orgueil sur la place me moquer du Théosophe, en appuyant mon index sur ma tempe comme seule réponse à ses paroles ferventes.

---

1. Mantra du Sûtra du Cœur.

On pourrait penser que dans mon enfance j'ai été plus influencé par Jaime que par Sara. Mais il n'en est rien. Elle, fascinée par le charisme de mon père, se fit le chien de garde de son esprit. Elle approuvait et répétait tout ce qu'il disait. Si la sévérité était la base de l'éducation que je devais recevoir, parce que j'étais un garçon et non une fille, ma mère fit de son mieux pour l'appliquer dès que le Japonais m'eut coupé les cheveux. Toute la journée prisonnière dans le magasin, elle ne pouvait pratiquement pas s'occuper de moi. Mes chaussettes étaient trouées aux talons et une masse de chair apparaissait sur chacun d'eux. À cause de leur forme ronde et de leur couleur, les enfants les comparaient à des pommes de terre épluchées. Pendant la récréation, si je voulais courir dans la cour, mes cruels camarades, montrant mes talons, criaient perfidement : « On voit ses patates ! » Cela m'humiliait et m'obligeait à rester tranquille, les pieds cachés dans un quelconque coin d'ombre. Quand je demandai à Sara de m'acheter des chaussettes neuves, elles ronchonna : « C'est une dépense inutile, tu les troues le jour même où tu les étrennes. — Maman, toute l'école se moque de moi. Si tu m'aimes, raccommode-les-moi, s'il te plaît. — C'est bien, si tu as besoin que je te prouve que je t'aime, je vais le faire. » Elle prit son nécessaire de couture, enfila une aiguille et, avec beaucoup d'application, répara les trous ; elle me les montra parfaitement raccommodés. « Mais, maman, tu as utilisé du fil couleur chair ! Regarde, je les mets et c'est comme si on voyait encore mes patates ! Ils vont continuer à se moquer de moi ! — Je l'ai fait exprès. En faisant le travail inutile que tu me demandais je t'ai prouvé que je t'aimais. À toi maintenant de me prouver que tu as un esprit guerrier. La méchanceté de ces enfants ne doit pas t'affecter. Exhibe tes talons avec fierté et remercie pour ces moqueries qui t'obligent à affermir ton âme. »

C'est incroyable la richesse culturelle qu'il y avait dans cette petite ville perdue de l'aride nord du Chili. Avant la crise de 1929 et l'invention par les Allemands du salpêtre artificiel, cette région, comprenant Antofagasta et Iquique, était considérée comme l'heureux berceau de l'« or blanc ». L'inépuisable nitrate de potassium, idéal pour la fabrication des engrais et surtout des explosifs, attira une multitude d'émigrants. À Tocopilla vivaient des Italiens, des Anglais, des Nord-Américains, des Chinois, des Yougoslaves, des Japonais, des Grecs, des Espagnols, des Allemands. Chaque ethnie enfermée entre ses hautains murs mentaux. Cependant, de façon fragmentaire, je pus profiter de ces différentes cultures. Les Espagnols apportèrent à la bibliothèque des petits contes magiques édités par Calleja, les Anglais prodiguèrent des traités maçonniques et rosicruciens ; Pampino Brontis, le boulanger grec, pour faire la promotion de ses gâteaux fourrés à la confiture de roses, invitait les enfants, tous les dimanches matin, à venir écouter sa traduction en vers de l'*Odyssée.* Les Japonais s'exerçaient au tir à l'arc sur la plage, nous inculquant l'amour des arts martiaux. De temps en temps, dans la salle municipale, les dames américaines montraient leur générosité en offrant des saucisses et des rafraîchissements aux enfants de ceux que leurs maris plongeaient dans la misère. Grâce à elles, je pris conscience de l'injustice sociale.

Le jour où mon père annonça à brûle-pourpoint : « Demain, nous partons d'ici. Nous allons vivre à Santiago », je me sentis mourir. Je me réveillai avec un terrible urticaire. J'étais entièrement couvert d'éruptions cutanées, la fièvre me faisait délirer, et le bateau partait dans trois heures ! Jaime refusait obstinément de reporter le voyage, bien que le docteur Romero lui eût dit que je devais rester au moins une semaine au lit. Pestant contre la médecine occidentale, mon père courut jusqu'au restaurant chinois et, usant de ses dons de vendeur, parvint à convaincre les propriétaires de lui donner le nom et l'adresse du médecin qui les soignait. Ce n'était pas un seul, mais trois vétustes frères qui dominaient la science du yin et du yang. Aussi calmes que des montagnes, avec des yeux de chat à l'affût et la peau de la couleur de ma fièvre, ils chauffèrent du gros sel, le répartirent sur des morceaux de cotonnade, en firent des petits paquets dont, me brûlant presque, ils me frottèrent le corps en susurrant : « Tu t'en vas, mais tu restes ici aussi. Si les branches poussent en voulant occuper tout le ciel, les racines jamais n'abandonnent la terre où elles sont nées. » En une demi-heure les Chinois soignèrent ma peau, ma fièvre et ma tristesse, tout en m'initiant au taoïsme.

Me voyant guéri, mes parents m'autorisèrent à aller saluer mes camarades de classe. Personne à l'école ne s'étonna lorsque j'annonçai que je m'en allais pour toujours. Après tout, j'étais l'enfant qui pouvait disparaître en une seconde. Cette légende venait d'un spectacle auquel j'avais assisté au théâtre municipal. Dans ce local, on projetait en général des films (c'est là que j'ai eu le plaisir suprême de voir Charles Laughton dans *Quasimodo,* Boris Karloff dans *Frankenstein,* Buster Crabbe dans *Flash Gordon conquiert l'univers* et tant d'autres merveilles), mais parfois, sur la scène que cachait l'écran blanc, des compagnies étrangères donnaient des représentations. C'est ainsi que nous arriva Fu-Manchu, un magicien mexicain. Il demanda aux adultes d'obliger les enfants à fermer les yeux et, avec une grande scie, entreprit de couper une femme en deux. Quand il la recousit et que le sang fut nettoyé, il nous permit de regarder le reste du spectacle. Il changea des crapauds en colombes, sortit de sa bouche un cordon interminable auquel étaient suspendues des ampoules électriques clignotantes, changea dix fois la couleur d'un mouchoir de soie, descendit de la scène et, avec une grande théière qu'il avait remplie d'eau, versa dans des petits verres transparents la liqueur que les spectateurs lui demandaient. Il donna de la vodka à mon grand-père, de l'eau-de-vie à Jaime, à d'autres du whisky, du vin, de la bière, du pisco. À la fin, il montra une armoire rouge, dont l'intérieur était noir, et demanda la collaboration d'un enfant. Poussé par un désir irrésistible, je montai sur la scène. Dès l'instant où je posai les pieds sur les planches, pour la première fois je me sentis à ma place. Je sus que j'étais citoyen du monde des miracles. Le prestidigitateur me dit solennellement : « Jeune homme, je vais te faire disparaître. Jure que jamais tu ne raconteras le secret à personne. » Je jurai, extasié de bonheur. Si on m'extirpait de là, je saurais enfin ce qu'il y avait au-delà de cette douloureuse réalité. Il me fit entrer à l'intérieur de l'armoire, leva sa cape doublée de satin rouge, me cachant l'espace d'une seconde, puis l'abaissa. Moi, j'avais disparu ! De nouveau il leva et baissa sa cape. Je reparus ! Gros applaudissements. Je revins sur mon siège ; mes parents, mon grand-père et un grand nombre de spectateurs eurent beau venir me demander quel était le truc, je répondis très dignement : « J'ai juré de garder le secret pour toujours et je le garderai. » J'ai gardé si jalousement ce secret qu'aujourd'hui pour la première fois, plus de soixante ans ayant passé, je me décide à le révéler. Je ne suis pas entré dans l'autre dimension : lorsque je fus caché par la cape, des mains gantées me firent tourner et me poussèrent dans un coin. Une personne toute vêtue de noir, dans cette caisse noire, ne se voyait pas. Il lui suffit de me couvrir de son corps pour que je disparaisse. Quelle immense déception ! L'au-delà n'existait pas. Les miracles étaient de simples trucs... Cependant, j'appris quelque chose de très important : un secret gardé, même nul, donnait du pouvoir. À l'école, je déclarai que j'étais allé dans un autre monde, que je connaissais la clé pour m'y rendre, que j'avais la faculté de disparaître quand j'en avais envie. Et j'insinuai également que j'avais le pouvoir de faire disparaître n'importe qui sans qu'il pût revenir. Je n'eus pas plus d'amis, mais je vis diminuer les moqueries. On m'appliqua la loi de la froideur ; jamais plus on ne m'adressa la parole. Je passai des insultes au silence. Les premières étaient moins douloureuses.

Le bateau lança un soupir rauque et abandonna le port. Mon cœur d'enfant restait à Tocopilla. Bientôt, le Rebe, le vieil Alejandro, la joie m'abandonnèrent. J'entrai brutalement dans le coin sombre. Je disparus.

Les années sombres

Les noms enferment-ils un destin ? Certains quartiers attirent-ils des personnes dont l'état émotionnel correspond au sens occulte de ces noms ? La place Diego de Almagro, où nous sommes allés vivre à Santiago du Chili, est-elle devenue un lieu néfaste en raison du nom dont elle fut baptisée, celui d'un conquistador espagnol, ou bien le lieu était-il neutre mais l'ai-je senti obscur, triste, abandonné parce que j'en ai fait le miroir de mon chagrin ? À Tocopilla, j'étais reconnaissant à mon nez, tout en le détestant en raison de sa courbure, de m'apporter l'odeur de l'océan Pacifique, ample fragrance qui montait des eaux glacées pour se mêler au parfum subtil de l'air dans un ciel toujours bleu. Là, voir passer un nuage était un événement extraordinaire. Par leur blancheur, les cumulus me faisaient penser à des caravelles transportant des anges colonisateurs vers des forêts enchantées où poussaient des arbres en sucre gigantesques. L'air de Santiago, sous une voûte citrine, exhalait le câble électrique, l'essence, la friture, l'haleine cancéreuse. Le bruit enivrant des vagues faisait place au grincement des tramways souffreteux, aux coups de klaxon incisifs, aux moteurs sans pudeur, aux voix dures. Diego de Almagro fut un conquérant raté. Sur les conseils trompeurs de son complice Pizarro, il quitta Cuzco pour les terres inexplorées du Sud en croyant y trouver des temples remplis de fabuleux trésors. Avide d'or, il avança sur quatre mille kilomètres en brûlant les chaumières où vivaient des aborigènes qui ne pensaient qu'à guerroyer, pas à construire des pyramides, jusqu'à atteindre le détroit désolé de Magellan. Le froid extrême et la férocité des Mapuches se chargèrent de décimer la troupe. Il revint comme une âme en peine à Cuzco, où son traître d'associé, ne voulant pas partager les richesses volées aux Incas, le fit exécuter.

Jaime loua deux chambres dans une pension de famille donnant sur la triste place. L'auberge était un appartement sombre, avec des chambres semblables à des cages, où, dans une salle à manger sobrement meublée, on nous servait, au déjeuner comme au dîner, des feuilles de laitue anémique, une soupe nostalgique de poulet, de la purée de pommes de terre grumeleuse, une fine tranche de caoutchouc baptisée bifteck et, en guise de dessert, un biscuit estropié couvert d'empois. Le matin, du café sans lait et un petit pain pour chacun. Draps et serviettes étaient changés une fois tous les quinze jours. Cependant, ni ma mère ni mon père ne se plaignirent. Lui parce que, dégagé de toutes préoccupations familiales, il pouvait passer son temps à chercher le local dont il avait besoin pour reprendre son combat — Le Combat, c'est précisément ainsi qu'il nomma la nouvelle boutique, la décorant d'un écriteau où deux bouledogues, chacun d'un côté, tiraient la jambe d'une culotte de femme afin de montrer que l'article en question était d'une solidité à toute épreuve. Et elle parce que Jashé, sa chère mère, vivait à quelques mètres de la place Almagro... En attendant de m'inscrire à l'école publique, ils me laissèrent prisonnier dans cette ambiance inhospitalière, à la garde de la patronne, une veuve aussi sèche que la purée quotidienne, qui entrait sans frapper dans ma chambre dans le seul but de me faire le complice de ses insultes contre le gouvernement du Front populaire. Tandis que Jaime mangeait des friands dans la rue et que Sara buvait le maté chez sa mère, je déglutissais laborieusement le menu de la grande pension Le Paradis de Crésus. Timide comme je l'étais, je plongeais mon visage dans les pages des aventures de John Carter sur Mars. En face de moi s'asseyait une vieille au dos en forme de crochet, qui avait perdu toutes ses dents, sauf une canine de la mâchoire inférieure. Chaque fois qu'on lui servait la soupe, elle fouillait dans son sac à main galeux, en sortait en cachette un œuf et, d'un geste tremblant, le cassait contre sa dent orpheline pour, de haut, le vider dans le liquide insipide, éclaboussant la nappe et mon livre. J'imaginais la vieille accroupie dans sa chambre, telle une énorme poule déplumée, pondant chaque jour un œuf en guise d'étron. De même que j'avais appris à vaincre la douleur, je dus apprendre à dominer le dégoût. À la fin du déjeuner et du dîner, elle me disait au revoir en m'embrassant sur les joues. Je forçais ma bouche à sourire.

Enfin, ce fut la rentrée des classes. Je me réveillai à six heures du matin et rangeai soigneusement mes cahiers, mes crayons et mes livres. Tremblant, à cause du froid et parce que j'étais nerveux, à jeun, je descendis sur la place et m'assis en attendant que vienne l'heure de courir vers un endroit avec des enfants de mon âge, qui jamais ne sauraient qu'on me surnommait Pinocchio, qui ne connaîtraient ni mon champignon ni les pattes de lait que cachait mon pantalon long. Soudain, des sirènes résonnèrent et des réflecteurs brillèrent. Une voiture de police déboucha, suivie d'une ambulance. La place déserte se remplit de curieux. Les carabiniers, comme si j'étais un enfant invisible, tirèrent jusqu'à mon banc un mendiant mort. Les chiens errants avaient arraché sa gorge et dévoré une partie d'une jambe, les bras et l'anus. À en juger par la bouteille de pisco vide trouvée près de lui, il s'était endormi ivre sans se méfier de la fringale canine. Quand je vomis, infirmiers, policiers et badauds semblèrent me voir pour la première fois. Ils se mirent à rire. Une brute agita devant moi un moignon du cadavre : « Tu veux en manger un morceau, petit ? » Les plaisanteries s'éparpillèrent dans l'air et l'air me brûla les poumons. J'arrivai au collège sans aucun espoir : le monde était cruel. Je n'avais devant moi que deux solutions : soit, comme les autres, je devenais un assassin de rêves, soit je m'enfermais dans ma pensée devenue forteresse. J'optai pour la seconde.

Un soleil aux rayons vert-de-gris amena une chaleur insupportable. Sans nous laisser le temps de poser nos lourds cartables, l'institutrice nous embarqua tous dans l'autobus de l'école. « Nous commencerons demain à travailler, aujourd'hui nous partons en excursion, respirer l'air pur ! » Hurlement de joie et applaudissements. Tous les enfants se connaissaient. Je m'assis dans un coin, sur le siège arrière, et ne décollai pas mon nez de la vitre. Les rues de la capitale me parurent hostiles. Nous traversâmes des rues sombres. Je perdis la notion du temps. Soudain, je m'aperçus que l'autobus avançait sur un chemin de terre, traînant derrière lui un sillage de poussière rouge. Les battements de mon cœur s'accélérèrent. Il y avait des taches vertes de tous côtés ! Moi, j'étais habitué à la couleur opaque, terre de Sienne, des stériles montagnes du Nord. C'était la première fois que je voyais des plantations, des rangées d'arbres sur des kilomètres au bord du chemin et, par-dessus tout cela, un chœur intense d'insectes et d'oiseaux. Lorsque nous arrivâmes à destination et que mes compagnons débarquèrent pêle-mêle dans une clameur d'allégresse pour se déshabiller et se jeter nus dans l'eau cristalline d'un ruisseau, je ne sus que faire. L'institutrice et le chauffeur m'oublièrent sur le siège arrière. Il me fallut une demi-heure pour me décider à descendre. Sur un rocher plat, il y avait des œufs durs. Me sentant submergé par la même solitude que la vieille à la dent orpheline, j'en pris un et grimpai dans un arbre. L'institutrice eut beau insister, je refusai de descendre de la branche où je me tenais assis, immobile, de me déshabiller et d'aller nager avec mes compagnons. Que pouvait-elle savoir ? Comment lui dire que c'était la première fois que je voyais un courant d'eau douce, la première fois que je grimpais dans un myrte, la première fois que je sentais le parfum de la vie végétale, la première fois que je voyais des moustiques dessiner de leurs pattes éthérées des macramés à la surface de l'eau, la première fois que j'entendais le croassement sacerdotal des crapauds bénissant le monde ? Savait-elle que mon sexe sans prépuce ressemblait à un champignon blanc ? Le mieux qui pouvait m'arriver, c'était qu'on me laisse tranquille dans ce monde étranger, humide, balsamique, dans lequel, ne me connaissant pas, personne ne pouvait faire la différence. Oui, avant qu'on ne me rejette, mieux valait que moi, en m'isolant, je les nie.

« Il est bête », murmurèrent-ils, et ils me laissèrent tranquille, m'oubliant bientôt, absorbés par leurs jeux aquatiques. Je mangeai lentement l'œuf dur, me comparant à lui. Me couper de l'extérieur me convenait, me donnait des forces, mais en même temps me rendait stérile. J'eus la sensation d'être de trop en ce monde. Soudain, un papillon aux ailes iridescentes vint se poser sur mon sourcil. Je ne sais ce qui m'arriva alors, ma vision parut s'étendre, pénétrer le temps. Je me sentis semblable à la figure de proue, dans le présent, d'un bateau qui était tout le passé. Je n'étais pas seulement dans cet arbre matériel, mais aussi dans un arbre généalogique. Entendons-nous bien : le terme « généalogique » m'était inconnu, de même que la métaphore « famille-arbre » ; cependant, assis dans cette créature végétale, j'imaginai l'humanité comme un immense transatlantique envahi par une forêt fantomatique, voyageant vers le futur inéluctable. Inquiet, je laissai venir le Rebe. « Un jour, tu te rendras compte que les couples ne se rencontrent pas par simple hasard : une conscience surhumaine les unit selon des desseins obstinés. Pense aux étranges coïncidences qui font que tu viennes au monde. Sara est orpheline de père. Jaime aussi a perdu son père. Ta grand-mère maternelle, Jashé, perd José, son fils de quatorze ans, mort d'avoir mangé une salade arrosée avec de l'eau infectée, ce qui la perturbe mentalement pour le restant de ses jours. Ta grand-mère paternelle, Teresa, perd aussi son fils préféré, noyé dans une crue du Dniepr, à quatorze ans, ce qui l'a rend folle. La demi-sœur de ta mère, Fanny, se marie avec son cousin José, pompiste. La sœur de ton père, Fanny également, épouse un garagiste. L'autre demi-frère de Sara, Isidoro, féminin, cruel, solitaire, finira célibataire, vivant avec sa mère dans une maison dont lui-même est l'architecte. Benjamín, homosexuel, cruel, célibataire, vivra en couple avec sa mère, partageant le même lit, jusqu'à la mort de celle-ci, et il mourra un an après l'avoir enterrée. Une famille semble être le reflet de l'autre. Jaime comme Sara sont des enfants abandonnés, cherchant perpétuellement l'amour inexistant de leurs parents. Ce qu'on leur a fait subir, ils te le font subir. À moins que tu ne te rebelles, tu devras faire la même chose aux enfants que tu auras. Les souffrances familiales, comme les maillons d'une chaîne, se répètent de génération en génération, jusqu'à ce qu'un descendant, toi peut-être, dans ce cas, en prenne conscience et transforme sa malédiction en bénédiction. » À dix ans, il me fut donné de comprendre que la famille était pour moi un piège, dont je devais me libérer ou mourir.

Je mis longtemps à trouver l'énergie de me rebeller. Quand l'institutrice lui dit que son fils était gravement déprimé, qu'il avait peut-être une tumeur au cerveau, ou alors souffrait des effets d'un violent traumatisme dû à une perte de territoire ou un abandon familial, Jaime, au lieu de s'inquiéter de ma santé mentale, s'offusqua. Comment cette idiote maigrichonne, hystérique, bourgeoise osait-elle l'accuser, lui, d'être un père négligent et son rejeton un petit pédé débile ! Sur-le-champ il m'interdit d'aller à l'école et, profitant de ce qu'il avait trouvé un local, quitta Le Paradis de Crésus sans payer la dernière semaine.

Sara, pour être bien vue de sa famille, aurait voulu avoir une boutique dans le centre de la ville, mais Jaime, poussé par ses idéaux communistes, décida de louer un local dans un quartier populaire. Il nous immergea dans la rue Matucana.

La zone commerciale n'occupait que trois pâtés de maisons ; un essaim de gens pauvres y circulait, domestiques, ouvriers et camelots, surtout le samedi, jour de paie. Alignés le long des barrières du chemin de fer se tenaient accroupis des vendeurs de lapins. Les cadavres, pendant sur les bords des paniers, pas dépiautés mais l'estomac ouvert, où brillait un foie noir de la taille d'une olive, formaient des colliers assaillis par les mouches. Des vendeurs de rue annonçaient des savons qui éliminaient toutes les taches, des sirops bons pour la toux, la diarrhée et l'impuissance, des ciseaux si solides qu'ils coupaient les clous... Des enfants malingres, portant le masque jaunâtre de la tuberculose, offraient leurs services de cireurs. Je n'exagère pas. Le samedi, il m'était difficile de respirer, tant était épaisse la puanteur de vêtements sales qui montait de la foule. Sur ces quatre cents mètres, telles d'énormes araignées somnolentes, ouvraient leurs portes trois boutiques de prêt-à-porter, une cordonnerie, une pharmacie, un grand magasin, un marchand de glace, un garage, une église. À quoi s'ajoutaient, bruyants, encombrés de clients et répandant d'aigres effluves, sept troquets. Le Chili était un pays d'ivrognes. Toutes les activités tournaient autour de l'alcool. Depuis le président, Pedro Aguirre Cerda, qu'on appelait « don Tinto » (Gros Rouge) parce qu'il buvait beaucoup et avait un gros nez, jusqu'au misérable ouvrier qui chaque fin de semaine, après avoir acheté des sous-vêtements neufs à sa femme, des chemises et des chaussettes à sa progéniture, buvait le reste de sa paie, puis allait se planter au milieu de la voie ferrée — dans Matucana, entre la rue et le trottoir, passaient de longs trains de marchandises — et défiait, poings levés, la locomotrice. L'orgueil viril des hommes soûls n'avait pas de limites. Il m'arriva un jour de passer dans la rue au moment où la machine venait de déchiqueter un fier-à-bras. Les badauds jouaient, lui donnant des coups de pied au milieu des cris de joie, à se lancer des morceaux de chair humaine.

Mon père, s'obstinant à devenir le roi du quartier, pour attirer la plèbe mit à nouveau devant la porte des crieurs de plus en plus extravagants, des clowns chirurgiens en train de réparer une poupée ensanglantée portant le signe $ sur le front : « Le Combat baisse les prix ! », ou une guillotine sur laquelle un magicien décapitait de gros bonshommes représentant les commerçants exploiteurs, ou encore un nain à la voix de stentor déguisé en Hitler : « Guerre à la vie chère ! », etc. Malgré la foule des voleurs, il plaça toute la marchandise en tas sur des tables, cherchant toujours à donner l'idée d'abondance. Il installa un comptoir en bois avec une fente au milieu et, devant les clients, avec un couteau affilé et des modèles copiés de robes américaines, il coupait lui-même d'épaisses couches de cotonnade afin que les morceaux de tissu soient cousus sur les lieux mêmes par des gamines ouvrières, confectionnant ainsi des vêtements bon marché qui allaient directement du fabricant au consommateur. Il plaça des haut-parleurs à plein volume diffusant de joyeuses mélodies espagnoles aux paroles toujours lascives. « Jette des griottes au dindon... moi, je jetterai à la dinde... du sucre, de la cannelle et des clous de girofle. » Les ouvriers, éblouis, remplissaient le magasin. Beaucoup venaient avec des paniers. Moi, qui après avoir fait mes devoirs étais obligé d'aller au Combat surveiller les clients, dès que je voyais un misérable cacher un gilet de laine, un jupon ou n'importe quel vêtement au fond de son panier, je faisais signe à mon père. D'un bond, Jaime sautait par-dessus le comptoir, tombait sur le filou et le démolissait à coups de poing. Le pauvre homme, se sentant coupable, ne se défendait pas, acceptant servilement la punition. Si c'était une voleuse, il lui donnait des gifles terribles et lui arrachait sa jupe avant de l'expulser d'un coup de pied dans la rue, sa culotte sur les chevilles.

En aucune manière je n'approuvais la violence de mon père. Mes entrailles se nouaient et ma poitrine me brûlait quand je voyais ces visages ensanglantés accepter la punition comme si elle était donnée par les poings de Dieu. Pour les hommes, une dent cassée ou un nez brisé était moins grave que le fait, pour les femmes, de se montrer fesses nues, culotte baissée, parfois trouée, aux yeux d'une foule hilare. Les pauvres petites restaient paralysées, accablées de honte, les mains plaquées sur leur pubis, incapables de se pencher vers le vêtement intime pour le remonter. Il fallait que quelqu'un vienne, un ami, une parente, et la couvre avec une veste ou un châle, pour la sortir de ce cercle hostile. Chaque fois que mon index désignait le panier coupable, un goût amer envahissait ma bouche : je ne voulais pas faire de mal à ces gens qui volaient parce qu'ils avaient faim. Le chef sacré m'avait donné un ordre et moi, tout en ayant la sensation que c'était moi qu'on humiliait et dont on blessait la chair, je devais obéir. Après chaque raclée je m'enfermais dans les cabinets et je vomissais.

Mon corps, qui renfermait tant de culpabilité, tant de larmes interdites, tant de nostalgie de Tocopilla, se mit à transformer le chagrin en graisse. À onze ans je pesais un peu plus de cent kilos. Épuisé, j'avais du mal à soulever mes pieds du sol, j'avançais en frottant le pavé avec mes semelles, comme suivi par deux longues plaintes, je respirais la bouche entrouverte en faisant des efforts pour avaler un air qui me rejetait, mes cheveux autrefois ondulés tombaient raides et ternes sur mon front. Ayant oublié qu'il y avait un ciel infini, je vivais la tête penchée en avant, me donnant pour seul horizon le grossier trottoir en ciment.

Sara parut se rendre compte de ma tristesse. Elle arriva de chez sa mère portant dans ses bras une caisse en bois noir, vernie. « Alejandro, les vacances seront bientôt terminées. Dans un mois, tu pourras aller à l'école et y rencontrer des amis, mais maintenant, tu dois trouver une occupation. Jashé m'a fait cadeau du violon de son fils José, paix à son âme. Tu lui ferais une joie immense si tu apprenais à en jouer et qu'avec cet instrument sacré tu réalisais ce que n'a pu réaliser mon pauvre frère : interpréter pour nous *Le Beau Danube bleu* au cours des dîners de famille. »

Je me vis obligé de prendre des cours à l'académie de musique qu'une socialiste fanatique animait dans le sous-sol de la Croix-Rouge. Pour y arriver, je devais traverser toute la rue Matucana. L'étui noir, au lieu d'avoir des côtés dont les courbes épousent la forme d'un violon, était aussi droit qu'un cercueil. En me voyant passer, les cireurs de chaussures éclataient de rires sarcastiques. « Il porte un mort ! Fossoyeur ! » Rouge de honte, la tête enfoncée dans les épaules, je ne pouvais cacher la caisse funéraire. Ils avaient raison. Le violon qu'elle contenait était la dépouille de José. Ne voulant pas l'enterrer, ma grand-mère avait fait de moi son véhicule. J'étais une forme creuse qu'on utilisait pour transporter une âme en peine. À mieux y réfléchir, j'étais le fossoyeur de ma propre âme. Je la portais, morte, dans cet horrible étui. Au bout d'un mois de cours, où les notes noires me parurent être en deuil, je m'arrêtai devant les cireurs et les regardai sans dire un mot. Leurs sarcasmes augmentèrent jusqu'à devenir un chœur assourdissant. Lentement, le piaffement d'une immense remorque mécanique, de la couleur de mon coffret, effaça le brouhaha. Je lançai le cercueil vers la voie ferrée où une locomotive le réduisit en un tas de bouts de bois. Souriants, les loqueteux ramassèrent les morceaux pour faire un feu, sans s'occuper de moi qui restais debout devant eux, secoué par de vieux sanglots. Un vieil ivrogne sortit du troquet, mit une main sur ma tête et d'une voix rauque murmura : « Ne t'inquiète pas, petit, une vierge nue éclairera ton chemin avec un papillon qui brûle. » Puis il partit pisser à l'ombre d'un poteau.

Ce vieux, que le vin avait transformé en prophète, d'une seule phrase me tira de l'abîme. J'étais enseveli au fond du marécage, mais quelqu'un m'indiquait que de là pouvait émerger la poésie. Jaime, de la même manière qu'il s'était moqué de toutes les religions, s'acharna aussi sur les poètes. « Ils parlent d'aimer la femme, comme ce García Lorca, mais c'est tous des pédés. » Puis il étendit son mépris à toutes les formes d'art : littérature, peinture, théâtre, chant, etc. Tous des bouffons méprisables, des parasites de la société, des narcissistes pervers, des crève-la-faim. Dans un coin de notre appartement, couverte de poussière, végétait une machine à écrire Royal. Je la nettoyai soigneusement, m'assis devant elle et me mis à lutter contre le portrait de mon père qui, gigantesque, envahissait mon esprit. Il me regardait avec dédain. « Pédé, poule mouillée ! » Transformant ma soumission en révolte, je pulvérisai avec rage le dieu persifleur pour écrire mon premier poème. Je m'en souviens encore :

La fleur chante et disparaît,
comment nous plaindre ?
Pluie nocturne, maison vide
Mes empreintes sur le chemin
s'effacent peu à peu...

La poésie opéra un changement radical dans ma conduite. Je cessai de voir le monde à travers les yeux de mon père. Tenter d'être moi-même m'était permis. Toutefois, pour garder le secret, chaque jour je brûlais mes poèmes. L'âme, vierge nue, éclairait mon chemin avec un papillon en flammes.

Lorsque je pus écrire sans éprouver de honte et sans penser que je commettais un crime, je voulus conserver mes poèmes et trouver quelqu'un à qui les lire. Mais le pouvoir de mon père, son culte du courage, son mépris de la faiblesse et de la lâcheté faisaient naître en moi une véritable terreur. Comment lui annoncer qu'il avait un fils poète ? Tard le soir, j'attendis qu'il rentre du Combat, décidé à affronter sa fatigue et sa mauvaise humeur. Comme d'habitude, il arriva avec un tas de billets enveloppés dans du papier journal. La première chose qu'il me dit, d'un ton aigre, fut : « Apporte-moi l'alcool ! Il faut désinfecter cette puanteur ! » Il vida sur son bureau un argent plissé, sale, nauséabond, vaporisa dessus un nuage de désinfectant et, enfilant des gants de chirurgien, se mit à les classer et les compter. Parfois, lançant des injures, il aplatissait des billets verdâtres, qui m'apparaissaient comme des cadavres d'insectes marins. « Mets les gants, Alejandro, que tu n'ailles pas attraper une saleté, et aide-moi à les compter. » Hardiment, je commençai ma confession. « Papa, j'ai quelque chose d'important à te dire. — Quelque chose d'important, toi ? — Oui, moi ! » Et j'essayai de mettre dans ce « moi » toute mon indépendance : « Je ne suis pas toi, je ne vois pas le monde comme tu le vois, respecte-moi ! » Mais comme un billet portait des croûtes, de boue, de sang ou de vomi, Jaime m'oublia et, proférant des malédictions, avec une lime à ongles commença à gratter l'immondice. Pour la première fois de ma vie je m'apprêtai à lui crier : « Imbécile, rends-toi compte que j'existe ! Je ne suis pas ton frère Benjamín, le pédé, je suis moi, ton fils ! Jamais tu ne m'as regardé ! C'est pour ça que je grossis, pour que tu te rendes compte, sinon de mon âme, du moins de mon corps ! Ne me demande pas d'être un guerrier, je suis un enfant ! Non, pas un enfant, car tu l'as assassiné ! Je suis un fantôme, qui veut fuir le cadavre adipeux qui l'enferme pour s'incarner dans un corps vivant, libéré de tes concepts et de tes jugements ! » Je ne pus même pas prononcer la première syllabe car, annoncée par un terrible rugissement souterrain, commença une trépidation qui menaça de se changer en tremblement de terre. Quand le plancher et les murs vibrent, nous pouvons penser qu'un gros camion passe dans la rue, mais quand les lampes deviennent pendules, que les chaises se promènent d'un bout à l'autre de la pièce, qu'une armoire penche et qu'une pluie de poussière tombe du plafond, nous ne doutons plus que la terre s'est mise en colère. Cette fois, sa fureur semblait vouloir se changer en haine mortelle. Nous dûmes nous accrocher aux barreaux d'une fenêtre pour ne pas perdre l'équilibre, les murs se fissurèrent, la pièce devint une barque agitée par la tempête. De la rue nous parvinrent les cris d'une foule prise de panique. Jaime m'attrapa par une main et, en titubant, me conduisit jusqu'au balcon. Il éclata de rire : « Regarde-moi ces bondieusards, ha, ha, ils tombent à genoux, ils se frappent le poing sur la poitrine, ils se pissent et se chient dessus, aussi couards que leurs chiens ! » En effet, les chiens hurlaient, le poil hérissé, relâchant leurs intestins. Un poteau tomba. Les câbles électriques vinrent fouetter le sol en jetant des étincelles. La foule courut se réfugier dans l'église dont l'unique tour s'inclinait d'un côté et d'autre. Jaime, de plus en plus joyeux sur le balcon qui menaçait de s'effondrer, me maintint près de lui, m'empêchant de me précipiter dans la rue. « Lâche-moi, papa, la maison risque de s'écrouler. » Il me gifla. « Du calme, tu restes ici, près de moi ! Tu dois me faire confiance ! Je n'accepterai jamais que tu sois un lâche comme les autres ! Ne te fais pas le complice du tremblement. La peur accroît les dégâts. Si tu fais attention à elle, la terre va prendre de l'assurance. Ignore-la. Ce n'est rien. Ton esprit est plus puissant qu'un stupide tremblement de terre. » Par chance, les secousses cessèrent d'augmenter. Peu à peu, le sol retrouva son calme habituel. Jaime me lâcha. Avec un sourire et des airs de héros, il me regarda du haut d'une tour inaccessible. « Que voulais-tu me dire, Pinocchio ? — Oh, papa, ça ne devait pas être important, le tremblement me l'a fait oublier ! » Il s'assit à son bureau, mit ses tampons dans ses oreilles et, comme si j'avais cessé d'exister, s'apprêta à finir de compter — en grommelant ses habituelles malédictions — les sales billets ouvriers.

Je regagnai ma chambre avec la sensation qu'un rouleau compresseur était passé sur mon âme. La bravoure de mon père était invincible, son autorité absolue. Il était le maître et moi son esclave. Incapable de me rebeller, il ne me restait qu'à obéir, à oublier mes activités créatrices, à n'exister qu'en étant guidé : l'impossible sens de la vie était d'adorer le Père omnipotent... De nouveau j'eus envie de sauter par la fenêtre, cette fois pour être emporté par le train qui à chaque heure de la nuit passait en dessous en lançant des sifflements qui, telles des épingles, traversaient la libellule de mes rêves. Une pensée m'empêcha de passer à l'acte. « Je ne peux mourir sans connaître le sexe de mon père. Il doit avoir un phallus aussi grand que celui d'un âne. »

J'attendis jusqu'à quatre heures du matin, heure à laquelle les ronflements de mes géniteurs, aussi puissants que ceux des locomotives, envahissaient la maison. J'avançai sur la pointe des pieds, essayant de ne pas penser, de peur qu'un mot fasse vibrer mon esprit au-delà de mon crâne en provoquant des craquements dans les murs, dans le plancher et dans les meubles. La minute que je mis à ouvrir la porte de la chambre me parut durer une heure. Une obscurité rance m'immobilisa. Craignant de trébucher sur une chaussure ou sur le vase de nuit rempli d'urine que ma mère vidait chaque matin alors que Jaime et moi prenions notre petit déjeuner, je restai changé en statue jusqu'à ce que mes yeux s'habituent au noir. Je m'approchai doucement du lit, m'enhardis à allumer ma torche. Prenant garde à ce qu'aucun rayon n'éclairât leurs visages, je parcourus leurs corps. C'était l'époque la plus chaude de l'année. Elle comme lui dormaient nus. Enivrées par l'odeur pénétrante, quelques mouches bourdonnaient, butinant les poils de leurs aisselles. La peau blanche de ma mère gardait encore les traces rougeâtres du corset qui l'opprimait du matin au soir. Ses seins, deux énormes bananes, reposaient sereinement près de ses flancs. Elle dormait, déesse dodue de l'abondance, une menue main d'ivoire posée sur l'épais duvet pubien de mon père. Ma surprise fut si grande que ma langue gonflée se mit à battre comme si elle était devenue un cœur. J'eus envie de rire. Pas de joie, mais nerveusement. Ce que je voyais abattait d'un coup la tour mentale dans laquelle l'autorité de Jaime m'avait enfermé. La chaleur des doigts de Sara, si proche, provoquait une érection. Certes, le membre circoncis avait la forme d'un champignon, mais, incroyable !, il était beaucoup plus petit que le mien. Plus que d'un phallus, il avait l'air d'un petit doigt.

Je compris tout à coup le pourquoi de l'agressivité de Jaime, son vindicatif orgueil, son éternelle rancœur vis-à-vis du monde. Il m'avait précipité dans la faiblesse, me construisant sournoisement un caractère de lâche, de victime impuissante, pour se sentir puissant. Il se moquait de mon long nez parce qu'il se savait court à l'entrejambe. Il lui fallait se prouver sa puissance à lui-même en séduisant les clientes, en dominant mon énorme mère, en ensanglantant les voleurs. Sa forte volonté était devenue le complément de sa minuscule bitte. Le géant s'écroula. Et avec lui le monde entier. Aucun des sentiments qu'on m'avait inculqués n'était vrai. Tous les pouvoirs, artificiels. Le grand théâtre du monde, une forme vide. Dieu était tombé de son trône. La seule vraie force sur laquelle je pouvais compter était la mienne, toute petite. Je me sentis comme un être sans squelette auquel on aurait retiré ses béquilles. Mieux valait cependant une vérité infime qu'un énorme mensonge.

On m'avait inscrit au lycée d'application, magnifique école dans un noble édifice, avec des professeurs compétents et un vaste programme d'études, mais qui présentait un inconvénient inattendu : les élèves étaient des sympathisants de l'Allemagne nazie. Pendant la guerre, peut-être à cause de la forte immigration allemande ou de l'influence de Carlos Ibáñez, dictateur sorti d'une armée formée par des instructeurs teutons, plus de cinquante pour cent des Chiliens étaient germanophiles et antisémites. Il suffit qu'après le cours de gymnastique je prenne la douche collective obligatoire pour que mon champignon me trahisse. Aux cris de « Juif errant ! »

je fus expulsé de tous les jeux qu'organisaient les élèves pendant les récréations. Pendant les cours, on m'accorda le privilège de m'asseoir seul sur un banc : personne ne voulut partager le siège double avec moi. Au début, je ne compris pas ce bannissement. Jaime ne m'avait jamais dit qu'il appartenait à la *race* juive. D'après lui, mes grands-parents étaient des Russes de pure souche, communistes, qui avaient fui les fureurs tsaristes. Les juifs, comme les chrétiens, les bouddhistes, les mahométans et autres religieux, étaient des fous qui croyaient aux contes de fées ! Peu à peu, insulte après insulte, je compris que mon corps était constitué d'une matière méprisable, différente de celle de mes camarades. Au cours du premier trimestre, je me vengeai en devenant le meilleur élève. Ce ne fut pas difficile : sans que mes parents me parlent — une phrase de trop changeait leur ennui en exaspération —, et plongé dans le silence auquel m'avaient condamné les enfants, la seule distraction qui me restait était d'étudier pendant des heures, jour et nuit, non par plaisir ou par devoir, mais comme une drogue qui m'empêchait d'affronter l'angoisse. Par chance, là, dans ce marécage sans fond, remontaient soudain, telles des fleurs de lotus, quelques courts poèmes.

Je me sens raisonnable jusqu'à l'ennui
à regarder passer les folles mascarades
qui agitent des drapeaux insolents dans les rues
telle une armée de morts en uniformes d'or
tandis que je fais de mon trou un temple vide...

Fatigué de vivre comme une victime, j'essayai de participer à la compétition du saut en hauteur. Au milieu de la cour s'étalait une fosse rectangulaire remplie de sable. Une barre horizontale soutenue par deux colonnes mesurait la hauteur des sauts. Dès que la cloche sonnait, annonçant la récréation, les garçons couraient jusqu'à cet endroit pour former une longue queue. L'un après l'autre, chacun tentait de sauter plus haut que ses compagnons. Ils ne se débrouillaient pas si mal. La barre atteignait parfois un mètre soixante-dix. Quand j'essayai de me mettre dans la file, tous me poussèrent à l'extérieur, murmurant sans me regarder : « Gros puant. »

Si depuis tout petit j'avais accepté d'être humilié, sentant ma différence comme une castration, à présent que je me savais équipé d'un sexe plus grand que celui de mon père j'eus envie de démontrer à mes ennemis qu'ils ne pouvaient me vaincre. J'entrai dans le bureau du recteur, endroit sacro-saint où aucun élève n'osait pénétrer, je lui exposai mon problème et lui demandai de m'aider à survivre en acceptant ce que je voulais lui proposer. Il accepta ! Quand la cloche sonnait, les élèves de chaque classe se mettaient en rang dans les couloirs du premier et du deuxième étage, devant les portes des classes, en attendant l'arrivée du professeur. Au centre s'étendait la cour, quadrangulaire, avec son sable pour le saut en hauteur. Le recteur me permit, pendant les cinq minutes que durait l'attente, de m'essayer au saut. Étant donné mon poids, j'étais loin d'être un athlète. Je me proposai de commencer à un mètre cinquante. Au début, il me fut impossible de le franchir. Au milieu des moqueries générales, il y avait au moins cinq cents élèves, je courais vers la barre, sautais avec toute mon énergie, comme si ma vie en dépendait, m'élevais dans les airs, faisais tomber la barre et me retrouvais dans le sable, les quatre fers en l'air. Un chahut moqueur éclatait. Sans prêter attention aux rires tonitruants, je recommençais. Et comme ça, sans arrêt, cinq minutes durant et six fois par jour, maintes et maintes fois, échec après échec, pendant quatre mois. Peu à peu je maigris, de cent kilos, je passai à quatre-vingts ; bien que me voyant toujours obèse, grâce à une nouvelle musculature je parvins à franchir un mètre soixante. Au cours des deux derniers mois je réussis à perdre dix kilos de plus et, comme le meilleur, je franchis la barre à la hauteur d'un mètre soixante-dix. Un silence rageur couronna mon succès.

L'année scolaire s'achevait. Debout dans la cour, formant un groupe compact, les élèves attendaient qu'on ouvrît le portail pour courir dans la rue, vers l'été, en une chaotique cavalcade. Moi, qu'on avait relégué au fond, je sentis qu'avant de partir je devais aller remercier le recteur de la faveur qu'il m'avait faite, aussi entrepris-je de me frayer un chemin entre les élèves. Pour atteindre le rectorat, il me fallait traverser tout le groupe. Ils se resserrèrent de plus en plus, m'opposant un mur humain. Je me mis à les écarter en poussant. Tout se déroulait dans un hypocrite silence, car les professeurs surveillaient depuis les galeries du haut. Arrivé au centre de la cour, en levant le bras gauche pour écarter les épaules de deux opposants, il me sembla recevoir un coup de poing dans le biceps. Je n'émis aucune plainte, et continuai à essayer d'avancer. Le sang se mit à couler sur mes doigts. La manche de ma chemise blanche virait au grenat. Une déchirure dans le tissu laissait voir l'endroit où était entré le coup de couteau. On ouvrit le portail. Dans un hurlement, la foule se précipita vers l'extérieur, et en quelques instants je me retrouvai seul au milieu du carré de sable. Voyant la tache rouge, les professeurs accoururent vers moi. Pâle, mais sans pleurer ni me plaindre, je leur montrai la blessure. « Ç'a été un accident, deux camarades jouaient avec un canif, je suis passé à côté juste au moment où l'un d'eux faisait un geste brusque. Par chance j'ai levé le bras, sinon la lame se serait enfoncée dans mon cœur. »

Ils appelèrent la Croix-Rouge. L'ambulance m'emmena à la clinique. Impatients de partir en vacances, aucun professeur ne m'accompagna. Derrière moi, on ferma les portes du lycée vide. Un infirmier bougon désinfecta puis recousit la blessure de trois points. « Ce n'est rien, mon garçon. Rentre chez toi, avale ces pilules et dors un peu. » J'étais habitué à supporter la douleur, habitué également au peu d'intérêt que portaient les autres à ce qui pouvait m'arriver. Excepté l'imaginaire Rebe et le non moins imaginaire vieil Alejandro, jamais personne ne m'avait tenu compagnie. La solitude, tels les bandages d'une momie, m'opprimait le corps. Dans ce cocon de toile usée, moi, chenille stérile, j'agonisais. Et si je n'avais pas levé le bras et que la pointe avait atteint mon cœur ? Quelqu'un serait-il mort ? Qui ? Quelqu'un qui n'était pas moi ! Mon être véritable n'a jamais germé. Dans le carré de sable seule se serait écroulée une ombre. Pourtant, le hasard avait ordonné que mon âme morte ne disparût point. Si ces desseins mystérieux appelés destin voulaient que je vive, il fallait, pour ce faire, que d'abord je naisse.

Je m'enfermai dans la chambre qu'on m'avait donnée au fond de l'obscur appartement. Comme les hivers ne comptaient que peu de jours de grand froid, ayant supprimé les poêles électriques ou à gaz nous nous chauffions avec des braseros. Je rassemblai toutes mes photographies et, sur ces charbons devenus rubis, je les vis se transformer en cendres. Désormais, plus jamais personne ne pourrait m'identifier avec les images de celui qui avait cessé d'être. Moi enfant, triste, sur un banc de la place de Tocopilla, déguisé en Pierrot, portant une vieille chaussette noire en guise de chapeau alors que Sara avait promis de me faire un bonnet pointu, blanc, avec des pompons de gaze. Sur une autre photo, moi qui avais toujours les cheveux en bataille, des sandales et des pantalons longs, j'apparaissais vêtu à l'anglaise, en pantalon court gris, veste poivre et sel, chaussures noires et blanches, casque de gomina, posant raide, l'air ronchon, les jambes nues (personne n'avait pu m'obliger à porter les chaussettes en coton), pour envoyer à ma grand-mère une image qui n'était pas la mienne. « Quelle honte : Jashé va nous mépriser... ! » Plus tard, moi noyé dans un groupe du lycée, au milieu de ces garçons cruels : aujourd'hui encore, je me rappelle avec des frissons de colère les noms de deux d'entre eux, Squella et Úbeda, des grands qui avaient instauré un jeu avilissant : lorsque nous ne faisions pas attention, ils s'approchaient de nous par-derrière et, nous donnant un coup de pelvis dans le derrière, ils s'écriaient : « Cloué ! » Je dus passer les trois premières années fesses au mur. Enfin, attiré par mes cris, on les surprit en train d'essayer de me violer dans les latrines et ils furent renvoyés de l'école. Au lieu de m'en remercier, mes compagnons brisèrent le silence dans lequel ils me maintenaient par un seul mot injurieux : « Mouchard ! » Je continuai à brûler d'autres photos, je crus que toutes avaient brûlé, mais non : dans le fond de la boîte à chaussures où je gardais ma collection, il en restait une. Dessus, je me vis posant à côté d'une jeune fille à la bouche pulpeuse et aux grands yeux clairs empreints d'une expression d'arrogante mélancolie. Je la jetai dans le brasero. En la voyant brûler, d'un coup, je pris conscience que j'avais une sœur.

Il peut paraître irréel que quelqu'un vivant depuis sa naissance avec une sœur de deux ans son aînée, grandissant dans la même maison, mangeant à la même table, se sente cependant fils unique. La réalité dense, construite par la présence des corps, devient invisible si elle n'est accompagnée d'une réalité psychique. Ce n'est pas que j'aie pris la place de ma sœur et qu'elle ait été une colombe sacrifiée, ou que j'aie focalisé toute l'attention parce que j'étais un garçon. Bien au contraire, sans m'en être rendu compte jusqu'à cet instant, c'était moi qui avais été effacé. En général, l'enfant mâle, l'attendu, celui qui va assurer la continuité du nom paternel, est le préféré. On relègue la fillette dans le monde de la séduction et du service. Dans mon cas, ce fut exactement l'inverse. Lorsqu'elle naquit, elle prit toute la place. Moi, je fus un intrus dès mes premiers vagissements. Pourquoi ? Aujourd'hui encore, je ne me l'explique pas avec certitude. J'ai plusieurs hypothèses ; toutes sont convaincantes, mais aucune ne parvient à me satisfaire. Je n'ai jamais vu mon père utiliser son nom. Sa signature bancaire était un succinct *Jaime*. Et, qui plus est, sur son livret du parti communiste il apparaissait sous le nom de Juan Araucano. Parfois il me disait : « Tu lis beaucoup, peut-être un jour auras-tu la stupidité de vouloir être écrivain. Si tu signes Jodorowsky, jamais tu ne connaîtras le succès, utilise un pseudonyme chilien. » Il semble que mon grand-père l'ait déçu. Par rancune secrète, il ne l'a presque jamais nommé, n'a jamais raconté une anecdote le concernant, permettant uniquement de savoir qu'il était savetier et se prenait pour un saint. Sur les conseils de son Rebe, la plus grande partie de ce qu'il gagnait — qui était minime, car il ne mettait pas de prix à ses chaussures et ses réparations, le client donnant ce que lui dictait sa bonne volonté, toujours fort avare — partait en aumônes aux pauvres. Ayant tant souffert pour eux, il mourut relativement jeune, le cœur usé. « Quelle sorte de saint est celui qui ôte le pain à sa famille pour l'offrir à des bouches étrangères ? » En mourant, il laissait une femme et quatre enfants dans la misère. La colonie juive, des immigrés eux-mêmes préoccupés par leur survie, leur ferma les portes. Mon père, sacrifiant ses ambitions — il aurait voulu étudier pour devenir un théoricien supérieur à Marx —, se mit à travailler là où il pouvait — portefaix, bougnat, mineur, acrobate dans un cirque —, essayant de donner une vie décente à ses sœurs (qui d'après lui sont devenues des putains) et de permettre à Benjamín, son plus jeune frère, de devenir dentiste. Personne ne l'en remercia : son frère, au lieu de lui donner du travail comme mécanicien dentiste — c'était là leur pacte : Jaime, ayant hérité de l'habileté manuelle de son père, pouvait fabriquer d'excellentes dents —, s'amouracha d'un petit jeune au teint mat et s'associa avec lui. Teresa, ma grand-mère, approuva les amourettes de Benjamín et accepta de vivre avec lui et son (pour Jaime) honteux amant.

Je crois que mon père imputa la faute de tout cela au savetier. Dans l'Égypte antique, quand on voulait éliminer un pharaon, au lieu de le condamner à mourir on effaçait son nom de tous les papyrus et de toutes les stèles. Ainsi, en l'extirpant de la mémoire collective, le condamnait-on à la mort véritable qu'est l'oubli. Quand un homme hait son père, il ne se reproduit pas — pour empêcher que le nom se multiplie — ou change de nom. Je suppose que Jaime perçut ma sœur comme fille unique. J'arrivai deux ans plus tard, par surprise : personne ne m'avait désiré, la place qu'occupait mon corps dans le monde était usurpée, ma présence, un abus. Je portais dans mes gènes la menace de la survie du nom exécré. Une autre hypothèse, qui ne nie pas la première, fait de moi l'écran sur lequel Jaime a projeté la haine qu'il avait pour Benjamín : sa perversion, sa trahison, l'appropriation de la mère, toutes choses difficiles à avaler. Il lui fallait vomir ce ressentiment, se défouler sur quelqu'un. Par l'éducation qu'il me donna, il fit de moi un lâche, un faible ; en s'en moquant, il développa ma sensibilité féminine :

l'exemple violent qu'il me donna me fit détester les attitudes machistes. Comme son frère vivait dans une maison encombrée de livres — en général des histoires d'amour et des thèmes de sexualité cachée —, il me fit aimer la lecture en m'inscrivant à la bibliothèque municipale, puis, au lieu de jouets, me laissa libre d'acheter les livres que je voulais. Je finis par vivre entouré de murs tapissés de livres, comme mon oncle. Jaime ne mémorisa jamais bien mon nom et souvent, quand il décidait de ne pas m'appeler Pinocchio, il me disait, comme par erreur, Benjamíncito. D'innombrables fois il affirma : « Tu es le dernier Jodorowsky », m'inoculant la stérilité de manière subtile. Hypothèse... Il m'ignora à cause de mon nez aquilin. Ça le dérangeait d'être russe — il était arrivé au Chili à l'âge de cinq ans —, et plus encore d'être juif. Il voulait des racines. Dans ce Chili où les Guggenheim s'étaient emparés des mines de salpêtre et de cuivre, puis des banques, prospérant sur la misère ouvrière, l'antisémitisme prit comme feu de paille. À la moindre querelle politique, commerciale ou simplement dans la rue, lors d'une dispute, on pouvait lui crier : « Juif de merde ! Expatrié ! » Pour lui qui avait la chance d'avoir un nez droit, le fait que je sois né avec ce promontoire incurvé au milieu de la figure était une dénonciation constante. C'est peut-être pour cette raison que je n'ai pas de souvenirs de m'être promené, d'être entré dans une pâtisserie ou un cinéma seul avec lui. Chaque fois que nous sortions, il se plaçait au centre, entre ma mère et ma sœur qu'il tenait par le bras, tandis que moi, je marchais derrière... je me tenais dans le coin le plus sombre du restaurant... dans la galerie du cirque, loin de leur loge au bord de la piste. En réalité, ma famille était formée d'un triangle, père, mère, fille, plus un intrus... Hypothèse... Jaime, orphelin de père à l'âge de dix ans, reste un enfant à cause du traumatisme, il ne grandit jamais sur le plan des émotions, et son pénis non plus ne grandit pas. Jamais personne ne l'a aimé. Teresa, la mère idéale, à laquelle il aspire dès qu'il prend la place du père, le trahit. Il ne peut plus avoir confiance dans les femmes adultes. La preuve : après la nuit de noces avec Sara, il n'y a pas de traces de sang sur les draps.

On l'a roulé, la fiancée n'était pas vierge. Jaime, sans un sou en poche, abandonne son épouse, qu'il a mise enceinte, et part travailler comme mineur dans une salpêtrière. Un an plus tard, dans ce lieu étouffant où le sel dévore toutes les couleurs, Sara vient le chercher, avec les clés d'une boutique à Tocopilla et une fillette dans les bras. En voyant sa fille, Jaime voit sa propre âme. Pour la première fois il se sent aimé. Ces immenses yeux verts sont un miroir qui embellit l'image dévaluée qu'il a de lui-même. Raquelita, vierge pour toujours, entièrement à lui et à personne d'autre, pourra le voir courageux, puissant, beau, triomphant... Sara, avec sa dot en forme de clés, sera de nouveau acceptée, mais jamais pardonnée : une traîtresse, comme Teresa, mariée de force avec lui mais amoureuse d'un autre, un quelconque imbécile dont l'unique qualité était sans doute d'avoir un gros pénis... Ma mère accepta, soumise, d'être reléguée au second rang — elle revenait avec l'ordre de Jashé de servir son mari et de lui obéir si méprisable fût-il —, pour faire bonne figure devant la colonie juive. La première nuit des retrouvailles, Jaime la posséda avec la même rage qu'il voulait punir Teresa, avec cette rancœur, avec cette haine. Un sperme lancé comme un crachat m'engendra. Pauvre Sara, si blanche, si humiliée, se sentant, comme moi, une intruse dans la vie. Son père avait brûlé vif. À Moisésville, le village argentin où les immigrés avaient débarqué en croyant arriver dans une nouvelle Palestine, une terre inhospitalière en réalité, lorsqu'on vit ce brasier bondir dans la rue en hurlant des appels au secours, on ferma portes et fenêtres. Jashé, enceinte de six mois, vit par une fente des volets son blond mari devenir un squelette noirâtre. Trois mois plus tard, elle épousa Moïshé (un colporteur qui vendait des cravates), donna le jour à Sara et, dans les deux années qui suivirent, à Fanny et Isidoro. Fanny était si brune à la naissance qu'on la surnomma la Négresse. Le cheveu clairsemé, lippue et les oreilles aussi grandes que celles de son père, elle grandit myope, dégingandée, orgueilleusement laide. Rusée, elle retint l'attention, s'empara du pouvoir. Peu à peu, elle brandit le sceptre de la décence, faisant régner l'apparence honnête, la morale rabbinique, la révérence onctueuse face aux exigences du qu'en-dira-t-on. Elle rogna le peu de virilité d'Isidoro, dont elle fit son tendre page et, plantée au centre, expulsa Sara vers la périphérie de la famille à coups de moqueries, de sarcasmes, de critiques. La Saruca était un cas extrême ; ne sachant pas se mesurer, aussi livide qu'un cadavre, elle ne pouvait faire autrement qu'attirer l'attention, elle produisait une honte étrange, elle finirait mal. La preuve : alors qu'elle-même épousait un cousin germain, afin que des étrangers n'entrent pas dans la famille, Sara s'était empêtrée avec un communiste, un misérable, un assimilé, presque un goy. Ma mère, habituée depuis toute petite à lutter (toujours perdante) pour obtenir la tendresse de sa mère, identifia Raquel à Fanny, Jaime à sa Jashé, et une relation triangulaire se tressa, dans laquelle la jalousie se substituait à l'amour. Elle retarda le plus possible la maturité de sa fille. Jusqu'à treize ans, elle l'obligea à se couper les cheveux pour avoir la nuque dégagée, lui interdit de porter des colliers, des bagues, des boucles d'oreille, des broches, ainsi que du vernis à ongles, des fards, du rouge à lèvres, du linge de corps fin. Un jour, hypocritement aidée par Jaime, Raquel proclama sa révolution, arrivant avec une jupe courte, un décolleté osé, une paire de bas de soie, la bouche peinte en rouge et des faux cils. Sara, furibonde, folle de rage, lui jeta un fer à repasser brûlant à la figure. Par chance, Raquel l'évita, ne perdant qu'un morceau du lobe de l'oreille. Lorsqu'il vit couler le sang, Jaime flanqua un coup de poing dans l'œil de ma mère. Elle s'écroula en se tordant comme une épileptique, appelant sa mère à grands cris. Alors commença une nouvelle période que je n'observai que de très loin, comme depuis une autre planète : la beauté de Raquel s'épanouit tandis que Sara s'enfermait dans un mutisme criant. De ma sœur — une sœur qui jamais ne m'adressait la parole, qui regardait à travers moi comme si mon corps eût été invisible —, Jaime accepta tous les caprices. J'avais droit à un costume, une paire de chaussures, trois chemises, trois caleçons, quatre paires de chaussettes, un gilet de laine, et c'est tout. Ma sœur se créa une garde-robe avec une rangée impressionnante de vêtements, des douzaines de paires de chaussures et des cartons remplis d'un tas de lingerie de rechange. Ses cheveux, rendus brillants grâce à des shampooings importés, lui arrivaient à la taille. Maquillée, elle était aussi belle que les actrices d'Hollywood qu'elle avait prises pour modèle. Jaime dissimulait à peine ses regards concupiscents. Comme par hasard, plusieurs fois, dans le magasin, en la croisant dans l'étroit passage entre les étagères, il lui effleurait les seins ou le derrière. Furieuse, Raquel protestait. Sara rougissait. Dès qu'elle eut quatorze ans, fascinés par la beauté de Raquel, les jeunes gens commencèrent à l'assaillir d'appels téléphoniques. Jaime devint maladivement jaloux. Il lui interdit de répondre au téléphone (dont il avait changé le numéro), d'aller à des fêtes, d'avoir des amis. Moi, dans le plus grand secret, il me chargea de la surveiller à la sortie du lycée, de la suivre quand elle allait faire les courses, de l'espionner à tout moment. Dans ma soif d'être pris en compte, je devins un détective féroce. Condamnée à la solitude, Raquel dut s'enfermer dans sa chambre, la plus grande de toutes, pour lire des revues féminines au milieu de ses meubles blancs craquelés, dans le style d'un quelconque roi de France, ou jouer du Chopin sur un piano demi-queue, également blanc et craquelé. Jaime lui avait donné un palais en guise de cage. Comme un essaim de garçons attendait les filles à la sortie du lycée, mon père décida de ne pas regarder à la dépense en inscrivant Raquel dans une école privée faisant office d'internat. Les élèves mangeaient et dormaient là cinq jours et sortaient de leur réclusion, accablées de devoirs, les vendredi, samedi et dimanche. Ainsi, mon père se sentit rassuré : personne ne lui volerait sa fille adorée. Erreur... La famille Gross, juive, se consacrait depuis 1915 au commerce de l'éducation. Isaac, le père, professeur d'histoire dépressif, s'était suicidé et avait été remplacé par son fils aîné, Samuel, que la poliomyélite avait rendu boiteux. Les cours d'anglais étaient donnés par Esther, la veuve, également boiteuse, mais de naissance. Les deux sœurs, Berta et Paulina, énormes, obèses, également boiteuses, mais elles à cause de problèmes osseux, se chargeaient des cours de gymnastique et de broderie. Le seul qui marchât correctement était l'autre fils, Saúl, professeur de mathématiques, à moitié chauve, maniaque de l'ordre, âgé de quarante-cinq ans... Raquel, qui venait d'en avoir quinze, peut-être pour se libérer du siège que lui faisait subir son père, déclara être amoureuse de Saúl Gross, qui se préparait à venir demander sa main. Qui plus est, elle annonça qu'elle était enceinte. Sara, invoquant la honte du scandale, lequel causerait la mort de sa mère, insista pour que le mariage se fît au plus tôt. Anéanti, Jaime accepta de recevoir le futur fiancé. Quand Saúl vint en visite officielle, accompagné de sa famille, l'escalier retentit du bruit de tant de béquilles et de cannes. Dans cette réunion, on parla surtout argent. Le professeur s'engagea à acheter un appartement dans le centre de Santiago et de s'y installer avec Raquel en lui offrant le luxe auquel elle était habituée. Pour sa part, Jaime promit de couvrir tous les frais du mariage. La cérémonie aurait lieu dans une immense salle proche de la place Diego de Almagro, c'est-à-dire tout près de l'endroit où vivait Jashé. Ainsi, il serait plus facile à la vieille dame de se déplacer. Une semaine avant le grand événement, les petites ouvrières avaient déjà confectionné pour Raquel une robe de mariée, avec une traîne de trois mètres.

Jaime voulut s'entretenir en privé avec Saúl. Déformé par mes activités de détective, je collai mon œil au trou de la serrure et pus entendre ce qu'ils se disaient. D'un ton catégorique, la voix pleine d'une amère rancune, mon père lui dit : « Vous allez faire partie de notre famille. Nous devons arrondir les angles. Dites-moi, comment puis-je vous faire confiance si, étant un homme d'âge mûr, un professeur, vous avez osé forniquer avec une élève mineure, vierge, ma fille en l'occurrence ? — Mais que me dites-vous là, don Jaime ? D'où sortez-vous une telle monstruosité ? Pour moi, Raquelita est une déesse immaculée, toute pure ! Aujourd'hui encore, à une semaine du mariage, je ne connais pas le goût de ses lèvres. — Mais... alors... ma fille n'est pas enceinte ? — Enceinte ! Voir Raquel avec le ventre gonflé, marchant comme un canard, transformée en vulgaire femelle ? Jamais ! Je n'ai pas l'intention d'avoir des enfants. Nous avons assez de boiteux avec ma mère, mon frère et mes sœurs. N'ayez crainte, don

Jaime. Raquel restera toujours ce qu'elle est. Ce n'est pas moi qui déshonorerai une jeune fille aussi sacrée. » Jaime resta muet un bon moment. Je suppose que son visage vira au grenat. D'une poussée il expulsa son futur gendre, s'enferma en claquant la porte, lança un frénétique « Menteuse ! » et éclata en sanglots rageurs.

Le mariage fut grandiose. On m'acheta un pantalon rayé, un gilet noir, une chemise à col dur et une cravate grise. Ainsi vêtu, je me sentis ridicule, mais aucun des trois cents invités ne fit attention à moi. Sara, exhibant son bonheur fictif devant chaque invité, occupée à surveiller que les poulets rôtis ne fussent pas servis sans la sauce, que le poisson farci fût frais, de même que le pâté de foie et les œufs mimosa, à goûter la bonne qualité de la douceur salée de la soupe de betterave et, enfin, à donner des conseils aux vingt musiciens de l'orchestre, n'avait pas le temps de penser à moi. Jaime, mal à l'aise dans son smoking de location, se cachait dans le salon fumeurs, buvant vodka sur vodka. L'assistance, des commerçants juifs qu'aucune véritable amitié ne liait aux mariés, avait, avant même que la cérémonie nuptiale fût terminée, fait table rase d'un buffet entier. Un rabbin bossu hurla, plus qu'il ne chanta, le texte hébreux. Sous le dais de cérémonie, lui et elle prononcèrent le oui. Saúl, tremblant, mit le pied sur un verre qui ne s'écrasa ni au premier, ni au deuxième, ni au troisième essai. Au quatrième, enfin, il explosa, permettant à l'orchestre de laisser éclater un *freilaj*, sarabande qui fit danser, tout raides, jeunes et vieux, se sentant coupables d'agiter leurs jambes devant la sinistre immobilité des Gross boiteux. Raquel lança son bouquet de roses en papier en direction de ses deux belles-sœurs pomponnées qui, semblables à des hippopotames furieux, se le disputèrent, le mettant en morceaux. (Berta, un mois plus tard, se jeta toute nue à la mer, près de Valparaíso. On la retrouva jambes écartées sur la plage avec un « Laide ! » écrit sur le ventre, le sexe couvert de cicatrices de brûlures de cigarette.) Soudain, tandis que femmes et enfants engloutissaient d'énormes parts de gâteaux, les hommes se précipitèrent vers un coin du salon et, le portant en groupe serré, cachèrent Jaime dans les vestiaires. Je m'approchai d'eux. « Qu'arrive-t-il à mon père ? — Ce n'est rien, petit, ce n'est rien. Comme Jaime n'a pas l'habitude de boire, l'alcool, plus le bonheur, ça lui est monté à la tête. » Je parvins à entendre la voix de mon père : « Laissez-moi sortir, je vais lui casser la gueule à ce voleur ! Il ne la mérite pas ! » Suivirent quelques grognements. Des mains tendues lui couvraient la bouche. Puis, silence. La fête continua. Sara se leva pour porter un toast et, au lieu de parler, se répandit en lamentations théâtrales. Jashé la prit dans ses bras et la consola. Fanny applaudit trois fois et cria : « Assez, un mariage n'est pas un enterrement ! » Elle demanda une autre danse, délivra Jashé et se mit à danser avec elle, imitée par les trois cents invités, sans s'occuper du chagrin, feint ou pas, de sa sœur. Tous s'agitèrent sans pudeur, car le groupe des boiteux était parti. Raquel et Saúl aussi. Après avoir sauté pendant une demi-heure, trempés de sueur, les invités commencèrent à s'en aller. Il ne resta que Sara, à un bout de la table dévastée, qui mangeait de petites boules de sucre argentées, derniers vestiges de l'énorme gâteau de mariage... et moi, à l'autre bout, penché, balançant ma cravate à la manière d'un pendule. Les ronflements de Jaime accompagnaient le dernier paso-doble de l'orchestre.

Ce mariage ruina mon père. Il enragea pendant des mois, suppliant les fabricants de lui accorder des prorogations, demandant des prêts à des usuriers, économisant sur les frais. Pendant un certain temps nous nous sommes principalement nourris de pain, de fromage et de café au lait. Comme par miracle, Jaime résolut ses problèmes économiques le jour où Raquel revint. Lorsque Saúl se présenta pour la chercher, mon père, retrouvant ses forces d'athlète de cirque, le flanqua dehors à coups de pied. Le mariage fut annulé. Apparemment, je l'appris par une bonne, le mari s'était avéré plus jaloux que Jaime. Raquel était sortie des braises pour tomber dans les flammes. La jalousie de Saúl était telle qu'il obligeait ma sœur à porter des jupes jusqu'aux chevilles, des chapeaux à larges bords lui cachant le visage et des bandes qui dissimulaient ses seins. Elle ne pouvait sortir dans la rue que de brefs instants, mesurés par un chronomètre, uniquement pour faire les courses de la journée. Privée de vie sociale, pour avoir de la compagnie Raquel s'était acheté un poussin. La prenant pour sa mère, l'oisillon la suivait dans tout l'appartement. Un matin, en rentrant du marché, elle découvrit le poulet pendu avec un lacet de chaussure. Un autre jour, Saúl, trouvant que sa femme accordait trop de place au piano et profitant de ce qu'elle était sortie chercher des aspirines à la pharmacie, scia un pied du noble instrument, le faisant tomber sur le côté. Il expliqua ensuite à Raquel que les fourmis avaient rongé cette extrémité. Quatre mois après le mariage, ma sœur avait toujours son hymen. Prétextant qu'il n'avait pas d'érection à cause de ses hémorroïdes, Saúl exigeait que sa femme lui enduisît tous les soirs l'anus de purée de banane.

Jaime refit surface, il paya ses dettes, acheta de belles marchandises et de nouveau embaucha des crieurs pour qu'ils attirent les clients. Sara commença quant à elle à se flétrir ; elle se mit à fumer en cachette dans les toilettes ou à passer des heures à confectionner des gâteaux fourrés aux fraises qu'elle faisait porter à sa mère. Raquel, retranchée dans sa chambre, avait décidé de se consacrer désormais à la poésie.

Avec tant d'événements, qui pouvait se préoccuper de ma personne ? Je n'existais ni pour Raquel, ni pour Sara, ni pour Jaime. J'appris, toujours par la bonne, qu'après ma naissance Sara s'était fait ligaturer les trompes en déclarant : « Les trompes ne sont que tromperies ! »

Quand il ne me resta plus une seule photographie à brûler, je pris une poignée de cendres, la mélangeai à un verre de vin et bus ce breuvage grisâtre. Mes doutes prirent fin. J'avais enterré le passé en moi.

Je compris alors les abus que m'avait fait subir ma famille. Je vis avec précision la structure du piège. On m'accusait d'être coupable de chacune des blessures qu'on m'avait infligées. Le bourreau n'avait jamais cessé de se déclarer la victime. Par un habile système de négations, me privant d'informations — je ne parle pas d'informations orales mais d'expériences pour la plupart non verbales —, on m'avait dépouillé de tous mes droits, on m'avait traité comme un mendiant dépourvu de territoire à qui l'on accordait, par une dédaigneuse bonté, un fragment de vie. Mes parents savaient-ils ce qu'ils faisaient ? Certainement pas. Dans leur inconscience, ils me faisaient ce qu'on leur avait fait. Et ainsi, répétant le forfait émotionnel de génération en génération, l'arbre familial accumulait une souffrance qui durait depuis plusieurs siècles. Je demandai au Rebe : « Toi qui sembles tout savoir, dis-moi à quoi je puis prétendre dans cette vie, qu'est-ce qu'on me doit, quels sont mes droits essentiels ? » J'imaginai ce que le Rebe me répondrait :

« Avant toute chose, tu devrais avoir le droit d'être engendré par un père et une mère qui s'aiment, au cours d'un acte sexuel couronné par un orgasme mutuel, afin que ton âme et ta chair prennent racine dans le plaisir. Tu devrais avoir le droit de n'être ni un accident ni une charge, mais un individu attendu et désiré de toute la force de l'amour, comme un fruit qui donne du sens au couple, lequel devient désormais une famille. Tu devrais avoir le droit de naître avec le sexe que la nature t'a donné. (C'est un abus de dire : "Nous attendions un garçon et tu es une fille", ou vice versa.) Tu devrais avoir le droit d'être pris en compte dès le premier mois de ta gestation. À tout instant la femme enceinte devrait accepter le fait qu'elle est deux organismes en voie de séparation et non un seul qui s'étend. Personne ne peut t'accuser des accidents pouvant survenir pendant l'accouchement. Ce qui t'arrive dans la matrice n'est jamais ta faute : par ressentiment contre la vie, la mère ne veut pas accoucher et, à travers son inconscient, t'enroule le cordon ombilical autour du cou et t'expulse, incomplet, avant terme. Comme on ne veut pas te mettre au monde, parce que tu es déjà un tentacule de pouvoir, on te retient plus de neuf mois, tandis que le liquide amniotique sèche et que ta peau se brûle ; on te fait tourner jusqu'à ce que tes pieds, et non ta tête, entament le glissement vers la vulve, comme les morts vont à la niche, les pieds devant ; on te gave plus qu'il ne faut pour que tu ne puisses pas passer par le vagin, la naissance heureuse étant remplacée par une froide césarienne, qui n'est pas un accouchement mais l'extirpation d'une tumeur. Refusant d'assumer la création, on ne collabore pas avec tes efforts et sollicite l'aide d'un médecin qui t'opprime le cerveau avec ses forceps ; souffrant d'une névrose de l'échec, on te fait naître à moitié étouffé, tout bleui, t'obligeant à imiter la mort émotionnelle de ceux qui t'ont engendré... Tu devrais avoir le droit à une profonde collaboration : l'envie d'enfanter de la mère doit être aussi grande que l'envie de naître du bébé, fille ou garçon. L'effort sera mutuel et bien équilibré. À partir du moment où cet univers te produit, tu as le droit d'avoir un père protecteur, qui soit présent tout au long de ta croissance. De même qu'on donne de l'eau à une plante assoiffée, tu as le droit, quand tu t'intéresses à une activité, de te voir offrir le plus grand nombre de possibilités afin que tu te développes sur le sentier que tu as choisi. Tu n'es pas venu réaliser le plan personnel d'adultes t'imposant des objectifs qui ne sont pas les tiens, le principal bonheur que t'autorise la vie est de te permettre de t'atteindre toi-même. Tu devrais avoir le droit de posséder un espace où pouvoir t'isoler pour construire ton monde imaginaire, de voir ce que tu veux sans que ton regard soit limité par des morales caduques, d'entendre ce que tu désires, même si ce sont des idées contraires à celles de ta famille. Tu n'es venu réaliser personne d'autre que toi-même, tu n'es venu occuper la place d'aucun mort, tu mérites d'avoir un nom qui ne soit pas celui d'un parent disparu avant ta naissance : quand tu portes le nom d'un défunt, c'est parce qu'on t'a injecté un destin qui n'est pas le tien, usurpant ton essence. Tu as parfaitement le droit de ne pas être comparé ; aucun frère, aucune sœur ne vaut plus ou moins que toi, l'amour existe quand on reconnaît l'essentielle différence. Tu devrais avoir le droit d'être exclu de toute querelle entre tes parents, de ne pas être pris comme témoin dans les discussions, de ne pas être le réceptacle de leurs angoisses économiques, de grandir dans une ambiance de confiance et de sécurité. Tu devrais avoir le droit d'être éduqué par un père et une mère guidés par des idées communes, ayant aplani entre eux, dans l'intimité, leurs contradictions. S'ils divorcent, tu devrais avoir le droit de ne pas être obligé de voir les hommes avec les yeux pleins de ressentiment d'une mère, ni les femmes avec les yeux pleins de ressentiment d'un père. Tu devrais avoir le droit qu'on ne t'arrache pas du lieu où tu as tes amis, ton école, tes professeurs préférés. Tu devrais avoir le droit de ne pas être critiqué si tu choisis un chemin qui n'était pas dans les plans de tes parents ; d'aimer qui tu veux sans avoir besoin d'approbation, et, quand tu t'en sens capable, d'abandonner le foyer et de partir vivre ta vie ; de dépasser tes parents, d'aller plus loin qu'eux, de réaliser ce qu'ils n'ont pu réaliser, de vivre plus longtemps qu'eux. Enfin, tu devrais avoir le droit de choisir le moment de ta mort sans que personne, contre ta volonté, te maintienne en vie. »

Premiers actes

Si Matucana m'apparaissait comme une prison étouffante, mon corps me faisait la même impression. Me sentant mal dans ma peau, je m'étais réfugié dans l'intellect. Je vivais enfermé dans mon crâne, lévitant à quelques mètres au-dessus d'un décapité qui m'était étranger. J'avais conscience de moi-même comme d'une multitude de pensées désordonnées, pensées qui finissaient par perdre leur sens en devenant un ramassis de paroles vides, sans racines pour se nourrir de mon essence. Étant un puits asséché, les phrases flottaient, formant un tissu d'angoisse. Je me savais quelque part derrière mon front, mais impossible de dire qui était ou ce qu'était ce je. Le froid, la chaleur, la faim, les désirs, la douleur, les peines surgissaient au loin, comme dans le corps d'un autre. La seule chose qui me maintenait en vie, c'était la capacité d'imaginer. Je vivais en rêvant d'aventures en pays exotiques, d'immenses triomphes, de vierges endormies avec une perle dans la bouche, d'élixirs qui donnaient l'immortalité. De toute façon, tout ce que je pouvais désirer se résumait à un seul mot : « changer ». La qualité essentielle, pour m'aimer, était de parvenir à être ce qu'alors je n'étais pas. Tel un crapaud, j'attendais la princesse, j'attendais qu'une âme supérieure et compatissante, dominant son dégoût, s'approchât pour me donner le baiser de la connaissance. Par malheur, je n'avais que deux amis, irréels de surcroît, le Rebe et le vieil Alejandro. Pour ce que je désirais atteindre j'avais besoin d'autre chose que de deux fantômes. Je décidai de m'aider moi-même.

Après des méditations qui me parurent éternelles, je fus incapable de dissoudre mon intellect dans mon corps. Sortir de ma tête s'avéra aussi impossible que d'échapper de l'intérieur d'un coffre-fort. Impossible de céder à la chair la suprématie de mon identité. Je décidai alors de suivre le chemin inverse : puisque je ne pouvais descendre, je ferais que toutes mes sensations s'élèvent ! Pur intellect, je commençai à absorber ma forme physique, puis incorporai les besoins, les désirs, les émotions. J'examinai ce qu'était ce que je ressentais, puis comment je vivais avec cette sensation. Je compris que ce qu'on appelle la « réalité » était une construction mentale. Parfaite illusion ? Impossible de le savoir. Mais de toute évidence, ce qu'il y avait de réel en moi, jamais je ne le percevrais dans sa totalité. Toujours l'intellect me fournirait un fantôme incomplet, déformé par la fausse conscience de moi-même, celle que m'avait inculquée ma famille. « Je vis, mal, à l'intérieur d'un fou ! Ma barque rationnelle navigue dans la démence ! » Ce qui au début me parut un cauchemar se convertit peu à peu en espoir. Étant donné que tout ce qui se présentait comme « mon être », c'étaient des images illusoires, pas différentes de celles d'un rêve, il m'était possible de changer la sensation que j'avais de moi-même.

Un long processus se mit en branle. Je concentrai mon attention sur mes pieds. Je les sentis lourds, insensibles, lointains, incapables de garder l'équilibre. Je commençai par les imaginer légers, fins, sensibles, sûrs, leurs orteils tendus pénétrant, intrépides, sur les chemins de la vie. Je m'imaginai avec les pieds du Christ, traversés par un même clou les fixant à la douleur du monde, trou sanglant offrant une ascension à la lamentation, devenue prière. J'imaginai que les blessures dont je souffrais n'étaient pas les miennes, mais celles de l'humanité, et qu'à travers elles j'absorbais la souffrance des autres pour la faire circuler dans mon sang, qui était un baume la transformant en félicité.

Ensuite, je me concentrai sur mes os, les sentis l'un après l'autre. Comme cette humble structure était oubliée ! Je l'avais charriée tel un symbole de mort sans me rendre compte de sa force vitale. Je recréai mon squelette, lui octroyant une matière aussi forte et flexible que l'acier des épées, os presque sans poids, avec une moelle de lave bouillante, semblables à ceux qui confèrent à l'aigle sa royauté. Soudain, je m'aperçus que j'avais créé un squelette de danseur. Le squelette de mon grand-père maternel. Alors, sans que ma volonté intervînt, je sentis se former, autour de cette lumineuse structure de muscles longs et puissants, des viscères indestructibles et une abondante chevelure dorée, tombant jusqu'aux épaules, telle une auréole liquide. Je compris que, pendant ma gestation, Sara n'avait cessé de vouloir recréer son père, le mythique danseur transformé en torche enflammée. Ces désirs s'étaient infiltrés dans mes cellules, comme un ordre contraire au développement naturel, me faisant naître en poussant des cris de contrariété. J'étais moi, quel péché !, et non le géant de deux mètres vingt, l'hercule solaire ne pesant presque rien. Pour être aimé, je devais devenir ce mythe. Le mort incandescent était mon idéal de perfection... Il me vint l'envie de défaire tout ce travail et d'imaginer pour moi un autre corps idéal. Mais j'eus beau essayer, je fus incapable de le détruire. Je reconnus que je portais ce modèle enfermé dans mes gènes, que chaque cellule de mon corps aspirait à être lui. Continuer à lutter pour changer d'effigie eût été me tromper moi-même. Peut-être pendant des siècles, ancêtre après ancêtre, la nature s'attachait-elle à produire cet être. Pourquoi ne pas obéir ? Et si cela, de manière métaphorique, faisait de moi le père de ma mère, pourquoi pas ? Elle rêvait d'être la fille d'un homme fort, mais sensible, un artiste. Une fois, en versant bien des larmes, Sara m'avait raconté que son père, Alejandro Prullansky, tandis qu'il avançait en dansant dans la rue, changé en rose de flammes, au lieu de se plaindre criait des poèmes jusqu'à ce qu'il tombe en cendres.

Me sentir vivant dans ce gracieux corps imaginaire m'autorisa des mouvements que je n'avais jamais connus jusqu'alors. L'espace, qui jusqu'à cet instant m'apparaissait tel un abîme terrifiant, m'enveloppa comme un doux manteau, me montra des chemins, se changea en tapis et en toit protecteur, s'étira jusqu'à l'horizon, telle une harpe, se dressa devant moi en m'offrant une infinité de fenêtres. Pour la première fois je me sentis bien dans le monde. La sensation de divergence disparut. D'innombrables filaments invisibles m'unissaient au centre de la terre, au paysage, au ciel. La planète entière, léchant la plante de mes pieds, me poussait à danser, à bondir de plus en plus haut, à aller au-delà des étoiles, jusqu'au fond du firmament.

Ce que je raconte là peut paraître absurde. À quoi pouvait servir une telle automystification ? Je peux répondre qu'à cette époque, lorsque j'étais un garçon qui luttait pour échapper au poids de la dépression, m'imaginer puissant et léger fut une bouée de sauvetage qui me permit de ne pas me noyer dans le piège familial et d'entreprendre le travail libérateur. Mais, sans aucun guide, par où commencer ? Parfois, dans la plus grande détresse, lorsque nous nous sentons définitivement abandonnés, apparaît un signe là où nous l'attendons le moins, qui nous indique le chemin. Ceux qui, sans espoir, osent avancer dans l'obscurité rencontrent à la fin un but lumineux. Sur la page arrachée d'un livre qu'un vent d'automne vint déposer à mes pieds, je lus un texte qui eut le pouvoir de m'indiquer que j'étais sur le bon chemin :

« L'initié qui se lance de bonne foi à l'assaut de la Vérité pour ne trouver, de tous côtés, que l'inexorable barrière qui le rejette vers le “tumulte ordinaire” entend le maître lui dire : “Attention, il y a un mur ! — Mais ce mur, est-il provisoire ? demande l'âme inquiète, dois-je le franchir, ou bien le démolir ? Est-ce un adversaire ? Est-ce un ami ? — Je ne puis te le dire. Tu dois le découvrir toi-même.” »

Qui avait écrit ces lignes qu'un papier, tel un papillon sale voltigeant dans la rue, avait porté vers moi ? Voulait-on me dire que mon être méprisé méritait que le hasard magique s'occupât de lui ? Que je n'étais pas une créature vide, qu'en moi existait le pouvoir de traverser ou de démolir le mur, parce que c'était moi qui l'avais construit ? En l'avertissant : « Attention, il y a un mur ! », le maître voulait dire que le disciple, par distraction, ne le voyait pas. Peut-être confondait-il la barrière avec la réalité, faisant de ses limites mentales la nature du monde. Je reconnus là mon portrait : depuis mon enfance on m'avait ôté toute liberté, mon cerveau était entouré d'une palissade qui empêchait son expansion. Je fermai les yeux. Je me vis submergé dans une sphère noire. Ça, c'était le mur. Dès que je fermais les paupières, je me trouvais comprimé dans un crâne obscur. Et comme je me sentais aveugle, la possibilité d'être m'échappait. Perdre la vision du monde extérieur, c'était me perdre moi-même. Si j'enfonçais mes index dans mes oreilles, la solitude augmentait. Séparé de la lumière et du son, ma misérable condition, mon manque de sens, mon néant se manifestaient avec une cruauté implacable. En réalité, cette noirceur est impalpable, me dis-je. Et si elle est impalpable, peut-être n'est-ce pas une barrière épaisse, mais un espace infini. Voilà ! Je vais fermer les yeux et imaginer ma conscience en train de flotter dans le cosmos.

Je commençai à me percevoir allant toujours de l'avant. Je voyageai et voyageai, un temps considérable, toujours plus loin, dans une étendue sans fin. Peu à peu, dans le noir infini, se mirent à briller des points de lumière, et je finis par avancer à travers un firmament étoilé. Après avoir joui de l'immensité dont on me faisait l'offrande, je recommençai la même expérience vers l'arrière, comme si j'avais des yeux sur la nuque, et aussitôt après vers la gauche et la droite, comme si j'avais des yeux sur les tempes. Je descendis ensuite dans un puits ayant une circonférence infinie, sans jamais toucher le fond. J'avançai tellement que je perdis la sensation de descendre et que ma chute finit par se changer en ascension. Plus loin, plus loin, toujours plus loin. Je revins à mon centre et fis croître la sphère dans toutes les directions à la fois. Autour de moi, l'espace s'étendait sans cesse. Puis je me mis à le contracter. Avant, arrière, gauche, droite, haut, bas se rassemblèrent en moi. Je me nourris d'astres, devenant de plus en plus intense. J'avais éliminé la distance. Je fus un point de lumière. Ah, quelle concentration ! Attention, attention, attention, voilà tout ce que j'étais ! Mon esprit se fit réceptacle transparent où les mots, ordonnés en phrases sans commencement ni fin — troupeaux impersonnels sans autre utilité que leur beauté —, défilaient comme des nuages balayés par le vent.

Je permis à la sensation de mon corps de se faire présente. Je concentrai mon attention sur les différentes parties de mon organisme. Je pris conscience de ce que ressentais. Chaque viscère, chaque membre, chaque région avait quelque chose à me dire. Au début, c'étaient des plaintes m'accusant de les abandonner, de ne pas avoir confiance en eux, puis vinrent de joyeuses déclarations d'amour. Je découvris que mes bras, mes jambes, mes oreilles, la peau, les muscles, les os, les poumons, les intestins, le corps entier était imprégné d'une immense joie de vivre. Je plongeai dans le cerveau et pénétrai dans la mythique glande pinéale. Je m'imaginai être un diamant régnant sur un trône au milieu de circonvolutions révérencieuses... Puis je naviguai dans le courant du sang. La chaleur de ce liquide épais me parut provenir d'un lointain passé. Je m'abandonnai au flux et au reflux, allant et venant du centre à la périphérie et de la périphérie au centre comme depuis l'éclatement du point créateur jusqu'aux confins de l'univers, rose incommensurable qui s'ouvre et se ferme éternellement.

Grâce à ces exercices je pus élargir mon petit espace mental. Chaque fois qu'une idée apparaissait, enfermée dans son collier de mots, elle éclatait en mille échos qui se transformaient peu à peu, comme des nuages. Jamais plus je ne pensai en ligne droite, mais dans des structures complexes, des labyrinthes où l'effet était parfois antérieur à la cause. La surface de mon crâne devint un intérieur et ma conscience, telle la pulpe d'une pêche autour de son noyau, un extérieur qui s'unissait au firmament de manière indissoluble.

Ces sensations devinrent mon secret. Ni mes parents ni ma sœur ne s'aperçurent de cette transformation. De toute façon, ils faisaient fort peu attention à moi, et même si j'avais cessé de dissimuler ils m'auraient toujours vu pareil, autrement dit une créature invisible. Sans amis, sans tendresse familiale, dès que je rentrais du collège je m'asseyais dans mon fauteuil en bois, les pieds parallèles fermement appuyés sur le plancher, écartés de la largeur de mes épaules, les mains posées sur les cuisses, les paumes tournées vers le haut, la colonne vertébrale bien droite pas appuyée contre le dossier et, les yeux fermés, je passais des heures à faire mes exercices. Mon esprit était un terrain immense et inconnu et je me consacrais à son exploration. J'ai fait cela jusqu'à dix-neuf ans, en avançant par étapes. Au début, pour m'aider et empêcher les pensées parasites de m'envahir, je répétais un mot absurde : « Crocodile ! » Une fois l'espace conquis, je décidai de modifier ma sensation du temps, en éliminant l'idée de la mort. « On ne meurt pas, on se transforme. En quoi ? Je ne sais pas ! Mais j'ai été quelque chose avant de naître et je serai quelque chose quand mon corps sera dissous. » Je m'imaginai dans dix ans, dans trente ans, dans cinquante ans, dans cent ans, dans deux cents ans. Je continuai à avancer vers le futur, augmentant vertigineusement mon âge. « Je serai ainsi lorsque j'aurai mille, trente mille, cinquante mille ans... » J'imaginai les changements de ma morphologie. Dans un million d'années je commencerais à cesser d'avoir une forme humaine... Dans deux millions d'années ma matière deviendrait transparente. Dans dix millions d'années je serais un ange immense, voyageant avec d'autres anges, en foule joyeuse, à travers les galaxies, dans une danse cosmique, participant à la création de nouveaux soleils et de nouvelles planètes. Cinquante millions d'années plus tard, je n'aurais plus de corps, je serais une entité invisible. Mille millions d'années plus tard, fondu dans les énergies et la totalité de la matière, je serais l'univers lui-même. Et plus loin encore, toujours plus profond dans l'éternité, je finirais par être le point-conscience, racine absolue de ce qui existe, où tout est en puissance, où la matière n'est qu'amour. À la fin, après l'explosion et l'implosion d'innombrables univers, les astres se liquéfièrent et mon esprit s'immobilisa. Je me mis à reculer, jusqu'à arriver de nouveau à moi. Alors je me dirigeai vers le passé, me fis enfant, fœtus, imaginai une multitude de vie de plus en plus primaires, bêtes obscures, insectes, mollusques, amibes, minéraux, un rocher naviguant à travers le cosmos, un soleil, un point en perpétuelle explosion, pour, à travers ce dernier, me couler dans l'impensable, l'inimaginable, l'infini, l'éternel mystère que, incapables de le définir, nous appelons Dieu.

Quand j'émergeais de la méditation et me voyais à nouveau comme un être humain, tous les problèmes me paraissaient insignifiants. Je sortais dans la rue et, avec une morgue qui frisait la folie des grandeurs, je voyais les gens enfermés dans l'étroitesse de leur espace mental, acceptant de façon absurde la brièveté de leur vie, beaucoup plus proches de l'animal que de l'ange. N'ayant pas été aimé, je ne savais pas m'aimer moi-même et c'est pourquoi, ne pouvant aimer les autres, je les regardais avec une cruauté vindicative.

Je crus que je pouvais faire de l'esprit ce que je voulais. Si personne ne daignait me former, je serais mon propre architecte. De nombreux chemins se présentèrent à moi. La philosophie fut l'un d'eux, l'art en fut un autre. Entre l'intelligence et l'imagination, je choisis l'imagination. Avant de me mettre à développer ce que je considérais alors comme le pouvoir suprême de l'esprit, je m'interrogeai sur ce que serait mon principal objectif. « Pouvoir me créer une âme ! » Et l'objectif de l'humanité ? Non pas un, mais trois : connaître la totalité de l'univers, vivre autant d'années que l'univers, devenir la conscience de l'univers.

Je m'aperçus que l'imagination de base (pourquoi ne pas l'appeler « primitive » ?) correspondait aux quatre premières opérations mathématiques : additionner, soustraire, multiplier, diviser. Avec l'addition, équivalant à un agrandissement, je repassai mes souvenirs : la littérature et le cinéma avaient utilisé cette technique jusqu'à l'épuisement. Un singe qui se change en King Kong, un lézard en Godzilla, un insecte en Mothra, un papillon si grand que le mouvement de ses ailes provoque des ouragans. Inspiré par cela, un morceau de sucre s'allongea jusqu'à devenir une piste d'atterrissage pour navettes cosmiques. Ma grand-mère fut capable d'étirer l'un de ses bras pour que, faisant le tour du monde, il vînt lui gratter l'épaule. Le cœur d'un saint enfle à tel point qu'il fait éclater sa poitrine et continue à augmenter de volume jusqu'à atteindre la taille d'un gratte-ciel. Par millions, les pauvres viennent vivre autour de lui et se nourrissent en coupant des morceaux du viscère, qui gémit de plaisir à chaque mutilation.

La deuxième technique, soustraire, diminuer, je pouvais la trouver dans les contes de fées, où abondent les nains, les gnomes, les petits hommes. Alice mange le gâteau qui la rend toute petite. Jonathan Swift envoie ses héros au pays de Lilliput.

Appliquant cette technique, j'imaginai que l'anneau de mariage d'un époux insatisfait rapetissait jusqu'à lui couper le doigt. Ève, expulsée du paradis, le cherche pendant des siècles parmi les hommes en leur demandant où il se trouve. Personne ne sait lui répondre. Désespérée, elle devient muette. Alors, telle une minuscule végétation, le paradis pousse sur sa langue. Une locomotive, tirant des wagons pleins de touristes japonais, parcourt les lobes cérébraux d'un célèbre philosophe.

Un autre aspect de la soustraction consiste à ôter des parties d'un tout, en les éliminant ou les rendant indépendantes. Par exemple, dans un film, les mains d'un assassin, séparées de son cadavre et greffées à un pianiste qui a perdu ces précieuses extrémités dans un accident, acquièrent une volonté propre et obligent le pianiste à assassiner. Dans *Alice au pays des merveilles*, un chat devient invisible à l'exception de son sourire qui continue à flotter dans l'espace. Dracula n'a plus de reflet dans les miroirs...

Les fenêtres d'un gratte-ciel, voulant connaître le monde, se détachent de la façade et s'en vont en volant. Des bandes de mouettes minuscules viennent nicher dans les orbites vides d'un marin aveugle. L'ombre se détache d'un saint homme, puis part vivre ses aventures en forniquant avec les ombres de toutes les femmes qu'elle rencontre...

Une autre technique de base consistait à multiplier : une peinture de Bruegel représente l'intrusion de milliards de squelettes ; l'un des sept fléaux est l'invasion de langoustes ; pour prouver que Rahula est son fils, Bouddha lui donne son anneau. « Apporte-le-moi », lui dit-il, et aussitôt il se multiplie en milliers d'êtres identiques à lui. Le fils, ne prêtant aucune attention aux faux bouddhas, va directement vers son père et lui remet l'anneau.

J'imaginai un défilé dans les rues de Rome, formé par cent mille Christ portant chacun une croix. Un matin, la statue de la Liberté apparaît noire, car elle est recouverte de mouches... L'empereur japonais coupe la langue de ses deux mille concubines et les offre sous forme de suchi à son armée victorieuse. Des millions de rabbins noircissent les rues d'Israël pour protester contre leur Messie qui, attendu pendant des milliers d'années, a décidé de venir sous la forme d'un porc.

J'achevai de développer ces techniques simples en visualisant la plus naïve de toutes : la greffe. On assemble une partie de ruminant, une de lion, une d'aigle, on y ajoute un visage humain et on obtient un sphinx ; on colle un torse de femme à la moitié inférieure d'un poisson et l'on obtient une sirène ; on ajoute des ailes d'oiseau à un androgyne et apparaît un ange. Et pourquoi un ange, au lieu de longs cheveux, ne pourrait-il avoir de très fins arcs-en-ciel ? Tronc d'homme plus corps de cheval : un centaure. Et pourquoi pas le même tronc d'homme greffé sur un escargot, sur une pierre, telle la proue vivante d'un bateau, telle la partie consciente d'une comète ? Les Aztèques mêlent un reptile à un aigle et obtiennent Quetzalcóatl, le serpent à plumes, alors que dans l'ombre des ravins se traîne un aigle couvert d'écailles. Si le dieu Anubis a une tête de chacal, il peut aussi avoir celle d'un éléphant, d'un crocodile, d'une mouche ou d'une machine enregistreuse. Et pourquoi ne pas penser que le mystérieux visage de Mahomet est un miroir ou une horloge ?

Une autre technique primaire consistait à transformer une chose en une autre : un ver se change en papillon, un homme en loup, un autre en vampire, un robot en navette interplanétaire, une bonne fée en sorcière, un dieu en démon, une grenouille en princesse, une putain en sainte. Dans *Don Quichotte* les moulins deviennent des géants agressifs, l'auberge se transforme en palais, les outres de vin en ennemis, Dulcinée en noble dame, etc.

Marchant dans la ville, j'imagine que les maisons se changent en immenses têtes de lézard, le portefeuille de l'industriel en corbeau, les perles du collier de la diva sont brusquement de petites huîtres qui gémissent comme des chattes à l'agonie. Ma mère m'enlace d'abord avec deux, puis six et enfin huit bras : elle est à présent une tarentule.

Après avoir transformé j'en vins à pétrifier : les filles de Lot se changèrent en statues de sel, la fille du roi Midas en statue d'or, les aventuriers qui avaient regardé Méduse en statues de pierre. Le temps s'immobilise, planètes, fleuves, personnes, tout se paralyse à jamais. L'univers est un musée que personne ne visite ; les hirondelles, transformées en granite, tombent du ciel telle une pluie mortelle.

J'appliquai à mon monde imaginaire l'idée d'union, pensai à un lien invisible ayant une capacité d'extension infinie et le vis traverser le troisième œil des êtres humains jusqu'à réunir tous les habitants de la planète en un collier vivant ; le poète s'unit à une humble pierre, découvre qu'elle est son ancêtre et que ce qu'il récite n'est rien d'autre que la lecture d'un amour inscrit dans la matière depuis le commencement des temps ; je m'unis aux malades et aux pauvres, me rends compte que leur douleur et leur faim sont miennes ; je m'unis aux champions sportifs, ils sont mes propres triomphes ; je m'unis à la totalité de l'argent, je le fais mien : cette énergie m'envahit à la manière d'un tourbillon, me donne la santé, me pousse à cesser de demander et à commencer à investir, me fait comprendre que de chasseur je dois devenir semeur. Je m'identifie moi-même au cordon unificateur, je me sens canal, ce que j'ai, je le reçois, et aussitôt le donne, rien pour moi qui ne soit pour les autres. Si dans le désert l'enfant ferme la main, il y tient une poignée de sable, s'il l'ouvre, tout le désert peut passer à travers elle... Je m'unis à la poésie chilienne, les poètes se volatilisent tandis que leurs mots se fondent.

La nuit quand des fantômes fendillent le peu de terre
qui perdure dans mon corps pendant que je dors
mon cœur serait capable de nier sa petite chrysalide
et ces effrayantes ailes qui lui poussent, surgissant du néant.

Qui es-tu ? Quelqu'un qui n'est pas toi chante derrière le mur.
La voix qui a répondu vient de plus loin que ta poitrine.

J'allai comme vous fouillant l'interminable étoile
et dans mon filet, la nuit, je me suis réveillé tout nu
proie unique, poisson enfermé dans le vent.

J'allai par tous les chemins demandant ma route
sans itinéraire ni ligne, sans guide ni boussole
cherchant les pas perdus de ce qui n'a jamais existé
me contemplant dans tous les miroirs brisés du néant.

Ô abîme de magie, ouvrez les portes scellées,
l'œil par où je dois revenir au corps de la terre.
Qu'en serait-il de nous sans la besogne sans lumières
sans le double écho vers lequel nous tendons les mains ?

(Humberto Díaz Casanueva, Vicente Huidobro,
Pablo Neruda, Pablo de Rokha, Rosamel del Valle)

Je pris conscience que je portais le désir d'union dans chaque cellule de mon corps, dans chaque manifestation de mon esprit. Il ne s'agissait plus d'imaginer des liens, mais de se rendre compte qu'ils existaient : j'étais amarré à la vie et uni à la mort, amarré au temps et uni à l'éternité, amarré à mes limites et uni à l'infini, amarré à la terre et uni aux étoiles. Uni à mes parents, à mes grands-parents, à mes ancêtres, uni à mes enfants, à mes petits-enfants, à ma future descendance, uni à chaque animal, à chaque plante, à chaque être conscient. Uni à la matière sous toutes ses formes, j'étais boue, diamant, or, plomb, lave, pierre, nuage, onde magnétique, explosion électrique, ouragan, océan, plume. Amarré à l'humain, uni au divin. Ancré dans le présent, uni au passé et au futur. Ancré dans l'obscurité, uni à la lumière. Attaché à la douleur, uni à la délirante euphorie de la vie éternelle.

Après avoir uni de la sorte, je me proposai de voir à quoi me conduisait séparer : la voix du père mort résonne pendant des années dans toute la maison ; des millions de petits aigles argentés s'élèvent des pièces d'un demi-dollar, volant vers la stratosphère pour dévorer des satellites ; la peau de tigre, ayant perdu le Bouddha qui avait l'habitude de méditer sur elle, propose à un assassin de faire d'elle sa cape ; au pays des décapités, le dernier chapeau est brûlé en public... Quand périssent tous les êtres vivants, les chemins gémissent, avides de traces de pas.

Je me proposai de matérialiser l'abstrait. La haine : corne d'abondance dans un coffre dont nous avons perdu la clé. La colère : chevaux ivres galopant sur un tapis de canaris. L'amour : chemin où les empreintes au lieu de nous suivre nous précèdent. La poésie : excrément lumineux d'un crapaud qui a avalé une luciole. La trahison : personne écorchée qui avance en sautant d'une peau à l'autre. La joie : fleuve rempli d'hippopotames ouvrant leurs museaux bleus pour offrir des diamants qu'ils ont sortis de la vase. La confiance : danse sans parapluie sous une pluie de poignards. La liberté : horizon qui se détache de l'océan pour voler en formant des labyrinthes. La certitude : une feuille solitaire devenue le refuge d'un bois. La tendresse : vierge vêtue de lumière, couvant un œuf violet.

Ainsi consacrai-je beaucoup de temps à inventer des techniques pour développer mon imagination. Comme, par exemple, vaincre les lois naturelles (voler, être dans deux ou plusieurs endroits à la fois, extraire de l'eau des pierres) ; inverser les qualités (le feu refroidit, l'eau brûle, le sel sucre) ; humaniser des plantes (un arbre vend des billets de loterie), des animaux (un gorille parvient à être doyen de la faculté de philosophie) et des choses (un char d'assaut tombe amoureux d'une danseuse étoile) ; ajouter ce qui s'est perdu (donner des tentacules de pieuvre à la Vénus de Milo, une tête de mouche à la Victoire de Samothrace, un œil d'éléphant en guise de sommet à la pyramide de Gizeh) ; étendre la particularité d'un être ou d'une chose à tous les êtres ou choses (une bûche en flammes, un nuage en flammes, un cœur en flammes, un saxophone en flammes, un jugement moral en flammes).

Une nuit, cherchant à enrichir mon regard, utilisé essentiellement sur le plan horizontal, je jetai la tête en arrière, autant que je le pus, pour ressentir ce que me produisait le fait de voir en ligne verticale. Je fus distrait par une toile d'araignée sur la lampe. Tapie en son centre, la tisseuse attendait. Autour, une mouche voletait. Au lieu d'avoir pitié de moi-même, en constatant l'état d'abandon dans lequel se trouvait ma chambre — que Sara nettoyait en rechignant une fois par mois pour satisfaire le regard critique de sa mère lorsque, se plaignant de la puanteur de Matucana, elle venait en visite —, j'imaginai les différents degrés d'une histoire, les organisant sur une échelle qui allait d'une conscience inférieure à une conscience supérieure. Sur le premier degré, n'imaginant pas changer, s'efforçant de toujours être ce qu'elles croient être, la mouche passe sa vie à essayer d'éviter l'araignée pendant que l'araignée passe sa vie à essayer d'attraper la mouche. À un échelon supérieur, la mouche, percevant le désir carnivore de l'araignée comme un apport d'énergie, oublie la peur, accepte d'être une nourriture et se sacrifie. L'araignée, quant à elle, apprend à se mettre à la place de la mouche et décide de renoncer à l'attraper, malgré que cela la fasse mourir de faim. Au troisième échelon, la mouche, qui est volontairement entrée dans le piège poisseux, lorsqu'elle est dévorée par l'araignée envahit ses cellules, son âme, et la transforme en un être lumineux. Les deux animaux, amalgamés, forment un nouvel être, qui n'est ni mouche ni araignée mais toutes deux à la fois. Au quatrième échelon, l'araignée-mouche, se rendant compte que la lumière qui l'habite n'est pas la sienne, qu'elle est au service de l'inépuisable énergie impersonnelle qui est sa maîtresse, se détache de la toile et, attirée par la lumière, s'élève jusqu'à s'immerger dans le soleil. Au cinquième échelon, semblable au premier, l'araignée dans sa toile attend qu'une mouche vienne se coller. Cependant, l'araignée n'est pas tapie maintenant, elle se montre ouvertement, sans voracité, et la mouche, sans angoisse ni mouvements désordonnés inutiles, se dirige en ligne droite vers la toile d'araignée. Le changement, la transmutation et l'adoration ont donné un bain de joie à la réalité menaçante. La chasse est devenue une danse où la mort continuelle s'accompagne d'une naissance continuelle.

Soudain, sans qu'aucun mouvement de pattes ne l'annonce, l'araignée, pendue à un long fil, se laissa tomber vers moi. Je poussai un cri de frayeur, l'évitai, le fauteuil se renversa et je tombai par terre, sur le dos. J'enfilai mes chaussures à la manière de gants, et d'un applaudissement écrasai l'innocente bestiole. Je ressentis de la peine, non pour elle mais pour moi. Grâce à l'abandon dans lequel était tenue ma chambre, je pus me rendre compte que, malgré ces plaisirs imaginaires, je ne me sentais pas meilleur sur le plan émotionnel. Les images que j'inventais pouvaient être des joyaux, mais le coffre où je les gardais, c'est-à-dire ma personne, n'avait aucune valeur. J'utilisais l'imagination de façon limitée. J'avais passé mon temps à créer des représentations mentales, technique qui certes ouvrait des sentiers oniriques, indiquait des idéaux sublimes, donnait des éléments pour fabriquer des œuvres d'art, mais ne changeait pas la manière incomplète dont je me percevais moi-même. Le corps se présentait à moi comme un effrayant ennemi, ni plus ni moins qu'un nid où habitait la mort, et j'avais peur de l'utiliser dans toute son étendue. Mon sexe se sentait accablé de honte pour dissimuler la peur de créer. Mon cœur s'enfonçait dans le mal et l'indifférence au monde pour s'interdire de développer des sentiments sublimes. Ma pensée invoquait la faiblesse humaine pour ignorer son pouvoir de changer le monde. Tous les infinis, si je pouvais parfaitement les imaginer, me faisaient viscéralement peur. Ma partie animale voulait un espace réduit, une tanière, un temps bref — « je ne durerai que ce que durera mon organisme » —, une conscience opaque me résignant à vivre dans la pénombre en évitant les responsabilités, une vie invariable défendue par de solides habitudes, considérant le changement comme un aspect caché de la mort. Je décidai alors de me libérer des images, de cette fête mentale qui masquait une fuite de ma nature organique pour rechercher une forme de création grâce à mes sensations. Je pensai : « Quand je reçois une nouvelle triste, je n'ai pas envie de bouger ; je me sens lourd, dense. Au contraire, quand la nouvelle est agréable, j'ai envie de danser ; je me sens léger, agile. Les faits que je connais au moyen de paroles ou d'images visuelles ne changent pas mon corps mais la sensation que j'ai de lui. Il doit être possible de transformer à volonté la perception que j'ai de moi-même ! »

J'entrepris une série intense d'exercices. La nuit, quand cessaient les insultes, et parfois les coups, entre mon père et ma mère, quand ma sœur cessait de jouer les études de Chopin sur son piano blanc et que le silence se répandait tel un baume sur une plaie, je m'asseyais nu sur mon fauteuil en bois et commençais à décontracter mes muscles pour me concentrer et méditer. Malheureusement, plusieurs fois par nuit, les locomotives s'arrêtaient juste sous ma fenêtre, en lançant un sifflement assourdissant. Telle une estafilade sanglante, ce coup de lance arrivait jusqu'au centre de mon esprit. Je luttai pendant plusieurs semaines pour ne pas me défendre, le laisser traverser ma conscience sans le retenir, ne pas lui prêter attention et continuer mon exercice. Lorsque j'y parvins, je pus me submerger dans mes méditations sans aucune appréhension. Je vainquis aussi les mouches, qui me dérangeaient davantage que les trains. J'avais beau fermer les rideaux et me plonger dans l'obscurité, ces insectes ne cessaient de bourdonner et de voltiger, irritant ma peau en passant. Ajoutez à cela que l'appartement dans lequel nous vivions ne possédait ni air conditionné ni chauffage, si bien que la chaleur et le froid y étaient insupportables. Toutes ces difficultés favorisèrent ma capacité de concentration.

Si je voulais développer mon imagination sensorielle, je devais avant tout la libérer de la tyrannie du poids. Par sa force d'attraction, la planète était toujours présente dans mon corps, me répétant : « Tu es moi, tu viens de moi et reviendras à moi. » Je sentis que ce qui pesait le plus, c'était l'ombre. Je me remplis d'elle, matière dense, douloureuse, étouffante. Je remplis mes pieds de sa noirceur, puis mes jambes et le reste de mon corps. Quand je fus une peau pleine de goudron, j'aspirai le plus profondément possible, puis expirai le magma de mes pieds pour les emplir cette fois de lumière. Je vidai mes jambes, mes bras, mon tronc, ma tête et devins une peau gorgée d'une énergie resplendissante. Je me sentis léger, de plus en plus léger. J'eus l'impression que si je faisais un pas j'allais bondir à vingt mètres. L'absence de sensation de poids me combla de joie, de désirs de vivre, me fit respirer profondément. Je n'avais plus l'esprit envahi de déchets psychologiques, douloureux serpents d'ombre. J'eus envie de m'habiller et d'aller marcher dehors. Ce que je fis. Il était quatre heures du matin. Le quartier ouvrier, avec ses lampadaires vides (les voyous volaient les ampoules), était pratiquement plongé dans les ténèbres. Me sentant aussi lumineux que la lune, je marchai, exécutant de temps à autre des sauts agréables. Soudain je vis s'approcher trois individus à la mine peu engageante. Prudent, je changeai de trottoir. Voyant le mouvement défensif, ils s'écartèrent en éventail. L'un sortit un gourdin, l'autre un couteau et le troisième un pistolet. Je me mis à courir vers la rue San Pablo, artère centrale du quartier, par où passaient des tramways et où l'on pouvait encore trouver un bar ouvert. « Arrête-toi, couillon ! » crièrent-ils. Je lançai un appel au secours qui résonna comme le cri d'un cochon à l'abattoir. Aucune fenêtre ne s'ouvrit ! Aucune porte ! J'étais là, moi qui auparavant n'avais pas de poids, galopant plus lourdement qu'un pachyderme sous le firmament indifférent, arborant sur mon pantalon la trace fécale de la peur. La douleur de la dignité pulvérisée, je mis tous mes espoirs dans l'arrivée sur l'avenue centrale. À dix mètres d'elle, je vis qu'elle était sombre ! Une panne de courant ! Alors, vaincu, rendu, tremblant, je m'arrêtai et attendis les bandits. Ils arrivèrent près de moi et d'un coup de poing dans le ventre me jetèrent au sol. Dans un calme d'agonie, je les priai de ne pas me tuer, qu'ils me prennent tout, car j'étais un poète. Ils me firent les poches, en sortirent un billet froissé et mes papiers d'étudiant. Les ayant minutieusement examinés, ils me les rendirent, avec l'argent, me saluèrent et partirent en disant qu'ils étaient des policiers, qu'ils m'avaient pris pour un voleur. « Jeune homme, la prochaine fois ne t'enfuis pas, ça paraît suspect ! » Le corps et l'âme endoloris, j'arrivai à San Pablo. Là, au coin de la rue, dans un café, éclairé par une lampe à gaz, un groupe de personnes jouait aux cartes. En quelques enjambées j'aurais été sauvé ! S'ils avaient été de vrais assaillants, ils auraient pu m'égorger pour m'être livré ainsi, comme un bœuf, à quelques pas du salut ! À cet instant je jurai que je soutiendrais toujours mon effort jusqu'au bout, jusqu'à ce qu'il ne me reste plus une goutte d'énergie, et que je n'abandonnerais jamais une tâche commencée tant que je ne l'aurais pas achevée.

Aussitôt de retour dans ma chambre, je me remis au travail. Je venais de rencontrer la terreur, une sensation d'oppression paralysante qui avait fait de moi un animal. Dans ce règne où les uns dévorent les autres, la peur est le principal élément de survie. S'élever de la condition d'animal à celle d'homme, c'est se débarrasser de la peur. Quelle peur ? Les bêtes n'ont pas l'idée de la mort, elles se perçoivent comme matière. Leur plus grande peur est celle de perdre leur forme corporelle. Je sentis comme jamais la menace de mon organisme. La chair promettait de vieillir, de tomber malade, de mourir ; elle avait besoin d'être nourrie, protégée. À côté de la peur de perdre la forme surgissait le besoin de posséder un repaire. Moi, descendant de juifs, nomades pendant des siècles, je n'avais ni terre, ni racines, ni tanière. Comment me défaire de cette angoisse ? Imiter Bouddha en rejetant la vie terrestre, en me désidentifiant de mon corps, de même que de mon « ego », pour, revenant à l'impersonnalité de l'énergie originelle, me libérer de la chaîne des réincarnations ? L'athéisme que m'avait inculqué Jaime me fit considérer cela comme un conte de fées, une lâche fuite. « L'épée qui coupe tout ne te coupe pas quand tu deviens l'épée. » Pensant de la sorte, je décidai de devenir ce qui provoquait mes terreurs.

Au cours de mes exercices précédents, j'avais commencé

par m'imaginer rempli d'un magma noir, que j'avais expulsé pour laisser la lumière m'habiter. Or on ne peut vaincre l'immortel dragon mythologique en l'assassinant, mais au contraire en le séduisant, en acceptant d'être son aliment. De nouveau j'imaginai mes pieds remplis de ce néfaste goudron. Puis, au lieu de m'identifier à eux, je fis un avec la matière noire. J'étais la menace, celui qui donnait la mort, j'étais le néant avec son avidité carnivore. Je remontai par les jambes, emplis le bassin, le tronc, les bras, la tête, effaçai tout résidu de morale, devins tout entier une épaisse méchanceté. Faisant un effort phénoménal, j'abandonnai l'attachement à ma forme humaine et débordai. M'extrayant du contenant charnel, je grandis dans toutes les directions, telle une masse vorace, commençai à envahir la maison, la ville, le pays, la planète, la galaxie, jusqu'à combler l'univers et poursuivre l'expansion infinie. En moi habitaient les astres, les monstres de l'espace, les démons, les entités ambiguës, les insidieux fantômes, les assassins déments, les rats, les vipères, les insectes venimeux... Je m'imaginai ensuite en train de ressentir l'inverse : la menace infinie, ombre mortelle, commença à envahir l'espace à partir de tous les points et inonda le cosmos en avançant vers moi. Elle avala les galaxies, notre système solaire, la planète, le continent sud-américain, le Chili, Santiago, le quartier Matucana, ma maison, ma chambre et, enfin, se concentra sur mon corps. En même temps que j'occupais l'univers, l'univers s'accumulait sous ma peau. Je me sentis invincible, j'étais le mal, rien ne pouvait me terroriser, pas même mon père. À cette heure avancée de la nuit, nu comme je l'étais, lentement, je me mis à parcourir l'appartement. Je fis cela en marchant à quatre pattes, tel un fauve affamé. Très vite mes yeux s'accoutumèrent à l'obscurité, mes perceptions auditives augmentèrent, je pus entendre les plus légers craquements et, de loin, perçus la respiration profonde de Jaime, de Sara et Raquel. Mon odorat perçut également, comme jamais auparavant il ne l'avait fait, les différentes odeurs qui emplissaient la maison : le relent douceâtre des draps humides, l'exhalaison rance des lames de bois du parquet, le bouquet soufré de l'air, l'arôme saumâtre des murs. J'entrai dans la chambre de ma sœur. La chaleur, à cause des fenêtres fermées par peur des voleurs, la faisait dormir nue, jambes écartées. J'approchai mon nez à quelques centimètres de son sexe et inspirai... Mon plaisir et ma haine furent tels que la noirceur de mon cœur parut se transformer en tarentule. Je m'imaginai en train de la violer, puis de déchirer son ventre de mes incisives pour dévorer ses intestins. De longues minutes durant je savourai la vision de cette bouche interdite, puis me glissai vers la chambre matrimoniale. Il y avait là ma mère, collée contre le dos de mon père. Ils dormaient si profondément qu'ils avaient l'air de statues de cire. Une immense colère m'envahit. J'eus la certitude que d'un coup de dent je pouvais déchirer leur jugulaire. Sara méritait ma haine, car dans sa sotte passivité elle était la complice de Jaime. Sans bouger le petit doigt, elle avait laissé mon père prendre plaisir à me terrifier. C'était lui qui pour vaincre ses problèmes avec son frère homosexuel, obligé d'affirmer une masculinité douteuse, s'était appliqué à faire de moi un lâche.

Il m'emmenait à la plage, me faisait mettre les jambes dans des trous qu'il savait habités par des poulpes. Faisant le distrait, il laissait l'un de ces animaux visqueux enrouler ses tentacules autour de mes chevilles, me laissait crier un bon moment, puis arrivait en riant, décollait les ventouses de ma peau, frappait l'animal contre les rochers et, introduisant la main à la racine des tentacules, retroussait devant mon nez la poche du monstre, la mettant à l'envers. « Ils sont inoffensifs, pas la peine de crier comme une femmelette, apprends à être courageux ! » Mais comment un enfant de cinq ans pouvait-il être courageux quand l'adulte l'obligeait à se coucher sur son dos, accroché à son cou tandis qu'il courait vers les vagues d'un océan démonté ? Là, agrippé à mon père comme une patelle, fermant les yeux, plissant le nez et serrant les mâchoires, je supportais que celui-ci, poussant des rugissements léonins, se précipite à maintes reprises contre la base des vagues gigantesques pour les traverser juste au moment où elles éclataient. Bien qu'étant un enfant, je savais que s'il me lâchait je mourrais noyé. L'eau froide de l'océan Pacifique semblait changer ma chair en glace. Mes doigts se raidissaient. La force des vagues ne tarderait pas à me détacher du dos puissant. Je me mettais à hurler. Furieux, crachant plusieurs fois le mot « Trouillard ! », Jaime me posait sur la plage sans remarquer que ces lèvres qui pleuraient étaient bleuies de froid. « Arrête de trembler, pédé ! Tu dois apprendre à vaincre la peur ! » Eh bien voilà, je l'avais vaincue maintenant.

Les époux coupables étaient là, sans défense, à la merci de ma haine. Je pris un pot de fleurs rempli de terre humide — où, au lieu des graines d'œillets que Sara avait enterrées, avaient poussé des vers —, avec une délicatesse de félin je rampai sur le lit et, m'accroupissant, le vidai sur les jambes entrelacées. Tout près de leurs sexes, je vis se tordre des paquets de vers. Le démon qui protège les habitants de la nuit les empêcha de se réveiller. Je retournai dans ma chambre, heureux comme je ne l'avais jamais été, et m'endormis en sachant qu'au réveil la réalité ne serait plus la même. Ni Jaime ni Sara ne commentèrent jamais l'incident. Pourquoi ? L'événement était tellement étrange, tellement impossible, que leurs esprits l'effacèrent comme un mauvais rêve.

Peu à peu, je compris que l'être que je percevais n'était pas exactement l'être que j'étais. Plus encore, la conscience qui percevait n'était pas exactement ma conscience, mais une déformation de celle-ci, produite par ma famille et mon éducation scolaire. Je me percevais tel que mes parents et mes professeurs m'avaient perçu. Je me voyais avec le regard des autres. Le cerveau de l'enfant, tel un morceau de cire, était sculpté d'après le jugement d'autrui. Je me concentrai sur mon nez crochu. Je revis la mémoire qu'il contenait : mépris, moqueries, surnoms, « Pinocchio », « Gros Nez », « Vautour », « Juif errant ». Ensuite, les regards dédaigneux de Jaime et Raquel, si fiers de leurs nez droits. Et, enfin, l'indifférence de ma mère, qui après qu'on eut rasé mes cheveux blonds et qu'à la place eurent poussé des cheveux bruns m'avait effacé de son âme. « Oui, je le sens laid, horrible, énorme, monstrueux, ce nez osseux qui n'est pas le mien ; je ne l'aime pas, il m'envahit, c'est un vampire collé à mon visage. » Une fois que j'eus exactement délimité cette sensation de dégoût, je commençai à le modifier. La forme de crochet qu'on m'imposait dut être vaincue. J'adoucis ses limites, en fis une masse souple et malléable, le parfumai, le comblai d'amour, de lumière, de bonté, et enfin lui accordai une beauté sublime. Beauté que j'étendis peu à peu à tout mon visage, à mes cheveux, à ma tête, puis, telle une eau lustrale, sur mon corps, le lavant des regards cruels pour lui donner la beauté qu'il méritait. J'allumai la radio, trouvai une musique de Berlioz. Laissant tomber les complexes de laideur comme s'ils étaient des haillons, je me mis à danser en permettant à mon corps de faire des mouvements élégants, délicats, merveilleux. Je sentis que cette beauté formelle m'inondait l'âme. Quelque chose s'ouvrit dans ma conscience et je me rendis compte que cette beauté assumée était comme une fleur répandant son parfum sur le monde.

Je fis la même chose avec la force. Le regard paternel m'avait enfermé dans le corset de la faiblesse. Je choisis comme point de départ mes testicules et les emplis d'une énergie qu'ensuite je répandis dans tout mon organisme. Quand je fus complètement habité, je voulus éjecter cette force par les doigts de mes mains et de mes pieds, et avec ces vingt rayons transpercer le monde, pliant sa négativité pour le rendre positif, mais je tombai sur des verrous. Dans mon âme, il y avait des interdictions d'être moi-même, exigeant que je conserve le conditionnement, m'obligeant à vivre d'après les normes reçues à travers une tradition ankylosée. « Tu ne dois pas manger de cochon, tu ne dois pas te marier avec une goy, le mariage est pour toute la vie, l'argent se gagne dans la souffrance, si tu n'es pas parfait tu ne vaux rien, tu dois être et faire comme tout le monde, si tu n'obtiens pas de diplômes tu échoueras dans la vie... » À la moindre tentative de transgresser ces idées folles apparaissaient les gardiens familiaux brandissant les épées castratrices. « Comment oses-tu ? Pour qui te prends-tu ? Qui es-tu pour changer les règles ? Si tu fais ça, tu mourras de faim ! Nous aurons honte de toi ! Tu es fou, retrouve ton bon sens ! Tout le monde te rejettera, te méprisera, te détruira ! Tu vas perdre notre affection ! » Je me sentis comme un chien plein de puces. Je pris conscience que mes parents avaient abusé de moi sur tous les plans. Sur le plan intellectuel, avec leurs paroles mordantes, agressives, sarcastiques, ils m'avaient coupé les chemins qui conduisaient à l'infini, se faisant passer pour clairvoyants et omnipotents, m'obligeant à regarder le monde à travers leurs lunettes de couleur. Ils avaient abusé de moi sur le plan émotionnel, m'avaient fait sentir de toute leur cruauté qu'ils préféraient ma sœur, créant avec elle un trio sordide de dépendance, de jalousie et d'amour-haine. Ils avaient négocié ma tendresse : « Si tu veux que nous t'aimions, tu dois faire ceci ou cela, tu dois être comme ci ou comme ça, tu dois acheter cette affection que nous te donnons au prix fort. » Ils avaient abusé de moi sur le plan sexuel, ma mère en couvrant d'un épais voile de honte toutes les manifestations de la passion, en se faisant passer pour une sainte. Et mon père en séduisant ses clientes, devant moi, par des insinuations effrontées sous couvert de plaisanteries. Ils avaient abusé de moi sur le plan matériel : je ne me souviens pas que ma mère m'ait cuisiné un plat, ce fut toujours une bonne qui le fit. Je ne me souviens pas qu'on m'ait caressé, je ne me souviens pas qu'on m'ait emmené en promenade, je ne me souviens pas qu'on m'ait souhaité mon anniversaire, je ne me souviens pas qu'on m'ait fait cadeau d'un jouet, je ne me souviens pas qu'on m'ait donné une chambre agréable ; j'ai dormi dans de vieux draps raccommodés, j'ai eu des rideaux ordinaires teints d'une insupportable couleur lie-de-vin, je n'ai pas eu de belle lampe au plafond de ma chambre, mes bibliothèques ont été de vieilles planches posées sur des briques, j'ai toujours été inscrit dans de mauvaises écoles publiques et, de plus, tous les samedis, le jour où les autres enfants se reposaient de l'école en allant à des fêtes, moi, pour « payer » ce qu'on me donnait, je devais rester au magasin pour surveiller la marchandise de la convoitise des voleurs...

Et voilà que cet enfant abusé m'abusait moi-même, essayant à chaque instant de reproduire ce qui l'avait traumatisé. Si on s'était moqué de moi, il m'obligeait à chercher la compagnie de ceux qui me mépriseraient. Si on ne m'avait pas aimé, il m'obligeait à entrer en relation avec des personnes qui ne pourraient jamais m'aimer. Si on avait ridiculisé la créativité, il m'obligeait à douter de mes valeurs, me précipitant dans la dépression. Si on ne m'avait pas donné de moyens matériels, il m'obligeait à être maladivement timide, m'empêchant ainsi d'entrer dans un magasin pour acheter ce dont j'avais besoin. Il me transformait en un rancunier prisonnier de moi-même. « On m'a méprisé, on m'a puni, alors maintenant je ne fais rien, je ne vaux rien, je n'ai pas le droit d'exister. » Incapable de me sentir en paix, j'étais acculé par une meute de rages anciennes. Je commençai à me secouer comme si je jetais ces vieilles douleurs, ces colères enfantines, ces rancunes, ces verrous loin de mon corps. En voilà assez ! Ceci n'est pas moi, cette dépression n'est pas la mienne, vous ne m'avez pas vaincu, vous ne m'empêcherez pas de faire ce que je veux ! Dehors, puces envahissantes ! L'univers intérieur m'appartient, je prends possession de lui, je l'occupe, j'extermine le superflu ! Je m'ouvre aux énergies mentales, je les reçois du fond de la terre et je les projette vers le firmament ; en même temps, je les reçois du fond de l'incommensurable espace et les projette vers le centre de la planète ; je suis un canal récepteur et transmetteur ! Je fais la même chose avec les énergies émotionnelles, sexuelles et corporelles. Je les submerge dans le vide insondable... Chaque idée, chaque sentiment, chaque désir, chaque besoin atteint l'âme en disant : « Tu es moi ! » Ce sont des entités usurpatrices. L'être vide, pouvant contenir l'univers, ne sait qui il est, mais il vit, il crée, il aime.

À peu près à l'aube de mes dix-neuf ans, il y eut une querelle familiale qui, malgré sa monstruosité, me révéla un autre aspect de la création : jusqu'alors j'avais travaillé avec des images et des sensations, mais je n'avais pas exploré une technique composée d'objets et d'actions. Cela se passa de la manière suivante : tous les jours, entre une heure et trois heures de l'après-midi, mes parents fermaient Le Combat pour venir déjeuner à l'appartement. Jaime prenait place à l'extrémité de la table proche de la fenêtre (il s'appropriait ainsi, la recevant de dos, la lumière qui venait du ciel). Près de lui, à sa droite, il mettait ma sœur. Moi, on daignait m'accorder, un peu plus loin, le côté gauche. Et à l'autre bout, tout là-bas sur son île émotionnelle, régnait ma mère, qui pendant les repas gardait toujours les yeux fixés au plafond, exprimant ainsi le dégoût que lui procurait la manière bruyante dont mon père absorbait la nourriture. Ce jour-là, énervé par l'accumulation des dettes, Jaime dévorait ce que lui avait servi notre fidèle bonne, salissant plus que d'habitude ses lèvres et sa chemise. Brusquement, Sara lança un sourd gémissement et murmura : « Cet homme a tout d'un porc, il me donne envie de vomir. »

Derrière ma mère, sur le mur, était accroché un tableau peint à l'huile par un artiste commercial du plus bas étage. C'était un paysage traditionnel de cordillère, éclairé par la lumière rouge d'un coucher de soleil. Il lui plaisait à elle parce que c'était sa mère qui lui avait suggéré de l'acheter. Ma sœur et moi le trouvions ridicule. Jaime le haïssait parce qu'il lui avait coûté cher. Quand nous entendîmes les paroles inattendues de Sara, Raquel et moi restâmes muets de stupeur. Généralement, en pareil cas, Jaime se levait et lui donnait un coup de poing sur l'un de ses beaux yeux. Cette fois, cela ne se passa pas ainsi : l'homme pâlit, il leva lentement son assiette, comme un prêtre élève le calice, et lança ses œufs frits à la tête de ma mère. Celle-ci les esquiva et ils allèrent droit sur le tableau. Les deux jaunes, au milieu du ciel, restèrent collés comme des soleils. Et, ô révélation, pour la première fois cette peinture vulgaire me parut belle ! J'avais, d'un coup, découvert le surréalisme ! Plus tard, je n'eus aucune peine à comprendre la phrase du futuriste Marinetti : « La poésie est un acte. »

L'acte poétique

Les définitions ne sont que des approximations. Quel que soit le sujet, son prédicat est toujours la totalité de l'univers. Dans cette réalité impermanente, ce que nous imaginons être la vérité absolue nous devient impensable. Nos flèches ne peuvent jamais atteindre le centre de la cible parce qu'elle est infinie. Les concepts que la raison utilise sont infaillibles pour moi, ici, à cet instant précis. Pour un autre, là-bas, plus tard, ils peuvent être faux. C'est pourquoi, bien qu'ayant été élevé dans l'athéisme le plus tenace, je décidai de choisir entre deux croyances celle qui serait la plus utile, celle qui m'aiderait à vivre. Avant de venir au monde, je fus une forme de volonté qui choisit celui qui allait être son père et celle qui allait être sa mère, afin qu'en contact avec les limites mentales de ces deux émigrés, par la souffrance et la rébellion, mon esprit se développe. Et pourquoi suis-je né au Chili ? Je n'ai pas le moindre doute : ma rencontre avec la poésie est ce qui justifiait mon apparition dans ce pays.

Dans les années quarante et au début des années cinquante, au Chili plus qu'en aucun autre lieu au monde, on vivait poétiquement. La poésie imprégnait tout : l'enseignement, la politique, la vie culturelle et amoureuse. Quand, au cours des fêtes continuelles, une chaque jour, les gens buvaient du vin sans retenue, il ne manquait pas un ivrogne pour réciter des vers de Pablo Neruda, Gabriela Mistral, Vicente Huidobro et d'autres magnifiques poètes. Pourquoi tant de joie lyrique ? Dans ces années où l'humanité subissait la Seconde Guerre mondiale, dans le lointain Chili séparé du reste de la planète par l'océan Pacifique et la cordillère des Andes, la rencontre entre les nazis et les alliés était vécue comme un match de football. Dans chaque maison, sur une carte fixée au mur, avec des épingles portant de petits drapeaux, au milieu d'innombrables toasts et paris, on suivait les avancées et les retraites des armées adverses. Pour les Chiliens, leur long et étroit pays, malgré les problèmes internes, était une île paradisiaque que la distance protégeait des maux du monde. Alors qu'en Europe dominait la mort, au Chili régnait la poésie. La nourriture étant abondante — les quatre mille kilomètres de côte produisaient de délicieux mollusques et poissons —, le climat exceptionnel et le vin un nectar bon marché — un litre de rouge coûtait moins cher qu'un litre de lait —, dans toutes les classes sociales, des pauvres aux riches, le plus important c'était la fête. La plupart des bureaucrates vivaient de façon décente jusqu'à dix-huit heures. Une fois sortis du bureau, ils se soûlaient et se transformaient. Ils abandonnaient leur grise personnalité pour endosser une identité magique. (À partir de six heures du soir, un honorable notaire qui s'enivrait dans les bars se faisait appeler « le terrible Tétons-Noirs ». On plaisantait beaucoup de la manière dont il avait abordé une cliente : « Madame, moi aussi j'ai été femme : parlons de vache à vache. ») En fin de journée, le pays entier était pris de folie collective. On fêtait l'absence de solidité du monde. Au Chili, la terre tremblait tous les six jours ! Le sol même était, pour ainsi dire, convulsif. C'est ce qui faisait que tous fussent sujets à un tremblement existentiel. On n'habitait pas un monde massif régi par un ordre rationnel, mais une réalité vacillante, ambigue. On vivait de manière précaire tant sur le plan matériel que sur le plan relationnel. On ne savait jamais comment se terminerait la nuit de bringue : le couple marié à midi pouvait se défaire à l'aube et se retrouver au lit avec d'autres partenaires, les invités, balancer les meubles par la fenêtre, etc. Les poètes, essentiellement noctambules, vivaient dans une joyeuse démesure. Neruda, collectionneur frénétique, fit construire une maison-musée en forme de château, regroupant autour de lui un village entier. Huidobro ne se contenta pas d'écrire : « Pourquoi chantez-vous la rose, ô poètes ! Faites-la fleurir dans le poème », il couvrit de bonne terre les planchers de sa maison et planta une centaine de rosiers. Teófilo Cid, fils de richissimes Libanais, renonçant à sa fortune, conserva pour tout bien un abonnement au journal français *Le Monde* et, ivre jour et nuit, se mit à vivre sur un banc du Parc forestier. On l'y retrouva mort, un matin, couvert des feuilles de son journal. Un autre poète n'apparaissait en public que lorsqu'il allait aux veillées funèbres de ses amis, pour sauter sur le cercueil. L'exquis Raúl de Veer ne se lava pas pendant deux ans afin que sa puanteur désignât ceux qu'il intéressait vraiment d'écouter ses vers. Eux tous avaient commencé à sortir de la littérature pour participer aux actes de la vie quotidienne avec une position esthétique et rebelle. Pour moi, comme pour beaucoup d'autres jeunes, c'étaient des idoles qui nous montraient une manière de vivre merveilleuse et démente.

Pour les noces d'or de Jashé et de Moïshé, la famille décida de célébrer un si grand événement par une fête, qui serait en même temps l'occasion de pendre la crémaillère de la nouvelle maison qu'Isidorro, architecte, avait dessinée pour sa mère : un grand cercueil d'où sortait un autre cercueil, plus petit, en équilibre sur deux colonnes. Des parents proches et lointains, venus d'Argentine, assistèrent à l'événement. La plupart d'entre eux étaient des retraités trapus, dont la peau brune contrastait avec les cheveux blancs qu'ils arboraient fièrement, remplis de la visqueuse satisfaction d'appartenir à cette anodine famille sefardi. Sara, entre rires nerveux et larmes sucrées, allait d'un parent à l'autre, exprimant des éloges excessifs motivés par l'anxiété de se faire aimer. Par malheur, beau cygne évoluant au milieu de si nombreux vilains canards, elle s'attira tous les mépris. En particulier celui de l'envieuse Fanny, qui se permit des plaisanteries cruelles sur la blancheur de sa peau et son excès de poids, la comparant à un sac de farine. Jaime, pour avoir un magasin dans un quartier ouvrier, fut lui aussi tourné en ridicule. En signe de grande condescendance, ils l'invitèrent à jouer aux cartes et, complotant entre eux, lui extirpèrent une forte somme d'argent. Personne ne s'occupa de moi. Ils semblèrent ne pas me voir. Je restai assis plusieurs heures, sans manger, dans un coin de la cour obscure. Qu'avais-je à voir avec eux ? Était-ce une vie digne que de se voir obligé de faire mille révérences, comme ma mère, pour être à demi accepté dans ce médiocre purgatoire, ou de me laisser tondre, comme mon père, pour leur démontrer que je n'étais pas un malheureux ? Les voir ainsi, en troupeau, me remplit de rage. Contre un gros tilleul, le seul arbre qui ornât le petit jardin, était appuyée une hache. Poussé par un désir irrésistible, je la pris et me mis à en frapper sauvagement le tronc. Bien des années plus tard, je pris conscience du crime que j'avais commis. Pour moi, à cette époque, alors que je ne me sentais pas lié au monde et ne voyais pas les familles comme des arbres généalogiques, ce végétal n'était pas un être sacré mais un obscur symbole qui catalysait mon désespoir et ma haine. J'augmentai l'intensité de mes coups de hache, perdant la notion de tout ce qui m'entourait. Je me réveillai une demi-heure plus tard, donnant des coups dans une blessure qui avait déjà rongé la moitié du tronc. Shoské, ma grand-tante, poussait des cris d'horreur : « Bandit ! Arrêtez-le, il abat le tilleul ! » Jashé, portant une lanterne et suivie de tous ses parents, fit irruption dans le petit jardin. Ils durent la soutenir pour qu'elle ne tombât pas évanouie. Isidoro se précipita sur moi. Je lâchai la hache et lui donnai un coup de poing dans le ventre. Il tomba assis, écrasant les marguerites de son gros postérieur. Tout se paralysa. Juges sévères, les convives me regardaient, changés en statues de cire. Parmi eux, Sara, rouge de honte. Jaime, derrière le groupe, faisait l'innocent. Le tronc droit et épais du tilleul fit entendre un craquement, menaçant de se rompre. Moïshé vida une bouteille d'eau minérale sur la terre, prit une poignée de boue et, à genoux, sanglotant, se mit à remplir l'énorme gueule en bois tandis que ma demi-tante, ses cheveux noirs dressés sur la tête, tendait un index vengeur en me montrant le chemin de la sortie.

« Va-t'en d'ici, sauvage, et ne reviens jamais plus ! » Une intense émotion me saisit. J'eus peur de me mettre à chialer comme le pseudo-Gandhi. Avec une satisfaction croissante, je me vis éclater de rire. Je sortis dans la rue et me mis à courir en respirant de bonheur. Je savais que cet acte atroce marquait pour moi le commencement d'une nouvelle vie. Plus précisément, enfin, le début de ma vie.

Au bout d'un moment, entendant des pas derrière moi, je m'arrêtai. L'air raréfié et l'obscurité m'empêchèrent de distinguer qui me suivait. « Si c'est Fanny, me dis-je, je lui donnerai aussi un coup de poing. » Ce n'était pas elle mais Bernardo, un lointain cousin, étudiant en architecture, qui avait quelques années de plus que moi, grand, maigre, myope, avec de grandes oreilles et un visage de singe, mais une voix de velours, romantique.

« Alejandro, je suis émerveillé. Ton acte rebelle est digne d'un poète. Je ne peux le comparer qu'à celui de Rimbaud quand il peignit de ses excréments les murs d'une chambre d'hôtel. Comment as-tu pu imaginer une chose pareille ? Sans rien dire, tu as tout dit. Ah, si je pouvais être comme toi ! La seule chose qui m'intéresse, c'est la peinture, la littérature, le théâtre, mais ma famille, la tienne, c'est-à-dire celle que tu viens d'abolir, me l'interdit. Je devrai être architecte, comme Isidoro, pour contenter ma mère... Enfin, cousin, prends-tu le risque de dormir chez toi cette nuit ? On m'a dit que Jaime est un homme féroce... »

Ma rencontre avec Bernardo fut providentielle et je lui dois mon entrée dans le monde poétique, même s'il me décevra plus tard jusqu'à la moelle. L'admiration qu'il avait apparemment pour mon talent s'avéra banale : il était simplement tombé amoureux de moi. Après avoir hésité longtemps — sachant qu'il essuierait un refus définitif —, il se décida à me l'avouer dans les toilettes de l'académie littéraire, en me montrant, les yeux rougis, son sexe en érection, comme s'il s'agissait d'une malédiction divine. Cette nuit-là, prétextant une pure amitié, il m'emmena dormir chez les sœurs Cereceda.

Étaient-elles orphelines ? Millionnaires ? Elles avaient une maison de trois étages pour elles seules. Jamais je ne les vis travailler, ni ne vis non plus leurs parents. La porte de la rue n'était pas fermée au verrou afin que les amis artistes puissent entrer à toute heure du jour ou de la nuit. Il y avait des livres partout, avec des reproductions des meilleurs tableaux et aussi des disques, un piano, des photographies, des objets merveilleux, des sculptures. Carmen Cereceda, artiste peintre, était une femme robuste, à la chevelure abondante, absorbée dans un silence précolombien. Sa chambre était entièrement décorée, murs, sol et plafond, d'une peinture murale, entre Picasso et Diego Rivera, pleine de femmes aux jambes épaisses et de symboles politiques. Verónica Cereceda, fragile, hypersensible, à la parole facile, le crâne couvert d'un fin duvet, poétesse et future actrice. Les deux sœurs plaçaient l'art au-dessus de toutes les choses de la vie.

Quand j'arrivai avec Bernardo, elles me reçurent en souriant. « Que fais-tu, Alejandro ? me demanda Verónica. — J'écris des poèmes. — En connais-tu quelques-uns de mémoire ? — L'être est quelque chose qui se consume / en jetant des flammes depuis le rêve », récitai-je, rouge jusqu'à la racine des cheveux. Verónica m'embrassa sur les deux joues. « Viens, frère... (Et me prenant par la main elle m'entraîna dans une pièce décorée de motifs mapuches, meublée d'un petit lit et d'une table portant une machine à écrire, une rame de papier et une lampe.) Je m'enferme dans cet endroit quand je veux écrire mes poèmes. Je te le prête le temps qui te sera nécessaire. Si tu as faim, descends à la cuisine : tu y trouveras des fruits et des plaquettes de chocolat, c'est la seule chose que nous mangions. Bonne nuit. »

Je restai enfermé là plusieurs jours sans que personne vînt me déranger. Parfois, une ombre frappait à la porte et, devant, déposait deux pommes. Quand j'eus vaincu ma timidité, je sortis lier connaissance avec le groupe, qui n'excédait pas une vingtaine de personnes. Des compositeurs, des poétesses, des peintres, un étudiant en philosophie. Dans la maison, à part moi qui étais le plus jeune, les Cereceda logeaient une jeune lesbienne, Pancha, qui faisait de grandes poupées en chiffon, Gustavo, l'ami intime de Carmen, pianiste, et Drago, un dessinateur bègue. En voyant que l'argent manquait dans cette maison, que les fruits et les chocolats étaient apportés par les membres du groupe, je compris que mon intégration était un véritable sacrifice. Verónica, idéaliste, partagea avec moi son immense culture et le peu qu'elle possédait, simplement parce qu'elle aimait la poésie. Dans mon souvenir elle est demeurée comme un ange... Chaque fois qu'en ce monde si plein de violence quelqu'un me trahit, je me souviens de ces sœurs et me console en pensant qu'il existe aussi des êtres sublimes. Pour un jeune garçon, la rencontre avec d'autres personnes est fondamentale : celles-ci peuvent changer le cours de sa vie. Quelques-unes sont comparables à des aérolites, morceaux opaques qui à un moment ou un autre peuvent heurter la Terre en provoquant d'énormes dégâts ; et d'autres sont pareilles à des comètes, des astres lumineux porteurs d'éléments vitaux. J'eus la chance providentielle, à cette époque, de rencontrer des êtres qui enrichirent ma vie, des comètes bénéfiques. Je pus également en voir d'autres, qui méritaient autant que moi un destin créatif, tomber dans la compagnie de rapaces qui les conduisirent à l'échec et à la mort, des aérolites. Bon, peut-être ne fut-ce pas seulement la chance : à cause de ma méfiance d'enfant blessé j'avais développé le talent d'esquiver. Dans la boxe, ce n'est pas toujours celui qui frappe le plus fort qui gagne, mais parfois celui qui esquive le mieux les coups. J'ai toujours fui les contacts négatifs et recherché des amis qui puissent être mes maîtres.

Un jour, à six heures du matin, Verónica me réveilla. « C'en est assez de travailler seulement avec ton esprit. Les mains, autant que les mots, ont beaucoup à exprimer. Je vais t'apprendre à fabriquer des marionnettes. » Dans la cuisine elle me montra comment, en faisant bouillir du papier journal coupé en fines lamelles, en le malaxant et le triturant, pour ensuite le mélanger à de la farine, on obtenait une pâte très facile à modeler. Sur une boule faite avec un vieux bas et une poignée de sciure je pus sculpter des têtes de marionnette qui se durcirent en séchant au soleil. Carmen me montra ensuite comment les peindre. Pancha cousit les vêtements, où j'introduisis mes mains comme si c'étaient des gants, pour bouger et faire parler les personnages. Drago me fabriqua un petit théâtre, sorte de paravent pliable, derrière lequel je pouvais animer mes poupées. Je tombai amoureux d'elles. Je fus enchanté de voir qu'un objet que j'avais fabriqué moi-même m'échappait. À partir du moment où je mettais la main dans la marionnette, le personnage commençait à vivre de manière quasi autonome. J'assistais au développement d'une personnalité inconnue, comme si la poupée se servait de ma voix et de mes mains pour prendre une identité qui déjà lui était propre. J'avais l'impression de réaliser un travail de serviteur plus que de créateur. Enfin, j'avais l'impression d'être dirigé, manipulé par la poupée ! D'autre part, d'une certaine manière, les marionnettes me firent découvrir un aspect important de la magie, le transfert d'une personne à un objet. Comme mon contact avec Jaime et Sara avait été pratiquement nul, de même qu'avec le reste de ma famille, je fus pour tous un mutant incompréhensible, la plupart du temps invisible et, quand j'étais visible, méprisé. Mais l'âme, pour se développer, a besoin du contact familial. Décidé à instaurer une relation profonde, je sculptai des poupées qui les représentaient, portraits caricaturaux, mais très exacts. Je pus ainsi faire parler le sieur Jaime et dame Sara, et tous les autres. Mes amis, voyant ces représentations grotesques, riaient à gorge déployée. Toutefois, à mesure que mes mains se fondaient avec les personnages, ils commencèrent à exister avec une vie propre. Dès que je leur prêtais ma voix, ils disaient des choses que je n'avais jamais pensées. Essentiellement, ils se justifiaient, considérant mes critiques injustes, ils insistaient sur le fait qu'ils m'aimaient et, à la fin, se plaignaient en exigeant que moi-même, pour les avoir déçus, je leur demande pardon. Je me rendis compte de ce que mes plaintes étaient égoïstes. Je me lamentais parce que je ne voulais pas pardonner. C'est-à-dire que je ne voulais pas mûrir, être adulte. Et le chemin du pardon exigeait de reconnaître que, à sa manière, toute la famille, parents, oncles, tantes, grands-parents étaient mes victimes. J'avais trompé leurs espoirs, espoirs pour moi certes négatifs, absurdes, mais pour eux, à leur niveau de conscience, légitimes. Je leur demandai sincèrement pardon. « Pardonne-moi, Jaime, de ne pas t'avoir donné l'occasion de vaincre tes complexes sociaux, en suivant une carrière universitaire. Que j'obtienne un diplôme de médecin ou d'architecte était la seule chance que tu avais d'être respecté par la communauté... Pardonne-moi, Sara, de n'avoir pas été la réincarnation de ton père... Pardonne-moi, Raquel, d'être né avec le phallus que tu aurais dû avoir... Pardonne-moi, grand-mère, d'avoir coupé le tilleul, d'avoir renoncé à la religion juive... Pardonne-moi, tante Fanny, de te trouver si laide... Et surtout toi, gros Isidoro, pardonne-moi de ne pas comprendre ta cruauté : jamais tu n'as grandi, tu as toujours été un bébé géant. Quand je suis venu rendre visite à ta mère, tu m'as traité comme un dangereux rival, pas comme un enfant. » À leur tour, toutes les poupées me pardonnèrent. Moi aussi, une par une, en versant des larmes, je leur pardonnai.

Étrangement — peut-être la magie des marionnettes fonctionnait-elle —, lorsque je décidai de renouer les liens, l'attitude de mes parents à mon égard devint plus compréhensive et plus affectueuse. Ma grand-mère aussi, sans revenir sur l'incident de l'arbre, m'invita à prendre le thé avec elle et, pour la première fois, me fit un cadeau : un bracelet-montre qui, à la place des aiguilles, avait un éléphant indiquant les minutes avec sa trompe et les heures avec sa queue. Miracle ! Je me l'explique de la manière suivante : l'image que nous avons de l'autre n'est pas l'autre, mais une représentation. Le monde que nous imposent les sens dépend de notre façon de le voir. Pour nous, d'une certaine manière, l'autre est ce que nous pensons qu'il est. Par exemple, quand je fis la marionnette de Jaime, je la modelai de la manière dont je le voyais, je lui donnai une existence limitée. En l'animant dans le petit théâtre, d'autres aspects que je n'avais pas saisis se glissèrent, venant de mon obscure mémoire, et transformèrent son image. Le personnage, enrichi par ma créativité, évolua jusqu'à atteindre un degré supérieur de conscience ; de féroce et obséquieux, il devint aimable, plein d'amour. Peut-être mon inconscient individuel était-il étroitement lié à l'inconscient familial. Si ma réalité changeait, celle de mes parents changeait aussi. D'une certaine façon, en faisant le portrait d'un être s'établit un lien entre lui et l'objet qui le symbolise. De telle manière que si des changements se produisent dans l'objet, l'être qui a donné naissance à ce qui le représente change également. Des années plus tard, en étudiant la sorcellerie et la magie au Moyen Âge, je vis qu'on employait cela pour nuire aux ennemis. On plaçait dans un collier des cheveux, des ongles ou des fragments de vêtements de la future victime, et on les mettait au cou d'un chien qu'on tuait ensuite. Ayant gravé le nom du malade sur l'écorce d'un arbre, on prononçait des incantations afin de transférer la maladie sur le végétal. Ce principe s'est conservé dans la sorcellerie populaire sous forme de photos ou de statuettes de cire qu'on transperce d'épingles. La croyance du transfert de personnalité par le contact physique retint aussi mon attention. Toucher quelque chose ou quelqu'un signifiait d'une certaine manière devenir cette chose ou cette personne. Les médecins du Moyen Âge, pour soigner les cavaliers après les tournois, plaçaient leurs onguents curatifs sur l'épée qui avait infligé la blessure. À cette époque je n'avais pas encore entendu parler de ce sujet, mais intuitivement, et de manière positive, je l'avais appliqué.

Je me dis : si les poupées que j'ai sculptées prennent vie et me transmettent leur être, pourquoi, au lieu de caractères que je méprise ou hais, ne choisirais-je pas des personnages qui peuvent me transmettre un savoir que je ne possède pas ? Dans ces années-là, Pablo Neruda se présentait comme le plus grand poète, mais moi, comme la plupart des jeunes, par esprit de contradiction, je refusais d'être son disciple fanatique. Brusquement surgit un nouveau poète, Nicanor Parra, qui, se rebellant contre ce génie si viscéral et si engagé politiquement, publia des vers intelligents, humoristiques, différents de tout ce qu'on connaissait, et qu'il baptisa du nom d'« antipoèmes ». Mon enthousiasme fut délirant. Enfin un auteur descendait de l'Olympe romantique pour parler de ses angoisses quotidiennes, de ses névroses, de ses échecs sentimentaux. Un poème surtout, *La Vipère*, me marqua. On n'y parlait pas, comme dans les sonnets de Neruda, d'une femme idéale, mais d'une véritable harpie.

De longues années durant je fus condamné à adorer une femme indigne,
À me sacrifier pour elle, à subir des humiliations et des moqueries sans nombre,
À travailler jour et nuit pour la nourrir et la vêtir,
À exécuter des délits, à commettre des fautes,
À perpétrer de petits vols à la lueur de la lune,
À falsifier des documents compromettants,
Sous peine de tomber en disgrâce à ses yeux fascinants

Comme j'enviais Nicanor Parra, moi qui n'avais encore jamais fait l'amour avec aucune femme, de connaître un être aussi extraordinaire !

Longtemps je vécus prisonnier du charme de cette femme
Qui avait coutume de se présenter à mon bureau entièrement nue
Exécutant les contorsions les plus difficiles à imaginer...

Aussitôt je confectionnai ma pâte et me mis à modeler une marionnette qui représentait le poète. Le journal n'avait publié aucune photo de lui, mais, par contraste avec Neruda, qui était un peu chauve, trapu, avec des airs de Bouddha, je le sculptai fin, avec des joues creuses, des yeux intelligents, un nez aquilin et une chevelure léonine. Enfermé dans mon petit théâtre, je manipulai pendant des heures et des heures la poupée Nicanor, le faisant improviser des antipoèmes et, surtout, raconter ses aventures avec les femmes. Accablé par ma chasteté, ayant eu une mère dont le corps était gainé dans un corset, que la plus légère allusion sexuelle faisait rougir, la femme représentait pour moi le plus grand des mystères... Déjà bien imprégné de l'esprit du poète, je me sentis capable de trouver une muse, de préférence semblable à la Vipère...

Dans le centre de la ville, le café Iris ouvrait ses portes à minuit. Là, éclairés par de cruels tubes au néon, les noctambules buvaient de la bière à la pression ou un vin très bon marché qui à chaque gorgée les faisait frissonner. Tous les serveurs, vêtus d'uniformes noirs, étaient des vieux qui se déplaçaient sans se presser d'une table à l'autre, à petits pas.

À cause de ce calme, le temps paraissait se figer en un instant éternel où ne pouvaient entrer ni peines ni angoisses. Pas même un grand bonheur. On buvait en silence comme dans un purgatoire. Là, rien de nouveau ne pouvait avoir lieu. Pourtant, la première nuit où je décidai d'aller au café Iris pour y rencontrer la femme qui serait ma farouche muse, y entra Stella Díaz Varin. Comment la décrire ? Nous sommes en 1949, dans le pays le plus lointain, là où personne ne veut être différent des autres, où il est pratiquement obligatoire de s'habiller de gris, où les hommes doivent avoir les cheveux bien coupés et les femmes une coiffure chitineuse élaborée au salon de beauté, quarante ans avant que n'apparaissent les premiers punks. Alors que je viens de m'installer devant une tasse de café, Stella (qu'on venait d'expulser du journal *La Hora* à cause de son article sur l'abattage des arbres, industrie qui plus tard dévasterait le sud du pays) s'approche de moi en agitant son incroyable chevelure rouge, une masse sanguinaire qui lui arrive au-dessous de la taille, composée non de cheveux mais de crins. Je n'exagère pas, jamais plus dans ma vie je n'ai rencontré une femme ayant des cheveux aussi épais. Au lieu de se poudrer le visage, comme c'est la coutume chez les Chiliennes de cette époque, elle se l'est peint à l'aquarelle, en violet pâle. Ses lèvres sont bleues, une grande vague verte couvre les paupières, et ses oreilles, brillantes, sont dorées. C'est l'été, mais sur une courte jupe et une chemise sans manches, où se devinent ses arrogants mamelons, elle porte un vieux manteau en peau, probablement de chien, qui lui arrive aux talons. Elle boit un litre de bière, fume la pipe et, sans fixer son attention sur personne, enfermée dans son Olympe personnel, écrit sur une serviette en papier. Un homme ivre s'approche d'elle, qui lui dit quelque chose à l'oreille. Elle ouvre son manteau, soulève sa chemise, lui montre ses seins opulents, puis, à la vitesse de l'éclair, lui assène un coup de poing au menton qui le fait reculer de trois mètres et tomber par terre, évanoui. L'un des vieux serveurs, sans se troubler beaucoup, lui jette un verre d'eau à la figure. L'homme se lève, demande d'humbles excuses à la poétesse et va s'asseoir dans un coin de la salle. On pourrait croire qu'il ne s'est rien passé. La femme continue à écrire. Moi, je tombe amoureux.

Ma rencontre avec Stella fut essentielle. Grâce à elle, je pus passer de l'acte conceptuel, la création au moyen de mots et d'images, à l'acte poétique, poèmes résultant d'une somme de tâches corporelles. Stella, défiant les préjugés sociaux, se comportait comme si le monde était une matière malléable qu'elle pouvait modeler à sa guise. Je demandai au vieux barman s'il la connaissait.

« Bien sûr, jeune homme, qui ne la connaît pas ? Elle vient très souvent ici pour écrire et boire de la bière. Avant, elle était dans la police secrète, où elle a appris le karaté. Puis elle est devenue journaliste, mais ils l'ont fichue dehors parce que c'est une contestataire. Maintenant, elle est poétesse. Le critique du *Mercure* nous a dit qu'elle était meilleure que Gabriela Mistral. Il a sûrement couché avec elle. Faites attention, jeune homme, cette bête sauvage peut vous casser le nez. »

Tremblant, je la vis terminer un deuxième litre de bière, remplir fébrilement plusieurs pages de son cahier et enfin, hautaine, sortir dans la rue. Me cachant du mieux que je pus, je la suivis. Je m'aperçus qu'elle marchait nus pieds — pieds teints de plusieurs couleurs qui formaient un arc-en-ciel allant du rouge des ongles au violet des chevilles. Elle prit un autobus qui parcourait la large *Alameda de las Delicias,* la promenade des Délices, en direction de la gare centrale. Je grimpai et m'assis devant elle. Je sentis son regard pénétrer ma nuque comme un stylet. La nuit devint un rêve. Me trouver dans le même véhicule que cette femme, c'était comme avancer vers notre âme commune. Soudain, après un arrêt, au moment où l'autobus se remettait en marche, elle courut vers la porte et descendit en marche. Surpris, je priai le chauffeur de s'arrêter, chose qu'il fit deux cents mètres plus loin, et me dirigeai vers l'endroit où Stella était descendue. Je vis avec surprise qu'elle venait vers moi en me faisant signe de m'arrêter. Le cœur battant, terrifié, je restai immobile. Je fermai les yeux et attendis le féroce coup de poing. Ses mains se mirent à palper mon corps, sans aucune sensualité. Puis elle ouvrit ma braguette et examina mon sexe, à la manière d'un médecin. Elle soupira. « Ouvre les yeux, morveux ! On voit bien que tu es chaste ! Je suis beaucoup pour toi. Une autruche ne peut couver un œuf de pigeon. Qu'est-ce que tu veux ? — On m'a dit que vous écriviez. Moi aussi. Pourrais-je avoir l'honneur de lire vos poèmes ? » Elle sourit. Je vis que l'une de ses incisives avait le bout cassé, ce qui lui donnait un air de cannibale. « Tu ne t'intéresses qu'à ma poésie ? Et mon cul et mes seins, hein ? Hypocrite ! Tu as un peu d'argent ? » Je fouillai dans mes poches, y trouvai un billet de cinq pesos et le lui montrai. Elle me l'arracha. « À côté du cinéma Alameda il y a un troquet ouvert toute la nuit. Viens. J'ai faim. Nous mangerons un sandwich et nous boirons une bière. »

C'est ce que nous fîmes. Elle ouvrit son cahier et, mâchant du pain avec du saucisson, les lèvres blanchies par l'écume de la bière, elle se mit à lire. Elle récita pendant une heure, qui pour moi en parut dix. Jamais je n'avais entendu une poésie semblable. Chaque phrase me faisait l'effet d'un coup de poignard. Ces vers se transformaient, à l'instant même où on les entendait, en blessures profondes mais agréables. Entendre cette authentique poétesse libérée de la rime, de la métrique, de la morale fut l'un des moments les plus émouvants de ma jeunesse. L'endroit était sale, laid, éclairé par des lampes cruelles, et les clients bestiaux, sordides. Cependant, devant ces mots sublimes, il se transforma en un palais habité par des anges. J'eus là la preuve que la poésie était un miracle qui pouvait changer la vision du monde. Et en changeant la vision, elle changeait aussi l'objet perçu. La révolution poétique me parut plus importante que la révolution politique. De cette lecture me demeure en mémoire, tel un précieux reste de naufrage : « La femme qui aimait les colombes dans une extase de vierge et qui, la nuit, allaitait des lys de son sein endormi, rêvait adossée au mur et tout paraissait beau sans l'être. » Elle ferma brusquement le cahier et, sans vouloir écouter mes paroles d'admiration, se leva, sortit dans la rue, me prit par le bras et me conduisit jusqu'au prochain coin de rue, près de l'institut pédagogique. Une porte étroite constituait l'entrée de la pension où on lui louait une petite chambre. D'une poussée elle me fit asseoir sur la marche de pierre qui se trouvait devant la porte, s'agenouilla à côté de moi et, de ses dents pointues, me saisit l'oreille droite. Elle demeura ainsi, semblable à une panthère qui garde sa proie dans sa gueule avant de la triturer. Mille pensées assaillirent mon esprit. « Elle est peut-être folle, c'est peut-être une anthropophage, elle me met à l'épreuve, elle veut voir si je suis capable de sacrifier un morceau d'oreille pour la posséder, elle. » Eh bien je décidai de la sacrifier : connaître cette femme valait bien une telle mutilation. Je me calmai, cessai de contracter mes muscles, m'abandonnai au plaisir du contact de ses lèvres humides. Le temps parut se figer. Elle ne fit pas mine de vouloir me lâcher. Au contraire, elle serra un peu plus les dents. J'essayai de me rappeler quelle était la pharmacie de garde pour courir, après avoir perdu le lobe, acheter de l'alcool pour désinfecter la plaie et éviter une hémorragie. Miraculeusement, je fus sauvé par un exhibitionniste. Il passa devant nous, se couvrant le visage avec un journal ouvert, montrant hors de sa braguette un énorme phallus. Stella me lâcha pour le chasser à coups de pied. L'homme, courant à toutes jambes, disparut dans la nuit. En riant, la poétesse s'assit à côté de moi, de la paume d'une main elle essuya la sueur de l'une des miennes et, à la lueur d'une allumette, en examina les lignes. « Tu as du talent, petit. Nous allons bien nous entendre. Viens pisser. » Elle me fit l'accompagner jusqu'à une église proche. Près de la grande porte se dressait une statue de saint Ignace de Loyola. « Pisse sur le saint, me dit-elle en retroussant ses jupes. Uriner et prier sont deux actes également sacrés. » Elle ne portait pas de culotte et avait une abondante toison pubienne. Ainsi, debout à côté de moi, elle projeta un épais arc jaune qui alla mouiller la poitrine de pierre du moine. Moi, avec un jet plus fin, mais qui arrivait plus loin, je baignai le front de la statue. « Je lui ai réchauffé le cœur, toi, tu l'as couronné, petit. Maintenant va dormir. Je t'attends demain, à minuit, au café Iris. »

Elle me donna un rapide mais intense baiser sur la bouche, m'accompagna jusqu'à la gare centrale et, au moment où je lui tournais le dos, me flanqua un coup de pied au derrière. Sans opposer de résistance, je me laissai pousser, fis quatre pas précipités, retrouvai ma marche normale et, très digne, sans tourner la tête, je m'éloignai d'elle.

Le lendemain, sans accorder la moindre importance à aucune d'elles, je laissai passer les heures. Immobile, j'avançais à travers un temps plat, gris, un tunnel vide où, tout au bout, brillait tel un splendide joyau le minuit tant attendu. J'arrivai au café Iris à minuit pile, portant caché sur ma poitrine la marionnette de Nicanor Parra. Cadeau pour Stella... Mais mon aimée n'était pas encore arrivée. Je demandai une bière. À minuit et demi, j'en demandai une autre. À une heure, une autre ; à une heure et demie, une autre ; à deux heures, une autre, et une autre à deux heures et demie. Ivre et triste je la vis entrer, fière, accompagnée d'un homme plus petit qu'elle, avec une tête de boxeur et une expression narquoise commune à ces descendants dégénérés de soldat espagnol et d'Indienne violée. Me jetant un regard de défi, elle s'assit en face de moi avec, supposai-je, son amant. Elle et lui, satisfaits, souriaient. Je devins furieux. Je glissai ma main sous mon gilet, en sortis la marionnette et la jetai sur la table. « Que ce Nicanor Parra soit ton maître ! Tu mériterais d'aller avec un poète de cette envergure au lieu de t'avilir avec des pouilleux comme celui qui t'accompagne maintenant. Si tu lis son génial poème *La Vipère*, tu y trouveras ton portrait. Adieu pour toujours. » Et, trébuchant, m'embronchant dans les pieds des chaises, je cherchai la sortie. Stella courut derrière moi et me ramena à la table. Je crus que le boxeur insulté allait me tomber dessus à coups de poing, mais non. Avec un sourire il me tendit la main et me dit : « Je te remercie de ce que tu as dis. Je suis Nicanor Parra et la femme qui m'a inspiré *La Vipère* est Stella. » S'il est vrai que les traits de ma marionnette ne ressemblaient en rien à ceux du grand poète, j'eus la certitude que je l'avais rencontré grâce à cette sculpture. Le miracle était l'un des fils dont était tissé le monde. Parra, aimablement, me donna son numéro de téléphone, me fit comprendre d'un seul regard que la poétesse n'était pas son amante et que j'avais de fortes chances de le devenir, puis il nous salua.

Face à cette femme extravagante et belle, je restai muet. Mon ivresse s'était dissipée comme par enchantement. Elle m'observa avec une intensité de tigre, aspira la fumée de sa pipe et me la souffla au visage. Je me mis à tousser. Elle éclata d'un rire rauque qui attira l'attention de tous, puis devint sérieuse et d'un ton accusateur affirma : « Ne le nie pas, tu as un couteau ! Donne-le-moi ! » Honteux, ne voulant pas la contredire, je fouillai dans une poche et en sortis un modeste canif. Elle le prit, l'ouvrit, examina la lame à moitié oxydée et me demanda comment je m'appelais. « Alejandro », murmurai-je. Elle posa sa main gauche ouverte sur la table et, le canif dans la droite, se fit trois blessures sur le dos qui formèrent un A sanglant. Elle lécha la lame pour nettoyer le sang et me la rendit, baignée de sa salive. Avec une vertigineuse rapidité je calculai : « Le A est formé de trois lignes droites, ce qui facilite les coupures. Si je me taille un S je devrai me faire une blessure sinueuse et large, je peux me couper une veine, et je n'ai pas une peau grasse comme la sienne. Qu'est-ce que je fais ? Elle me met à l'épreuve. Je vais être un lâche idiot. Je dois trouver une solution élégante. » Je pris sa main et léchai la blessure, cinq, dix longues minutes, jusqu'à ce que n'y perle plus une goutte de sang. Je lui offris ma bouche teintée de rouge. Elle m'embrassa avec passion.

« Viens, me dit-elle. Nous ne nous séparerons plus jamais. Nous dormirons le jour et vivrons la nuit, comme les vampires. Je suis encore vierge. Nous ferons tout, sauf la pénétration. Je garde mon hymen pour un dieu qui descendra des montagnes. »

En sortant dans la rue, de nouveau elle me demanda le canif. Je le lui remis en tremblant : sans aucun doute, mon acte de galanterie n'avait pas été suffisant pour équilibrer les coupures de sa main. D'une voix péremptoire elle me dit de mettre ma main dans la poche gauche du pantalon et d'en sortir la doublure. Ce que je fis. Avec une grande habileté, elle coupa les fils du fond de la poche qu'elle glissa de nouveau à l'intérieur de mon pantalon. Elle y introduisit sa main droite et, avec une ferme délicatesse, m'empoigna les testicules et le pénis. « À partir de maintenant, chaque fois que nous marcherons ensemble je tiendrai dans ma main tes parties secrètes. »

Nous avançâmes ainsi sur la promenade des Délices, en direction de son repaire, sans nous dire un mot. Le jour commençait à poindre. Le dernier froid de la nuit, dans son agonie, se fit plus intense. Cependant la chaleur que sa main me transmettait, cette main qui écrivait des vers si admirables, envahit non seulement ma peau mais, pénétrant au plus profond, incendia mon âme. Les oiseaux se mettaient à chanter lorsque nous atteignîmes la porte de la pension.

« Enlève tes chaussures. Les retraités dorment tard. Lorsqu'un bruit les réveille, ils poussent des cris de tortues à l'agonie. » L'escalier grinçait, les marches grinçaient, le plancher vermoulu du couloir grinçait. La porte de la chambre, en s'ouvrant, poussa un gémissement funèbre qui fut longtemps accompagné du chœur des tortues, puis ce fut le silence. « Nous n'allons pas allumer. Orphée ne doit pas voir nue son aimée gisant aux enfers. »

En trois secondes je me dépouillai de mes vêtements. Elle se déshabilla lentement. J'entendis le plouf poisseux de son manteau en peau de chien qui s'aplatissait par terre. Puis le murmure de sa petite jupe glissant sur ses jambes. Ensuite le frottement huilé de sa chemisette et alors, merveilleux souvenir, je la vis comme éclairée par une lampe de cinq cents watts. La blancheur de sa peau était si intense qu'elle crevait l'obscurité. Statue de marbre, avec ses gros mamelons roses, son auréole de crins écarlate et, par-dessus tout, cette rose qui s'épanouissait sur le pubis. Nous nous enlaçâmes, nous laissâmes tomber sur le lit et, sans nous préoccuper des bruits d'accordéon malade que produisait le sommier, nous nous caressâmes pendant des heures. Quand le jour se leva, la pièce se remplit d'une lumière d'abord rouge, puis orangée. Les bruits de la rue, les pas, les voix, les tramways, les automobiles et le bourdonnement des mouches essayèrent de dissiper notre enchantement. Mais le désir allait augmentant. Le vagin était défendu, de même que l'anus et la bouche. À l'intérieur de la sibylle, seul pouvait pénétrer le dieu des montagnes. Il nous restait les caresses, qui étaient prolongement, toujours progressant, oubliant où nous les avions commencées, sans désirer atteindre une fin. Stella devint tendue et soudain, au lieu de lancer le cri du plaisir, elle serra tellement les dents qu'elles se mirent à grincer. Ce bruit augmenta à tel point que je crus entendre tous les os de son corps éclater. Ainsi, corollaire d'une tempête passionnelle, venant du fond d'un océan de chair, émergeait la structure osseuse, tel un vieux navire naufragé. Elle, satisfaite, me murmura à l'oreille : « Un squelette s'est assis sur mes pupilles, qui mord mon âme entre ses dents. » Puis avant de s'endormir, incrusté dans ma poitrine, elle soupira : « Nous avons donné un orgasme à ma mort. »

Ainsi débuta et ainsi se poursuivit notre relation. Nous nous couchions à six heures du matin, nous nous caressions au moins pendant trois heures, dormions profondément, moi à cause de la tension nerveuse que provoquait en moi une femme aussi intense, elle sous l'effet de toute la bière qu'elle ingurgitait. Nous nous levions le soir à dix heures. L'argent étant un symbole néfaste éliminé par la poétesse, il me revenait de la nourrir. Je sortais, prenais le tramway qui allait vers l'avenue Matucana, entrais dans la maison de mes parents en utilisant ma clé et, rassuré par le rythme de leurs formidables ronflements, je volais de la nourriture dans la réserve, un peu d'argent dans le sac de ma mère et encore un peu dans les poches de mon père. Je revenais à la pension, où nous dévorions tout, jusqu'aux miettes. Le moindre reste attirait une invasion de fourmis et de blattes. Parfois Stella, exprès, laissait sur le plancher les assiettes grasses, qui très vite étaient visitées par des douzaines de bestioles noires. Elle les transperçait d'une aiguille et les clouait au mur. Elle avait donné la forme d'une Vierge à la compacte tache de blattes. Un phallus ailé, également composé de blattes, volait vers la sainte, venant des montagnes. « C'est l'Annonciation à Marie », me dit-elle fière de son œuvre, en fixant sur le visage, en guise d'yeux, deux coléoptères verts dont je ne sus jamais où elle les avait dénichés.

Vers minuit, elle marchant toujours à côté de moi, la main dans ma poche, nous arrivions au café Iris. Le caquetage des ivrognes s'interrompait. Stella se maquillait chaque fois d'une manière différente, toujours spectaculaire. Il ne manquait pas un impertinent pour s'approcher, sans daigner m'accorder le droit à l'existence, et tenter de la séduire par d'audacieux tripotages. Le poing sur le menton remplissait sa mission. Les serveurs emportaient l'insensé, le ramenant à sa table. À peine réveillé, guéri de son ivresse, l'homme nous envoyait une bouteille de vin accompagnée de discrets signes d'excuses. Une fois donnée la leçon de la bête sauvage, les hommes cessaient de la dévorer des yeux pour se perdre dans des discussions où la raison n'avait rien à voir. Continuellement quelqu'un se levait et, moitié chantant, récitait un poème. Stella me mettait des cotons dans les oreilles, m'obligeait à rester tranquille, comme un modèle posant pour une artiste peintre, et, ses yeux fixant les miens, sans regarder le cahier, écrivait une page après l'autre à une vitesse vertigineuse.

Une nuit, fatigué de cette immobilité, je lui proposai un jeu : nous observerions des personnes inconnues et, sans rien nous dire, chacun sur une feuille de papier, nous écririons son métier, son caractère, son statut social, sa situation économique, son niveau d'intelligence, sa capacité sexuelle, ses problèmes émotionnels, la composition de sa famille, ses maladies probables, la mort qui serait la sienne. Nous avons très souvent joué à ce jeu. Nous avions atteint une telle fusion spirituelle que les réponses étaient pareilles. Cela ne veut pas dire que nous soyons parvenus à réaliser un portrait exact des inconnus, ce que nous ne pouvions vérifier. Mais au moins savions-nous qu'existait entre nous une communication télépathique. Au bout d'un certain temps, chaque fois que nous nous trouvions en présence de quelqu'un, il nous suffisait d'échanger un regard furtif pour savoir comment agir.

Tout ce qui est différent attire l'attention du citoyen ordinaire, mais aussi son agression. Un couple comme le nôtre inquiétait, véritable aimant pour les destructeurs, envieux du bonheur d'autrui. L'ambiance du café Iris devint peu à peu irrespirable. Les clients se mirent de plus en plus souvent à nous lancer des piques, des louanges agressives, des réflexions narquoises, des regards empreints d'une sexualité grossière.

« L'Iris, c'est fini, nous allons chercher un autre endroit, me dit Stella. — Mais où irons-nous ? C'est le seul café ouvert toute la nuit. — On m'a dit qu'il y avait un bar dans la rue San Diego, Le Perroquet muet, qui ne ferme qu'à l'aube. — Tu es folle, Stella, c'est un endroit lugubre, où vont les pires individus ! On dit qu'il y a au moins une bagarre à coups de couteau chaque nuit. » Je ne pus la convaincre. « Si Orphée séduit les bêtes sauvages, nous réussirons à faire chanter la messe à ce perroquet muet ! »

À minuit passé, le vin avait plongé dans une torpeur bovine les clients patibulaires de ce ténébreux endroit. Mon arrivée, tenant à mon bras la poétesse maquillée de façon plus extravagante que jamais, ne provoqua aucune réaction. Stella était si différente des putains usées qui échouaient là, un être d'une autre planète, qu'ils furent simplement incapables de la voir. Ils continuèrent à boire, comme si de rien n'était. Elle, offensée dans son exhibitionnisme, décida de boire debout, à côté du comptoir. Moi, vêtu normalement, je commençai à attirer peu à peu l'attention. Au bout d'une demi-heure, quand la poétesse, ayant terminé son premier litre de bière, en demandait un deuxième, quatre individus s'approchèrent de moi. Je fis ce que je pus pour dissimuler la peur qui m'envahissait, obligeant mon visage à prendre l'aspect d'un masque inexpressif. Je jetai un billet froissé sur la table et dis, d'un ton naturel mais suffisamment fort pour que le quatuor m'entendît : « Payez-vous. C'est le dernier qui nous reste. » Je laissai la monnaie, quelques pièces, dans la soucoupe. Cyniquement, les quatre curieux les prirent et les ensevelirent dans leurs poches. « Et vous, jeune homme, d'où êtes-vous ? — Je suis chilien, comme vous. Ce qu'il y a, c'est que mes grands-parents étaient des immigrés. Ils sont venus de Russie. — Russe ? Camarade ? murmurèrent-ils, moqueurs. Et quelle est votre profession ? — Eh bien, je ne travaille pas, je suis un artiste, un poète... — Ah, poète, comme ce pansu de Neruda ! Allons, prenez un verre avec nous et récitez-nous un poème. »

Stella était toujours aussi invisible pour eux. Les regards lubriques se dirigeaient vers moi. Ils avaient une sexualité de bagnards. Un garçon à la peau blanche les excitait. J'avalai le verre de vin aigre, me disposant à improviser quelques vers. Les clients fixèrent leur attention sur moi.

Là où il y a des oreilles mais aucun chant
dans ce monde qui va se dissolvant
et où l'être se donne à qui ne le mérite pas
je suis mes empreintes bien plus que mes pas.

Au milieu de mon récitatif, je vis que tous les yeux se tournaient vers Stella, et que plus personne ne s'occupait de m'écouter. Décidée à me voler mon public, avec une grande épingle à cheveux qu'elle avait sortie de son sac doublé de paillettes, mon amie se transperçait le bras. Sans un signe de douleur elle enfonça lentement l'aiguille jusqu'à ce qu'elle ressorte de l'autre côté. J'étais moi aussi fasciné. Je ne savais pas que la poétesse avait des dons de fakir. Lorsqu'elle fut certaine d'avoir capté l'attention des clients, elle se mit à réciter un poème en lui donnant un ton insultant en même temps que, millimètre par millimètre, elle relevait son chemisier.

Je suis la gardienne, vous, les hommes châtiés
laboureurs aux gestes obliques
générateurs de faux sillons
que la semence a fuis épouvantée !

Elle montra ses seins parfaits, accusant de ses mamelons dressés, dans un mouvement semi-circulaire provocateur, les ivrognes scandalisés. Si une fois dans ma vie je me suis senti sur le point de chier dans mon froc, ce fut en cette occasion. Tel un volcan qui commence à cracher sa lave dévastatrice, ces hommes au teint sombre se levaient un à un, enfonçant leurs mains dans leurs poches pour y prendre le couteau qu'ils portaient toujours sur eux. À cette haine se mêlait un désir bestial. Nous étions sur le point d'être violés et étripés. Stella, qui avait une grosse voix masculine, inspira une grande bouffée d'air et lança un cri tonitruant qui, l'espace d'un instant, les paralysa tous. « Halte, macaques, respectez le vagin vengeur ! » Je profitai de la confusion générale pour la tirer par un bras et la faire sauter avec moi par la fenêtre ouverte. Nous courûmes comme des lièvres poursuivis par une meute en furie vers les rues éclairées du centre.

Nous arrivâmes à la promenade des Délices. À cette heure de la nuit, il n'y avait pas âme qui vive. Pour reprendre notre souffle nous appuyâmes le dos contre le tronc de l'un des grands arbres alignés sur la promenade. La poétesse, prise de fou rire, retira l'aiguille de son bras. Moi aussi, contaminé, me mis à trembler et éclatai de rire. Brusquement, la joie s'évanouit. Nous nous aperçûmes qu'une ombre étrange nous couvrait. Nous levâmes les yeux. Au-dessus de nos têtes, accrochée à une branche, une femme était pendue. La lumière d'une enseigne au néon teintait en rouge la chevelure de la suicidée. J'y vis un signe. Nous ne pouvions plus rien faire pour la morte, aussi, pour ne pas avoir de problèmes avec la police, nous nous éloignâmes rapidement. En arrivant à la porte de la pension je pris congé de Stella.

« J'ai besoin d'être seul un certain temps. Je me sens comme un naufragé sans bouée de sauvetage dans ton immense océan. Je ne sais plus qui je suis. Je suis devenu un miroir qui ne renvoie que ton image. Je ne peux plus habiter dans le chaos que tu fabriques. La femme qui s'est pendue à l'arbre, c'est toi qui l'as inventée. Chaque nuit tu te donnes la mort parce que tu sais que tu vas renaître, pareille à toi-même. Mais il est possible que tu te réveilles un jour étant une autre, dans un corps que tu ne mérites pas... Je t'en prie, permets-moi de reprendre souffle, accorde-moi quelques jours de solitude. — Bien, dit-elle d'une voix inattendue de petite fille, nous nous verrons à minuit tapant, dans vingt-huit jours, un cycle lunaire, au café Iris... Mais avant de t'en aller, viens pisser avec moi sur Ignace de Loyola. »

Pendant ces vingt-huit jours, prétextant un épuisement nerveux, m'alimentant uniquement de fruits et de chocolat, je ne quittai pas la chambre que me prêtèrent les sœurs Cerceda. Je me sentais vide, incapable d'écrire, de penser, d'éprouver un sentiment. Si on m'avait demandé qui j'étais, ma réponse aurait été : « Je suis un miroir brisé en mille morceaux. » Pendant des heures, dormant fort peu, je recollai les fragments. Au bout de ce cycle lunaire, je me sentis reconstruit. Toutefois, je me rendis compte que je ne m'étais pas retrouvé, j'étais de nouveau le miroir de cette femme terrible.

Tel un drogué qui a besoin de sa dose, j'arrivai à l'Iris. À minuit pile, sachant pourtant bien qu'elle était capable d'arriver avec plusieurs heures de retard. Mais il n'en fut rien. Elle m'attendait, debout à côté d'une fenêtre, vêtue d'un sobre manteau militaire, sans maquillage. Ainsi, non maquillée, elle était toujours aussi belle, mais l'expression de son visage délavé était à présent celui d'une sainte. D'une voix si douce qu'elle me rappela celle de ma mère lorsqu'elle venait me chanter une berceuse, elle me dit : « Je suis un pigeon voyageur entre tes mains. Laisse-moi m'en aller. Le dieu que j'attendais est descendu des montagnes. Je ne suis plus vierge. J'ai la certitude que je porte dans mes entrailles l'enfant parfait que le destin m'avait promis. » Elle me montra une aiguille sur laquelle était enfilé l'un de ses longs cheveux. Je ne pus empêcher mes larmes de couler tandis qu'elle recousait ma poche. Je fermai les yeux. Quand je les rouvris, Stella avait disparu. Je la revis cinquante ans plus tard, prisonnière d'un autre corps, petite et douce grand-mère aux cheveux gris, courts.

Le monde s'écroula pour moi. Je retournai à la maison de Matucana. Mes parents ne me posèrent aucune question. Jaime me donna quelques billets. « À partir de maintenant, je te donnerai une paie chaque semaine. La seule obligation que tu aies est de m'aider le samedi au magasin, il y a de plus en plus de voleurs. » Ma mère me prépara un bain chaud, puis me servit un petit déjeuner copieux. Je vis dans ses yeux l'angoisse de l'incompréhension. Si j'étais incompréhensible, moi qui faisais partie d'eux, cela signifiait que le monde qu'ils avaient si solidement construit avait une faille, que c'était un terrain peuplé de folie qui ne correspondait pas à leurs schémas de la « réalité ». Il leur était absolument nécessaire de considérer ma manière d'agir comme un délire. Pour leur propre équilibre, ils devaient faire entrer le fou dans la camisole de force de la « vie normale ». Lorsqu'ils s'aperçurent qu'ils ne pouvaient me soumettre, ils tentèrent de me séduire en m'inspirant de la peine. Et ils y réussirent. Pendant plusieurs semaines je me sentis coupable, je doutai de la poésie, me promis de ne pas décevoir leurs espoirs, de continuer mes études universitaires pour obtenir un diplôme. Mais une nuit, dans un rêve, je vis un grand mur sur lequel s'inscrivit une phrase : « Lâche ta proie, lion, et envole-toi ! » J'empaquetai quelques livres, mes écrits, le peu de vêtements que j'avais et retournai chez les Cereceda.

Je m'absorbai dans la fabrication de mes marionnettes. Tel un ermite, passant la journée enfermé dans ma chambre, je dialoguais avec elles, et ce n'est que tard dans la nuit, quand mes hôtesses et leurs amis dormaient, que j'allais à la cuisine manger un morceau de chocolat. Un matin, on frappa à ma porte ; des coups brefs, discrets, délicats. Je me décidai à ouvrir. Je vis une jeune fille de petite taille, avec des cheveux couleur ambre et une expression d'ingénuité qui m'émut profondément. Avec une fausse brusquerie, je lui demandai comment elle s'appelait. « Luz. — Que veux-tu ? — On dit que tu fais de très belles poupées, me permettrais-tu de les voir ? » Je les lui montrai avec grand plaisir. Il y en avait cinquante. Elle les enfila sur ses mains, les fit parler, rit. « J'ai un ami peintre qui serait enchanté de voir ce que tu fais. S'il te plaît, viens avec moi lui montrer tes personnages. »

Ce que je ressentis pour Luz n'avait rien à voir avec l'amour ou le désir. Je sus qu'elle était pour moi un ange, le pôle opposé de Stella la luciférienne ; au lieu de briser le monde vénéneux en mille morceaux, elle voyait un chaos de pièces sacrées qu'il lui fallait rassembler pour reconstruire une pyramide. Luz venait me sortir de ma sombre retraite pour me conduire vers le monde lumineux et, une fois là, disparaître. Il en fut ainsi. Luz et Stella étaient deux visions opposées du monde. Bien que toutes deux se sentissent étrangères, hors du monde, l'une le voyait avec des liens célestes, l'autre l'enracinait dans l'enfer. L'une désirait en montrer les bontés en s'en faisant le miroir, l'autre, par la même attitude, voulait en refléter les failles. Toutes deux étaient d'une seule pièce, cohérentes avec elles-mêmes, cobras charmeurs d'hommes, l'une voulant inoculer le venin de l'infini, l'autre l'élixir de l'éternité.

L'ami de Luz, à l'évidence éperdument amoureux d'elle, était un peintre d'âge mûr, qui avait l'air d'un prophète ; il portait des cheveux longs et une barbe qui lui tombait jusqu'au milieu de la poitrine ; il s'appelait André Racz. Il vivait dans un vieil atelier, beaucoup plus long que large, d'au moins trois cents mètres carrés. On y arrivait par un sombre corridor long et étroit, au sol de ciment où s'oxydaient quelques rails, ce qui donnait à l'endroit l'apparence d'une mine abandonnée. Les peintures et les gravures de Racz tiraient leur inspiration des Évangiles. Le Christ, ayant la même physionomie que l'artiste, prêchait, faisait des miracles et était crucifié à l'époque contemporaine, au milieu des automobiles et des tramways. Les soldats qui le torturaient étaient vêtus d'uniformes allemands. L'un d'eux lui tirait un coup de son pistolet dans le flanc. La Vierge Marie était toujours un portrait de Luz.

Une à une, je sortis mes marionnettes de la valise. Toute son attention captée par la beauté de son amie, c'est à peine s'il leur jeta un regard. Luz, sans paraître se rendre compte de cette situation embarrassante, souriait, comme dans l'espoir d'un miracle. Et le miracle eut lieu ! Une poupée, à laquelle j'avais donné le rôle secondaire de clochard ivre, vêtu d'un manteau rapiécé, portant des cheveux longs et une barbe abondante, en surgissant dans cette atmosphère pleine de tableaux religieux révéla sa véritable personnalité : c'était un Christ. Et le plus surprenant, c'est que ses traits étaient semblables à ceux d'André Racz. Aussi enthousiaste qu'un enfant, le peintre le fit bouger en se parlant à lui-même. Luz prit les petites mains de la poupée et se mit à valser avec elle. Telle une ombre, Racz la suivit à travers tout l'atelier. Je vis dans son regard de chien qu'il eût aimé que ma marionnette lui appartînt pour pouvoir la lui offrir. « C'est un cadeau, prenez-le », lui dis-je aussitôt. Très ému il me répondit : « Jeune homme, tu es un divin messager. Tu n'es pas arrivé ici par hasard. Sans me connaître tu as fait mon portrait. Je viens d'acheter un billet d'avion pour l'Europe. J'ai besoin de mettre une distance abyssale entre Luz et moi. Je pourrais être son grand-père. Je l'enchaîne à un vieillard. Je sais qu'elle dormira avec la poupée tant qu'elle se souviendra de moi. Ainsi la rupture sera moins brutale. Ceci est mon atelier, j'y ai passé des moments inoubliables. Je t'en fais cadeau. Je ne veux pas l'abandonner à des mains vulgaires. Va-t'en à présent, je souhaite être seul avec ma Vierge pour lui faire mes adieux. » Je me retrouvai dans la rue comme émergeant d'un rêve. Il me parut impossible qu'on m'offrît, comme ça brusquement, un atelier où je pourrais vivre comme il me plairait. Mais c'était vrai : le lendemain, Luz passa me chercher, m'accompagna à l'atelier et me dit avec une certaine tristesse : « André m'a fait présent de tous ses tableaux, mais il n'a pas voulu me donner sa nouvelle adresse. » Elle me remit les clés du local et s'en fut. Jamais je ne la revis.

Ainsi, du soir au matin, au numéro 340 de la rue Villavicencio, je me retrouvai propriétaire d'un espace immense, peut-être une ancienne usine, qui, situé à l'extrémité d'un tunnel de cent mètres de long, était isolé des voisins. Là, en toute liberté, on pouvait faire tout le bruit qu'on voulait. Je pensai que la finalité suprême de l'artiste était de devenir un créateur de fêtes. Si la vie quotidienne ressemblait à un enfer, si tout se résumait à deux mots : « permanente impermanence », si le futur qu'on nous promettait était le triomphe des bourreaux, si Dieu s'était changé en un billet d'un dollar, il fallait respecter ce que disait l'Ecclésiaste : « Le bonheur qui convient à l'homme, c'est de manger et de boire, et de trouver le bonheur dans tout le travail qu'il accomplit sous le soleil. » Les fêtes de l'Atelier, une par semaine, devinrent très célèbres. Il y venait des gens de toutes les strates sociales. Sur la porte était écrite cette phrase du *Loup des steppes* de Hesse : « Théâtre magique. L'entrée en coûte la raison. » Près de la porte, un ancien mendiant, Patas de Humo, Pattes de Fumée, qui avait l'habitude de dormir dans le tunnel et à qui j'avais décerné le poste d'assistant, donnait à chaque invité un plein verre de vodka, un quart de litre. S'il ne le buvait pas d'un trait, il ne pouvait entrer. S'il acceptait ce verre, qui le soûlait sur-le-champ, Pattes de Fumée avait pour mission de l'admettre en lui administrant un affectueux coup de pied au derrière, qu'il fût homme ou femme, jeune ou vieux, ouvrier ou député. Une fois entré, on ne buvait plus, on ne faisait que parler et danser, non pas sur des airs populaires mais sur de la musique classique. Celle qui plaisait le plus était *Le Lac des cygnes.* Dans cet espace, aussi bourré qu'un autobus à la sortie du travail, s'improvisaient des groupes qui avec une grâce extraordinaire imitaient les gestes mécaniques des ballets russes. La rencontre d'artistes avec des professeurs d'université, des boxeurs ou des représentants de commerce produisait un mélange explosif. L'alcool se limitant au quart de litre de l'entrée, il n'y avait aucune violence et la fête se changeait en un jeu paradisiaque. De temps à autre, presque sans se le proposer, spontanément, quelqu'un montait sur une chaise, devenant le centre. C'étaient de courtes interventions, mais que leur intensité rendait inoubliables.

Un jeune élève de l'école de droit déclare à tue-tête que son père, avocat très connu qui vit en reclus dans son immense bibliothèque, ne lui a jamais permis de lire l'un de ces précieux traités, gardant toujours son bureau fermé à clé. « Eh bien, avant de venir à cette fête, voyant mon père endormi à son bureau, affalé sur des papiers, j'entre pour la première fois dans l'enceinte sacrée, et avec une intense émotion je prends l'un de ses livres. Et alors... regardez ! (Et le jeune homme sort de son sac le dos d'un livre.) Tous les volumes étaient faux : une collection de couvertures, rien de plus, cachant des armoires pleines de bouteilles de whisky ! (Puis il se met à crier :) Qui sommes-nous ? Où sommes-nous ? » — et se laisse choir au milieu de son public, bras en croix.

Plus tard, un homme d'âge mûr fait monter avec lui sur la chaise une séduisante jeune fille et déclare, les larmes aux yeux : « Je l'ai attendue toute ma vie. Enfin je l'ai rencontrée. Je voudrais la couvrir de caresses mais... — de sa main gauche il tire sa main droite, qui est artificielle, et l'agite — je l'ai perdue lorsque j'étais enfant. Je me suis tellement habitué à ma fausse main que j'ai grandi sans me rendre compte que j'étais manchot. Jusqu'au jour où Margarita m'offrit son corps. Et moi, caressant à moitié, je voudrais avoir, deux, trois, quatre, huit, un nombre infini de mains pour éternellement les glisser sur sa peau. » Vingt hommes lèvent leurs mains et, se plaçant en un groupe compact derrière le manchot, ne font qu'un avec lui. La jeune fille se laisse caresser par les deux cent cinq doigts...

Un autre monsieur, à l'aspect soigné, à la voix grave et aux gestes mesurés, en poussant un cri inattendu grimpe sur les épaules d'un jeune homme, demande l'attention du public. Puis, l'ayant obtenue, il arrache sa cravate et clame : « Je suis marié depuis vingt ans, voici ma femme et mes deux enfants ! J'en ai assez de mentir ! Je suis pédéraste ! Et le jeune homme qui me porte sur ses épaules est mon amant ! »

En 1948, sans le savoir, en considérant la création de fêtes comme l'expression suprême de l'art, je découvrais les principes de l'« éphémère panique », que les artistes ont ensuite appelée « happening ».

Une fois, un jeune homme de mon âge, dix-neuf ans, au regard intelligent, au corps altier et mince, à la voix de baryton africain, aux mains d'aristocrate, monta sur la chaise des confessions et, se balançant à la manière d'un métronome, après s'être posé un miroir ovale en guise de masque, se mit à réciter un long poème. C'était Enrique Lihn, qu'habitait déjà, à cet âge, le génie de la poésie. Son talent éveilla en moi une grande admiration. Par des amis communs j'obtins son adresse et allai le chercher dans la maison qu'il habitait avec ses parents, dans le quartier Providence, qui à cette époque était considéré comme très éloigné du centre de la ville. Les rues étaient bordées d'arbres feuillus et les maisons petites, sans étage, avec des cours intérieures où poussaient des arbres fruitiers. Nerveux, je fis résonner la main de cuivre qui servait de heurtoir à la porte. Le poète m'ouvrit. Fronçant les sourcils, il grogna : « Ah, l'organisateur de fêtes ! Que veux-tu ? — Je veux devenir ton ami. — Tu es homosexuel ? — Non. — Alors, pourquoi veux-tu être mon ami ? — Parce que j'admire ta poésie. — Je comprends, moi je ne compte pas, ce qui t'intéresse, ce sont mes vers. Entre. »

Sa chambre était petite, son lit étroit, son armoire minuscule. Pourtant, c'était devenu un palais : Lihn, avec de toutes petites lettres très anguleuses, avait couvert les murs et le plafond de poèmes. Mais aussi les volets et les carreaux de la fenêtre, les meubles, la porte, les planches du parquet, le parchemin des lampes. À tout cela venaient s'ajouter des tas de feuilles manuscrites, des vers couvrant les espaces blancs des livres, des tickets de tramway, des billets de cinéma, des serviettes en papier contenant difficilement ses vers. Je me sentis submergé dans une épaisse mer de lettres. Où que je pose le regard surgissait un chant torturé mais beau. « Quel dommage, Enrique, cette œuvre merveilleuse va se perdre ! — Peu importe : les rêves aussi se perdent et nous-mêmes, peu à peu, nous nous dissolvons. La poésie, ombre d'un aigle qui vole vers le soleil, ne peut laisser d'empreintes sur la terre. La prière la plus agréable aux dieux est le sacrifice. Un poème atteint sa perfection, tel l'oiseau Phénix, lorsqu'il brûle... » Au bord du vertige, je commençai à voir les lettres se déplacer sur les murs comme une armée de fourmis. Je proposai à Lihn de sortir marcher.

Le poète prit deux chapeaux de son père, style canotier Maurice Chevalier, et deux cannes, au cas où nous serions agressés par des voyous, et ainsi, portant chapeaux et cannes, marchant d'un pas énergique, nous descendîmes l'avenue

Providence. Je ne puis m'empêcher de penser que les noms que le hasard offre contiennent un profond message. Nous heurtâmes un arbre robuste qui poussait au milieu du trottoir. Sans nous être préalablement concertés, comme si c'était la chose la plus naturelle du monde, nous grimpâmes au tronc et nous assîmes coude à coude sur une grosse branche. Nous restâmes là à bavarder et discuter jusqu'à l'aube. Nous commençâmes par constater que nous étions d'accord sur le fait que le langage qu'on nous avait enseigné transportait des idées folles. Au lieu de penser correctement, nous pensions de façon tordue. Il fallait donner aux concepts leur sens véritable. Nous passâmes un bon moment à cela. Je me souviens de quelques exemple :

Au lieu de *jamais* : très rarement. Au lieu de *toujours* : souvent. *Infini* : étendue inconnue. *Éternité* : fin impensable. *Échouer* : changer d'activité. *Il m'a déçu* : je l'imaginais de façon erronée. *Je sais* : je crois. *Beau, laid* : il me plaît, il ne me plaît pas. *Tu es comme ça* : je te perçois comme ça. *Le mien* : ce que je possède maintenant. *Mourir* : changer de forme... Puis nous passâmes en revue les définitions et arrivâmes à la conclusion qu'il était absurde de définir en affirmant. En revanche, il était juste de définir en niant. *Bonheur* : être chaque jour moins angoissé. *Générosité* : être moins égoïste. *Courage* : être moins lâche. *Force* : être moins faible. Etc. Nous en vînmes à la conclusion qu'à cause de ce langage tordu la société tout entière vivait dans un monde infesté de situations grotesques. *Grotesque*, hormis sa définition dans le dictionnaire — ridicule, extravagant ou grossier —, serait aussi une non-communication inconsciente. Le pape, par exemple, croyait être en communication directe avec un dieu en réalité aveugle, sourd et muet. Un citoyen, alors qu'il était battu par les gendarmes, pensait que l'État le protégeait. Voilà vingt ans qu'ils étaient mariés et parlaient, sans s'en rendre compte, lui un langage, elle un autre. Les pires situations grotesques : se croire connu, croire tout savoir sur un thème, penser avoir jugé avec une impartialité totale, croire aimer et être aimé pour toujours. Dans une conversation, une personne pensait une chose et, essayant de la communiquer, en disait une autre. Son interlocuteur entendait une chose, mais en comprenait une autre. En répondant, il ne répondait pas à ce que l'autre avait d'abord pensé, ni même à ce qu'il avait dit, mais à ce qu'il avait compris. Total : une conversation de sourds qui ne savaient même pas s'écouter eux-mêmes... Comme solution à la communication grotesque, je proposai l'acte poétique. Suivit une discussion acharnée qui prit fin avec les premiers rayons du soleil. Il y avait deux formes de poésie : l'écrite, qui devait être secrète, une sorte de journal intime qui n'avait besoin que d'un minimum de lecteurs, créé au seul bénéfice du poète, et la poésie d'actes, qui devait être réalisée comme un exorcisme social, devant un grand nombre de spectateurs. Discuter de ces sujets assis sur la branche d'un arbre leur donna une importance fondamentale. À partir de ce jour, Enrique et moi nous sommes vus très souvent et, pendant trois ou quatre ans, nous avons réalisé un grand nombre d'actes poétiques : sans que je le sache alors, ils allaient constituer la base de la thérapie psychomagique.

La première chose que nous avons imaginé de réaliser, dans cette ville où les rues serpentaient souvent en faisant des angles capricieux, ce fut de décider un rendez-vous et d'y arriver en ligne droite, en ne déviant sous aucun prétexte. Je ne dis pas que nous y avons toujours réussi. Parfois, nous rencontrions des obstacles infranchissables ou dangereux, comme, par exemple, cette fois où nous pénétrâmes par le chemin descendant d'un parking de voitures. Nous ne prêtames aucune attention à la pancarte : « Enceinte privée, entrée interdite. » Nous avancions dans l'humide pénombre, en extase poétique, quand une meute de chiens furieux se précipita vers nous avec des aboiements effroyables. Laissant de côté toute dignité, nous nous mîmes à courir, certains de sortir de là avec nos pantalons en lambeaux. Je ne sais par quelle divine inspiration Lihn eut l'idée de se mettre à aboyer avec plus de hargne que les chiens, tout en galopant à quatre pattes. La terreur donna à sa voix un volume extraordinaire. Je ne tardai pas à l'imiter. En un instant, de poursuivis que nous étions, nous devînmes partie intégrante du groupe des poursuivants. Les chiens, déconcertés, n'essayèrent pas de nous mordre. Nous sortîmes du ténébreux souterrain, secoués d'éclats de rire nerveux, mais avec un sentiment de triomphe. Cette aventure nous fit comprendre qu'en nous identifiant aux difficultés nous pouvions en faire des alliées. Ne pas résister ou fuir le problème, le pénétrer, faire partie de lui, l'utiliser comme élément de la libération.

En quelques occasions on nous insulta parce que, si sur notre chemin il y avait une voiture, nous l'escaladions et marchions sur le toit. Un propriétaire furieux nous poursuivit en nous lançant des pierres. Mais, bien souvent, nous eûmes le bonheur de respecter la ligne droite. Devant une maison, nous sonnions, demandions l'autorisation, entrions par la porte et sortions par où nous pouvions, même si c'était par une étroite fenêtre. L'important était, comme une flèche, de suivre la ligne droite. Nous avons eu la chance que le Chili fût à cette époque un pays poétique. Dire : « Nous sommes de jeunes poètes en action », c'était faire naître un sourire, même sur les visages les plus sévères. Beaucoup de dames fort aimables nous ont accompagnés dans la traversée de leur foyer pour nous faire sortir par la porte de derrière. Elles nous ont toujours offert un verre de vin... Cette traversée de la ville en ligne droite fut pour nous une expérience primordiale, parce qu'elle nous apprit à vaincre les obstacles en les faisant participer à l'œuvre d'art. C'était comme si, une fois l'acte décidé, la réalité entière dansait avec lui.

Peu à peu, nous avons réalisé des actes qui impliquaient plus de participants. Un jour, nous avons mis une grande quantité de pièces de monnaie dans une boîte de galettes percée et avons parcouru le centre de la ville en les laissant tomber. C'était extraordinaire de voir les gens bien habillés, oubliant leur dignité, se baisser fébrilement sur notre passage, la rue entière dos courbé ! Nous avons également décidé de créer notre propre ville imaginaire à côté de la ville réelle. Nous devions pour cela procéder à des inaugurations. Nous nous placions au pied d'une statue ou de n'importe quel monument célèbre, préalablement couvert, entièrement ou en partie, de draps, et réalisions une cérémonie d'inauguration selon ce que nous dictait notre imagination. En retirant la toile nous applaudissions et donnions au personnage un sens différent de celui de son histoire réelle. Nous avons par exemple applaudi le héros naval Arturo Prat parce que, sautant à l'abordage et recevant sur la tête le coup de machette que lui avait donné le cuisinier du bateau ennemi, il avait eu une illumination et inventé dans son agonie la recette des friands au four. D'un autre père de la patrie nous avons loué le fait qu'il ait vaincu l'armée ennemie en utilisant l'amour comme arme, en envoyant à l'envahisseur une horde de prostituées expertes parmi lesquelles, par idéalisme patriotique, se trouvaient ses sœurs, sa mère et ses deux grands-mères. Par ces cocasses inaugurations nocturnes, abondamment arrosées de vin, nous avons ainsi donné un autre sens aux banques, aux églises, aux édifices du gouvernement. Nous changeâmes le nom d'un grand nombre de rues. Lihn disait habiter la rue « Mal d'Amours », à l'angle de l'avenue « du Dieu qui ne croit pas en moi ». Quand d'autres amis vinrent se joindre à nos actes poétiques, nous avons présenté une grande exposition de chiens en remplaçant les chiens par n'importe quel objet. Un poète défilait, par exemple, en tirant une valise, affirmant pour mettre son « animal » en valeur que, dépourvu de pattes, il ne pouvait s'y enfoncer d'épines, ce qui économisait bien des frais de vétérinaire. Au cours de ce défilé nous furent présentés le chien-lampe (vous pouvez lire toute la nuit à côté de lui sans courir le risque qu'il vous pisse dessus) ; le chien-caleçon long (mieux qu'un lévrier) ; le chien-poubelle (au lieu de produire des immondices il les ramasse) ; le chien-carabine (très bon gardien) ; le chien-billet de banque (très sympathique, il vous attire de nombreux amis) ; etc. Une autre fois, ayant décidé que l'argent pouvait être transformé, nous utilisâmes des crevettes cuites au lieu de pièces de monnaie. Lorsque nous mîmes l'une de ces bestioles rouges dans la main du contrôleur qui faisait payer les billets d'autobus, il ne sut comment réagir et nous laissa voyager sans problèmes. Puis nous réglâmes l'entrée dans une salle de bal avec un coquillage. Au musée des Beaux-Arts, où nous allions souvent, nous nous arrêtions devant les tableaux et imitions les voix des personnages, en leur attribuant toutes sortes de discours absurdes. Nous avions acquis une telle perfection dans cette activité que nous avions fini par être capables de donner la parole à une peinture abstraite. Parfois, Lihn et moi nous fixions des objectifs que leur simplicité même rendait étranges : quand nous étions fatigués de l'université, nous prenions le train pour Valparaíso, décidés à ne revenir que lorsqu'une vieille dame nous aurait invités à prendre le thé. À la recherche de cette hôtesse, que nous comparions aux magiciennes des contes de fées, nous parcourions les rues colorées des collines du port. Simulant une extrême fatigue, nous marchions appuyés l'un contre l'autre, en récitant des poèmes. Il se trouvait toujours une femme pour nous offrir un verre d'eau. Nous la convainquions alors qu'une tasse de thé ferait mieux l'affaire. L'objectif atteint, nous revenions victorieux à la capitale.

Un autre jour, accompagnés de quatre poètes, tous très correctement vêtus, nous sommes entrés dans un restaurant français et avons commandé des filets au poivre. Quand on nous les eut apportés, nous en frottâmes nos costumes, les imbibant de sauce. L'opération terminée, nous demandâmes la même chose et répétâmes l'acte. Et ainsi, six fois de suite, jusqu'à ce que tout le restaurant tremble, pris d'une sorte de panique. Chacun de nous, sortant une ficelle de sa poche, se fit un collier de six filets. Nous payâmes et partîmes tranquillement, comme si ce que nous venions de faire fût la chose la plus naturelle au monde. Un an plus tard, nous retournâmes dans le même établissement et le chef des serveurs nous dit aussitôt : « Si vous pensez répéter l'opération de l'autre jour, nous ne pouvons vous recevoir. » L'acte l'avait à ce point marqué que, malgré tout le temps écoulé depuis, il lui semblait nous avoir vus la semaine précédente... Une autre fois, nous décidâmes d'annoncer la venue d'un sage soufi, que nous baptisâmes Assis Namur. Nous distribuâmes des tracts qui disaient : « Demain à cinq heures de l'après-midi, aux pieds de la Vierge du mont San Cristóbal, le saint Assis Namur-le-pauvre, après un suprême effort, atteindra l'indifférence. » Nous prîmes le funiculaire, nous assîmes aux pieds de la gigantesque Vierge.

Avec un crayon pour dessiner les sourcils, enroulé dans un drap, en position de méditation, Lihn s'écrivit un « Non ! » catégorique sur le front. Nous attendîmes des heures. Personne ne vint. Le lendemain cependant, un petit article parut dans le *Journal du soir*, racontant que le célèbre cheikh Assis Namur avait visité Santiago du Chili.

Par nos actes poétiques, nous voulions rendre évidente la qualité imprévisible de la réalité. Lors d'une réunion de l'académie littéraire, Lihn et moi avons sorti de nos poches, en poussant des cris d'horreur, de la viande hachée et avons commencé à en bombarder les dignes assistants. Cela provoqua une panique collective. Pour nous, la poésie était une convulsion, un tremblement de terre. Elle devait dénoncer les apparences, démasquer les mensonges et remettre en question les conventions. Devant une terrasse de café, déguisés en mendiants, nous avons sorti un violon et une guitare comme si nous allions en jouer, puis avons brisé les instruments de musique en les frappant contre le trottoir. Nous sommes partis après avoir donné une pièce de monnaie à chacun des clients. Lors de la conférence d'un professeur de littérature, dans le salon central de l'université du Chili, en costumes d'explorateurs, nous nous sommes approchés à quatre pattes de la table de l'orateur et, avec de mélodramatiques gémissements de soif, nous sommes battus pour boire l'eau de la carafe officielle. Nous faisant passer pour des aveugles et pleurant à grands cris, nous avons fait la queue pour entrer dans un cinéma. Le 10 mai, lors d'une cérémonie d'hommage aux mères, vêtus de smokings, nous avons chanté une berceuse en nous versant plusieurs bouteilles de lait sur la tête. Cependant, l'enthousiasme juvénile nous fit commettre quelques graves erreurs. À la faculté de médecine, ayant dérobé les bras d'un cadavre avec la complicité d'amis étudiants, Lihn et moi en glissâmes chacun un dans une manche de nos pardessus et entreprîmes de saluer les gens en leur tendant la main morte. Refusant d'affronter le fait brut de ce membre mort, aucun n'osa dire qu'elle était dure et froide. Lorsque nous mîmes fin à ce jeu macabre, nous jetâmes les bras dans le fleuve

Mapocho, sans penser aux conséquences et sans aucun respect pour l'être humain qui les avait possédés.

Ce sentiment de liberté nous conduisit au crime. À cette époque campagnarde, une colonie de fourmis avait construit sa sculpturale cité sur la berge du Mapocho. Enrique et moi donnâmes rendez-vous sur ces coteaux à un groupe d'artistes en leur promettant une « comédie exemplaire ». Nous installâmes des chaises pliantes tout autour de la fourmilière et nous présentâmes vêtus en soldats. Faisant résonner nos bottes au rythme du pas de l'oie et saluant à la manière nazie, nous écrasâmes le nid, provoquant le massacre de milliers d'insectes. Rendus fous, ceux-ci se répandirent comme une tache noire sous les pieds des spectateurs qui, écœurés, se mirent à taper des pieds. S'il est vrai que tous comprirent le bien-fondé de notre message, nous n'en étions pas moins de cruels assassins de fourmis. Cette expérience nous affecta et nous fit nous interroger sérieusement.

Quelle est la définition d'un acte poétique ? Il doit être beau, imprégné d'une qualité onirique, faire abstraction de toute justification, créer une autre réalité au cœur même de la réalité ordinaire. Il permet de transcender un autre plan, ouvre la porte d'une nouvelle dimension, atteint une valeur purificatrice... C'est pourquoi, lorsque nous nous proposions de réaliser un acte différent des actions ordinaires et codifiées, il était avant tout nécessaire d'en mesurer les conséquences. Ce devait être une brèche vitale dans l'ordre pétrifié que perpétuait la société, non la manifestation compulsive d'une rébellion aveugle. Il était essentiel d'user de méfiance vis-à-vis des énergies négatives que pouvait libérer un geste insensé. Nous comprîmes pourquoi André Breton s'était tellement excusé après avoir déclaré, cédant à l'enthousiasme, que le véritable acte surréaliste consistait à sortir dans la rue en brandissant un revolver pour tuer n'importe quel inconnu... L'acte poétique, gratuit, devrait permettre de manifester avec bonté et beauté les énergies créatrices normalement réprimées ou latentes en nous. L'acte irrationnel était une porte ouverte au vandalisme, à la violence. Quand la foule s'excite, quand les manifestations dégénèrent et que les gens incendient des voitures et brisent des vitrines, on assiste aussi à une libération d'énergies réprimées. Mais cela ne mérite pas le nom d'acte poétique...

Un haïku japonais nous éclaira ; l'élève montre au maître son poème :

Un papillon :
je lui ôte les ailes.
J'obtiens un piment !

La réponse du maître est immédiate. « Non, ce n'est pas cela. Écoute :

Un piment :
je lui ajoute des ailes.
J'obtiens un papillon ! »

La leçon était claire : l'acte poétique devait toujours être positif, rechercher la construction, non la destruction.

Nous passâmes en revue les actes que nous avions exécutés. Un grand nombre d'entre eux n'étaient que des réactions de rancune vis-à-vis d'une société que nous jugions ordinaire, ou des simulacres plus ou moins maladroits d'un acte digne d'être appelé poétique. Nous vîmes clairement que le jour où nous avions envahi le magasin de mon père — poursuivis par Assis Namur qui clamait que Jaime était un saint parce qu'il vendait un vide précieux — pour ouvrir une caisse et montrer qu'elle ne contenait rien, nous aurions dû arriver en procession avec un sac de chaussettes et la remplir, afin que son rêve de commerçant devînt réalité. Au lieu de mettre de la terre grouillante de vers entre les jambes de mes parents, j'aurais dû remplir le lit de pièces en chocolat. Au lieu d'observer dans l'obscurité, comme une bête sauvage, le sexe de ma sœur endormie, j'aurais dû, avec la plus extrême délicatesse, poser une perle entre ces lèvres. Au lieu de couper les bras du mort, nous aurions dû le peindre d'or, le vêtir d'une tunique violette, lui mettre une perruque et une barbe et lui ajouter une couronne d'ampoules électriques pour en faire un

Christ. Nous aurions dû poser à côté de la fourmilière une Vierge en plâtre enduite de miel pour que les fourmis la recouvrent, lui donnant une peau vivante...

Après cette prise de conscience, nos remords s'envolèrent. L'erreur est excusable, si elle n'est commise qu'une seule fois et dans une recherche sincère de connaissance. Ces atrocités nous avaient ouvert la voie du véritable acte poétique. Nous décidâmes d'en créer un pour le poète consacré, Pablo Neruda. On savait qu'il rentrerait d'Europe à une date très précise, au printemps. Nous avions fait la connaissance d'un monsieur dont la passion était d'élever des papillons. Il connaissait parfaitement les habitudes de ces insectes et savait en élever les larves. Nous en fîmes le complice de notre acte. Nous partîmes avec lui à l'Île Noire, sur la plage où le poète avait construit un refuge en réunissant plusieurs maisons, au milieu desquelles émergeait une tour. Lihn, avec un air de mage, introduisit dans l'antique serrure une vieille clé, apparemment un souvenir de sa grand-mère, et la fit tourner sans le moindre effort. La porte de l'antre sacré s'ouvrit ! Bien que nous sachions que personne n'y vivait à ce moment, nous entrâmes sur la pointe des pieds, craignant de réveiller qui sait quelle terrible muse. Les pièces étaient pleines d'étranges et beaux objets : collections de bouteilles de toutes sortes, figures de proue aux visages incendiés par le délire, pierres aux formes extravagantes, énormes coquillages, livres anciens, boules de cristal, tambours primitifs, moulins à café, toutes sortes d'éperons, poupées folkloriques, automates, etc. C'était un musée enchanteur constitué par l'enfant qui habitait l'âme du poète. Avec un respect religieux nous ne touchâmes à rien. Nous ne bougeâmes presque pas, glissant plus que nous ne marchions, évitant les objets. L'éleveur de papillons, portant ses paquets, raide comme une statue, osait à peine respirer. Soudain, Enrique fut possédé par une énergie angélique qui lui fit perdre une grande partie de son poids. Il se mit à sauter sans le moindre effort, entonnant une chanson composée de sons inintelligibles, qui ressemblaient à de l'arabe ou du sanscrit. Nous le vîmes danser comme si son corps avait perdu ses os, dans des équilibres fantastiques, de plus en plus osés, de plus en plus proches des précieux objets. Lorsqu'il atteignit le paroxysme, il s'agitait si rapidement qu'il paraissait avoir des centaines de membres. Il ne cassa rien. Tout resta à sa place. La danse terminée, nous nous agenouillâmes pour méditer tandis que l'éleveur plaçait ses larves dans des endroits stratégiques. Lorsqu'il eut terminé sa tâche, nous rentrâmes à Santiago. Il nous assura que, lorsque Neruda rentrerait chez lui, de tous les coins surgiraient des nuées de papillons.

Avant de lancer, en 1953, mon carnet d'adresses à la mer, de prendre un bateau à Valparaíso, une cabine collective en quatrième classe, à destination de Paris avec à peine cent dollars en poche, décidé à ne jamais revenir, non parce que je n'aimais pas le Chili ni mes amis (j'eus beaucoup de peine à couper tous les liens), mais pour vivre jusqu'au bout l'idée que le poète doit être un arbre qui change ses branches en racines célestes, je réalisai deux actes poétiques qui affectèrent profondément mon caractère : l'un en compagnie de Lihn, l'autre seul.

Dans une librairie qui s'appelait, et ce n'était certes pas un hasard, Dédale, Enrique et moi présentâmes une œuvre de marionnettes de Federico García Lorca dans notre petit théâtre, que nous appelâmes *El Bululú* (Le Comédien ambulant). Dompter mon ami poète pour qu'il répète, le tirant des bras de Bacchus, fut une tâche cyclopéenne. Par chance, nous fûmes encouragés par nos fiancées et leurs sœurs, qui cousirent patiemment tous les costumes. Le jour de la représentation, le public, pour la plupart des Espagnols réfugiés de la guerre civile, remplit le lieu et ne fut pas avare d'applaudissements. Bien que le prix de l'entrée fût modique, nous obtînmes une belle somme d'argent. Après avoir porté moult toasts, dans l'euphorie du succès nous décidâmes de louer l'une de ces calèches ouvertes tirées par un cheval appelées « victoria », comme le faisaient les couples romantiques et les touristes. Nous demandâmes au cocher quel parcours il effectuerait en échange de ce que nous avions gagné. Il nous proposa une promenade de cinq kilomètres dans les plus belles rues du centre et de ses environs. Nous acceptâmes, mais au lieu de voyager confortablement assis, nous courûmes derrière la victoria (poursuivant en quelque sorte la célébrité). Dans les trois cents derniers mètres, nous la rattrapâmes et terminâmes le parcours assis, levant les bras à la manière des champions... De manière intuitive, nous avions découvert que l'inconscient accepte comme réels des faits purement métaphoriques. Apparemment absurde, excentrique, cet acte était un contrat que nous faisions avec nous-mêmes : nous investirions notre énergie dans l'œuvre, nous donnant pour tâche de poursuivre la victoire, nous ne serions pas des perdants mais des gagnants. Enrique Lihn consacra toute sa vie à l'art, ne cessant de perfectionner son œuvre ; il mourut à cinquante-neuf ans, considéré comme l'un des grands poètes chiliens. Le dernier vers qu'il écrivit, sur son lit de malade, fut : « ... il défait l'écheveau de la mort avec ses mains, qu'on dirait celles d'un ange. »

Le deuxième acte poétique : alors que je me préparais à partir et que se prolongeait la fête de départ que m'offraient mes amis au Café du Tango, devant la promenade des Délices, nous entendîmes une rumeur grandissante, un peu comme si une gigantesque vague s'approchait. Nous les jeunes artistes, qui vivions isolés dans notre sphère idéaliste sans prêter la moindre attention à la vulgaire politique, nous ne nous étions pas rendu compte que le pays votait pour élire un nouveau président. Le candidat le plus populaire de cette élection démocratique, phénomène historique absurde, était l'ancien dictateur Carlos Ibáñez del Campo. Voilà que pour la deuxième fois, et de sa propre volonté, le peuple l'avait nommé président. La rumeur assourdissante était constituée par quelque cent mille individus proclamant la victoire qui remontaient vers les beaux quartiers depuis la très pauvre gare centrale. C'était un fleuve sombre de joyeuses fourmis ivres qui envahissait la large avenue. Piqué par je ne sais quelle mouche, je me levai d'un bond et, plein d'une joie irrépressible, je courus jusqu'à la promenade, m'arrêtai au milieu et attendis que la foule parvînt jusqu'à moi. Lorsque la première rangée des manifestants fut à quelques mètres, je me mis à crier à tue-tête, sans penser une seconde aux dangereuses conséquences : « Mort à Ibáñez ! » Ce n'était plus David contre Goliath, mais une puce contre King Kong ! Comment ai-je pu avoir l'idée d'affronter cent mille individus ? En état d'extase, étranger à mon corps et donc à la mort, je criai et criai jusqu'à m'enrouer, insultant le nouveau président. Le fleuve ne réagit pas. Mon acte était tellement insensé qu'il leur en devenait impensable. Simplement, ils m'intégrèrent au triomphe. J'étais l'un d'eux, un citoyen de plus qui acclamait son nouveau mandataire. Au lieu de « mort » ils entendirent « vive ». Tandis que le torrent humain s'écoulait autour de moi, là debout, pareil à un saumon défiant le courant, je me rendis compte que je ne faisais pas cela parce que je voulais mourir, mais bien au contraire parce que, surtout, je voulais vivre, c'est-à-dire survivre sans être avalé par ce monde prosaïque. Or ce même monde prosaïque, si irrationnel soit-il, a des étincelles surréalistes. Les gens qui avançaient ne criaient pas « Vive Ibáñez », mais « Vive le Cheval ». Le candidat gagnant avait commencé sa carrière en tant qu'officier de cavalerie, et comme il parlait peu et avait des dents anormalement grandes, le peuple l'appelait « le Cheval ». C'est peut-être pour cette raison qu'il gouverna le pays en lançant des ruades.

Mes amis, qui au début avaient cru que j'étais allé vomir aux toilettes, s'inquiétèrent de ma disparition, sortirent me chercher dans les rues et m'aperçurent debout, vociférant contre tous au milieu du défilé. Pâles, ils parvinrent jusqu'à moi et me tirèrent de là à toute allure. Je m'évanouis sur une table dans le café, le souffle court. Tout mon corps me faisait mal, comme si on m'avait battu. Puis je fus pris d'un rire nerveux et d'un tremblement intense. On me calma en me jetant au visage l'eau d'une carafe. L'Alejandro qui se calma n'était plus le même. Dans son for intérieur s'était réveillée une force qui lui permettrait de remonter bien des courants adverses. Des années plus tard, j'appliquai cette expérience à la thérapie : on ne peut soigner une personne, on ne peut que lui apprendre à se soigner elle-même.

Le théâtre comme religion

Avant 1929, le nord du Chili attirait des aventuriers du monde entier. Les Allemands n'avaient pas encore inventé le salpêtre synthétique, et on appelait le salpêtre naturel « or blanc ». Les bateaux étrangers venaient charger des milliers de kilos de cette matière ambiguë, double, androgyne, qui d'un côté, en sa qualité de puissant engrais, était l'alliée de la vie et de l'autre, le plus convoité, servant à fabriquer des explosifs, l'alliée de la mort. Dans ce monde de mineurs, l'argent coulait à flots. À Iquique, Antofagasta et Tocopilla prospéraient les bars, les quartiers de prostituées et les artistes. Dans les bourgades minières se construisaient d'immenses théâtres et toutes sortes de compagnies visitaient cette nouvelle Californie. On y vit de grandes chanteuses d'opéra, des danseuses comme Anna Pavlova ou de luxueux spectacles de variétés. Juste au moment de ma naissance, non seulement la Bourse s'écroula au États-Unis, mais le salpêtre synthétique commença à se vendre bien moins cher que celui de la région du Nord. Les mines et les villes qui en vivaient entrèrent dans une lente agonie. Toutefois, malgré la crise économique, par une sorte d'inertie, quelques compagnies, bien sûr plus modestes, continuèrent à se produire dans ces salles qui, n'étant pas entretenues, tombaient peu à peu en ruine. Transformé en cinéma, le théâtre municipal de Tocopilla relevait de temps en temps l'écran blanc, surtout en hiver, saison idéale à cause de l'absence de pluie, laissant à découvert une vaste scène. De nombreux spectacles y furent présentés. Chacun m'apprit quelque chose. Je ne dis pas qu'avec mon cerveau d'enfant je traduisais cette connaissance en mots. Mon intuition l'absorba comme des semences, qui lentement, au fil des ans, se développèrent, modifiant ma perception du monde, guidant mes actions et, enfin, se manifestant dans la psychomagie. En dehors de Fu-Manchu, le prestidigitateur que j'ai décrit dans un chapitre précédent, je pus m'émerveiller au spectacle de Tinny Griffy, une énorme Américaine d'au moins trois cents kilos qui chantait, jouait et dansait, déguisée en Shirley Temple, en faisant des claquettes. La scène, rongée par l'air salin, ne résista pas à un tel poids et la grosse femme s'y engloutit. Un groupe compact d'hommes, telles des fourmis portant un scarabée, la sortirent bien vite et la mirent dans un taxi qui la conduirait à l'hôpital d'Antofagasta, à cent kilomètres de là. Pour tenir sur le siège arrière, Tinny Griffy dut passer ses deux jambes, semblables à deux énormes jambons, par la vitre de la portière. J'appris qu'il y a une relation étroite entre nos gestes et le monde. Si on dépasse la résistance du milieu, celui-ci, étant détruit, nous détruit en même temps. Ce que nous faisons au monde nous nous le faisons à nous-mêmes. Il vint aussi un spectacle de chiens. Des chiens de toutes les races et en grand nombre, habillés comme des êtres humains : la gentille jeune fille, son fiancé, le méchant, la séductrice, le clown, etc. Pendant une heure et demie je vis un univers où les chiens avaient supplanté la race humaine qui, je l'imaginais, avait peut-être été décimée par un fléau. Lorsque je sortis du théâtre, la rue me parut peuplée d'animaux portant des vêtements humains. Pas seulement des chiens, mais aussi des tigres, des autruches, des rats, des vautours, des grenouilles. Très jeune me parut évidente la dangereuse partie animale de chaque psychisme... Il vint aussi le merveilleux Leopoldo Frégoli. L'homme tenait le rôle de toute une compagnie, changeant de vêtements de façon vertigineuse. Il pouvait être gros ou maigre, femme ou homme, sublime ou ridicule. Son spectacle me fit comprendre que je n'étais pas un, mais plusieurs. Mon âme ressemblait à une scène où habitaient d'innombrables personnages luttant pour prendre le commandement. La personnalité était une question de choix. Nous pouvions choisir d'être ce que nous voulions. Il vint une famille d'Italiens, le père, la mère et leurs quatorze enfants. Aussi bien domptés que les chiens, les enfants dansaient, faisaient des acrobaties, de l'équilibre, jonglaient et chantaient. Celui que j'aimai le mieux était un enfant de trois ans habillé en policier, qui donnait des coups de matraque à des coupables et des innocents. Grâce à eux je pus comprendre que la santé d'une famille consiste à réaliser une œuvre en commun, qu'il n'y a pas de fossé qui sépare les générations, que la révolte des enfants contre les parents doit être remplacée par l'absorption d'une connaissance pourvu, bien sûr, que la génération précédente se donne la peine d'étendre sa conscience et de transmettre ce qu'elle a acquis. D'autre part, voyant ces petits déguisés en adultes, je pus me rendre compte que l'enfant ne meurt jamais, que chaque être humain, s'il n'a pas fait son travail spirituel, est un enfant déguisé en adulte. C'est merveilleux d'être un enfant quand on est un enfant, et terrible qu'à cet âge on nous oblige à être des adultes. Il est également terrible d'être un enfant quand on est adulte. Mûrir, c'est mettre l'enfant à sa place, le laisser vivre en nous, non pas comme maître, mais comme disciple. Il nous apporte l'étonnement quotidien, la pureté de l'intention, le jeu générateur, mais en aucun cas il ne doit devenir un tyran.

Je crois aussi que la fascination pour le théâtre entra dans mon âme grâce à trois événements qui marquèrent profondément mon âme d'enfant : je participai à l'enterrement d'un pompier, je vis une crise d'épilepsie et j'entendis chanter le prince chinois.

Comme la Maison d'Ukraine se trouvait à côté de la caserne des pompiers, mon père, pour tuer son ennui, ne tarda pas à s'inscrire à la première compagnie. Dans une si petite bourgade, les incendies étaient rares, un par an tout au plus. De ce fait, être pompier tenait plutôt lieu d'activité sociale : un défilé à chaque anniversaire de la création de la compagnie, quelques bals de bienfaisance, des exercices publics pour vérifier les équipements, des championnats de football entre compagnies (il y en avait trois) et la présentation de sa fanfare le dimanche sur le kiosque de la place. Lorsqu'ils réunirent les fonds pour acheter un camion flambant neuf, les pompiers endossèrent leur costume de parade, pantalon blanc et veste rouge avec une étoile à cinq pointes sur le cœur, puis on prit une photographie de groupe. Mon père me proposa comme mascotte. L'idée fut acceptée et je me vis comme par magie, à six ans, transformé en pompier. La perpétuelle danse de la réalité fit qu'à peine le flash qui allait immortaliser la compagnie avait-il explosé qu'un incendie explosa dans le quartier des pauvres. Ainsi, portant l'uniforme de cérémonie, couvrant le camion d'une grappe blanche et rouge, la compagnie partit en direction du sinistre. Sans que personne m'y ait invité, je me mis au milieu d'eux. Je n'éteignis aucune flamme mais fus chargé de la tâche sacrée de surveiller les haches, car la population indigente était capable, pendant que les pompiers luttaient pour la sauver du feu, de voler non seulement les haches mais aussi les roues, les échelles, les tuyaux, les écrous et les vis de la luxueuse machine. Lorsqu'ils furent venus à bout de l'ennemi, ils s'aperçurent que le commandant de la compagnie manquait à l'appel : ils l'extirpèrent des décombres, sous la forme d'une chose noire. Ils veillèrent ce cadavre dans la caserne, dans un cercueil blanc couvert de fleurs orangées et rouges qui symbolisaient les flammes. À minuit ils le sortirent de là pour l'emporter, en un défilé solennel, vers le cimetière. Jamais un spectacle ne m'avait autant impressionné, je me sentis fier d'y participer, éprouvai de la peine pour les parents et, surtout, de la terreur. C'était la première fois que je me promenais dans les rues à cette heure de la nuit. Voir mon monde couvert d'ombres me révéla le côté obscur de la vie. Ce qui était ami cachait un aspect dangereux. Les habitants amassés sur les trottoirs — le blanc de leurs yeux brillant dans leurs silhouettes sombres — pour nous voir passer à pas lents, glissant les pieds sans plier les genoux, m'épouvantèrent. D'abord venait la fanfare jouant une déchirante marche funèbre. Ensuite moi, seul, minuscule, cachant mon immense angoisse sous le visage d'un guerrier. Puis avançait le magnifique véhicule chargé du cercueil et enfin, derrière lui, les trois compagnies en costumes de parade, chaque pompier portant un flambeau. D'un commun accord, toutes les lumières de Tocopilla avaient été éteintes. La sirène ne cessait de hurler. Les flammes des torches faisaient naître des ombres qui s'agitaient tels de gigantesques vautours. Je parvins à défiler ainsi sur trois kilomètres, puis m'évanouis. Jaime, qui allait dans le chariot à côté du chauffeur, descendit d'un bond et me ramassa. Je me réveillai dans mon lit avec une forte fièvre. J'avais l'impression que les draps étaient pleins de cendres. L'odeur des couronnes de fleurs apportées d'Iquique collait à mes narines. Il me semblait que les vautours d'ombre nichaient dans ma chambre, prêts à me dévorer. Jaime ne trouva rien de mieux, pour me calmer, tandis qu'il me posait des serviettes humides sur le front et sur le ventre, que de me dire : « Si j'avais su que tu étais aussi impressionnable, je ne t'aurais pas invité à l'enterrement. Par chance je t'ai ramassé juste au moment où tu es tombé. Ne t'inquiète pas, personne ne s'est rendu compte de ta lâcheté. » Longtemps je rêvai que l'étoile de mon uniforme adhérait à ma poitrine, comme un animal, aspirant ma voix pour m'empêcher de crier, tandis qu'enfermé dans un cercueil blanc j'allais vers le cimetière... Plus tard, cette expérience angoissante me permettrait d'utiliser, pour les traitements psychomagiques, les funérailles métaphoriques : un rituel impressionnant au cours duquel on enterre la personnalité malade.

Dans les limites de Tocopilla, en direction d'Iquique, la famille Prieto avait construit un établissement de bains publics. La grande piscine, creusée dans les rochers au bord de la mer, était remplie par les vagues. Je n'aimais pas aller y nager parce qu'on pouvait se trouver nez à nez avec des poissons et des poulpes. L'endroit était très apprécié. Plusieurs fois, je vis courir des gens vers une plage voisine, car, soulevant un nuage de sable, s'y tordait, pris d'une crise d'épilepsie, le Cuco, un homme chauve, au chômage. Les gens, qui étaient toujours en train de s'amuser, se baignant ou buvant des bouteilles de bière par douzaines, s'en rendaient compte parce que le malade commençait par émettre des grognements rauques de plus en plus forts qui finissaient en hurlements assourdissants. Au milieu d'une explosion de joie nerveuse, le groupe l'emportait vers une salle couverte, à l'ombre, tandis qu'il ne cessait de s'agiter et de hurler en rejetant de l'écume par la bouche. Le tapage durait une heure, le temps qu'il fallait pour que la crise se calmât. Fiers de l'avoir sauvé en lui attachant les mains, les pieds, et en lui introduisant le manche d'un plumeau dans la bouche, les badauds faisaient une collecte pour lui offrir un friand et une bière. Il mangeait et buvait, avec une mine de chien triste, puis s'en allait, tête basse. Comme à bien d'autres, je suppose, cela me faisait beaucoup de peine... Ce dimanche matin-là, heure à laquelle les bains étaient combles, j'entendis, avant tout le monde, les halètements du chauve. Je courus jusqu'à la plage et le vis, confortablement assis sur une pierre, s'efforçant d'augmenter le volume de ses gémissements. Il ne me vit pas arriver. Quand je lui touchai l'épaule et qu'il me vit, il se leva d'un bond en me jetant un regard furieux. Il saisit un galet, menaçant. « Tire-toi, gamin de merde ! » Je partis en courant, mais dès que je me sentis à l'abri des rochers je m'arrêtai pour l'observer. Quand, attirés par ses cris, les baigneurs coururent vers lui, il se mit un morceau de savon dans la bouche, s'allongea par terre et commença à se tordre et à baver de l'écume. Qui allait me croire si je disais que le Cuco était un fieffé acteur, en aussi bonne santé que ceux qui venaient à sa rescousse ? En se tordant sur ce sol couvert de petites pierres pointues, il se blessait douloureusement la peau ; les sauveurs, nerveux, en le relevant le cognaient contre les rochers ; tout ce qu'ils lui offraient, c'était un friand médiocre et une seule bière. Valait-il la peine, pour si peu, de se donner tout ce mal ? Je m'aperçus que ce que ce pauvre homme cherchait, c'était l'attention des autres. Plus tard, je constatai que toutes les maladies, jusqu'aux plus cruelles, étaient une forme de spectacle. À la base il y avait une protestation contre un manque d'amour et l'interdiction de tout mot ou geste qui démontrait cette absence. Le non-dit, le non-exprimé, le secret, tout pouvait en arriver à fomenter une maladie. L'âme enfantine, étouffée par l'interdiction, élimine les défenses organiques pour permettre l'entrée du mal qui lui donnera l'opportunité d'exprimer sa désolation. La maladie est une métaphore. Elle est la protestation d'un enfant devenue représentation.

Dans l'immeuble des pompiers, au deuxième étage, il y avait une grande salle que personne n'utilisait. Jaime pensa que la compagnie pouvait exploiter cet espace en le louant pour les fêtes. Le temps passa et, probablement à cause de la crise, aucun client ne se présenta. Mon père affirma que ce n'était pas à cause du manque d'argent mais par inertie ; personne ne voulait se donner la peine de changer de vieilles habitudes. Les grandes fêtes, les mariages, la remise des prix avaient lieu dans la salle de patinage des bains publics des Prieto, voilà tout... « Nous allons leur donner un exemple », dit-il, et, devenant client du restaurant Le Pont de Jade pour obtenir du propriétaire qu'il fût son intermédiaire, il offrit gratuitement l'espace des pompiers à la colonie chinoise, s'engageant lui-même à leur organiser une kermesse animée par les fanfares des trois compagnies. Les familles asiatiques dansèrent des tangos joués par les instruments à vent, parièrent dans les tombolas, mangèrent des grillades et burent du vin avec de l'eau-de-vie, des pêches et des fraises. Cette fête, pour eux exotique, leur plut tellement qu'ils donnèrent un diplôme à mon père, le déclarant ami de la colonie chinoise. La glace raciale étant rompue, quelques Chinois vinrent chez nous, le soir, jouer au mah-jong[1]. Parmi eux, le plus assidu fut un homme jeune, à la peau mate tirant sur le jaune, sans une tache, sans un duvet, aux ongles longs et soignés, aux cheveux épais et noirs coupés avec une précision mathématique et au visage aussi bien dessiné qu'une figurine de porcelaine. Ses costumes de fin cachemire, coupés à la perfection,

1. Jeu chinois, proche des dominos, dans lequel on utilise 144 pièces en bois.

ses chemises au col ample, ses cravates d'un goût exquis, ses souliers vernis qui lançaient des éclairs, ses chaussettes de soie accompagnaient harmonieusement ses gestes distingués. Jaime l'appelait le Prince. Moi qui n'avais jamais vu une telle beauté masculine, je le regardais extasié, le prenant pour un grand jouet. Il souriait en fixant sur moi ses yeux bridés. Puis, sur un rythme hypnotique, il me disait des choses en chinois qui, bien que je ne pusse les comprendre, me faisaient rire... Un soir, Sara Felicidad, très émue, me dit : « J'ai une merveilleuse nouvelle : ce soir, le Prince va nous chanter un opéra dans le style de son pays. » Je comprends pourquoi ma mère était si touchée : quand elle était jeune, elle avait voulu être chanteuse d'opéra, mais son beau père et sa mère lui avaient ôté cette vocation à coups de trique. Le beau Chinois arriva à dix heures du soir. Il était accompagné de deux musiciens vêtus de tuniques sur des pantalons en satin. L'un avait un étrange instrument à cordes, l'autre un tambour. Le Prince, portant une valise, demanda qu'on lui accordât une heure pour s'habiller et se maquiller dans la salle de bains. Impatients, mes parents attendirent en jouant aux dominos. Moi, accoutumé à me coucher tôt, m'endormis à moitié. Quand le Prince se présenta devant nous, mon bâillement se figea dans ma bouche, Sara Felicidad lutta pour interrompre une toux nerveuse, Jaime écarquilla si grand les yeux qu'il sembla ne jamais pouvoir les refermer. Notre ami chinois était devenu une belle femme. Et c'est peu de dire belle. Au son plaintif de l'instrument à cordes et au rythme métallique du tambour, faisant des pas rapides et courts, il parut glisser en flottant. Sa blouse, de soie et de satin, luisait de couleurs brillantes, rouge, vert, jaune, bleu, pailletées d'incrustations de verre et de métal. Au bout des larges manches apparaissaient ses petites mains peintes en blanc aux ongles vernis, agitant un mouchoir aérien. Dans son dos, à la manière d'ailes, vibraient quelques baguettes portant des drapeaux. Dans le visage, devenu un masque de déesse, également blanc, bougeaient de petites lèvres semblables à celles du congre. Le Prince, ou plutôt la Princesse, chantait. Ce n'était pas une voix humaine, mais la lamentation d'un insecte millénaire. Des phrases longues, sinueuses, aiguës, d'un autre monde, interrompues par de brusques arrêts que soulignaient les deux instruments... Je tombai en transe. J'oubliai que je voyais un être humain ; devant moi, sorti d'un conte de fées, un être surnaturel partageait le trésor de son existence. Sara Felicidad ne semblait pas éprouver les mêmes sentiments. Le visage rouge et la respiration entrecoupée, elle fronçait les sourcils comme si elle assistait à un acte de démence, ne pouvant supporter qu'un homme s'amusât à se changer en femme. Au bout d'un moment, Jaime parut comprendre le sens profond de la représentation : il voyait un clown oriental. Tout cela était une farce que lui jouait son ami. Il se mit à rire aux éclats. L'apparition interrompit son chant, fit une profonde révérence, entra dans la salle de bains et, une demi-heure plus tard, le Prince reparut, aussi impeccable que d'habitude. Avec une dignité hautaine il descendit l'escalier, suivi de ses deux acolytes, sortit dans la rue pour se perdre dans la nuit et ne plus jamais revenir.

Réfléchissant maintes fois à cette situation tendue, qui me laissa un souvenir ineffaçable, je me rendis compte que tout acte extraordinaire abat les murs de la raison. Il brise les échelles de valeurs et renvoie le spectateur à ses propres jugements. Il agit comme un miroir : chacun le voit avec ses limites. Mais ces limites, en se manifestant, peuvent provoquer une prise de conscience inattendue. « Le monde est tel que je pense qu'il est. Mes malheurs viennent de ma vision tordue. Si je veux guérir, ce n'est pas le monde que je dois essayer de changer, mais l'opinion que j'ai de lui. »

Les miracles sont comparables aux pierres : ils sont partout, offrant leur beauté, et presque personne ne leur accorde de valeur. Nous vivons dans une réalité où foisonnent les prodiges, mais ils sont vus uniquement par ceux qui ont développé leur perception. Sans cette sensibilité, tout devient banal : on donne à l'événement merveilleux le nom de hasard, on avance dans le monde sans cette clé qu'est la gratitude. Lorsque survient l'extraordinaire, nous le voyons comme un phénomène naturel dont, tels des parasites, nous pouvons tirer l'usufruit sans rien donner en échange. Mais le mirage exige un échange : ce qui m'est donné, je dois le faire fructifier pour les autres. Si on n'est pas uni, on ne saisit pas le prodige. Les miracles, personne ne les fait ni ne les provoque, il faut les découvrir. Quand celui qui se croyait aveugle enlève ses lunettes noires, il voit la lumière. Cette obscurité est la prison rationnelle.

Je considère que l'arrivée à Santiago du Chili, fuyant l'Allemagne nazie, du chorégraphe Kurt Joos, accompagné de quatre de ses meilleurs danseurs, fut un véritable miracle. C'en fut un autre que le gouvernement chilien l'accueillît et lui accordât une subvention qui lui permit d'installer une école avec de grandes salles et de créer tous ses ballets expressionnistes. Dans le centre de la ville se dressait le Municipal, un beau théâtre à l'italienne, vaste, construit avant la crise, qui hébergea la plus grande partie des compagnies étrangères venues à cette époque. Avec mes amis poètes nous avions découvert, sur l'arrière de l'édifice, une porte de service qui n'avait pas de serrure. Il nous suffisait d'attendre que la représentation commence pour enlever nos chaussures et nous introduire, traversant la pénombre, jusque sur les côtés de la scène et, de là, regarder le spectacle. Mes amis ne virent que deux fois *La Table verte*, *Pavane* et *La Grande Ville*. Moi, je vis au moins une centaine de représentations. Ma dévotion était telle que je contemplais à genoux ces chorégraphies exceptionnelles. Dans *La Table verte*, autour d'un rectangle de cette couleur, un groupe de diplomates hypocrites discutaient de la paix, pour à la fin déclarer la guerre. Apparaissait la Mort, sous les traits du dieu Mars, interprété avec brio par un danseur russe, nous montrant les horreurs du conflit. Dans *Pavane*, une fillette innocente était écrasée par le rituel de la cour. Dans *La Grande Ville*, deux adolescents idéalistes arrivaient à New York et, dans leur soif de triomphe, étaient détruits par les vices de l'implacable cité. Pour la première fois, je vis une technique qui utilisait savamment le corps, le conduisant à exprimer une large gamme de sentiments et d'idées. Les ballets venus en tournée dans le pays avaient laissé un fastidieux héritage : des écoles de ce qu'on appelle la danse classique, qui enfermaient tous les corps dans un même moule, les déformant au nom d'une beauté vide et obsolète. Joos, qui avec sa technique sublime mettait en scène les plus urgents problèmes politiques et sociaux, planta la semence qui plus tard se développa dans mon esprit : la finalité de l'art est de soigner. Si l'art ne guérit pas, il n'est pas vrai.

J'aurais pu tomber dans l'erreur de me limiter à un art uniquement préoccupé d'affirmer des doctrines politiques, mais, par chance, un autre miracle se produisit. Le danseur étoile, Ernst Uthoff, entra en conflit avec le génial chorégraphe et décida de créer son propre ballet, en reprenant des éléments de la danse classique. Laissant de côté les problèmes du monde matériel, voulant peut-être oublier les souffrances de la guerre, il mit en scène un conte fantastique, *Coppélia*. Je me souviens encore du nom de la danseuse qui incarna la poupée que son créateur allait tenter de rendre humaine, en volant l'âme d'un jeune amoureux : Virginia Roncal, une femme qui consacra sa vie à la danse ; pas une beauté exceptionnelle, petite de taille, mais au talent gigantesque. La première fois que je la vis se lever de la table où gisait le corps inanimé de l'homme à qui l'on avait volé son âme, effectuer ses pas rigides d'automate pour peu à peu ressentir l'invasion de la vie et enfin, dans une sorte de frénésie, se défaire des mouvements mécaniques et danser comme une véritable femme, puis, découvrant le jeune homme inanimé et se rendant compte que cette âme n'était pas la sienne, par honnêteté, par amour, dans un effort suprême, rendre dans un baiser cette vie qui ne lui appartenait pas et retrouver ses mouvements d'automate, je pleurai. Je compris que l'art devait non seulement guérir le corps mais aussi l'âme. Toutes les finalités se résumaient à une seule : réaliser les potentialités humaines pour ensuite les transcender. Sacrifier ce qui était personnel pour parvenir à l'impersonnel : rien pour moi qui ne soit pour les autres.

Si grande fut l'admiration qu'éveilla en moi *Coppélia* que je me rendis à l'école d'Uthoff pour voir si l'on m'y admettrait. Là, je fus ébloui par une danseuse à l'épaisse chevelure crépue, forte comme un chêne et grande comme une jument magique. J'eus l'heur de lui plaire. Je m'absorbai en elle. Je connus la danse à travers ses mouvements dans l'amour. Une nuit où il y eut une panne d'électricité, nous nous caressâmes sur le bureau où dessinait André Racz. Une sueur poisseuse couvrit peu à peu nos corps. Excités comme nous l'étions par le plaisir, nous n'y prîmes pas garde. Lorsque la lumière revint, d'un coup, nous nous retrouvâmes avec la peau toute noire. Nos mouvements enthousiastes avaient renversé une grande bouteille d'encre de Chine. Nora y vit un signe : la jouissance de ses mouvements me faisait oublier mon talent de danseur. Elle ne voulut pas être coupable de réduire à néant une vocation sacrée à ses yeux et, me refusant désormais ses charmes, me présenta à la Yougoslave Yerca Lucsic, une maîtresse de ballet moderne passionnée. Ses cours étaient intenses, on y créait sans répit. J'appris à me mouvoir selon les neuf caractères de l'ennéagone de Gurdjieff, à imiter toutes sortes d'animaux, mais aussi à accoucher et à allaiter, en éprouvant ce qu'était la maternité, devant des femmes qui dansaient en imitant l'érection et l'éjaculation d'un phallus. Nous fîmes des recherches sur l'expression des blessures du Christ. Je dus danser le coup de lance dans les côtes, la couronne d'épines, les clous des pieds et des mains. La danse me permit d'entrevoir ce que j'étais, mais aussi ce que je n'étais pas. Yerca voulait dépasser les limites. Et elle en mourut. Avec ses économies, elle avait acheté une petite maison au bord de l'océan, sur une plage proche de la capitale. Elle allait y passer les fins de semaine. Elle se mit en couple avec un pêcheur, un homme beau, mais inculte. Au lieu de l'éduquer, elle le poussa à l'affirmation de lui-même. Elle le vêtit en pêcheur propre, et ainsi, dans son habit de coton blanc amidonné, avec un foulard rouge autour du cou, pieds nus, le présenta aux amis qui venaient chez elle passer la fin de la semaine. C'étaient des danseuses, des artistes, des professeurs et des étudiants, des gens de la haute société. Le couple fut très fêté. Elle parlait sans cesse, tandis que lui, muet, servait à boire. Un jour nous l'attendîmes, mais Yerca ne vint pas nous donner cours. Ni ce jour-là ni de toute la semaine. Nous apprîmes par les journaux que le pêcheur l'avait assassinée et avait découpé son corps en petits morceaux, avec une pince et un couteau. Lorsqu'ils le mirent en prison, dénoncé par ses camarades, il avait déjà utilisé comme appât la moitié du corps de mon professeur de danse.

Les actes criminels, malgré leur horreur, provoquent parfois en nous la même fascination que les actes poétiques. C'est pourquoi les apprentis psychomagiciens doivent agir avec la plus grande prudence. Tout acte doit être créatif et se terminer par un détail qui affirme la vie, non la mort. Le pêcheur avait détruit le corps de la danseuse. Yerca avait détruit l'esprit du pêcheur. Si au contraire elle s'était préoccupée de le faire participer à son monde créatif en même temps qu'elle apprenait à pêcher, il ne l'aurait pas assassinée, et peut-être aurait-elle créé un merveilleux ballet sur le thème de la pêche.

Me voyant frustré parce que je n'avais plus de cours, Lihn proposa que nous donnions un récital de danse. « Comment, où, avec quelle musique ? — Nus, avec seulement un cache-sexe pour ne pas risquer la prison. À côté du générateur électrique de l'ambassade. Les moteurs seront notre musique », me répondit-il.

Devant le Parc forestier, l'ambassade des États-Unis, grâce à de puissants moteurs, produisait sa propre électricité afin que les incessants tremblements de terre, en touchant la centrale électrique, ne la plongent pas dans l'obscurité. Vers dix heures du soir, tous les jours et pendant une heure, ses machines bourdonnaient à un rythme régulier. Nous y donnâmes rendez-vous à nos amis et, lorsque débuta le rythme rauque, nous nous déshabillâmes et nous mîmes à danser comme des fous. Bientôt les spectateurs suivirent notre exemple. Je compris que tout pouvait être dansé. Que la réalisation artistique était le résultat de choix passionnés. On nous offrait le gâteau, nous n'avions qu'à le voir, en prendre une portion et le manger. C'était la galette d'Alice : en la mangeant, elle grandissait ou rapetissait. Ainsi était la vie, l'art, une question de vision et de choix. Et concernant l'aspect négatif, finis-je par comprendre, il en allait de même. L'esprit d'autodestruction présentait à l'individu un menu avec toutes les maladies, physiques et mentales. L'individu choisissait son propre mal. Pour le soigner il fallait chercher ce qui avait conduit à choisir ce problème et pas un autre.

S'il va de soi que la réalité nous offre un gâteau, ce n'est pas une raison pour l'attendre, immobiles et la bouche ouverte. Pour nous réaliser, au lieu de demander qu'on nous donne une chance, nous pouvions aussi, nous autres artistes, insignifiants en apparence, offrir une chance aux puissants. C'est ainsi que je me présentai, portant un panier plein de mes marionnettes, dans les bureaux du prospère Théâtre expérimental de l'université du Chili (TEUCH), organisme gouvernemental qui proposait de grands spectacles et subventionnait une école. Domingo Piga et Agustín Siré, les directeurs, me reçurent. « Je veux diriger le théâtre de marionnettes du TEUCH ! » leur dis-je d'une traite. Ils me répondirent que le TEUCH n'avait pas de théâtre de marionnettes. J'ouvris mon panier et répandis mes poupées sur leur bureau : « Maintenant il en a un ! » Ils m'abandonnèrent aussitôt une pièce inoccupée située derrière l'horloge qui ornait la façade de la maison centrale. Les poètes et leurs compagnes m'aidèrent à nettoyer la poussière accumulée depuis un demi-siècle, et c'est là que commença à grandir le Bululú, activité où se mêlèrent les jouissances artistiques et les plaisirs amoureux. Nous nous joignîmes à la chorale de l'université, le gouvernement mit à notre disposition un bateau de guerre et ensemble, la chorale de soixante personnes et nous, les marionnettistes, six hommes et six femmes, nous parcourûmes tout le nord du Chili en donnant des représentations. C'était un très beau travail, essentiellement anonyme. Cachés, les bras levés manipulant ces héros, nous apprîmes à sacrifier l'exhibitionnisme individuel. Nous sûmes nous mettre au service des marionnettes et du public. Quelle différence y avait-il entre nous, plongés dans l'ombre, apportant de l'énergie à des personnages qui évoluaient en haut, et une congrégation de moines concentrés dans leurs prières exaltant Dieu ? Après une représentation pour les enfants des mineurs, Eduardo Mattei, l'un des jeunes gens qui manipulait le mieux les poupées, me dit : « Je me sens comme un crapaud plein d'amour recevant les scintillements de la lune. » Je cachai un sourire sarcastique, sa phrase m'avait paru maniérée. Je compris combien il était sincère lorsque, à la fin de la tournée, il nous quitta et se fit moine bénédictin. Dans le monastère de Las Condes, pendant la cérémonie au cours de laquelle l'abbé lui lava les pieds avant de lui donner un nouveau nom, frère Maurus, tous les marionnettistes étions là. Eduardo, grâce à sa fréquentation des marionnettes, avait rencontré la foi.

Je revins lui rendre visite en une autre occasion. Frère Maurus, vêtu de son bel habit de bénédictin, paraissait heureux. Je lui dis que je pensais quitter le Chili pour aller étudier en Europe. Il me répondit : « Ils vont t'enseigner une science de vides, ils vont te montrer où il n'y en a pas. Pour cela, ils sont experts : comme les vautours, ils détectent les cadavres à la perfection, mais sont incapables de savoir où se trouvent les corps vivants. Il y a de nombreuses manières de briser un verre, mais une seule de le fabriquer ! » Je respectai son sentiment. C'était une position opposée à la mienne : je voulais couper mes racines pour embrasser le monde entier. Lui avait décidé de s'enfermer là, dans ce monastère au pied de la cordillère, pour consacrer toute sa vie au chant grégorien. Décision d'autant plus héroïque que je le savais amoureux de l'une de nos comédiennes. Était-il nécessaire, pour s'abandonner à Dieu, d'exclure la femme, la famille ? La profonde vocation d'Eduardo me révéla le caractère sacré du théâtre. Moi qui avais été élevé athée, pouvais-je aspirer à la sainteté ? Chaque religion a ses saints, frère Maurus ne tarderait pas à devenir un saint catholique, mais il y avait aussi les saints musulmans, les saints juifs, appelés « justes », les saints bouddhistes ou éveillés, etc. Les religions s'étaient approprié la sainteté. Être saint signifiait respecter les dogmes. Que nous restait-il à nous qui n'étions les porte-drapeaux d'aucune théologie, à qui la nature animale faisait désirer l'union avec une femme ? Il était impossible de penser que Dieu ait créé la femme mauvaise uniquement pour tenter les hommes bons. Si elles étaient aussi sacrées que nous, la copulation aussi était sacrée, et si cet acte conduisait à l'orgasme, celui-ci devait être accepté et éprouvé comme un don divin. Je pensai que l'on pouvait être un saint civil : la sainteté ne devait pas être nécessairement liée à la chasteté ou au renoncement du plaisir sexuel, base de la famille. Un saint civil pouvait ne jamais entrer dans un temple, ni même avoir besoin de vénérer un dieu ayant un nom et une image définis. Cet homme, avec une conscience non seulement sociale, non seulement planétaire, mais également cosmique, ayant dépassé les intérêts exclusivement personnels, était capable d'agir au profit du monde. Se sachant uni, les douleurs des autres étaient ses douleurs, de même que leurs joies étaient sa joie. Il savait aussi bien compatir et aider celui qui était dans le besoin qu'applaudir le victorieux, à condition que celui-ci ne fût pas un exploiteur. Le saint civil se faisait le possesseur de la planète : l'air, les terres, les animaux, les eaux, les énergies de base étaient siennes et il agissait comme leur maître, prenant grand soin de ne pas abîmer cette propriété. Le saint civil était capable d'actes anonymes généreux. Aimant l'humanité, il avait appris à s'aimer lui-même. Il savait que l'avenir de la race humaine dépendait de couples capables d'établir une relation équilibrée. Le saint civil luttait non seulement pour que les enfants soient bien traités, mais aussi les fœtus, qu'il fallait protéger du couple névrotique qui les avait engendrés, modifiant la vénéneuse industrie des accouchements. Et il luttait aussi pour libérer la médecine des grandes entreprises industrielles, fabricantes de drogues plus nocives que la maladie. Parvenir à la bonté du saint civil — quelqu'un d'étranger à toute secte, doucement impersonnel, capable d'accompagner une mourante dont il ne connaît pas le nom avec la même dévotion qu'il le ferait si elle était sa fille, sa sœur ou sa mère — me parut impossible. M'inspirant de quelques contes initiatiques où les héros sont des singes, des perroquets ou des chiens, tous animaux qui peuvent imiter, je décidai d'employer cette technique. De copie en copie, j'arriverais un jour à l'action authentique.

Penser à l'imitation de la sainteté civile donna une justification à ma vie. Cependant, en essayant d'appliquer ce qui en ces années n'était que théories, je commis de graves erreurs. Par exemple, la défloration de Consuelo. Au café Iris, invitée par sa sœur peintre, arriva cette jeune fille au corps dégingandé mais aux courbes sensuelles, avec un visage à la grande bouche, aux yeux profonds et aux oreilles décollées qui lui donnaient un sympathique air simiesque. Quand on me la présenta et qu'elle s'assit avec moi à une table à part pour bavarder, tout en peignant ses cheveux coupés à la garçonne, elle me déclara qu'elle était lesbienne. La plupart des relations sexuelles qu'elle avait eues étaient avec des femmes mariées qui refusaient d'abandonner leur mari pour aller vivre avec elle. Comme Consuelo s'intéressait à la littérature, nous nouâmes une amitié dans laquelle elle se comportait comme un garçon. Tout allait très bien, nous prenions grand plaisir à être ensemble pour faire les librairies ou prendre un café dans quelque endroit à la mode, quand mon désir d'imiter la sainteté civile vint s'en mêler. Je lui demandai si elle avait toujours son hymen. « Bien sûr ! » me répondit-elle avec fierté. Emporté par le désir de faire le bien de manière désintéressée, je lui répondis : « Mon amie, je sais que la pénétration phallique ne t'intéresse absolument pas, mais il est regrettable qu'une future grande poétesse comme toi doive vieillir en restant vierge. Tant que tu conserveras ce voile, jamais tu ne seras adulte ni ne sauras pourquoi tu rejettes le membre viril : tu en auras peur, tu le sentiras te guetter dans l'ombre tel un ennemi irréductible. Démontre-toi à toi-même que tu es forte. Je te propose la chose suivante : donnons-nous rendez-vous dans mon atelier à une heure précise. J'aurai obtenu qu'on me prête une table d'opération, il y en a une au théâtre de l'université qu'on a utilisée dans une pièce. Viens couverte d'un manteau sous lequel tu porteras un pyjama d'hôpital. Je serai déguisé en chirurgien. Sans que nous pensions une seconde à nous caresser, tu te coucheras sur la table, je ferai semblant de t'anesthésier, je t'enlèverai ta culotte, écarterai tes jambes, tu feras semblant de dormir et alors, avec précision et une extrême délicatesse, je te pénétrerai de façon strictement médicale. Une fois l'hymen perforé, je me retirerai avec la même délicatesse que je serai entré. Il n'y aura pas le moindre plaisir, tout frottement répété ayant été exclu. Ce sera une opération amicale, rien de plus. Cet acte poétique terminé tu vivras ta vie, libérée de l'ennuyeux hymen. »

L'idée lui parut acceptable. Nous fixâmes l'heure de la rencontre et réalisâmes l'opération en suivant le plan à la lettre. Consuelo, heureuse de n'avoir souffert aucun traumatisme, me remercia de la manière impeccable dont j'avais joué mon rôle et, le visage rayonnant de s'être libérée d'un détail gênant, s'en fut voir ses amies. Cependant, le lendemain soir, contrôlant son ébriété, elle vint m'avouer avoir ressenti une forme de plaisir qu'elle voulait étudier. Elle me traîna littéralement jusqu'à l'atelier, me jeta sur le lit et m'absorba avec frénésie. Bien qu'elle ne fût pas le type de femme qui m'excitait, grâce à l'énergie de mon âge, je répondis à ses caresses. L'acte accompli, la seule chose que je désirai fut d'être le plus loin possible de cette jeune fille passionnée. Malheureusement, à partir de ce jour elle se mit à me poursuivre de ses assiduités. Où que j'aille, elle arrivait. Si au cours d'une fête une jeune fille m'approchait, Consuelo la faisait fuir en l'insultant et la repoussant. Il ne servait à rien que je lui dise que je ne l'aimais pas, qu'elle n'était pas mon type de femme, que je lui rappelle son lesbianisme et enfin lui demande de me laisser tranquille. Elle pleurait, menaçait de se suicider, proférait des malédictions. La vie devint impossible. Je parlai à sa sœur et la suppliai d'être complice de mon plan. Se rendant compte de la gravité du délire de Consuelo, l'artiste peintre accepta. Je m'enfermai dans l'atelier sans en sortir pendant une semaine. Enrique Lihn téléphona à Consuelo et demanda à lui rendre visite chez elle, parce qu'il avait une nouvelle grave à lui communiquer. Lorsqu'il arriva au rendez-vous, vêtu de noir et l'air affligé, il annonça à la jeune fille que j'étais mort écrasé par un autobus. La sœur aînée, éclatant en faux sanglots, dit à Consuelo qu'elle avait appris ce fatal accident, mais qu'elle ne lui avait rien dit de peur de lui causer une douleur atroce. Consuelo s'écroula, prise d'une crise de nerfs. Sa sœur l'emmena se reposer dans une maison qu'elles avaient à l'Île Noire. Elle y resta trois mois. Quand elle rentra à Santiago et me trouva sain et sauf, assis au café Iris, elle me flanqua une gifle, puis se mit à embrasser passionnément une amie. Jamais plus elle ne m'importuna. Pour ma part je décidai, pendant un bon bout de temps, de cesser d'imiter la sainteté civile.

Une autre idée m'attira : dès qu'on lui propose un acte, quelle que soit la nature de ce dernier, positif ou négatif, la réalité, en principe amorphe, s'organise autour de lui et lui ajoute des détails inattendus. Pensant de la sorte, je décidai de réaliser un acte dans le plus grand secret, pour voir si j'obtenais une réponse. Je me rendis dans un magasin spécialisé dans la confection de chaussures pour artistes et me fis fabriquer des souliers de clown, de quarante centimètres de long. Je les commandai vernis, avec le bout rouge, le talon vert et les côtés dorés. J'exigeai en outre qu'on incrustât des sifflets dans les semelles afin qu'elles fassent entendre des miaulements lorsqu'elles seraient aplaties. Vêtu d'un costume correct gris, d'une chemise blanche et d'une cravate discrète, je me promenai dans les rues du centre à midi, heure à laquelle elles se remplissaient de monde. C'était le moment de la pause-café ou de l'apéritif. Produisant un miaulement après l'autre, j'avançai au milieu de la foule. Personne ne parut trouver mes chaussures anormales. Les gens jetaient un regard furtif vers mes pieds et poursuivaient leur chemin. Déçu, je m'assis à une terrasse pour boire un rafraîchissement, croisant les jambes pour élever une chaussure, avec peu d'espoirs de provoquer une réaction. Un monsieur bien mis, d'une soixantaine d'années, au visage sérieux, à la voix aimable, s'approcha de moi. « Jeune homme, me permettez-vous de vous poser une question ? — Mais je vous en prie, monsieur. — Où avez-vous trouvé ces chaussures ? — Je me les suis fait faire, monsieur. — Pourquoi ? — Avant tout pour attirer l'attention, en introduisant quelque chose d'insolite dans la réalité. Ensuite parce que j'aime le cirque, et surtout les clowns. — Je suis heureux de vous entendre parler de la sorte : voici ma carte. »

Le monsieur me tendit un petit carton où son nom était écrit en petites lettres et, en grosses lettres, couleur orange : TONI ZANAHORIA (LE CLOWN CAROTTE).

« Oh ! quelle incroyable surprise, je vous ai connu à Tocopilla, quand j'étais petit ! Vous m'avez mis un bébé lion dans les bras.

— Comment t'appelles-tu jeune homme ? (En m'entendant prononcer mon nom il sourit.) Maintenant je comprends, tu es des nôtres, ton père a travaillé avec moi. Il fut le premier homme à se pendre par les cheveux ; avant, seules les femmes faisaient cela. La chèvre veut rentrer au bercail : ces chaussures indiquent ton désir de revenir au monde auquel tu appartiens. Et cette rencontre n'est pas fortuite. Nous jouons au théâtre du Colisée. Il y a des artistes internationaux et un groupe de comiques, moi (le premier âne), le clown Laitue, le clown Chaloupe et le clown Piripipi. Le clown Sucette a, comme nous disons entre nous, le museau en chaleur. Il va boire pendant une quinzaine de jours. Nous l'aimons beaucoup et nous craignons que les imprésarios ne le renvoient. Si toi, qui sembles tellement aimer le cirque, te décides à tenter l'expérience, sans que personne ne le remarque, tu peux mettre le costume, la perruque et le nez de notre ami et le remplacer le temps que durera sa soûlerie. C'est très facile, il n'y a pas grand-chose à faire. Tu me donneras un coup de fausse hache sur la tête, caquetteras en bombardant d'œufs en bois le clown Chaloupe, et participeras au concours du pet le plus puissant en lançant des nuages de talc par un tube caché dans le fond de ton pantalon. Si tu arrives deux heures avant la première représentation, je t'apprendrai l'essentiel ; pour le reste, tu pourras improviser.

— Je ne crois pas être capable de le faire.

— S'il te reste encore quelque chose de l'enfance dans l'âme, tu pourras. Je vais te donner un exemple : quand tu me demanderas d'une voix de fausset : "En quoi un taureau vivant ressemble-t-il à un taureau mort ?", je te répondrai : "Très simple : le taureau vivant mugit", et tu enchaîneras : "Et le taureau mort ?", et je m'exclamerai : "Il gît mou !" Et le public rira et applaudira. C'est aussi facile que ça. Tu te décides ? »

Je revêtis le costume du clown Sucette dans le petit appartement que le clown Carotte louait en face du Colisée. Si mon ami avait dessiné son personnage en copiant les couleurs du tubercule, Sucette s'était représenté comme un grand bébé : une couche ridicule sur un caleçon long, un bonnet avec des oreilles de lapin et un biberon dans la main. Du nez rouge pendait une grosse goutte de laine imitant la morve... Ce fut impressionnant d'assister à la cérémonie de transformation du monsieur bien mis qui m'avait parlé à la terrasse du café en clown orange. J'eus la sensation d'assister à la renaissance d'un dieu de l'Antiquité. Ce personnage mythique m'aida à m'habiller et me maquiller. À mesure que j'entrais dans le déguisement, ma personne s'estompait peu à peu. Même ma voix ne pouvait être la même, ni mes mouvements. Je ne pouvais pas penser non plus de la même manière. Le monde avait retrouvé son essence : c'était une vaste plaisanterie. Mon aspect extérieur, dissous dans ce bébé grotesque, m'autorisait la liberté d'agir sans répéter les conduites imposées qui avaient fait mon identité. Quel âge avait Sucette ? Personne ne pouvait le savoir. Un mélange d'enfant, d'homme adulte et aussi de femme, où se situait la dernière et misérable manifestation de l'androgyne essentiel. La joie de vivre de la jeunesse cache une immense angoisse. En me transformant en Sucette, seule demeura l'euphorie, l'angoisse s'évanouit avec ma personne. Je me rendis compte, une fois de plus, que ce que je croyais être était une déformation arbitraire, un masque rationnel flottant dans l'ombre intérieure infinie non explorée. Plus tard, je compris que les maladies ne sont pas les nôtres mais celles de celui que nous croyons être. On atteint la santé en venant à bout des interdits, en quittant des chemins qui ne nous appartiennent pas, en cessant de poursuivre des idéaux imposés, jusqu'à parvenir à être soi-même : la conscience impersonnelle qui ne se définit pas elle-même. Quand nous traversâmes la rue en direction de la porte des artistes, Carotte me conduisait par la main, comme si j'étais son petit garçon. Bien que nous marchions avec dignité, un groupe d'enfants nous suivit en riant aux éclats. J'entrai en piste, mêlé à la troupe des clowns. Notre tâche consistait à remplir le laps de temps nécessaire aux techniciens pour démonter les trapèzes et les filets de sécurité. Les routines étaient simples et, avec mon expérience de marionnettiste, je n'eus aucune difficulté à les réaliser. Mais ce théâtre circulaire rempli d'un public qui nous entourait m'impressionna. Avec les marionnettes, on jouait vers l'avant. Une forme de spectacle qui correspondait à la tête humaine, avec ses yeux dirigés vers l'avant et l'obscurité par-derrière. Je me rendis compte que depuis que j'étais enfant je m'étais habitué à voir le monde de l'extérieur : j'épiais les événements, allais parfois vers eux, mais bien souvent ils se dirigeaient vers moi. En étant entouré par le public, aussitôt, au lieu de regarder de l'extérieur, on devenait le centre. Pour qu'une action fût vue de tous, il fallait tourner constamment. Cela nous apparentait aux planètes. Nous n'étions pas hors de l'humanité, nous étions son cœur. Nous ne venions pas au monde comme des étrangers, le monde nous produisait. Nous n'étions pas des oiseaux migrateurs, mais le fruit qu'offrait l'arbre. Pensant de la sorte, une blague me vint à l'esprit, que je proposai à mon ami Carotte. Avec beaucoup de gentillesse, il décida de l'étrenner l'après-midi même.

« Voyons, clown, dites-moi, ce que vous êtes ?
— Je suis étranger, monsieur !
— Et de quel pays venez-vous ?
— D'Étrange ! »

Ce dialogue absurde ne provoqua aucun rire. Je me sentis très honteux. Le clown Piripipi s'approcha de moi, m'invitant dans sa loge. C'était un personnage différent des autres. Hors de la piste, il parlait avec un fort accent allemand. Lorsqu'il apparaissait devant le public, sans un mot, il répondait à toutes les questions qu'on lui posait en jouant des instruments différents. À la fin de son numéro, où l'accompagnaient sa fille et sa femme, après s'être battu pour obtenir une grosse somme d'argent et avoir été accusé d'avarice, pour montrer son désintéressement il commençait à lancer ses pièces de monnaie vers un rectangle en bois posé par terre. En tombant, chaque pièce produisait une note de musique. Piripipi s'enthousiasmait et, jetant ainsi les pièces, il jouait une valse à laquelle venaient se joindre les deux femmes, jouant de l'accordéon, et tout l'orchestre du cirque. J'entrai dans sa loge, très nerveux. Son épouse me servit du maté dans une calebasse, avec une pipette d'argent. Elle était argentine. Piripipi, vêtu d'un costume trois pièces bien coupé, chemise et cravate, portait toujours son maquillage.

« Ne soyez pas surpris, me dit-il. Il y a quelques années j'ai perdu mon visage humain. Je ne vis pas déguisé. Ce masque de clown est mon vrai visage. L'ancien est resté en Allemagne : ma famille, juive, l'a emporté avec elle au camp de concentration. J'étais un chef d'orchestre assez connu. À Hambourg, grâce à de fidèles admirateurs, j'ai pu me cacher dans les cales d'un cargo qui m'a déposé en Argentine. Je vous raconterai une autre fois comment je suis devenu le clown Piripipi. Votre blague m'a plu. Elle est différente. Elle permet des interprétations profondes. Il ne doit pas être important pour nous que le public, parfois, ne rie pas. Vous l'avez vu : quand je fais tinter mes pièces de monnaie, les visages deviennent sérieux et quelques-uns versent même des larmes. Le véritable comique permet de nombreux niveaux d'interprétation. On commence par le rire et on arrive ensuite à la compréhension de la beauté, qui est le flamboiement de l'impensable Vérité. Tous les textes sacrés sont comiques au premier degré. Puis les prêtres, qui n'ont absolument aucun sens de l'humour, effacent le rire de Dieu. Dans la Genèse, quand Adam, se croyant coupable d'avoir désobéi, se cache en entendant les "pas de Jéhovah", nous sommes devant quelque chose de drôle. Dieu n'a pas de pieds, c'est une énergie incommensurable. S'il crée un bruit de pas, nous ne pouvons pas ne pas imaginer qu'il est chaussé de chaussures de clown. "Où es-tu ?" s'exclame-t-il en faisant celui qui cherche. Si Dieu sait tout, comment peut-il demander à un petit être humain où il est ? Cette plaisanterie devient une leçon initiatique quand le "Où es-tu ?" est interprété comme : Où es-tu en toi ? Moi qui ne suis nulle part, qui n'ai pas de patrie, je n'existe pas en tant qu'être humain. Je suis un clown. Un être imaginaire qui vit dans un univers onirique : le cirque. Cependant, les rêves sont réels en tant que symboles. Le spectacle se déroule sur une piste circulaire, un mandala, une représentation du monde, de l'univers. La même porte est à la fois entrée et sortie. Cela veut dire que le but est l'origine. Interprétez cela comme vous voudrez. Tu viens du néant, tu arrives au néant.

« Quand nous voyons de beaux chevaux travailler sur la piste, des éléphants, des chiens, des oiseaux et toutes sortes de bêtes sauvages, nous comprenons que la conscience peut dompter notre animalité, non pas en la réprimant, mais en lui donnant l'opportunité de réaliser des tâches sublimes. La bête, en sautant à travers un arc en flammes, vainc la peur de la perfection divine et plonge en elle. La force de l'éléphant se met au service de la construction. Les félins apprennent à collaborer. Le lanceur de couteaux nous apprend que ses lames en métal, symboles du verbe, sont capables d'entourer la femme attachée sur la cible, symbole de l'âme, sans la blesser. Les mots sont dominés pour en éliminer l'agressivité et les mettre au service de l'esprit : la finalité du langage est de montrer le courage de l'âme, courage qui est abandon absolu. L'avaleur de sabres nous montre de quelle manière totale, sans offrir aucun obstacle, on respecte la volonté divine. La moindre opposition cause des blessures mortelles. L'obéissance et l'abandon sont la base de la foi. L'homme qui crache des flammes symbolise la poésie, langage éclairé qui en vient à incendier le monde... Les contorsionnistes nous apprennent à nous libérer de nos formes mentales ankylosées : on ne doit aspirer à rien de permanent. Il faut construire avec vaillance dans l'impermanence, dans le changement continu. Les trapézistes nous invitent à nous élever au-dessus de nos besoins, de nos désirs et de nos émotions pour connaître l'extase des idées pures. Ils évoluent vers le céleste, c'est-à-dire l'esprit sublime. Les prestidigitateurs nous disent que la vie est une merveille : nous ne faisons pas les miracles, nous apprenons à les voir. Les équilibristes nous montrent combien la distraction est dangereuse : atteindre l'équilibre signifie être entièrement dans le Présent. Enfin, les jongleurs nous apprennent à respecter les objets, à les connaître en profondeur, en situant l'intérêt en eux et non en nous. C'est l'harmonie dans la coexistence. Grâce à notre affection et notre application, ce qui était en apparence inanimé peut nous obéir et nous enrichir. »

Au bout de vingt jours, et alors que je pensais que j'allais être clown pour toujours, le vrai clown Sucette apparut. Il avait un visage bouffi. Le clown Chaloupe était allé le chercher au bar, mettant un terme à sa beuverie à coups de poing. Les comiques me remercièrent pour ma collaboration et, par politesse, me laissèrent donner une dernière représentation, chose que je fis en pleurant de vraies larmes, en même temps que j'en versais des fausses de trois mètres de long. Ce soir-là, alors que les artistes étaient allés dîner au restaurant du théâtre, Piripipi me conduisit au centre de la piste désertée et me donna une paire de ciseaux. « Coupe les ongles de tes pieds et de tes mains, et aussi une mèche de tes cheveux — il souleva le tapis et me montra une crevasse sur le sol. Dépose ici cette partie de toi-même. Ton âme saura ainsi qu'elle a une racine dans le cirque. »

Je fis comme il me disait, tandis que Piripipi fredonnait une chanson :

Parmi les dix commandements
devant un seul je m'incline :
être aussi libre que le vent
en gardant ma racine.

« À présent que tes ongles et tes cheveux font partie de la piste tu resteras toujours dans le mandala — il apporta la boîte de velours où il conservait ses pièces de monnaie et me la mit dans les mains. Jette-les par terre. Si tu respectes leur ordre et le rythme que je vais te donner au fur et à mesure, tu obtiendras la valse. » Je fis comme il me dit. La mélodie ne tinta pas à la perfection, mais si maladroite qu'elle fût, elle eut le pouvoir de m'émouvoir. « Ami — et celui qui te le dit a tout perdu dans un moment douloureux, pour se rendre compte ensuite que grâce à cela il s'était trouvé lui-même —, ne te laisse pas abattre par une fausse conception de l'argent. Gagne-le toujours par des activités qui te font plaisir. Si tu es un artiste, vis de l'art. Si tu n'as pas l'intention d'enseigner la philosophie, pourquoi veux-tu ce diplôme ? Abandonne l'université, n'y perds pas ton temps. La vie est composée du passe-temps différent de chaque individu. Joue ton jeu. Tu verras que quand tu seras grand-père et emmèneras tes petits-enfants au cirque, un clown dira : "Je suis étranger, je viens d'Étrange." Tu vois ? Tu as, pour toujours, laissé ici ton empreinte. »

Je suivis à la lettre les enseignements du clown Piripipi, renonçai à la faculté de philosophie, où j'avais souffert trois années durant, et m'inscrivis aux cours du Théâtre expérimental de l'université du Chili. J'y demeurai peu de temps en tant qu'élève, car la manipulation des marionnettes avait fait de moi un bon comédien. On me donna l'occasion de jouer dans *Le Gardien vigilant* de Cervantès, *Don Gil aux chausses vertes* de Tirso de Molina et *Vis comme il te plaît* de George Kaufman et Moos Hart. Du TEUCH, je passai au TEUC, Théâtre d'essai de l'université catholique. J'y jouai dans *La Folle de Chaillot* de Giraudoux et dans *L'Aigle à deux têtes* de Cocteau. J'obtins un assez beau succès. On me proposa alors de jouer dans le théâtre professionnel avec le mythique Alejandro Flores, le plus connu des acteurs chiliens. Il ne s'agissait plus d'être applaudi par le gratin en participant à une représentation les vendredi, samedi et dimanche, mais de jouer devant un public populaire, toute la semaine, à raison de deux représentations par jour et trois le dimanche. Un travail épuisant mais exaltant. La pièce s'appelait *Acuña le dépravé.* Dans ces années-là, un violeur de femmes du nom de Acuña avait bouleversé la population.

Grand, mince, le visage noble, les gestes élégants, de longues mains pâles, une voix chaude avec une caisse de résonance dans son plexus solaire, le regard narquois et intelligent, Alejandro Flores allait déjà sur ses soixante-dix ans. Je ne sais s'il était un grand acteur, mais il avait incontestablement une personnalité magnétique. Dans tous les rôles où je l'avais vu, quel que fût le style d'œuvre, il restait égal à lui-même. Et c'est ce qui faisait délirer les hommes et les femmes qui constituaient son public. Ils allaient le voir et jamais ils n'étaient déçus. Flores leur montrait qu'un homme du peuple, né dans le plus humble des berceaux, pouvait se comporter comme un prince.

Bien qu'il se fût montré hautain lors de notre première rencontre, me regardant de toute sa lointaine gloire, à peine m'eut-il adressé la parole qu'il devint mon maître.

« Jeune homonyme, ceci n'est pas un théâtre d'amateurs. Ici les théories ne valent rien, Stanislavski et ses collègues ne nous sont d'aucune utilité. Personne ne va te dire comment parler, bouger, te maquiller ou t'habiller. Tu dois te débrouiller tout seul. En scène, celui qui a le plus de salive avale le plus de pain sec. Nous ne travaillons pas pour passer à l'histoire mais pour gagner notre bifteck, pas pour qu'ils nous admirent mais pour qu'ils se divertissent pendant deux heures. C'est ton devoir de les amuser, et si tu ne peux les faire rire, tu dois au moins arriver à ce qu'ils sourient. Nous ne cherchons pas la perfection mais l'efficacité. Tu comprends ? La vanité ne te servira de rien. Tout ce qu'on exige de toi, c'est que tu apprennes ton texte par cœur. Un comique, s'il sait son texte, n'est jamais mauvais. Si le public t'applaudit, tu termines la saison avec nous. Si tu ne parviens pas à plaire, un autre te remplacera le septième jour. Mais comme je vois que tu m'écoutes avec le respect qui se doit, je vais te donner un conseil, le seul. J'ordonnerai que l'on t'ouvre le théâtre le matin. À ces heures, il n'y a personne. On commence à nettoyer après le déjeuner. Il y a une ampoule de travail qui t'empêchera d'être dans l'obscurité. Promène-toi, pas seulement sur la scène mais aussi dans la galerie et au parterre. Assieds-toi sur chaque fauteuil. Absorbe l'espace, le sol, les murs.

Arrête-toi au centre du plateau, embrasse tous les angles du regard, ne laisse aucun détail t'échapper. Imprime la salle dans ta mémoire. N'oublie jamais cela : le corps d'un acteur commence dans son cœur, s'étend au-delà de sa peau et s'achève sur les murs du théâtre. »

Lorsque commencèrent les représentations je pus me rendre compte de son efficacité. Quel que fût le comédien auquel il parlait, il le faisait face au public, ne tournant jamais la tête, dans l'attitude d'un cobra hypnotisant une troupe de singes. Tel un papillon de nuit, à chaque changement de lumière, sans que le texte le justifiât, il se déplaçait vers l'espace éclairé, si bien que ses yeux jetaient toujours des éclairs. Si un acteur parlait bas, il montait le volume de sa voix. Si quelqu'un récitait avec trop de force, il baissait le volume jusqu'à débiter son texte dans un murmure. Jamais il ne permettait à un autre de devenir le centre d'attention, il était le patron et le démontrait à chaque instant. Si quelqu'un avait un texte long, il s'arrangeait pour attirer l'attention en faisant du bruit avec des pièces dans sa poche, ou en se débattant pour nouer sa cravate comme si sa vie en dépendait, ou simplement en ayant une quinte de toux. Tout cela exécuté de façon sympathique, élégante, sans aucune grossièreté. Il était indiscutable que les gens ne venaient voir que lui. Flores aimait les choses indiscutables. Je me souviens de l'une de ses phrases pittoresques lancées au cours des conversations dans les loges : « L'idiot, lorsqu'il ne sait pas, croit savoir. Le sage, lorsqu'il ne sait pas, sait qu'il ne sait pas. Mais quand le sage sait, il sait qu'il sait. L'idiot au contraire, lorsqu'il sait, ne sait pas qu'il sait. » Étant chauve, il portait une perruque. L'objet n'était pas de très bonne qualité. Avant que nous entrions en scène je remarquai que quelques mèches s'étaient séparées, laissant apparaître un espace de crâne nu. Je l'en informai. Lui, avec son exemplaire assurance, ne fit pas mine de retoucher sa coiffure. « Ne t'inquiète pas, jeune homme : tout le Chili sait que je suis chauve », me dit-il. Je ne sais si ce calme qu'il arborait en toutes circonstances lui était naturel. Chaque jour, avant que le rideau se lève, arrivait un homme robuste, d'une cinquantaine d'années, à la tête d'ancien boxeur, portant une petite valise de docteur. Il s'enfermait quelques minutes avec Alejandro Flores dans sa loge. « Ce sont mes vitamines », disait la vedette. « C'est de la morphine », cancanaient les autres acteurs. Qui disait la vérité ? Qu'importe ! Après la piqûre, même si le théâtre s'était écroulé, le premier acteur aurait continué à arborer son beau sourire béat. Je me souviens que le jour de la première nous étions tous soucieux parce que nous ne trouvions pas certains objets, nécessaires au déroulement de la pièce. Flores haussa les épaules. « Le théâtre est un miracle permanent. Si une seconde avant que la pièce commence avec un groupe d'hommes drapés dans leurs capes il n'y a pas de capes, quand le rideau se lève les acteurs apparaissent parfaitement drapés dans leurs capes. »

À la fin du premier acte, le dépravé était supposé, depuis l'ombre, lui tirer un coup de revolver. Flores devait tomber en faisant croire au public qu'on l'avait assassiné, pour réapparaître vivant et bandé au second acte. Au cours d'une représentation, le revolver ne fonctionna pas par manque de balles à blanc. Flores, qui était en train d'enfiler des bottes, attendit un moment l'explosion et, voyant qu'elle ne venait pas, s'exclama : « Acuña a empoisonné mes bottes ! », et il s'écroula. « La vie est un chemin gris : rien n'est jamais absolument mauvais, rien n'est jamais absolument bon », disait-il encore. Comme le public populaire avait applaudi mes apparitions, Flores m'accorda l'honneur de lui rendre visite dans sa loge. La première chose qui attira mon attention fut un siège de cuvette de cabinet, pendu à un clou sur le mur.

« Jeune homme, si élevé que soit le roi, il a besoin de poser ses fesses sur la misérable cuvette. L'hygiène, dans la plupart des théâtres où je joue, est loin d'être satisfaisante. Mon fidèle siège m'accompagne toujours. De même qu'un acteur respecte son nom, il doit respecter son cul. »

Je m'aperçus alors qu'à côté de cet objet intime, sur une haute banquette, se trouvait une sculpture en bronze constituée de quinze grosses lettres de trente centimètres de haut, formant un brillant ALEJANDRO FLORES.

« Ne soyez pas surpris, jeune homonyme : bien qu'en tant

que sculpture elles soient un vulgaire fatras, ces lettres méritent que je les vénère. Aujourd'hui, le public ne vient pas pour le paquet d'os qu'est mon corps, mais pour mon nom. S'il est certain qu'au début je l'ai inventé et y ai mis mon énergie, comme le fait un père avec son fils, il est aujourd'hui devenu mon père et ma mère. Alejandro Flores est une amulette sonore qui remplit les théâtres. Quand je me déplace sur scène, le public n'entend pas, par exemple : “Bonjour”, mais : “Alejandro Flores dit bonjour.” C'est mon nom qui parle et qui existe. Je ne suis rien de plus que le propriétaire anonyme d'un trésor. J'ai appris qu'en Inde les gens ont chez eux des statues de leurs dieux auxquelles ils offrent des fleurs, des fruits en sucre et de l'encens, c'est-à-dire qu'ils transforment les statuettes en idoles, leur accordant par leur ferveur le pouvoir de faire des miracles. De la même manière, je traite cet ensemble de lettres comme une idole. Chaque jour je les fais briller et les parfume. Les fleurs que je reçois, je les leur offre. Lorsque j'ai l'esprit fatigué, j'appuie mon front sur elles et retrouve mes forces. Si les affaires vont mal, je les frotte longuement de mes mains et, bientôt, les billets arrivent. Si j'ai besoin d'une femme pour faire passer les angoisses de la nuit, j'appuie mon cœur sur elles. Jamais elles ne me font défaut. J'ai choisi un nom de quinze lettres parce qu'au tarot c'est le numéro de la carte du Diable, un puissant symbole de créativité. Le diable est le premier acteur du drame cosmique : il imite Dieu. Nous autres acteurs ne sommes pas des dieux, mais des diables. »

C'était la première fois que quelqu'un m'indiquait que si nous exaltions notre nom il devenait la plus puissante des amulettes. Jaime, voulant s'intégrer au Chili, être semblable aux autres, haïssant l'exclusion, ne signait jamais de son nom. Ses chèques arboraient un succinct *Jaime*. Le russo-polonais Jodorowsky l'embarrassait. Avec les années, je compris que le prénom et le nom enferment des programmes mentaux qui sont comme des graines, d'où peuvent naître des arbres fruitiers ou des plantes vénéneuses. Dans l'arbre généalogique, les noms répétés sont des véhicules de drames. Il est dangereux de naître après un frère mort et de recevoir le prénom du disparu. Cela nous condamne à être l'autre, jamais nous-même. Si la jeune fille reçoit le nom d'une ancienne aimée de son père, elle se voit condamnée toute sa vie à être sa fiancée. Un oncle ou une tante qui s'est suicidé fait de son nom, pendant plusieurs générations, un véhicule de dépressions. Il est parfois nécessaire, pour en finir avec ces répétitions qui créent des destins adverses, de changer de nom. Le nouveau nom peut nous offrir une nouvelle vie. De manière intuitive, c'est ainsi que l'ont compris la plupart des poètes chiliens, qui ont tous acquis la célébrité avec des pseudonymes.

Je demandai à l'acteur de m'accorder le grand honneur de faire briller son nom chaque matin. Il refusa catégoriquement.

« Non, jeune homme. Je sais que tes intentions sont bonnes, que tu m'admires, mais pour être tu dois apprendre à ne pas désirer être l'autre. En polissant mes lettres, d'une certaine manière tu me volerais mon pouvoir. Tu t'appelles Alejandro, comme moi. Ta dévotion est condamnée à se transformer en destruction. Un jour, il faudra que tu me coupes le cou. Dans les cultures primitives, les disciples finissent toujours par dévorer le maître. Va-t'en inséminer ton propre nom, apprends à l'aimer, à l'exalter, à découvrir quels trésors il renferme. Tu as dix-neuf lettres. Cherche la carte du tarot qui a pour nom le Soleil. »

Les représentations continuèrent. Le public remplissait le théâtre. Je m'améliorai dans mon rôle, provoquant de plus en plus de rires et d'applaudissements. Le jour où une admiratrice me lança un bouquet de fleurs, la vedette m'appela une fois de plus dans sa loge.

« Je regrette beaucoup, jeune homonyme, nous n'irons pas plus loin. Je te donne tes sept jours. Je dois te remplacer.

— Mais, don Alejandro, le théâtre est plein à chaque représentation, je reçois des applaudissements, de bonnes critiques, toutes mes blagues font rire.

— Voilà le mal. Tu te fais trop remarquer. Tu ne penses qu'à toi, pas à l'ensemble de la pièce ; or ici, le seul qui ait le droit de ne penser qu'à lui, c'est moi. Une roue n'a qu'un axe, pas plus. C'est moi qu'ils viennent voir. Tout doit tourner autour de moi. Comprends-moi bien : je suis plus grand que toi. Et aussi plus grand que les autres acteurs. Je ne prends que des gens de moindre stature, ce qui me permet de me détacher. Et cela est juste. Lorsque tu participes à un jeu, tu dois respecter les règles ; sinon, l'arbitre t'expulse du terrain. Tu as peu à peu accentué l'effet comique de tes scènes. Obligé de préserver l'équilibre général, à chaque représentation je dois batailler pour te rendre opaque. Si ça continue, je ferai bientôt une crise cardiaque. Écoute, jeune homme, si je suis devenu acteur, c'est surtout par paresse : je n'aime ni travailler ni faire de gros efforts. Surtout, je n'aime pas me battre pour défendre ce qui est mien... Et ne me regarde pas ainsi, avec l'air de penser que je suis un grand égoïste. Je ne vois pas pourquoi je te donnerais ce que j'ai gagné à la sueur de mon front, sans que personne m'aide. Le public qui vient ici, et ce n'est pas un hasard s'il s'appelle Théâtre *Empire*, est à moi et à personne d'autre. Tu n'as pas à me le voler en t'abritant derrière la croyance hypocrite que, parce que tu es jeune, le vieux triomphateur doit te donner ses secrets et te céder ce qui lui a coûté une vie d'efforts. De toute façon, les gens qui viennent ici correspondent à mon niveau humain et culturel. Jamais ils ne te comprendront : leur goût ordinaire va te limiter. Va-t'en créer ton propre monde... si tu en es capable. Pour cela, tu devras t'enchaîner à ton enfant intérieur, celui qui a peur d'investir et qui demande toujours qu'on lui donne.

— Mais, don Alejandro, qui va pouvoir me remplacer en sept jours ? D'une certaine manière, bien sûr après vous, je soutiens la pièce.

— Tu es naïf, mon garçon. Dans ma compagnie, nous sommes tous nécessaires, mais aucun n'est indispensable, sauf moi. »

Je reçus la leçon de ma vie : quand j'assistai, avec un sourire marquois, à la première représentation de mon remplaçant, je vis apparaître, vêtu d'un costume grotesque qui imitait mal celui que j'avais créé pour mon personnage, rien de moins que l'ancien boxeur, l'assistant aux piqûres. Cet homme emprunté, à la très mauvaise diction, moins acteur qu'une pierre, trempé de sueur, faisant maladroitement ce qu'il pouvait, me fit pitié. Je pensais : « La pièce s'arrête là. À la fin, les gens ne vont pas applaudir et Flores se rendra enfin compte de ce que je lui apportais. » J'eus la surprise de voir que le public applaudissait avec le même enthousiasme qu'à l'accoutumée. Sept fois ou plus le rideau s'ouvrit et se ferma. La vedette, ses longs bras grands ouverts au milieu de ses modestes acteurs, reçut les ovations habituelles. *Acuña le dépravé* fit le plein jusqu'à la fin de la saison. Je me souvins d'une fable d'Ésope : un moustique arrive et s'installe dans l'oreille d'un bœuf. Il clame : « Je suis arrivé ! » Le bœuf continue à labourer. Au bout d'un moment, le moustique décide de partir. Il clame : « Je m'en vais ! » Le bœuf continue à labourer.

Je tentai de créer ma propre compagnie, mais très vite je perdis mon enthousiasme. Je me rendis compte que je n'avais aucun goût pour le théâtre qui imitait la réalité. Pour moi, cette forme d'art était une expression vulgaire : prétendant montrer quelque chose de vrai, il récréait la dimension la plus apparente, mais également la plus vide du monde, comme s'il était perçu dans un état de conscience limité. Ce « théâtre réaliste » me paraissait se désintéresser de la dimension onirique et magique de l'existence... Je pense toujours de même aujourd'hui : les comportements humains sont en général motivés par des forces inconscientes, quelles que puissent être les explications rationnelles que nous leur attribuons ensuite. Le monde n'est pas homogène, c'est un amalgame de forces mystérieuses. Ne retenir de la réalité que l'apparence immédiate, c'est la trahir. Détestant comme je la détestais cette forme théâtrale limitée, je commençai à ressentir de la répulsion pour la notion d'auteur. Je ne voulais pas voir mes acteurs répéter comme des perroquets un texte préalablement écrit. Ce qui faisait d'eux des créateurs, non des interprètes, c'était tout ce qui n'était pas expression orale : leurs sentiments, leurs désirs, leurs besoins et les gestes qu'ils adoptaient pour les exprimer. Je me proposai alors de constituer une compagnie de théâtre muet, raison pour laquelle je me mis à étudier le corps, ses relations avec l'espace et l'expression de ses émotions. Je vis que toutes partaient de la position fœtale, de l'intense dépression, de l'extrême défense, de la fuite du monde, pour arriver à ce que j'ai appelé le « joyeux crucifié », la joie de vivre exprimée par le tronc droit et les bras ouverts, comme pour essayer d'embrasser l'infini. Entre ces deux positions se situait toute la gamme des émotions humaines, de même qu'entre une bouche étroitement close et une bouche ouverte au maximum se situait tout le langage humain ; de même qu'entre une main fermée et une main ouverte on allait de l'égoïsme à la générosité, de la défense à l'abandon. Le corps était un livre vivant. Du côté droit s'exprimaient les attaches avec le père et ses ancêtres. Du côté gauche, celles avec la mère. Dans les pieds était l'enfance. Dans les genoux, l'expression charismatique de la sexualité virile. Dans les hanches, l'expression du désir féminin. Dans la nuque, la volonté. Dans le menton, la vanité. Dans le bassin, le courage ou la peur. Dans le plexus solaire, la joie ou la tristesse... Ce n'est pas ici le moment de décrire tout ce que je pus découvrir à cette époque. Pour approfondir cette connaissance je fis ce que beaucoup font, je me mis à enseigner ce que je ne savais pas. J'ouvris un cours de théâtre muet. Et, en enseignant, j'appris énormément. (Quelques années plus tard j'acquis la conviction que le thérapeute qui n'est pas malade ne peut aider son patient. En essayant de soigner l'autre il se soigne lui-même.) Mon meilleur élève fut un professeur d'anglais d'un internat pour jeunes gens, d'un physique monstrueux mais extraordinaire, mince à l'extrême, la tête comme aplatie sur les côtés ; son visage, même vu de face, paraissait être de profil. Il s'appelait Daniel Emilfork et avait été un danseur illustre. Pour des raisons sentimentales il avait tenté de se suicider en se jetant sous un train, sauva sa vie mais perdit un talon. La danse lui fut désormais refusée. Dans son appartement, pour quelques admirateurs choisis, il dansait au son de disques de Bach et de Vivaldi, appuyé sur son pied sain, bougeant le tronc, les bras et la jambe sans talon. Quelques amis m'emmenèrent le voir. Je tombai en extase, c'était l'acteur parfait pour mon théâtre muet. Je lui proposai de s'associer avec moi. Avec un sérieux mélodramatique, Daniel me dit : « J'ai souffert le martyre loin de la scène. Si tu me proposes de jouer sous la forme que tu me décris, tu arrives comme un ange pour changer ma vie. J'abandonnerai l'internat et me consacrerai corps et âme à suivre tes indications. Cependant, il faut que tu saches que je suis homosexuel. Je ne veux pas qu'il y ait de malentendus entre nous. »

À cette époque arriva au Chili le film français *Les Enfants du paradis.* En le voyant je m'aperçus que j'avais inventé quelque chose qui existait depuis fort longtemps : la pantomime. Aussitôt je baptisai le futur groupe Théâtre mimique et commençai à chercher de belles jeunes filles, pour intégrer la compagnie en même temps qu'elles satisferaient mes besoins sexuels. Au début, tout alla pour le mieux. Mais au bout d'un certain temps je vis avec stupéfaction que les femmes, l'une après l'autre, cessaient de venir. Consterné, je découvris que Daniel, apparemment amoureux de moi, par jalousie les faisait partir. Je lui demandai des explications qui débutèrent comme vin doux mais tournèrent très vite au vinaigre : je finis par l'expulser de la compagnie...

Ayant décidé de continuer toute sa vie dans le théâtre, Emilfork demanda aux directeurs du Théâtre d'essai de l'université catholique de lui accorder une audition. Ils accédèrent à la pressante requête parce que la célébrité de son talent s'étendait à tous les cercles culturels. La chose eut lieu dans le minuscule théâtre de l'école. Devant vingt fauteuils s'élevait une scène de bois grinçante, entourée de rideaux en toile de jute. Les directeurs, metteurs en scène et acteurs de ce groupe étaient des amateurs appartenant à la haute société. Ils portaient des complets-veston gris, des cravates discrètes et leurs cheveux étaient parfaitement peignés. Ils proposèrent à Emilfork de s'allonger comme s'il était mort et, peu à peu, d'interpréter la naissance de la vie. Mon ancien ami, sans que personne eût le temps de l'en empêcher, se déshabilla et se jeta à terre. Tel qu'il tomba il demeura. Immobile, semblable à une pierre, ne respirant apparemment pas. Une minute passa, deux, cinq, dix, quinze, et Daniel menaçait de rester cadavre à jamais. Les examinateurs commencèrent à s'agiter sur leurs sièges. Au bout de vingt minutes, ils chuchotèrent entre eux, craignant que l'acteur ait succombé à une crise cardiaque. Ils allaient se lever quand le pied droit d'Emilfork exprima un léger tremblement qui, augmentant progressivement, s'étendit à tout le corps. La respiration, ayant également apparu, à peine visible, augmenta et s'approfondit jusqu'à devenir un souffle de bête sauvage. À présent, comme dans une attaque d'épilepsie, Daniel se traînait dans tous les coins, lançant des hurlements assourdissants. L'énergie qui le possédait ne cessait de croître, elle paraissait sans limites. Les yeux jetant des flammes et le sexe en érection, il commença à faire des bonds immenses, grimpant aux rideaux qui ne tardèrent pas à se décrocher de leurs tringles. Emilfork secoua alors les parois de bois qui entouraient le plateau. Il les mit en miettes. Ensuite, avec une force inouïe, il se mit à déclouer les planches du parquet pour les agiter comme des armes. Il bondit sur le parterre. Poussant des glapissements de rats, les honorables membres du Théâtre d'essai quittèrent les lieux en y enfermant l'acteur pris de folie. On entendit ses hurlements dans tout l'édifice pendant une heure. Puis ils se calmèrent. Suivit un long silence, puis des petits coups discrets derrière la porte. Ils l'ouvrirent en tremblant. Daniel Emilfork apparut, parfaitement vêtu, bien peigné, calme, avec ses gestes habituels de prince russe. Il toisa le groupe du haut d'un profond mépris. « Bande de tantes, vous ne saurez jamais ce qu'est la vie, et par conséquent ce qu'est le vrai théâtre. Vous ne me méritez pas. Je retire ma demande d'intégration. » Et il partit, non seulement de là mais aussi du Chili. Il débarqua en France, ne parla plus jamais l'espagnol et ne cessa de vivre exclusivement du théâtre et du cinéma, passant par mille et une privations, jusqu'à atteindre la célébrité.

Le départ d'Emilfork pour la France nous émut tous. Qui plus, qui moins, nous nous sentions tous étouffer à Santiago du Chili. La télévision n'y était pas encore commercialisée et là, dans cette ville si éloignée de l'Europe, entourée d'un anneau de montagnes qui l'emprisonnait, nous avions la sensation que rien de nouveau ne pouvait arriver. Toujours les mêmes personnes, toujours les mêmes rues. Je savais maintenant qu'en France existaient de grands mimes, Étienne Decroux, Jean-Louis Barrault et, surtout, Marcel Marceau. Si je voulais perfectionner mon art, je devais faire comme Emilfork : tout quitter et partir. Mais des liens aux nœuds très serrés m'attachaient. D'abord, mes amis et mes fiancées, mes engagements avec le Théâtre mimique, dont les représentations avaient déjà remporté du succès, ensuite l'ambition de prouver à grande échelle l'efficacité de l'acte poétique, et enfin, au plus profond de mes ombres, le désir de me venger de mes parents, de leur jeter à la figure la souffrance qu'ils m'avaient causée par leur incompréhension. Je découvris que la rancœur liait autant que l'amour. J'entrai dans une période brumeuse où j'étais incapable de prendre des décisions ; une inertie profonde s'était emparée de mon âme. Je passai des journées entières enfermé dans l'atelier, à lire. J'excusai cette manière de tuer le temps en me disant que pour connaître un auteur il fallait lire ses œuvres complètes. À vitesse forcée je lus tout Kafka, tout Dostoïevski, tout García Lorca, tout André Breton, tout H. G. Wells, tout Jack London et, bien que cela pût paraître étrange, tout Bernard Shaw. Un soir, mes amis poètes débarquèrent, ivres au point de ne presque pas pouvoir tenir debout, vêtus de noir, portant une couronne funéraire avec mon nom. Ils allumèrent des bougies et s'assirent autour de moi, simulant les pleurs et buvant encore plus de vin. La réalité se remit à danser...

À deux heures du matin, quelqu'un frappa à la porte avec frénésie. Nous ouvrîmes. Mon père entra, pieds nus, brandissant une lampe. « Alejandro, la maison a brûlé ! — La maison de Matucana ? — Oui, ma maison, ta maison, avec les meubles, les vêtements, le piano de Raquel, tout ! — Oh, mes écrits ! — Je chie sur tes écrits, tu penses à d'immondes feuilles de papier, mais pas à mon argent, celui que je gardais dans la boîte à chaussures, dans l'armoire, à mes albums de timbres, vingt années de collection, à mes chaussures de cycliste, à la vaisselle de porcelaine que ta mère gardait depuis son mariage ; tu n'as pas de cœur, tu n'as rien, je ne sais plus qui tu es, nous pensions venir dormir ici, mais c'est un nid d'ivrognes, nous irons à l'hôtel ! »

Et il partit avec des grognements d'exaspération tandis que les poètes, que la nouvelle avait plongés dans l'euphorie, faisaient une ronde. Nous fîmes une collecte pour louer trois victorias et partîmes pour Matucana. Le pas traînant des chevaux produisait un son métallique dans la nuit qui mourait. Sur le rythme des fers à cheval nous improvisâmes des élégies à la maison brûlée. Lorsque nous arrivâmes, il n'y avait plus de pompiers. Il n'y avait personne. Coincé entre deux affreux bâtiments en ciment, mon foyer dormait comme un oiseau noir. Les bardes descendirent des voitures et dansèrent devant les ruines calcinées, célébrant la fin du monde et la renaissance d'un autre. Ils fouillèrent dans les décombres à la recherche du ver rouge en lequel s'était transformé l'oiseau Phénix. Ils ne trouvèrent que la gaine noirâtre de ma mère. Ah ! ma pauvre Sara Felicidad ! À cause de toutes ces années sans faire d'exercice, debout dix heures par jour derrière le comptoir, à en avoir les coudes couverts de cals à force de s'appuyer sur ces surfaces froides, mais aussi parce qu'elle mangeait avec boulimie pour compenser l'affection qui lui manquait — mon père, devenu le « papillon du quartier », sous prétexte de ventes à domicile allait sur son vélo forniquer à droite et à gauche avec ses clientes —, grossit, perdit ses formes, se sentit étouffer dans un magma de chair... Pour trouver des limites qui lui assureraient qu'elle était un être vivant, que des lois infaillibles régissaient le monde, qu'elle n'était pas ouverte comme un ruisseau face au bec assoiffé de n'importe quel rapace, elle se mit dans un corset pourvu de baleines d'acier qui l'enfermait des seins jusqu'à mi-cuisse. La première chose qu'elle faisait en se levant, c'était d'appeler la bonne, qui accourait en ronchonnant comme à l'accoutumée, pour l'aider à tirer les cordons. Elle sortait de la chambre, raide mais en forme, son animalité comprimée : une dame sûre d'elle, qui sans pudeur laissait les yeux des autres l'examiner attentivement. Le soir, de retour du magasin, les pieds enflés et les yeux rougis par la lumière du néon, elle appelait à nouveau la bonne pour qu'elle la sortît de l'instrument de torture. Cela, elle le faisait au moment où nous devions tous être au lit. Je savais que je n'allais pas pouvoir m'endormir immédiatement. Ma mère commençait à se gratter avec ses longs ongles toujours peints en rouge. Sa peau sèche de tant d'heures d'enfermement, que la toile épaisse empêchait de transpirer, produisait un crissement de papier qu'on déchire, insidieux, pénétrant. Le concert durait une demi-heure. Je savais, par les ragots de la bonne, que Sara Felicidad calmait la démangeaison en s'enduisant, du cou jusqu'aux genoux, de sa propre salive. Cette graisse, ces callosités sur les coudes, ces pieds tuméfiés, cette démangeaison, je les avais toujours vus avec un certain sarcasme, comme si ma mère était coupable d'une telle laideur, laideur qu'elle devait cacher dans une gaine. Maintenant, voyant les poètes piétiner cette forme noirâtre en riant aux éclats, j'éprouvai pour elle une profonde tristesse. Pauvre femme, sacrifiant sa vie, avec naïveté, uniquement par manque de conscience. Myopes, le mari, la mère, le beau-père, les demi-frère et sœur, les cousins, incapables de voir sa merveilleuse blancheur, de corps et d'âme. Vivant comme une petite fille punie, considérée comme une intruse dès qu'elle fut un fœtus, mise au monde à contrecœur, reçue dans un berceau froid, cygne au milieu de canards orgueilleux... L'aube jaillissait. La réalité se remit à danser. Un vendeur de ballons rouges en forme de cœur passa. D'un cri sévère j'arrêtai les poètes footballeurs. Je payai les trois victorias et, avec le reste de l'argent, achetai ses ballons au vendeur. J'attachai le corset à l'ensemble volatil et le lâchai. Il s'éleva très haut, jusqu'à devenir une petite tache noire au milieu du ciel rose. Je comparai cette montée à l'Ascension de la Vierge Marie. Je dus boire longuement, car je me mis à tousser. Peut-être alors compris-je l'étroite union qu'effectue l'inconscient entre les personnes et leurs objets intimes. Pour moi, libérer le corset de ma mère, l'envoyer au fond du ciel transporté par des ballons en forme de cœur, ce fut comme lui permettre de sortir de sa prison quotidienne, de sa vie insipide de femme de commerçant, de sa misère sexuelle, de ses œillères d'orpheline non désirée, enfin, de son absolu manque d'amour. J'avais passé toutes ces années à me plaindre de son manque d'attention, de tendresse, mais, aveuglé comme je l'étais par la rancune, j'avais été incapable de lui donner un minimum d'affection. Comme à elle, prisonnière de son étroite conscience, je ne pouvais donner beaucoup, j'offris mon amour à son corset, en en faisant un ange.

La maison brûlée semblait nous dire qu'un monde avait pris fin et qu'un autre s'apprêtait à naître de ses ruines. Ceci coïncida avec la fin de l'hiver et le début du printemps. Nous nous aperçûmes qu'il y avait vingt ans qu'on n'avait pas célébré un carnaval au Chili. Nous nous proposâmes de faire renaître la fête du Printemps. Nous fûmes trois à accoucher de cette idée : Enrique Lihn, José Donoso (qui serait plus tard connu comme romancier : *L'Obscène Oiseau de la nuit*) et moi. Tous les jours, à six heures du soir, heure à laquelle les gens sortaient du travail et emplissaient les rues, nous nous mîmes à sortir déguisés afin de commencer à créer un enthousiasme collectif. Lihn se vêtit en diable ; un diable maigre, électrique, se tordant comme une nouille écarlate, agitant une queue dure terminée en pointe de flèche, interrogeant les passants sur leurs vices intimes avec une intelligence sournoise. Donoso, déguisée en négresse, évidemment nymphomane, avec deux ballons de football en guise de seins, agressait sensuellement les hommes, qui fuyaient ses assauts au milieu d'éclats de rire collectifs. Et moi, grimé en Pierrot, blanc des pieds à la tête, exprimant une tristesse amoureuse universelle, me blottissant dans les bras des femmes pour qu'elles me bercent comme un enfant blessé... D'autres poètes et un groupe d'étudiants suivirent notre exemple, et chaque jour, dans le centre de la ville, les passants virent un spectacle de joyeux drilles déguisés. Quelques commerçants rusés s'emparèrent de l'idée et organisèrent un bal au stade national. Ce fut un succès sans précédent. Le terrain se remplit, les gradins également, puis les terrains extérieurs et les rues adjacentes. Cette nuit-là, un million de personnes dansèrent, se soûlèrent et s'aimèrent. Nous, les premiers déguisés, dûmes, comme les autres, payer l'entrée. Personne ne nous remercia. Nous en vînmes à faire partie de l'anonymat général. Écœurés, sachant que certains commerçants s'en étaient mis plein les poches, nous allâmes étancher notre peine dans un bar proche de la station Mapocho. On y buvait sous le charme du bruit strident des trains. Nous n'avions pas encore la sagesse de la Bhagavad-Gîtâ : « Pense à l'œuvre, pas au fruit. » Cela nous gênait qu'on ne nous eût pas reconnus... Bien des années plus tard, j'appris avec certains bodhisattvas à bénir en secret tout ce qu'embrassait mon regard. Cette nuit-là, nous aurions aimé être félicités : « Grâce à vous, une fête merveilleuse a revu le jour. Vous méritez un prix, une coupe, un diplôme, pour le moins une embrassade ou alors l'entrée gratuite à toutes les festivités. » Nous n'eûmes droit à rien, pas même un sourire. Nous décidâmes d'organiser une célébration dans le style mapuche : ayant installé les chaises sur la table, nous nous assîmes par terre, jambes croisées, formant un cercle. Nous fîmes silence et chacun but sur un rythme funéraire de longues gorgées de sa bouteille de rhum jusqu'à la dernière goutte. Un litre d'alcool par tête de pipe. En silence, un à un mes amis s'écroulèrent. Moi, je me sentis mourir. L'abus d'alcool m'étouffait. Je sortis en courant dans la rue, vomis au pied d'un lampadaire, marchai les bras ouverts en regardant le ciel et enfin m'assis dans le caniveau d'un coin de rue solitaire. La tristesse du Pierrot commença à m'envahir. Qui étais-je ? Quelle était la finalité de mon existence ?

Je ruminais ainsi mes idées, traversé par le froid de l'aube, quand j'entendis un tapotement velouté. Je relevai la tête que je tenais enfoncée dans ma poitrine et vis s'approcher le chien. Je ne dis pas un, mais le, parce que je l'ai vu, revu, repassé tant de fois dans ma mémoire qu'il est devenu un spécimen archétypique empreint de divin. Il était de taille moyenne, avec un poil épais, peut-être blanc, que les vicissitudes de la vie avaient rendu grisâtre et croûteux. Il boitait de la patte droite de devant. En bref, un chien misérable, avec cette fierté douloureuse mêlée d'humilité qu'ont les chiens sans maître. Il s'approcha, me regardant avec un intense besoin de compagnie. Son cœur battait si fort que je l'entendis tambouriner. La queue, portant des cicatrices de coups de dent, s'agitait de bonheur. En arrivant devant moi, avec une grande délicatesse il laissa choir de son museau une pierre blanche. Ses yeux exprimaient un amour si profond — jamais je n'avais reçu une telle démonstration d'affection — qu'ils me firent voir d'un coup combien on m'avait peu aimé dans ma vie. Aidé par l'ivresse, qui abattit les murs de ma honte, je me mis à pleurer. L'animal effectua deux sauts maladroits, s'éloigna en courant de quelques mètres, s'arrêta, revint et lécha la pierre. Je compris. Il avait envie de jouer. Il m'invitait à lui lancer la pierre au loin pour courir après, la ramasser dans sa gueule et me la ramener. Ce que je fis. Plusieurs fois. Au moins vingt. Un cycliste passa. Le chien se lança en courant après lui. Tous deux disparurent au coin d'une rue. Il ne revint pas. Je restai seul devant le caillou blanc. Cette pierre était mon ancêtre. Vieille de millions d'années, elle avait rêvé de parler et j'étais là, Pierrot aussi blanc qu'elle, devenu sa voix. Que voulait-elle me dire ? J'espérai recevoir le plus beau des poèmes, dicté par ce caillou tombé de la gueule d'un chien. Je reçus dans l'esprit quelque chose que je ne peux comparer qu'à un coup de massue ! Elle allait durer plus que moi ! Je compris avec une lucidité hallucinante que j'étais un être mortel. Mon corps, celui auquel j'étais si profondément identifié, allait vieillir, pourrir, se désagréger. Ma mémoire allait être avalée par le néant. Mes paroles, ma conscience, tout ce qui était mien, dans le puits noir de l'oubli. Les maisons, les rues, la totalité des êtres vivants, la planète, le soleil, la lune, les étoiles, l'univers entier disparaîtraient aussi. Je jetai au loin la pierre blanche comme si c'était une sorcière : elle m'avait injecté une angoisse qui durerait toute la courte vie qu'un hasard indifférent m'avait accordée... Je n'ai reçu de mon père aucune aspirine métaphysique. Jamais il n'inculqua dans mon esprit d'enfant un au-delà, un espoir de réincarnation, un dieu clément, une âme éternelle, tous ces mythes que savent si bien annoncer les religions pour consoler les mortels... Je me mis à courir dans les rues en lançant des hurlements. Personne ne fut surpris de voir ce clown, pensant que c'était un dernier reste du bal du carnaval. J'arrivai à l'atelier et me laissai tomber par terre où je m'endormis, tel un morceau de matière inanimée.

J'allais garder cette angoisse de mourir jusqu'à l'âge de quarante ans. Angoisse qui m'obligea à parcourir le monde, à étudier les religions, la magie, l'ésotérisme, l'alchimie, la Cabale. Elle me fit fréquenter des groupes initiatiques, méditer dans le style de nombreuses écoles, entrer en contact avec des maîtres, enfin, chercher sans limites, où que ce soit, ce qui pouvait me consoler de ma fugacité. Si je ne triomphais pas de la mort, comment pouvais-je vivre, créer, aimer, prospérer ? Je me sentis séparé non seulement du monde, mais aussi de la vie. Ceux qui crurent me connaître ne connurent que les masques d'un mort. Pendant ces années insupportables, toutes les œuvres que je réalisai, de même que les amours, furent des anesthésiques qui m'aidèrent à supporter l'angoisse qui rongeait mon âme. Toutefois, au plus intime de mon être, de manière nébuleuse, je savais que cet état permanent d'agonie était une maladie que je devais soigner, en devenant mon propre thérapeute. Dans le fond, il ne s'agissait pas de trouver le philtre magique qui m'empêcherait de mourir, mais, surtout, d'apprendre à mourir heureux.

Je rassemblai de mille ingénieuses manières (entre autres me vendre deux nuits à une vieille millionnaire) l'argent nécessaire pour acheter un billet sur un bateau, l'*Andrea Doria*, en quatrième classe — cabine commune de vingt lits, escalopes dures comme de la semelle, vin fait d'eau et de poudres, tomates insipides —, à destination de la France. Je donnai tout ce que je possédais : livres, marionnettes, dessins, cahiers de poèmes, décors et costumes du Théâtre mimique, quelques rares meubles, mes vêtements. Avec seulement un costume, un pardessus, plus une paire de chaussettes, un caleçon et une chemise en nylon que je laverais chaque soir ; sans valise, avec cent rachitiques dollars en poche, après avoir jeté mon carnet d'adresses à la mer, je partis pour un voyage qui durerait cinq semaines, remontant par l'océan Pacifique jusqu'au canal de Panamá, et de là à Cannes pour débarquer sur le territoire français sans connaître un seul mot de cette langue.

L'acte consistant à jeter le carnet fut pour moi absolument nécessaire. Ces feuilles représentaient mon union avec le passé. Union d'autant plus forte qu'elle avait été agréable. Je n'abandonnais pas mon pays comme un exilé politique, comme un raté ou comme quelqu'un détesté par la société. Je quittais un pays qui m'avait accepté en tant qu'artiste, une compagnie de vingt mimes qui avait déjà un solide répertoire, de gentils amis, nombre d'entre eux grands poètes, des jeunes filles passionnées, dont l'une aurait pu devenir mon épouse. Je quittais aussi, définitivement, ma famille : jamais je ne la revis. Mes amis non plus : quand je revins au Chili, quarante ans plus tard, tous étaient morts, fauchés par le tabac, l'alcool ou Pinochet... Ce fut une forme de suicide, une manière de disparaître, de me débarrasser des nœuds émotionnels, de cesser d'être cette créature née de racines douloureuses pour devenir un autre, un ego vierge qui me permettrait un jour, père et mère de moi-même, de parvenir à être ce que je voulais et non ce que la famille, la société et le pays m'imposaient. Ce 3 mars 1953, âgé de vingt-quatre ans, en jetant mon carnet d'adresses à la mer, je mourus. Quarante-deux ans plus tard, un 3 mars également, en 1995, mon fils adoré, Teo, âgé de vingt-quatre ans, mourut subitement, en pleine fête. Avec lui, une nouvelle fois je disparus.

Arriver à Paris sans parler le français, avec assez d'argent pour subsister trente jours, sans aucun ami, en voulant triompher au théâtre, est une folie. Le peintre Roberto Matta a dit un jour avec beaucoup d'humour : « Triompher à Paris est très facile, seules les cinquante premières années sont difficiles. » Moi, avec une naïve confiance en moi, je crus que j'arrivais en Europe comme un sauveur. La première chose que je fis, à peine descendu du train à deux heures du matin, fut d'appeler André Breton, dont je savais par cœur le numéro de téléphone. (À Santiago, le fervent groupe surréaliste La

Mandragore entretenait des relations avec le poète, qui était marié avec une pianiste chilienne, Elisa, dont, par haine de la musique, il avait cloué le couvercle du piano.) Il me répondit d'une voix pâteuse :

« Oui ?

— Vous parlez espagnol ?

— Oui.

— C'est André Breton ?

— Oui, qui êtes-vous ?

— Je suis Alejandro Jodorowsky et je viens du Chili pour sauver le surréalisme.

— Ah, bon. Vous voulez me voir ?

— Immédiatement !

— Maintenant non, il est très tard, je suis déjà au lit, venez chez moi demain à midi.

— Non, pas demain, maintenant !

— Je vous le répète : ce ne sont pas des heures de visite. Venez demain, j'aurai grand plaisir à m'entretenir avec vous.

— Un vrai surréaliste ne se laisse pas guider par l'horloge. Maintenant !

— Demain !

— Alors jamais ! »

Et je raccrochai. Ce n'est que sept ans plus tard, accompagné par Arrabal et Topor, que j'assistai à l'une des réunions qu'il présidait au café La Promenade de Vénus et que j'eus le plaisir de faire sa connaissance...

Pendant ces premiers mois à Paris mes illusions finirent de s'écrouler. Je dus gagner ma vie en faisant toutes sortes de travaux misérables, comme récupérer les vieux journaux dans les appartements pour aller les vendre par kilos à un Arménien qui alimentait une fabrique de papier, vendre mes dessins à la terrasse des cafés, coller des timbres sur des enveloppes, empaqueter des suppositoires pour une épidémie de grippe, etc. Péniblement, je rassemblai l'argent nécessaire pour étudier trois mois avec Étienne Decroux. La pantomime était devenue ma religion. J'étais prêt à lui donner ma vie. Je considérais que la série d'articles de presse élogieux et de photographies montrant mes créations me donnait droit à l'admiration du maître. Après tout, nous luttions pour imposer le même art, considéré comme une décadente curiosité historique. Je n'avais jamais imaginé que ce créateur mythique du langage mimique moderne, un homme au corps large, aux mains épaisses et au visage ordinaire, pouvait avoir une telle cruauté, une telle amertume, une telle jalousie du succès d'autrui. J'appris que cette année-là il s'était présenté avec ses élèves à Londres, en même temps que Marceau. Le spectacle de Marceau avait été déclaré le meilleur de l'année, et celui de Decroux le plus mauvais. Ce qui se passait, c'est qu'avec sa technique implacable, inhumaine, exigeant des efforts incroyables pour effectuer chaque mouvement, il ennuyait les spectateurs. En revanche la finesse de Marceau, son ingénuité, ses gestes aériens qui suggéraient tout sans aucun effort, enchantaient le public. Decroux regarda mes photos avec un ostensible dédain, me demanda de me déshabiller et, prenant à témoin son fils Pépé, procéda à l'examen de mon corps, classant ses défauts avec une froideur toute médicale. « Début de scoliose, corps sémite aux fesses saillantes, faiblesse des muscles abdominaux : dans quelques années il aura un ventre tombant. » Il me demanda de me mouvoir. J'essayai de faire de beaux gestes. Il conclut : « Il bouge en sortant les coudes : mauvais goût expressionniste. » Puis, me jetant pour toujours dans l'oubli, il abandonna la pièce exiguë où il recevait ses élèves. Pépé, avec un sourire cruel, me tendit une facture pour trois mois de cours payables d'avance. En sortant, je ramassai un programme sur lequel je lus que le maître, en compagnie de son épouse et de son fils, pour seulement quatre spectateurs, donnait un récital, chaque soir depuis deux ans, dans ce petit appartement.

La première leçon fut un paradoxe, semblable à un *kôan* : « La pantomime est l'art de ne pas faire de mouvements. » Pour expliquer cela, on nous dit : « La tortue, sous sa carapace, est féline », « La plus grande force est celle qu'on n'emploie pas », « Si le mime n'est pas faible, ce n'est pas un mime », « L'essence de la vie, c'est la lutte contre le poids ». Pendant d'interminables heures nous étudiâmes le mécanisme de la marche, l'expression de la faim, de la soif, de la chaleur, du froid, de l'excès de lumière, de l'obscurité, des différentes attitudes d'un penseur et, enfin, toute la gamme des souffrances physiques : douleurs causées par des maladies, par la cassure d'os, par des blessures (dans le dos, sur la poitrine, sur les flancs, aux extrémités), par des brûlures, par de l'acide, par asphyxie, etc.

Une fois par semaine, nous nous réunissions dans le grand gymnase d'une école. Decroux, avec une lubricité de vieux, faisait se placer les femmes devant — « Les hommes ne m'intéressent pas » — et nous autres derrière. (Ce qui réveilla en moi la vieille douleur de savoir que Jaime n'avait d'yeux que pour Raquel.) Lorsqu'il donnait ses exemples il retroussait son large pantalon et souvent, comme s'il ne s'en rendait pas compte, il exhibait ses testicules. Il haïssait les imitations de Chaplin. La mimique devait être un art aussi sérieux que le ballet classique. La seule chose qui changeait, c'était la conscience du poids. « Seuls les idiots s'élèvent sur la pointe des pieds. » Nous avons analysé les lois de l'équilibre, les mécanismes consistant à porter une charge, tirer, pousser. Nous avons étudié la manipulation d'objets imaginaires. Nous avons appris, avec les mains plates, à créer différents espaces... La connaissance nous était instillée goutte à goutte, lentement, comme à contrecœur. Bien qu'il nous fît payer les cours très cher, il nous donnait l'impression que nous le volions. Pour justifier cette attitude il citait une phrase de Breton : « Un mauvais écrivain est comme une tache d'eau sur le papier, il se répand rapidement mais ne tarde pas à s'évaporer. Un bon écrivain est comme une goutte d'huile : lorsqu'elle tombe elle fait une petite tache, mais avec le temps se répand jusqu'à remplir toute la feuille. Les cours que je vous donne maintenant vous serviront dans dix ans. » Il avait raison. Cette cruauté de bistouri, qui éliminait toute relation affectueuse, m'obligea à être mon propre juge, sans attendre de confirmations étrangères. Pour résister au mépris, à la destruction, tel un pêcheur qui plonge dans l'immense océan puis remonte avec une perle, je dus chercher et trouver mes valeurs. J'appris qu'il ne peut y avoir de créativité effective si elle n'est pas accompagnée d'une bonne technique. Mais aussi que la technique, sans art, détruit la vie.

À l'arrivée de Marcel Marceau, six mois plus tard, mon destin théâtral se mit en marche. Le mime, après un minutieux examen, m'accepta dans sa compagnie, me donnant un tout petit rôle pour me montrer que, si dans mon pays j'étais quelqu'un, en France je n'étais rien. Peu à peu je gagnai son estime et obtins le grade le plus haut concédé à un collaborateur : porter les écriteaux annonçant ses pantomimes. Ainsi, je l'accompagnai en tournées dans de nombreux pays. Tandis que mon ami dormait tard, fatigué par la représentation de la veille, je me levais tôt et rendais visite à tous les maîtres et lieux sacrés que je pouvais trouver. Comme je n'avais pas l'occasion de pouvoir réaliser mes idées, je décidai de les donner à Marceau. J'écrivis pour lui *Le Fabricant de masques, La Cage, Le Mangeur de cœurs, Le Sabre du samouraï, Bip vendeur de porcelaine*, etc., pantomimes qui donnèrent une nouvelle impulsion à sa carrière. Ayant décidé que je ne voulais pas finir ma vie en faisant des gestes de muet, mes rides couvertes d'un maquillage blanc, je fis mes adieux à Marceau et, de nouveau sans travail, mais avec la charge d'une jeune épouse, je dus accepter un travail de peintre en bâtiment. Par un effet de cette danse de la réalité, le chef de l'entreprise, Julien, était membre d'un groupe de Gurdjieff et son collaborateur, Amir, un philosophe soufi. Peindre avec eux une maison entière dans la banlieue de Paris devint une expérience mystique. Le propriétaire de la demeure, un pseudo-aristocrate, de toute évidence impuissant, se disait peintre abstrait et sculpteur. Sur de grandes toiles, il perpétrait des taches en les frappant à l'aide d'un fouet trempé dans la peinture. Comme sculpteur, il imprimait ses fesses dans un moule et fabriquait des chaises en plastique. Nous le baptisâmes « le Furieux ». Sa femme avait de beaux yeux verts et Julien en tomba amoureux. Un soir, comme spectacle exotique, ils nous invitèrent à dîner avec leurs amis dans un pavillon peint en doré, bleu et rouge, couleurs que, selon eux, employaient les rois de France. Nous bûmes beaucoup de vin. Pris d'une fureur poétique, j'improvisai des vers composés exclusivement d'insultes. Les invités furent effrayés et commencèrent à partir. Restés seuls avec nous, l'insupportable « trio ouvrier », ils posèrent en tremblant trois bouteilles de vin devant nous et montèrent se coucher à l'entresol. Dans l'euphorie de rompre les limites, je montai bientôt dans la chambre et, sans retirer mes chaussures, me couchai entre eux. Avant de m'endormir, je pénétrai l'épouse, très brièvement, en guise de bonne nuit.

Tôt le matin, je laissai mes patrons ronfler et partis travailler. Le Furieux arriva à midi, me sourit et se mit à peindre ses toiles à coups de fouet, comme si de rien n'était. Julien, au contraire, ne cacha pas sa mauvaise humeur. Désignant mon abondante chevelure il grogna : « Avec cette crinière d'"artiste", pour eux tu n'es pas réel. Ils te prennent pour un bouffon. Si tu veux briser les conventions, deviens un homme normal, comme nous, pour apprendre à savourer les conséquences de tes actes. Ces gens sont dangereux, ils ont le pouvoir de leur côté ; pratiquement, nos vies sont dans leurs mains. » Et aussitôt, brandissant une paire de ciseaux, il me coupa les cheveux, presque à ras. Puis il m'envoya nettoyer un plafond plein de toiles d'araignées, sachant que j'avais la phobie de ces bestioles. « Ni les pauvres ni les êtres conscients n'avons droit aux phobies. » Lorsque j'allai à la boulangerie, tout taché de plâtre et de peinture, mon nouvel aspect attira de nombreuses femmes bien vêtues. Elles me désiraient, me prenant pour un homme socialement inférieur, tout en faisant semblant de me rejeter. Je me rendis compte que le monde n'était pas uniquement composé d'artistes, infime minorité, mais de millions d'êtres anonymes, destinés à l'oubli. Chez eux, les croyances, les sentiments, les désirs prenaient d'étranges formes. Quelque chose allait mal. Ma vision de la vie était lamentable. Je n'étais pas encore prêt à la supporter telle qu'elle était. J'avais besoin de me réfugier dans un théâtre, de dormir et de manger sur la scène, de ne pas lire les journaux, de laisser repousser mes cheveux. J'eus la surprise de voir arriver une luxueuse automobile, aux sièges couverts de peau de léopard. Le chauffeur, portant un uniforme bleu style Hollywood, entra dans la maison et me demanda. Je me présentai couvert de croûtes de peinture. « M. Maurice Chevalier voudrait vous parler. » Je le suivis, montai dans la Rolls-Royce et me trouvai nez à nez avec le célèbre chanteur, qui à cette époque avait déjà plus de soixante-dix ans. « L'imprésario de votre trio, M. Canetti, qui est également mon imprésario, vous a chaudement recommandé à moi (tandis que je travaillais avec Marceau j'avais fait une incursion dans le music-hall en dirigeant des chanteurs, les Trois Horaces). Il faudrait que vous m'aidiez à mettre les gestes adéquats sur mes chansons et à monter deux pantomimes comiques. Après une longue éclipse, je vais revenir sur les planches et je veux surprendre le public avec des nouveautés. Si vous êtes un véritable artiste et non un peintre en bâtiment, venez avec moi. » Je n'eus qu'un bref instant pour faire mes adieux à Julien, Amir et les maîtres des lieux qui, bouche bée, me virent m'éloigner pour toujours.

Le célèbre vieux monsieur vint trois fois par semaine, pendant un mois, dans ma chambre de bonne de deux mètres sur trois, pour répéter avec une grande discipline. Canetti, de son côté, m'avait parlé en privé : « Chevalier est passé de mode, son succès ne m'intéresse pas, je le crois impossible. En revanche, j'ai un jeune musicien génial, Michel Legrand : je profiterai du spectacle pour le lancer. Je vais engager pour lui un orchestre de cent musiciens, quelque chose de jamais vu. Il fera un triomphe retentissant. L'Alhambra sera plein grâce à lui. Je te demande, par ta mise en scène, de mettre sa présence en valeur. » Sur un large escalier, je plaçai les cent musiciens formant un mur de fond, chacun avec un costume de couleur différente, d'après un tableau de Paul Klee. Legrand était vêtu de blanc. Ses arrangements de mélodies populaires étaient vraiment exceptionnels. Cependant, lui, ses cent musiciens et le monumental bruit des instruments passèrent au second plan quand le vieux monsieur entra, vêtu en clochard, le nez rouge, une bouteille de vin à la main et chantant *Ma pomme*. Le succès fut délirant ! Au point que le spectacle, dont on pensait qu'il allait rester un mois à l'affiche, y resta un an. On changea le nom du théâtre, qui devint Alhambra Maurice Chevalier. Le chanteur loua un appartement en face, afin de voir chaque jour les immenses lettres lumineuses qui formaient son nom.

À partir de ce moment, mes activités théâtrales et poétiques ne connurent plus d'interruption. Conter tout ce que je vécus à cette époque pourrait être le sujet d'un autre livre. Marceau, parce que son porteur de pancarte était tombé malade, me demanda, comme une faveur spéciale, de le remplacer pendant sa tournée au Mexique. J'y allai. Je tombai amoureux du pays et y restai, fondant le Théâtre d'avant-garde où je montai près de cent spectacles en dix ans. Les plus grands acteurs et actrices du moment travaillèrent avec moi. Parmi de nombreuses œuvres je créai des pièces de Strindberg, Samuel Beckett, Ionesco, Arrabal, Tardieu, Jarry, Leonora Carrington, d'auteurs mexicains, mais aussi les miennes ; j'adaptai Gogol, Nietzsche, Kafka, Wilhelm Reich ainsi qu'un livre d'Éric Berne, *Le Jeu que nous jouons tous*, qui aujourd'hui encore, trente et quelques années plus tard, continue à être représenté, et pour lequel je dus m'imposer, me battre contre la censure et même, une fois, faire trois jours de prison. J'endurai qu'on interdise mes œuvres, que des membres de l'extrême droite assaillent le théâtre où nous jouions en lançant des bouteilles contenant de l'acide. Je dus m'enfuir dans l'obscurité, couché au fond d'une voiture, pour ne pas être lynché lorsque, au festival d'Acapulco, fut projeté mon premier film, *Fando et Lis*, etc. Peu à peu, entre succès, échecs, scandales et catastrophes, une profonde crise morale anéantit l'admiration fanatique que j'avais pour le théâtre. Ce métier se distingue par un déploiement des vices du caractère que les citoyens qui ne sont pas des artistes tentent par tous les moyens de cacher. Les ego des acteurs sont montrés en pleine lumière, sans honte, sans autocensure, dans leur narcissisme exagéré. Ils sont ambigus, ils sont faibles, ils sont héroïques, ils sont traîtres, ils sont fidèles, ils sont mesquins, ils sont généreux. Ils se disputent les faveurs, veulent voir leur nom, plus grand que tous les autres, en haut de l'affiche, au-dessus du titre de la pièce. Si tous gagnent le même salaire, ils exigent qu'on glisse dans leur poche une enveloppe contenant quelques billets en plus, se saluent par de grandes embrassades et par-derrière disent des horreurs les uns des autres, essaient désespérément d'avoir plus de texte, se volent les scènes en attirant sournoisement l'attention, sont pleins d'orgueil et de vanité ; mais, en même temps, ils ne sont pas du tout sûrs d'eux, ils veulent être le centre de l'attention, ne cessent de rivaliser, exigent d'être vus, entendus et applaudis à tout moment, même s'ils doivent se prostituer dans des annonces publicitaires. Ils ne savent parler que d'eux-mêmes ou bien de problèmes humanitaires, d'une famine, d'un fléau, d'un génocide, pourvu qu'ils soient les premiers à promouvoir une solution superficielle. Pour augmenter leur popularité, ils se font passer pour dévots, accompagnent un pape ou un dalaï-lama. Enfin, ils sont adorables et écœurants, parce qu'ils montrent en pleine lumière ce que leur public cache dans l'ombre.

Je me demandai : le théâtre pourrait-il se passer des acteurs ? Et pourquoi pas du public ? L'édifice du théâtre me parut limité, inutile, désuet. On pouvait créer un spectacle n'importe où, dans un autobus, dans un cimetière, dans un arbre. Interpréter un personnage était inutile. L'agissant — non pas acteur — ne devait pas se donner en spectacle pour se fuir lui-même, mais pour établir le contact avec le mystère intérieur. Le théâtre cessait d'être une distraction pour devenir un instrument de connaissance de soi. Je substituai à la création d'œuvres écrites ce que j'appelai un « éphémère ».

Pendant la représentation, l'acteur devait se fondre totalement dans le « personnage », se mentir à lui-même et aux autres, avec une telle maîtrise qu'il parvenait à égarer sa « personne » pour devenir autre, un personnage aux limites concises, fabriqué à force d'élucubrations. Dans l'éphémère, l'agissant devait éliminer le personnage pour essayer d'être la personne qu'il était ou qu'il représentait. Dans la vie quotidienne, les citoyens dits normaux marchaient déguisés, interprétant un personnage inculqué par la famille, la société, ou bien qu'eux-mêmes s'étaient fabriqué, un masque de dissimulations et de fanfaronnades. La mission de l'éphémère consistait à faire en sorte que l'individu cessât d'interpréter un personnage face à d'autres personnages, qu'il finît par l'éliminer pour d'un coup s'approcher de la personne authentique. Cet « autre » qu'il réveillait dans la joie du jeu libre n'était pas un fantoche fait de mensonges, mais un être ayant de faibles limites. L'acte éphémère conduisait à la totalité, à la libération des forces supérieures, à l'état de grâce.

Cette exploration de l'énigme intime fut pour moi, sans m'en rendre compte, le début d'un théâtre thérapeutique qui me conduirait plus tard à la création de la psychomagie. Si je ne l'ai pas imaginée à cette époque, ce fut parce que je pensai que ce que je faisais était un développement de l'art théâtral. Avant que ne commencent à apparaître les happenings aux États-Unis, je montai des spectacles qui ne pouvaient être présentés qu'une seule fois. J'y introduisis des choses périssables : de la fumée, des fruits, des gélatines, la destruction d'objets, des bains de sang, des explosions, des brûlures, etc. Une fois, nous évoluâmes sur une scène où piaillaient deux mille poulets et, une autre fois, nous sciâmes une contrebasse et deux violons. Je procédais ainsi : je me mettais en quête d'un lieu qu'on pouvait nous prêter, quel qu'il fût, sauf un théâtre : une académie de peinture, un asile de fous, un hôpital. Puis je persuadais un groupe de personnes que je connaissais, pas des acteurs de préférence, de participer à une manifestation publique. De nombreuses personnes portent dans leur âme un acte que les conditions ordinaires ne leur permettent pas de réaliser, mais dès qu'on leur offre la possibilité d'exprimer dans des circonstances favorables ce qui sommeille en elles, il est fort rare qu'elles hésitent. Pour moi, un éphémère devait être gratuit, comme une fête : quand nous l'offrons, nous ne faisons pas payer les boissons et la nourriture aux invités. J'investissais tout l'argent que je pouvais économiser dans ces représentations. Je demandais au participant ce qu'il avait envie d'exprimer, puis je lui procurais les moyens de le faire. Le peintre Manuel Felguérez décida d'exécuter une poule devant les spectateurs pour réaliser sur l'instant un tableau abstrait avec les entrailles de l'animal, alors qu'à ses côtés son épouse, Lilia Carrillo, également peintre, vêtue d'un uniforme de soldat nazi, dévorait un poulet rôti... Une jeune actrice qui allait devenir célèbre, Meche Carreño, voulut danser nue au son d'un rythme africain tandis qu'un homme barbu lui couvrait le corps de jets de mousse à raser. Une autre souhaita apparaître en danseuse classique, avec un tutu mais sans culotte, et uriner tandis qu'elle interprétait la mort du cygne. Un étudiant en architecture décida d'arriver avec un mannequin pour frapper dessus violemment et sortir du pubis écrasé plusieurs mètres de saucisses. Un autre étudiant apparut sous les traits d'un professeur d'université portant un panier plein d'œufs. À mesure qu'il récitait des formules algébriques, il cassait un à un les œufs sur son front. Un autre, habillé en cavalier mexicain, arriva avec une bassine en cuivre et plusieurs litres de lait. Couché en position fœtale dans le récipient, il se mit à réciter un poème incestueux dédié à sa mère tandis qu'il vidait, en les avalant, les bouteilles de lait. Une femme aux longs cheveux blonds apparut marchant à l'aide de béquilles et criant à pleins poumons : « Mon père est innocent, pas moi ! » En même temps, elle sortait d'entre ses seins des morceaux de viande crue qu'elle lançait sur le public. Puis elle s'assit sur une chaise d'enfant et se fit tondre par un coiffeur noir. Devant elle il y avait un berceau plein de têtes de poupées, sans yeux ni cheveux. Une fois le crâne rasé, la femme se mit à lancer les têtes au public en glapissant : « C'est moi ! » Un garçon portant un costume de marié poussa vers le hangar une baignoire pleine de sang. Une belle femme déguisée en mariée le suivait. Il commença par lui caresser les seins, le pubis et les jambes, pour finir, de plus en plus excité, par la plonger, avec sa grande robe blanche, dans le sang. Il se mit aussitôt à la frotter avec un grand poulpe tandis qu'elle chantait un air d'opéra. Une femme à l'immense chevelure rouge, la peau très pâle et portant un vêtement doré qui lui moulait le corps, apparut avec une paire de grands ciseaux dans les mains. Plusieurs jeunes gens bruns se traînèrent jusqu'à elle, chacun lui offrant une banane qu'elle coupait en riant aux éclats.

Tous ces actes, véritables délires, furent imaginés et réalisés par des personnes considérées comme normales dans la vie réelle. Les énergies destructives, qui lorsqu'elles demeurent stagnantes nous rongent de l'intérieur, peuvent se libérer grâce à une expression canalisée et transformatrice. L'alchimie de l'acte réussi transforme l'angoisse en joie.

Les paniques éphémères furent réalisées sans publicité, l'adresse et l'heure étant communiquées au dernier moment. Par ce système de bouche à oreille, quatre cents personnes en moyenne y assistaient. Par chance, aucun article ne fut publié dans les journaux. Le bureau des spectacles dépendant du gouvernement, dirigé par un infâme bureaucrate appelé Peredo, exerçait une censure imbécile. Je me souviens que dans une pièce de théâtre il me fit cacher le nombril d'un comédien. Dans une autre, l'acteur Carlos Ancira se mettait une cape terminée par deux boules de la taille d'un ballon de football : le trouble licencié considéra qu'elles faisaient allusion à des testicules et nous les fit enlever. Grâce à la discrétion et à la gratuité de nos éphémères, nous pûmes nous exprimer sans aucun problème. La réaction fut très différente quand j'eus l'idée d'en réaliser un à la télévision nationale.

Mon travail au Théâtre d'avant-garde m'avait attiré l'admiration d'un écrivain journaliste, Juan López Moctezuma, qui devint le présentateur d'une émission culturelle. Ils lui donnèrent une heure qui ne trouvait pas d'annonceurs publicitaires parce que sur une chaîne voisine passait une série américaine qui attirait la majorité des téléspectateurs. Juan me proposa de faire ce que je voulais pendant ces soixante minutes. Je me concentrai intensément et sus avec précision l'acte éphémère que je voulais réaliser : ce que j'avais le plus détesté lors de mes années sombres, c'était le piano de ma sœur. Cet instrument me montrait, avec le rire sarcastique de ses dents blanches et noires, la préférence que mes parents avaient pour

Raquel. Tout pour elle, rien pour moi. Je décidai de détruire un piano à queue devant les caméras ! L'explication que je donnai alors au public fut la suivante : « Au Mexique, comme en Espagne, la tauromachie est considérée comme un art. Le torero, pour réaliser son œuvre, utilise un taureau. À la fin du combat, lorsqu'il a, grâce à lui, exprimé sa créativité, il le tue. C'est-à-dire qu'il détruit son instrument. C'est ce que je veux faire. Je vais donner un concert de rock, et ensuite, j'assassinerai mon piano. » Grâce aux petites annonces d'un journal, je trouvai un vieux piano à queue qui était vendu à un prix accessible à ma bourse. Je le fis envoyer au studio où allait être réalisé en direct le programme culturel. J'embauchai aussi un groupe de rock de jeunes amateurs. Au début de l'émission, après avoir récité mon texte, donnant l'ordre au groupe de se mettre à jouer, je sortis une masse d'une valise et, à grands coups, commençai à démolir le piano. Je dus employer toute mon énergie, qui fut multipliée par la rage que j'avais accumulée pendant tant d'années. Il n'est pas facile de casser un piano à queue à coups de masse. Je progressai dans ma démolition sans faiblir, mais lentement. Les rares spectateurs appelèrent leurs familles et amis. Telle une inondation irrépressible, la nouvelle se répandit : sur la trois, un fou cassait un piano à queue à coups de marteau ! Au bout d'une demi-heure, la majorité des spectateurs mexicains avaient abandonné leur programme préféré pour voir ce que le Martien était en train de faire. Les appels téléphoniques augmentèrent de cent à mille, à deux mille, à cinq mille. Les associations de parents protestaient, le Lions Club, le ministre de l'Éducation et bien d'autres notables. Comment était-il possible, alors qu'il y avait tant d'enfants pauvres, qu'on détruisît devant leurs yeux (à cette heure les enfants dormaient) un instrument si précieux ? Qui avait permis de montrer ce scandaleux acte de violence ? (Le programme américain qui passait à la même heure était un spectacle de guerre sanglant.) Lorsque je terminai mon œuvre, couché au milieu des décombres avec deux morceaux sur moi, comme une croix, dont je sortis quelques notes plaintives, le scandale avait atteint des proportions nationales. Le lendemain, tous les journaux parlaient de l'éphémère. De manière brutale, j'avais défloré l'art mexicain. On m'admira pour l'audace en même temps qu'on me considéra comme un artiste maudit. Satisfait de l'immense notoriété que j'avais acquise, je déclarai que dans la prochaine émission de Juan López Moctezuma j'allais interviewer une vache pour démontrer qu'elle s'y connaissait mieux en architecture que les professeurs de l'université. La télévision déclara que l'émission n'aurait pas lieu, car « aucune vache n'entre dans les studios ». Je répondis : « Ce n'est pas vrai : il y a des tas de vaches qui font des feuilletons télévisés. » Nouveau scandale dans la presse. Les élèves de l'école d'architecture m'offrirent l'amphithéâtre de leur faculté pour me permettre d'interviewer la vache. Je m'y présentai devant deux mille élèves avec mon bovin, auquel un vétérinaire avait préalablement injecté un sédatif. Le comparant à une cathédrale gothique, je présentai l'animal de dos, l'arrière-train tourné vers le public. La conférence dura deux heures pendant lesquelles les éclats de rire allèrent en augmentant, jusqu'à ce qu'arrive un groupe d'employés baraqués venant m'informer que le doyen aimerait que moi et ma compagne vache abandonnions pour toujours ces lieux insignes.

Ces éphémères me démontrèrent l'énorme impact qu'ils produisaient, bien plus grand que le théâtre habituel. Au cours de ces années de formation, je croyais que, pour obtenir une mutation de la mentalité collective, il fallait agresser la société dans ses concepts fossiles. Il ne m'était pas venu à l'idée qu'on n'agresse pas un malade mais qu'on le soigne. Je ne concevais pas encore l'acte thérapeutique social.

Vint l'heure de mon retour à Paris, la rencontre avec Arrabal et Topor, les trois années où nous assistâmes aux réunions du groupe surréaliste. Breton, qui n'avait plus beaucoup d'années à vivre, était déjà un souverain pontife vieux et fatigué, entouré d'acolytes sans talent, plus préoccupés de politique que d'art. Ce fut alors que nous fondâmes le groupe Panique. Nous l'inaugurâmes par un éphémère de quatre heures que j'ai déjà décrit dans un autre livre*. Ce spectacle

---

* *Le Théâtre de la guérison*, Albin Michel, 1995. *(N.d.T.)*

mit fin à une étape de ma vie. Je m'y castrai symboliquement, me fis raser, fouetter, j'ouvris le ventre d'un rabbin gigantesque d'où je sortis des viscères de porc, je naquis à travers une énorme vulve au milieu d'une rivière de tortues vivantes... J'en sortis malade, épuisé, exsangue. Malgré son succès — la revue *Plexus* parla du « meilleur happening qu'on ait vu à Paris », les poètes beatniks Allen Ginsberg, Lawrence Ferlinghetti et Gregory Corso l'applaudirent et le citèrent dans leur revue *City Lights Journal* —, je n'étais pas satisfait. Je voyais rôder autour de moi le spectre de la destruction ténébreuse et je sentais, plus que jamais, que le théâtre devait aller dans le sens de la lumière. À la recherche d'une action positive, je jetai par-dessus bord toute activité théâtrale exhibitionniste avec ses désirs de reconnaissance, de prix, de critiques ou de mentions dans les médias et commençai à pratiquer le théâtre-conseil.

Si quelqu'un souhaitait exprimer les résidus psychiques, serpents d'ombre qui le rongeaient de l'intérieur, je lui communiquais la théorie suivante : « Le théâtre est une force magique, une expérience personnelle et intransmissible. Il appartient à tout le monde. Il suffit que tu décides d'agir différemment de ce que tu agis au quotidien pour que cette force transforme ta vie. Il est temps maintenant que tu rompes avec les réflexes conditionnés, les cercles hypnotiques, les autoconceptions erronées. La littérature accorde une grande place au thème du "double", quelqu'un d'identique à toi qui peu à peu t'expulse de ta propre vie, s'approprie ton territoire, tes amis, ta famille, ton travail jusqu'à te transformer en un paria et même essayer de t'assassiner... Je dois te dire qu'en réalité tu es le "double" et non l'original. La réalité que tu crois tienne, ton ego, n'est qu'une pâle copie, une approche de ton être essentiel. Tu t'identifies à ce double aussi dérisoire qu'illusoire, et brusquement apparaît l'authentique. Le maître des lieux revient prendre la place qui est la sienne. À ce moment, ton moi limité se sent poursuivi, en danger de mort, ce qui est vrai. Car l'être authentique finira par dissoudre le double. Rien ne t'appartient. Ta seule possibilité d'être est qu'apparaisse l'autre, ta nature profonde, et qu'il t'élimine. Il s'agit d'un sacrifice sacré dans lequel tu devras t'abandonner entièrement au maître, sans angoisse... Étant donné que tu vis prisonnier, dans tes idées folles, tes sentiments confus, tes désirs artificiels, tes besoins inutiles, pourquoi n'adoptes-tu pas des points de vue totalement opposés ? Par exemple, demain, tu seras un immortel. Comme un immortel tu te lèveras et te brosseras les dents, comme un immortel tu t'habilleras et tu penseras, comme un immortel tu parcourras la ville... Pendant une semaine, vingt-quatre heures sur vingt-quatre, et pour aucun spectateur complice hormis toi-même, tu seras l'homme qui ne mourra jamais, agissant comme une autre personne avec tes amis et connaissances, sans leur donner aucune explication. Tu en viendras à être un auteur-acteur-spectateur, en te présentant non dans un théâtre mais dans la vie. »

Tout en consacrant la plus grande partie de mon temps au cinéma — en réalisant des films tels que *Fando et Lis, El Topo, La Montagne sacrée* ou *Santa Sangre* —, activité qui me permit de vivre des expériences qu'il me faudrait un livre entier pour raconter, je continuai à développer l'art du théâtre-conseil. J'établissais une série d'actes à effectuer en un temps donné : cinq heures, douze heures, vingt-quatre... Un programme élaboré en fonction du problème qui amenait le consultant, destiné à rompre avec le personnage auquel il s'était identifié pour l'aider à rétablir les liens avec sa nature profonde. « Celui qui se déprime, hallucine ou échoue n'est pas toi. » À un athée, je fis adopter pendant des semaines la personnalité d'un saint. À une femme qui souffrait de haïr ses enfants, j'assignai le devoir, par contrat écrit et signé d'une goutte de sang, d'imiter pendant cent ans l'amour maternel. À un juge inquiet du pouvoir qu'il avait de punir au nom d'une loi et d'une morale sur lesquelles il avait des doutes, je donnai la tâche de se déguiser en clochard pour aller mendier devant la terrasse d'un restaurant, et de sortir de ses poches des poignées d'yeux de poupée. Je fis arriver à une réunion familiale, habillé en femme, un homme maladivement jaloux, d'une virilité douteuse.

Ainsi créais-je par-dessus le personnage une personne destinée à visiter la vie quotidienne et à l'améliorer. À ce stade, ma recherche théâtrale acquit peu à peu une dimension thérapeutique. D'auteur et directeur, je devins conseiller, donnant des instructions aux personnes pour qu'elles se libèrent de leur personnage et se comportent comme des êtres authentiques dans la comédie de l'existence. La voie que je leur offrais était celle de l'imitation. Le jeune inexpert, qui croyant imiter un saint civil avait profité sexuellement d'une pauvre jeune fille, était désormais dépassé. Le processus se fondait maintenant sur un réel désir de changer. Si un bon catholique pratiquait l'imitation du Christ, pourquoi un athée fatigué de son incrédulité ne commencerait-il pas à imiter un prêtre ? Pourquoi un faible se sentant impuissant ne pouvait-il, les testicules peints en rouge, imiter la force virile ? Et pourquoi une femme, que sa famille avait élevée comme un petit homme, ne pourrait-elle pas, pour vaincre sa stérilité, mettre un coussin sous sa robe pour faire comme si elle était enceinte ? Moi-même, imitant ce qui me manquait le plus, la foi, je me rendis compte combien j'étais loin de croire en Dieu, en l'être humain, en n'importe quoi. Je doutai de l'art. À quoi sert-il ? Si c'est pour divertir des personnes qui ont peur de se réveiller, il ne m'intéresse pas. Si c'est un moyen de triompher sur le plan économique, il ne m'intéresse pas. Si c'est une activité adoptée par mon ego pour s'encenser, cela ne m'intéresse pas. Si je dois être le bouffon de ceux qui ont le pouvoir, qui empoisonnent la planète et affament des millions de gens, il ne m'intéresse pas. Quelle est donc la finalité de l'art ? Après une crise si profonde qu'elle me conduisit à penser au suicide, j'arrivai à la conclusion que la finalité de l'art était de guérir. « Si l'art ne guérit pas, ce n'est pas de l'art », me dis-je, et je décidai d'unir dans mes activités l'art et la thérapie. Que l'on me comprenne bien : la thérapie que je connaissais était réalisée par des esprits scientifiques, qui affrontaient l'inconscient chaotique et tentaient de l'ordonner ; ils extrayaient des rêves un message rationnel... Je n'arrivais pas à la thérapie venant de la science, mais venant de l'art. Mon but, au contraire, était d'apprendre à la raison à parler le langage des rêves. L'art qui devenait thérapie ne m'intéressait pas ; ce qui m'intéressait, c'était la thérapie convertie en art.

Cette entrée profonde dans l'expression de la force inconsciente, qui si on l'écoute n'est pas notre ennemie mais au contraire notre alliée, je la dois à Ejo Takata, qui fut mon maître zen pendant cinq ans. Sans savoir très bien où j'allais, j'acceptai de faire partie d'un groupe qui allait méditer pendant sept jours complets en ne dormant que vingt minutes par nuit. Plein de courage je m'agenouillai, les fesses posées sur un coussin ; je croisai les mains, joignis les pouces avec un minimum de pression, comme si je tenais entre eux une feuille de papier à cigarette ; j'étirai la colonne vertébrale, me sentis ancré dans le sol, uni au centre de la terre tandis que mon crâne essayait d'atteindre le ciel, décontractai mes muscles faciaux, puis tous mes autres muscles, éliminai de mon esprit toute parole et, me sentant possesseur d'une technique parfaite, me disposai à rester là, immobile, tel un bouddha, une semaine entière. Au bout de tout juste deux heures, la torture commença. Les genoux me firent mal, les jambes, les épaules, le corps entier. Si je bougeais un peu, le géant mexicain qui se promenait avec le bâton m'envoyait une raclée sur les épaules. Si je faisais une grimace parce que les mouches se posaient sur mon visage, le maître poussait un cri démoniaque. Mon imagination se déchaîna, de même que ma colère. Qu'est-ce que je faisais là, au milieu de ces illuminés et de ces tondues, souffrant sans aucune nécessité ? Dans un coin je voyais mes chaussures, telles des bouches ouvertes, m'invitant à les enfiler et à partir loin de cet enfer... Au son d'un gong, nous devions courir au réfectoire et ingurgiter en deux minutes un bol de riz, presque brûlant, sans laisser un seul grain dans le bol. Nous retournions méditer avec le ventre gonflé. Alors débutaient un concert d'éructations et une pétarade générale. Avec rage, avec honte, je voyais que les autres, surtout les femmes, résistaient mieux que moi. À minuit nous nous couchions comme des chiens, par terre, pour dormir ces vingt divines minutes. On nous réveillait par des cris et des insultes et nous devions courir nous asseoir pour reprendre la méditation. On nous permettait une fois par jour d'aller déféquer, dans des latrines communes, où une rangée de trous sur un puits artésien invitait hommes et femmes à abandonner toute intimité. Je résistai et résistai, plus par orgueil que par mysticisme. Takata se mit à jouer du tambour en chantant le Sûtra du Cœur. Luz María, une robuste lesbienne qui, devant lui, jouait aussi du tambour, fut prise d'un accès de fureur et le lui jeta à la tête. Le moine fit un très léger mouvement, s'inclina de quelques centimètres : le lourd instrument passa à quelques millimètres de son oreille et éclata contre le mur, y faisant un trou. Sans se troubler le moins du monde, Ejo continua à chanter le sûtra. Cette agression ne fut jamais commentée. À trois heures du matin, le cinquième jour, changé en épouvantail, les genoux enflés et saignants, le ventre plein de gaz, les yeux larmoyants et la poitrine douloureuse, je fus traîné par deux élèves agressifs dans une pièce où le maître allait me proposer une devinette, un *kôan*. J'étais obligé de lutter et de me défendre, tandis que les deux fanatiques me rouaient de coups. Ils me traînèrent dans les escaliers et m'assirent devant le rideau de la chambre sacrée. « J'ai mal dans la poitrine. Je crois que je vais avoir un infarctus. — Crève », me répondirent-ils, et ils s'en furent. Un gong m'indiqua que je devais entrer. Ce que je fis. Là se trouvait Ejo, transfiguré : il portait un vêtement de cérémonie qui lui donnait l'aspect d'un saint. Il me regarda avec une objectivité que j'interprétai comme du mépris et me dit, à moi qui étais à genoux devant lui, le front touchant le sol : « Ça ne commence pas, ça ne finit pas, qu'est-ce que c'st ? » Je m'étais préparé à répondre à une devinette classique comme : « Ceci est le son de deux mains, quel est celui d'une main ? » À quoi, levant ma main droite ouverte, j'aurais répondu avec un large sourire : « Entends-tu ? » Ou : « Le chien a-t-il aussi la nature de Bouddha ? » À quoi j'aurais répondu en mugissant : « Meuh ! » Mais devant cette question si simple, tellement naïve, tellement évidente, je ne pus que balbutier : « Ejo, que veux-tu que je dise ? Dieu ? L'univers ? Moi ? Toi ? Tout cela ? »

Le moine prit un marteau et frappa le gong, faisant ainsi savoir à tout le *zendô*[1] que j'avais échoué. Je m'inclinai, humilié, et commençai à sortir. Alors Ejo me cria : « Intellectuel, apprends à mourir ! » Ces paroles, prononcées avec un atroce accent japonais, changèrent ma vie. Je compris brusquement que tout ce que j'avais cherché jusqu'alors, tout ce que j'avais réalisé, je l'avais fait avec un intellect lâche qui, ne voulant pas mourir, s'accrochait aux barreaux de la raison... On commençait à exister quand le moi-acteur cessait de s'identifier au moi-obervateur. J'entrai d'un coup dans le monde des rêves.

1. Enceinte ou salle où se pratique zazen, la méditation bouddhiste zen.

Le rêve sans fin

À dix-sept ans, sans m'en rendre compte, j'avais eu mon premier rêve lucide. Comme je n'étais pas préparé à un événement d'une telle importance, j'éprouvai une profonde terreur, me considérant plongé au cœur d'une anomalie... Dans la première partie du rêve, j'étais dans un cinéma où l'on projetait un film de dessins animés. Les gros rochers qui formaient le paysage devenaient de plus en plus mous, pour finalement couler en torrents obscurs qui commencèrent à sortir de l'écran pour se répandre dans la salle. Je me vis alors, seul spectateur, assis au centre de ce vaste lieu. Je sus, sans qu'il fût possible d'en douter, que je rêvais, c'est-à-dire que je me réveillai à l'intérieur du rêve. Le fait de savoir que tout ce que je voyais était irréel, que ma propre chair n'existait pas, que cette lave de roches fondues qui avalait les fauteuils rangée après rangée, était pure illusion, m'angoissa au plus haut point. Le danger, bien qu'il fût un rêve, m'épouvantait. Je voulus fuir, mais je pensai : « Si je passe par cette porte, j'entrerai dans un autre monde et jamais plus je ne pourrai revenir dans le mien, peut-être mourrai-je. » Alors, je fus pris de panique ! Ma seule possibilité de salut était de me réveiller. Cela me parut impossible. Aussi impossible que si toi, lecteur, tu levais à cet instant tes yeux du livre et te disais : « Je rêve, je dois me réveiller. » Je me sentis prisonnier dans un monde monstrueux qui allait essayer de me retenir. Je fis d'immenses efforts pour sortir du rêve, je me sentis paralysé, ne pouvant bouger ni mes bras ni mes jambes, tandis que la lave se rapprochait de mon siège. Bientôt elle allait m'ensevelir. Je continuai à essayer désespérément de me réveiller. Je remontai des profondeurs vers mon corps véritable qui, tel un transatlantique, dormait, flottant à la surface. Je réintégrai mon enveloppe et me réveillai trempé de sueur, le cœur battant la chamade. Ce rêve, un cadeau en réalité, me fit l'effet d'une maladie. Désormais chaque soir, en me couchant, je me croyais menacé. J'avais peur que le monde onirique ne m'avalât pour toujours.

Cette peur me poussa à lire des livres sur les rêves, leurs mécanismes, leurs qualités, la manière de les interpréter. Il y avait différentes sortes de rêves : sexuels, angoissants, agréables, mais aussi thérapeutiques. Dans l'Antiquité, les malades allaient au temple, espérant rêver d'une déesse qui les guérirait. Les rêves étaient considérés comme prophétiques. Freud leur attribua la mission de révéler nos résidus psychiques, les désirs frustrés, les pulsions amorales, accordant systématiquement une signification symbolique à telle ou telle image. D'après Jung, il ne s'agissait pas d'expliquer les événements oniriques, mais de continuer à les vivre au moyen de l'analyse, à l'état de veille, afin de voir où ils nous conduisaient, quels messages ils nous apportaient. Cependant, toutes ces méthodes d'interprétation ont estimé que le rêve est quelque chose que nous recevons dans le but de le faire agir dans le monde rationnel. Ce sont des symboles, non des réalités. Souvent, un consultant nous dit : « J'ai fait un rêve », jamais : « J'ai visité un rêve. » L'étape suivante, située au-delà de l'interprétation rationnelle, consiste à entrer dans le rêve lucide, celui dont nous savons que nous sommes en train de le rêver ; connaissance qui nous donne la possibilité de travailler non seulement sur le contenu du rêve, mais également sur notre mystérieuse identité.

Quand André Breton me recommanda la lecture de l'ouvrage *Les Rêves et les Moyens de les diriger*, écrit pas Hervey de Saint-Denis en 1867, je compris ce que la question avait d'essentiel : nous agissons tous comme des victimes des rêves, comme des rêveurs passifs, croyant que nous ne pouvons intervenir sur eux. Souvent, dans le rêve, surgit le soupçon que nous rêvons, mais par peur, par ignorance, nous refusons aussitôt cette sensation et nous laissons engloutir par le monde onirique. Hervey de Saint-Denis explique sa méthode pour diriger les rêves. Il n'a pas un but extraordinaire, ne se propose pas de creuser les profonds mystères de l'être, mais veut simplement « chasser les images désagréables et favoriser les illusions heureuses ».

Après avoir lu ce livre, je mis la peur de côté et me lançai dans l'aventure consistant à dompter mes cauchemars, premier degré dans la conquête du monde onirique. Un rêve lucide ne s'obtient pas par la volonté, il faut partir à sa recherche, et nous devons nous y préparer en ne buvant pas d'alcool ou d'autres excitants tels que le thé, le café ou des drogues ; dîner légèrement et ne pas nous exposer à un bombardement d'images de cinéma ou de télévision ; nous convaincre qu'il est possible, au milieu d'un rêve, de nous rendre compte que nous rêvons et de chercher un élément, un geste, quelque chose qui nous indique que nous n'agissons pas dans le monde que nous appelons réel. Au début, quand je ne faisais pas bien la distinction entre les deux mondes et me demandais : « Suis-je réveillé ou en train de rêver ? », je m'appuyais des deux mains sur l'air, comme sur une planche invisible, et imprimais une poussée. Si je montais, c'était que je rêvais. Je faisais un tour dans l'air et j'essayais, jusqu'à ce que j'y arrive, non pas de me voir voler mais de me sentir voler. Ensuite, je me mettais à travailler dans mon rêve. Je ne prétends pas que ce soit la seule méthode : chaque rêveur lucide doit trouver la sienne. Étant donné l'immense quantité de neurones qui constituent notre cerveau, je pense que nous savons tout, mais sans nous en rendre compte. Nous avons besoin que quelqu'un nous le révèle.

Je me souviens du conte du petit lion qui, ayant perdu ses parents, fut adopté par une brebis qui l'éleva au milieu du troupeau. Il grandit pacifique, craintif, poussant, pour communiquer, de petits miaulements. Un jour, un vieux lion chassa l'une des brebis et se mit à la dévorer tout en maintenant prisonnier le jeune lion apeuré sous l'une de ses pattes. « Cesse de trembler, petit ami, et mange avec moi un bon morceau. » À l'idée de dévorer de la viande crue, le félin vomit, mais il se sentit pourtant possédé d'une étrange angoisse. Il ne pouvait cesser de trembler, mais ce n'était pas de peur. Une énergie méconnue secouait son corps. Le fauve l'emmena près d'un ruisseau paisible. « Regarde ton reflet et dis-moi : Vois-tu une brebis ? (Le jeune lion fit non de la tête.) Que vois-tu ? — Je vois un lion. — C'est ce que tu es ! » Pour la première fois de sa vie, le jeune félin lança un terrible rugissement et se mit à dévorer les restes de l'herbivore.

Avant de savoir que nous pouvons rêver en étant lucide, une telle activité ne nous vient pas à l'esprit. Une fois que le propos nous est révélé, nous commençons, d'abord lentement puis de plus en plus souvent, à y penser pendant le jour et à nous préparer pour la nuit. Le rêveur a de la mémoire, il se souvient de ce qu'il s'est proposé à l'état de veille et il est tout à fait possible qu'il le réalise. Peu à peu, avec une patience inépuisable, pendant des années j'ai conquis le monde onirique. Je ne donne pas au mot « conquérir » le sens de gagner une bataille ou un territoire. Conquérir, pour moi, c'est vivre dans sa plénitude le monde des rêves, qui n'a pas de fin. Dans cette conquête, des difficultés se présentent, mais aussi des pièges, dans lesquels on peut tomber et y rester pendant des années sans avancer. Des périodes de sécheresse surviennent, au cours desquelles l'inconscient refuse de nous offrir la lucidité onirique. La nuit, nous rêvons sans cesse, et nous nous réveillons sans nous souvenir de rien. Patience. Foi. Soudain, telle une fleur qui s'ouvre, nous nous trouvons à nouveau lucides, vivant dans un autre monde. Ces rêves nous apprennent, nous montrent à quel niveau de conscience nous sommes arrivés, ils nous donnent la joie de vivre.

J'ai d'abord dû vaincre les cauchemars. Mes rêves étaient peuplés de menaces, d'ombres, de persécutions assassines, de faits et d'objets repoussants, de relations sexuelles ambiguës qui m'excitaient en même temps qu'elles me culpabilisaient.

J'y étais un personnage inférieur à mon niveau de conscience dans le monde réel, capable de commettre des méfaits que je ne me permettrais jamais à l'état de veille. Je me répétai bien des fois, comme une sorte de litanie : « C'est moi qui rêve, tel que je me connais éveillé, et non pas un enfant pervers et vulnérable. Les rêves se déroulent en moi, ils font partie de moi. Tout ce qui apparaît, c'est moi. Ces monstres sont des aspects de moi que je n'ai pas résolus. Ils ne sont pas mes ennemis. L'inconscient est mon allié. Je dois affronter ces images terribles et les transformer. » Je faisais souvent le même cauchemar : j'étais dans un désert et de l'horizon surgissait, tel un immense nuage de négativité, une créature psychique décidée à me détruire. Je me réveillais en criant, trempé de sueur. Tout à coup, je me fatiguai de cette fuite indigne et décidai de m'offrir en sacrifice. À l'apogée du rêve, dans un état de terreur lucide, je dis : « C'en est assez, je vais cesser de vouloir me réveiller ! Abomination, détruis-moi ! » La créature s'approcha, menaçante. Je restai immobile, calme. Alors, cette immense menace s'estompa. Je me réveillai quelques secondes et me rendormis, placidement. Je compris que c'était moi qui alimentais mes terreurs. Je sus que ce qui nous terrorise perd toute sa force dès l'instant où nous cessons de le combattre. J'entrai dans une longue période au cours de laquelle, chaque fois que je rêvais, au lieu de fuir j'affrontais mes ennemis et leur demandais ce qu'ils voulaient me dire. Peu à peu, les images se transformèrent à mes yeux et s'offrirent à moi tel un présent : parfois c'était un anneau, d'autres fois une sphère d'or ou une paire de clés. Je pus ainsi constater que tout démon est un ange qui est tombé, tout ange un démon qui s'est élevé.

Lorsque je me fus habitué à ne plus avoir peur, à transformer les menaces en messages utiles et les monstres en alliés, je pus entreprendre d'autres recherches. Me trouvant dans des lieux inconnus, je m'élevais dans l'air pour constater que je rêvais et les parcourais à la recherche de trésors spirituels. Des obstacles se présentaient à moi : un grand mur, une montagne infranchissable, une mer démontée. Il m'arriva plusieurs fois de me déclarer vaincu, mais je me donnai ensuite la faculté de traverser la matière. Dès lors, aucun obstacle ne put m'arrêter. Par exemple, je me jetai dans l'océan déchaîné, prêt à me noyer. Je sombrai, mais soudain, au milieu de l'eau, je trouvai un tunnel qui me conduisit à la plage. Je voyageai à l'intérieur d'une montagne jusqu'à sa cime : une fois là, je me jetai dans le vide, tombai, m'écrasai au sol et aussitôt me retrouvai debout en train de regarder le cadavre écrasé de quelqu'un qui n'était pas moi. Je compris que pour le cerveau la mort n'existait pas. Chaque fois que moi-même ou un ennemi m'éliminait se produisait une réincarnation immédiate.

La matière vaincue, je commençai à rencontrer des personnages mystérieux, menaçants, moqueurs, dont je n'osais pas m'approcher, comme si c'étaient des dieux possesseurs de secrets que je ne méritais pas de connaître. Je me dis : « De la même façon que j'ai défié les cauchemars, je dois affronter les êtres sublimes, leur parler sans être troublé par leurs railleries, établir un contact avec eux, connaître ces secrets dont je pense qu'ils me sont interdits. Mais pour y parvenir, je dois avant tout me convaincre que moi aussi je suis fort, que je domine cette dimension, que je suis le maître, que je suis un magicien. » Quand je me réveillais dans le rêve, j'exprimais des vœux. Par exemple : je veux que dans cette avenue défilent mille lions. Mon désir ne se réalisait pas sur-le-champ. Un temps bref s'écoulait, et alors je voyais défiler les lions. « Je veux aller en Afrique voir des éléphants. » J'allais en Afrique et je voyais des éléphants, de là me transportais au pôle Nord au milieu des ours blancs et des pingouins. D'autres fois, c'étaient des spectacles de cirque, des opéras, des visites dans des villes pleines de gratte-ciel aux formes baroques. Je visitai d'immenses batailles d'autres temps, ou des musées où je vis des centaines de tableaux et de sculptures. Quand j'eus acquis ce pouvoir de transformation, je me sentis tenté de réaliser des expériences érotiques. Je créai des femmes sensuelles, mi-femmes mi-bêtes, j'organisai des orgies, me transformai en femme pour me laisser posséder, me fis pousser un phallus énorme, entrai dans un harem oriental, donnai des coups de fouet, attachai des collégiennes... Mais dès que je m'abandonnais au plaisir, inévitablement le rêve m'absorbait et se changeait en cauchemar. Le désir, en prenant possession de moi, faisait que je perdais ma lucidité et que les événements échappaient à mon contrôle. J'oubliais que j'étais en train de rêver. Il se passait la même chose avec la richesse. Quand me saisissait la fascination de l'argent, mon rêve cessait d'être lucide. Chaque fois que j'essayais de satisfaire mes passions, j'oubliais que je rêvais. Je compris enfin que, dans la vie comme dans le rêve, pour demeurer lucide il faut rester à distance, contrôler l'identification. Je découvris que, en dehors de la fascination sexuelle et économique, le désir d'avoir du succès, d'être applaudi, de dominer les foules m'attirait comme un aimant. J'expulsai de mes rêves ces tentations.

Je me remis à travailler sur ma lévitation. Je me rendis compte que chaque fois que je m'élevais dans les airs je me montrais orgueilleux, vaniteux : je réalisais un exploit que les autres ne parvenaient pas à faire, j'étais digne d'admiration. Je vainquis ce danger. Je transformai le vol en quelque chose de normal, d'utile, qui me servait non seulement pour voyager sur la planète mais encore pour m'en éloigner. Je commençai à m'élever. J'éprouvai une terreur immense. La même que j'avais éprouvée dans mon premier rêve lucide, lorsque je n'osai pas sortir du cinéma où j'étais enfermé. Je sentis qu'un lien vital m'attachait à la planète Terre. Je me réveillai, le cœur battant très fort. Dans la journée, j'imaginai à maintes reprises mon corps traversant la stratosphère pour plonger dans le cosmos. La nuit, en rêvant, j'obtins ce que je voulais. Je vainquis la peur de mourir, la sensation de poids, d'étouffement, et commençai, à la vitesse d'une comète, à voyager au milieu des étoiles...

Avancer dans cette calme immensité où les grosses masses planétaires et les astres incandescents se meuvent dans une danse ordonnée, en me sachant invulnérable, décharné, forme pure et consciente, fut une expérience inoubliable. Il est difficile d'expliquer cela avec des mots : en quelque sorte, le cosmos m'enfermait, comme une huître sa perle, comme si j'étais une chose précieuse ; il veillait sur moi comme sur une flamme qui ne devait pas s'éteindre ; je représentais la conscience que cette matière avait mis des millions d'années à créer. Le cosmos était ma mère murmurant une berceuse pour me faire grandir. Les mots que je pouvais prononcer n'étaient pas les miens, mais la voix de ces astres. Le sentiment de flotter dans un espace infini entouré par son amour total me fit me réveiller gonflé de bonheur.

Je ne voudrais pas faire croire que ce processus initiatique à travers les rêves lucides s'est réalisé en un bref laps de temps. Dans mon cas, ces rêves ne dépendent pas de ma volonté, ils se présentent à moi dans la multitude des rêves ordinaires, tel un vrai cadeau. J'ai parfois passé une année entière sans connaître cette sorte d'expériences. Je n'ai pas non plus progressé dans l'ordre où je le décris ; parfois je recherchais un type de réalité onirique, puis un autre, pour revenir ensuite au premier. Dans le monde onirique, il n'existe pas un ordre rationnel, la cause comme l'effet sont abolis. Parfois apparaît d'abord un effet, qui est suivi de sa cause. Brusquement, tout existe de manière simultanée et le temps acquiert une dimension unique qui n'est pas forcément un présent tel que le conçoit la raison. Il n'y a pas un monde mais une simultanéité de dimensions. Ce qu'ici la raison appelle vie a là-bas un autre sens. Tandis que j'errais dans le rêve, éveillé, je me proposai d'entrer dans la dimension des morts.

Après avoir traversé dans une petite barque un océan furieux, je débarquai sur l'île où se trouvait la porte du royaume des morts. Il y avait des files de candidats impatients d'entrer. Après les avoir palpés, un portier à la mine sinistre décidait qui méritait ou non de franchir le seuil ultime. Ceux que l'huissier refusait s'en allaient, désolés de devoir continuer à vivre. Le portier me palpa et me déclara défunt. Dès que j'eus passé la porte je me retrouvai dans un paysage de collines verdoyantes. Les personnes mortes — des parents, des amis, des personnages célèbres — ne s'approchèrent pas de moi, mais elles me regardèrent aimablement, comme attendant un geste de ma part qui leur prouverait mes bonnes intentions. Je lançai en l'air des enveloppes en papier, vides, qui retombèrent remplies de friandises et d'objets précieux. J'en fis cadeau aux défunts... Je me réveillai très heureux, me disant : « Maintenant, je sais que lors du prochain rêve lucide je pourrai bavarder avec eux. Ils m'ont accepté. »

Je peux affirmer à tous ceux qui n'ont pas connu de telles expériences que dans une région du cerveau, si celui-ci est véritablement le siège de l'esprit, existe une dimension où les défunts que nous avons aimés, de même que ceux qui nous concernent mais que nous ne connaissons pas et que, pour cette raison même, nous n'avons pu aimer, sont vivants, qu'ils continuent à se développer et prennent un immense plaisir à communiquer avec nous. On peut me répondre que cette vie est pure illusion, que dans mon monde psychique il n'y a que moi qui existe. C'est sûr, et ça ne l'est pas. D'une part les cerveaux humains peuvent être connectés entre eux et, de l'autre, connectés à l'univers, qui à son tour peut être connecté avec d'autres univers. Ma mémoire n'est pas seulement la mienne, elle fait partie de la mémoire cosmique. Et dans un endroit de cette mémoire, les morts continuent à vivre.

Je rêvai de Bernadette Landru, la mère de mon fils Brontis. Elle m'a aimé ; moi, jamais. Elle est partie avec le nouveau-né en Afrique et me l'envoya de là-bas lorsqu'il eut six ans. Dès lors, je m'occupai de lui. Ayant changé son amour pour moi en haine, elle poursuivit son chemin. Sa grande intelligence la conduisit à la politique, au communisme le plus extrême. Elle fut un leader. En 1983, en Espagne, l'avion qui devait la conduire à un congrès révolutionnaire en Colombie, avec des personnalités intellectuelles marxistes, Jorge Ibargüengoitia, Manuel Scorza et d'autres, explosa au décollage. Aujourd'hui encore, j'ai la conviction que ce ne fut pas un accident, mais un crime de la CIA. J'ai regretté qu'elle périsse de manière aussi violente sans avoir eu l'opportunité d'entamer une confrontation qui, pour le bien de Brontis, nous aurait conduits à une réconciliation amicale. Grâce à un rêve lucide, j'ai pu la rencontrer dans le monde des morts. Cette rencontre a eu lieu dans un petit village semblable à ceux que l'on trouve dans le nord de la France. Assis sur le banc d'une place publique, nous avons commencé à parler. Pour la première fois je la vis calme, aimable, pleine d'amitié. Nous nous sommes enfin expliqués sur le fait qu'aimer passionnément quelqu'un n'impliquait pas que celui-ci devait obligatoirement partager cet amour. Nous nous sommes également expliqués sur le fait que si au cours des six premières années de la vie de Brontis j'avais été un père absent, irresponsable, j'avais payé cette dette en m'occupant de lui le reste de son enfance et tout au long de son adolescence. Enfin, nous nous sommes embrassés comme de bons amis. Elle me dit : « Politiquement, j'ai toujours considéré que tu étais nul parce que tu vivais sur ton île mentale, séparé de la misère du monde. Maintenant que tu as décidé que l'art n'a de valeur que s'il guérit les autres, je peux t'aider. La politique est ma spécialité. Demande-moi conseil quand tu voudras. » Aujourd'hui, avant de prendre position face à des événements mondiaux qui me paraissent graves, je consulte Bernadette.

Dans la même dimension, je me retrouve en compagnie de Teresa, ma grand-mère paternelle, que des brouilles familiales m'ont empêché de connaître. C'est une petite femme à l'ossature épaisse et au front large. Dans le rêve, je me rends compte qu'en réalité nous ne nous connaissons pas, que jamais une seule fois nous ne nous sommes promenés ensemble. Je lui dis : « Comment est-il possible que toi, ma grand-mère, tu ne m'aies jamais tenu dans tes bras ? » Je comprends que c'est une maladresse et je rectifie : « Ou plus exactement, comment est-il possible, grand-mère, que moi, ton petit-fils, je ne t'aie jamais donné un baiser ? » Je lui propose de le lui donner maintenant et elle accepte. Nous nous étreignons et nous embrassons. Je me réveille avec le souvenir précis du rêve, heureux d'avoir retrouvé cet archétype familial.

Grâce à ces rêves lucides, je peux à nouveau rencontrer Denise, ma première épouse, une femme délicate, intelligente, guettée par la folie. Quand je l'installai dans une maison pour malades mentaux au Canada, son pays d'origine, elle entreprit de fabriquer une table portée par vingt pieds. En même temps, elle arrosait une plante sèche qui se trouvait dans un pot de fleurs, à la fenêtre de sa chambre. Un jour, sur la tige desséchée, poussa une petite feuille verte. Il sembla à Denise que ce végétal, apparemment mort, voulait la remercier de ses soins. « J'ai enfin compris ce qu'était l'amour : c'est remercier l'autre d'exister... » Près d'elle se trouve Enrique Lihn, qui continue à écrire et à donner des conférences, et Topor, qui, ayant traversé le mystère de cette mort qui l'empêchait d'apprécier la vie, dessine maintenant des images pleines de bonheur ; et mon fils Teo, qui ce 14 juillet de l'an 2000, m'ayant quitté à l'âge de vingt-quatre ans, a eu trente ans au milieu de son incomparable joie de vivre. Dans cette dimension, il a connu sa grand-mère, Sara Felicidad.

Le jour où j'ai jeté mon carnet d'adresses à la mer, j'ai coupé mon arbre généalogique à la racine. Je n'ai plus jamais revu ma mère. Une nuit, alors que j'avais cinquante ans, elle m'apparut en rêve. D'abord j'entendis sa voix, que je croyais oubliée, prononçant des mots légèrement chantés. « Entre, n'aie pas peur. » Je m'aperçus que j'étais dans un hôpital. J'ouvris la porte et je la vis, très calme, penchée sur son lit. Je m'assis près d'elle et nous parlâmes un long moment, essayant de régler nos problèmes. Elle m'expliqua pourquoi elle s'était tellement enfermée en elle-même et je lui expliquai mon silence de toutes ces années. À la fin nous nous embrassâmes comme jamais auparavant nous ne l'avions fait. Alors elle s'étendit, ferma les yeux et murmura : « Maintenant je peux mourir tranquille. » Je me réveillai triste, persuadé que cette rencontre était un rêve prémonitoire : ma mère était mourante. J'écrivis aussitôt une lettre à ma sœur, dont j'avais retrouvé l'adresse grâce au poète Allen Ginsberg, rencontré par hasard à Paris (il avait été expulsé de Cuba parce que, lors d'une interview à la radio, il avait dit avoir rêvé qu'il faisait l'amour avec le Che Guevara), et l'envoyai au Pérou, où elle vivait avec ma mère. Je lui dis : « Raquel, je ne sais si Sara Felicidad est encore en condition de lire une lettre venant de moi. Cependant, même si elle ne semble pas entendre, lis-lui ce que je lui écris. Son âme le saisira. » La lettre arriva deux jours après la mort de ma mère. J'en ai gardé une copie.

« Chère Sara Felicidad, je regrette de n'être pas auprès de toi en ces moments difficiles. Si le destin en décide ainsi, nous nous reverrons avant le grand et dernier voyage. Nous sommes nés dans des circonstances tragiques et en sommes restés marqués toute notre vie. La douleur qui fut la nôtre et les erreurs que nous avons commises sont en grande partie venues du monde que d'autres êtres humains avaient créé autour de nous. Il m'a fallu des années pour prendre conscience que la douleur que nous avons connue dans cette famille que tu as essayé de construire fut le produit de notre manque de racines, de notre race qui, ayant été tellement pourchassée, est devenue partout étrangère. S'il y a eu entre nous des choses négatives, je les ai pardonnées. Et si j'ai péché par ingratitude envers toi, je te prie de me pardonner. Nous avons fait ce que nous avons pu en essayant de survivre. Cependant, je veux que tu sois tranquille : ton être essentiel, ta grande force, ta volonté inébranlable, ton esprit de lutte, ta royale fierté, ton sens de la justice, ton émotivité débordante, ton goût pour l'écriture, tout cela a été pour moi un legs précieux et est devenu une partie de mon être, et je t'en suis infiniment reconnaissant. De cette époque, je me souviens de l'importance que tu attachais à la forme des yeux, des mains, des oreilles ; combien tu détestais les aliments en conserve, la lumière artificielle ; l'amour que tu avais pour les fleurs, ta générosité quand tu partageais la nourriture, ton désir fondamental d'ordre et de propreté, ton sens moral, ta capacité de travailler pendant des heures, ton cœur empli d'idéaux. Oui, tu as beaucoup souffert en ce monde, et je le comprends. Il y a quelques jours, j'ai rêvé de toi. Tu étais malade. Cependant, je te voyais paisible. Nous avons bavardé comme nous ne l'avions jamais fait. Nous nous sommes proposé de rester en contact, toi et moi. Je me suis rendu compte que tu avais reçu fort peu d'amour lors de ton passage sur la Terre. Alors je t'ai exprimé ma tendresse de fils et t'ai bénie pour que cessent tes souffrances. Tu as été exactement la mère dont j'avais besoin pour m'acheminer sur la voie du développement spirituel qui m'était nécessaire. La vérité est que, sans toi, je me serais perdu sur le chemin. Et maintenant, je veux te dire que je suis auprès de toi, que je t'accompagne et que je sais que tu connaîtras enfin la félicité que révèle ton nom. Fais confiance à la volonté du Mystère, abandonne-toi à ses desseins. Les miracles existent. Tout est un rêve et le réveil sera magnifique... Ton fils de toujours. »

Dans la dimension des morts, ceux-ci vivent grâce à l'énergie de la mémoire. Ceux que nous oublions errent, silhouettes estompées, presque transparentes, dans des espaces de plus en plus lointains. Ceux dont nous nous souvenons surgissent clairement près de nous, ils parlent, il y a en eux une joie reconnaissante. Mais dans l'obscurité gisent des silhouettes d'ancêtres qui vécurent il y a plusieurs siècles. Ce n'est pas parce que nous ne les avons pas connus qu'ils cessent d'être là. Il suffit d'avancer vers l'endroit où ils se trouvent pour qu'ils se dessinent avec plus de netteté et nous parlent dans leur langue, que nous ignorons peut-être, toujours avec une grande tendresse. Ceux qui n'ont pas connu cette expérience ont sans doute remarqué qu'il est très important pour nos familiers et nos amis que nous leur démontrions que nous ne les oublions pas, en leur souhaitant leurs anniversaires, en leur envoyant des cartes postales lorsque nous partons en voyage, en les appelant au téléphone, etc. Nous savons que nous vivons dans la mesure où les autres se souviennent de nous. S'ils nous oublient, nous nous sentons mourir. Cela se passe exactement de la même façon dans le monde onirique. Si l'inconscient est collectif et le temps éternel, on pourrait dire que chaque être qui est né et mort est resté gravé dans cette mémoire cosmique que tout individu porte en lui. J'irais jusqu'à affirmer que chaque mort attend dans la dimension onirique qu'enfin une conscience infinie se souvienne de lui. À la fin des temps, quand notre esprit aura atteint son développement maximum et contiendra la totalité du Temps, pas un seul être, si insignifiant puisse-t-il paraître, ne sera oublié.

J'ai également exploré la dimension des mythes. Là vivent les dieux antiques, les animaux magiques, les héros, les saints, les vierges cosmiques, les puissants archétypes. Avant d'être acceptés par eux, nous devons vaincre une série d'obstacles qui sont en réalité des épreuves initiatiques. Ils se présentent sous forme maligne, nous attaquent, se moquent de nous ou paraissent insensibles, endormis, indifférents. Jung raconte dans son autobiographie qu'il fit un rêve dans lequel il rencontra dans une grotte un bouddha endormi, son dieu intérieur. Il n'osa pas le réveiller. Cependant, si nous gardons notre calme, si nous ne fuyons pas, si nous réagissons avec foi, si nous sommes courageux et osons les affronter ou les réveiller, les monstres se transforment en anges, les abîmes en palais, les flammes en caresses, le bouddha ouvre les yeux sans que son regard nous réduise en cendres ; il nous transmet au contraire tout l'amour du monde. Nous avons là des alliés que nous pouvons toujours invoquer en cas de danger. Le rêve lucide nous apprend qu'à aucun moment nous ne sommes seuls, que l'action individuelle est illusoire. La pensée, prisonnière des filets de la rationalité, tente de rejeter les trésors du monde onirique. Mais sans cesse elle est assaillie par des forces qui proviennent des profondeurs de la mémoire collective. Dans la vie réelle, les dieux détrônés se sont changés en clowns, en étoiles de cinéma, en footballeurs légendaires, en héros politiques, en mystérieux multimillionnaires. Nous voulons faire d'eux nos puissants alliés, mais ils n'ont pas de consistance et disparaissent rapidement dans l'oubli. Dans la dimension onirique, nous rencontrons les véritables entités, celles qui ont des racines millénaires. Il m'a souvent été donné d'y voir les arcanes du tarot, incarnés sous forme soit de personnes, soit d'animaux, soit d'objets ou d'astres ; les symboles sont des entités vivantes qui parlent et transmettent leur connaissance. Au tout début, quand, sans y être préparé, j'essayais d'entrer en contact avec les divinités, je fis ce rêve :

Chez moi, dans mon salon, j'ai préparé une table ronde, pour dîner avec les dieux et converser d'égal à égal avec eux. Bien que ce ne soit pas une déité, le premier arrivé fut Confucius, Chinois imposant et énigmatique, tranquille, immuable. À peine s'était-il assis qu'apparut un jeune hindou à la peau bleue, vêtu d'étoffes brillantes et de bijoux, élégant, viril : c'était Maitreya. Ensuite, juste en face de moi, vint s'asseoir Jésus, un géant de trois mètres de haut, d'une telle puissance que je commençai à m'inquiéter. Derrière lui se profila un autre être, Moïse, plus grand, plus corpulent, d'une sévérité qui me terrifia vraiment. Derrière le prophète, je sentis que commençait à apparaître l'incommensurable figure de Jéhovah. Le salon se remplit d'une énergie tellement incompréhensible que je fus pris de panique, Comment moi, faible et ignorant, avais-je osé me proposer de converser d'égal à égal avec ces dieux ? J'essayai de me réveiller. Lentement, Confucius se désagrégea. Tandis que Moïse et Jéhovah se dissolvaient en un sombre tourbillon qui emplissait peu à peu le lieu, prisonnier dans le monde onirique, je demandai pardon à Maitreya et à Jésus. Ils sourirent, s'amalgamèrent, ne firent qu'un, se transformant en un monsieur vêtu d'un costume de ville, aussi bon qu'un sage grand-père qui, souriant, m'offrit une tasse de thé. Le liquide brun devint lumière. Je me réveillai, les cheveux dressés sur la tête.

La rencontre avec les archétypes divins, si nous ne nous y sommes pas préparés, est très dangereuse. Je n'exclus pas de ce danger un arrêt cardiaque. J'ai cherché dans les textes d'alchimie un guide grâce auquel me préparer à une rencontre aussi risquée. Les textes énigmatiques d'un traité écrit en latin dans la première moitié du XIVe siècle, *Rosarium philosophorum*, ont pu m'inspirer. « La contemplation de la véritable chose qui perfectionne toutes les choses est la contemplation par les élus de la pure substance du mercure. » Avant de tenter d'unir le moi individuel à la force universelle, il est nécessaire de la contempler, de la sentir, de s'identifier à elle, de l'accepter comme essence, de disparaître dans son extension infinie. Cette force doit agir dans notre intellect comme un dissolvant.

Quand, dans le rêve, le dieu aimable m'offre du thé, il m'indique que je suis le morceau de sucre qui doit se dissoudre dans le liquide bouillant, c'est-à-dire son amour. « L'œuvre, très naturelle et très parfaite, consiste à engendrer un être semblable à ce que l'on est. » Je compris que la plupart du temps nous ne sommes pas nous-mêmes, nous vivons en nous manipulant comme des marionnettes, en présentant aux autres une caricature limitée. L'être semblable à celui que nous sommes vraiment, nous devons le créer en nous-mêmes, comme un modèle, en découvrant ses desseins, les ordres qu'il porte en lui en tant que semence. Un arbre en formation essaie de pousser afin de devenir ce végétal modèle qui le guide. L'engendrement du semblable n'est pas un dédoublement mais une transformation : pour permettre à l'œuvre naturelle de se réaliser, on doit soi-même se transformer en ce moi impersonnel modèle, c'est-à-dire le plus haut niveau de perfectionnement. Ainsi devenons-nous nos propres guides. « Euclide nous a conseillé de n'effectuer aucune opération si le soleil et le mercure ne sont pas réunis. » À tout moment le moi individuel et le moi impersonnel, intellect et inconscient, doivent agir ensemble. C'est pourquoi, dans mon rêve, Maitreya et Jésus se sont unis.

À Paris, j'ai eu la chance de connaître l'alchimiste Eugène Canseliet, qui a publié les ouvrages du mystérieux Fulcanelli. Je me souviens l'avoir entendu me dire : « L'athanor, c'est le corps. Le cœur, la cornue. Le sang, la lumière. La chair, l'ombre. Le sang vient du cœur, qui est actif, et va à la chair, qui est passive. Le cœur est le soleil, le corps, la lune. Le positif est au centre. Le négatif, autour du centre. Ensemble ils forment l'unité. » Si nous pensons que l'univers a un centre créateur, nous, qui sommes un minuscule univers, devons aussi en avoir un. À plus de cinquante ans, grâce au rêve lucide, je décidai de tenter la plus grande rencontre : celle avec mon dieu intérieur.

Cela se passe au cours d'un dîner familial, que je partage avec ma femme et mes enfants. Nous mangeons sur la terrasse, autour d'une table rectangulaire. Il fait nuit et dans le ciel brillent les étoiles. Sur un plat en forme de croix, Cristina, la servante qui s'est si bien occupée de moi dans mon enfance, nous sert un chevreau rôti. « Je suis en train de rêver. » Je pose les mains à plat dans l'air, m'appuie sur elles et lévite. D'en haut, je parle à mes êtres chers. « Je vais sortir de ce monde. » Ils sourient d'un air complice et peu à peu disparaissent. Une peine immense m'envahit. Cette douleur lancinante m'oblige à rester, mais Cristina apparaît, agitant un sécateur avec lequel elle fait des coupes dans l'air. « Va-t'en ! Si tu montes, tu es un ange, si tu descends, tu es un démon ! » Soulagé, libre, je commence à m'élever. Je me vois flottant dans le cosmos. Les étoiles brillent plus que jamais. Je veux sortir de la dimension cosmique pour entrer dans celle où règne ma conscience. Brusquement, tous les astres disparaissent : je me retrouve dans un espace qui semble s'étendre jusqu'à l'infini. De manière intermittente, au rythme des battements d'un cœur humain, ce vide obscur est traversé par des ondes lumineuses circulaires semblables à celles qui se forment sur un lac quand une pierre tombe dans ses eaux calmes. Je vois au loin le centre. C'est une masse de lumière, comme un soleil sans flammes, qui vibre et palpite, produisant des ondulations iridescentes. Sa taille colossale — comparé à lui je suis plus infime qu'un atome — me remplit de terreur. Je veux me réveiller, mais je me retiens. « Ceci est un rêve, il ne peut rien m'arriver. — Tu te trompes, si l'expérience est trop intense, elle causera ta mort dans la vie réelle, jamais plus tu ne te réveilleras ! — Ose, souviens-toi ce que t'a dit Ejo Takata : Intellectuel, apprends à mourir ! » Je décide de courir le risque, je vole rapidement vers cet être immense de lumière et me jette en lui. Au moment de m'enfoncer dans cette matière, parce que l'éclat de lumière est si dense que je peux le sentir sur ma peau, j'expérimente l'incommensurable étendue de son pouvoir...

Pour mieux me faire comprendre je dois rappeler ici un moment crucial que mes acteurs et moi avons vécu au cours du tournage de *La Montagne sacrée* : après deux mois de préparation, enfermés dans une maison sans sortir, ne dormant que quatre heures par nuit et pratiquant des exercices initiatiques le reste du temps, plus quatre mois de tournage intense à voyager dans tout le Mexique, nous avions perdu toute notion de réalité. Le monde du cinéma avait pris sa place. Moi, possédé par le personnage du Maître, une sorte de Gurdjieff greffé sur l'enchanteur Merlin, étais devenu un tyran. Je voulais à tout prix que les acteurs atteignent l'illumination. Nous ne faisions pas un film, nous filmions une expérience sacrée. Et qui étaient ces comédiens qui, également pris par l'illusion, acceptaient d'être mes disciples ? J'avais rencontré l'un d'eux, un transsexuel, dans un bar de New York, un autre était un jeune premier de feuilletons télévisés ; et puis il y avait ma femme, avec sa névrose d'échec, un Américain qui admirait Hitler, un millionnaire malhonnête qui avait été expulsé de la Bourse, un homosexuel qui croyait parler sanscrit avec les oiseaux, une danseuse lesbienne, un comique de cabaret et une Afro-Américaine qui, ayant honte de ses ancêtres esclaves, disait être Peau-Rouge. Mon idée, en rassemblant ce bouquet, m'avait été inspirée par l'alchimie : l'état premier de la matière est la boue, le magma, l'« œuvre au noir ». De lui, par des purifications successives, naît la pierre philosophale, qui transforme les métaux vils en or. Ces personnes sorties de la masse, qui n'étaient absolument pas des artistes de théâtre, devaient, à la fin du film, être converties en moines illuminés. À la recherche de sites magiques, nous avions escaladé toutes les pyramides aztèques et mayas que les services de tourisme avaient en grande partie reconstruites. C'est ainsi que nous arrivâmes à l'île Mujeres, où nous pûmes contempler les merveilleuses eaux bleu turquoise de la mer des Caraïbes, enfin quelque chose d'authentique. Je décidai alors de réaliser une expérience fondamentale : après avoir obtenu que tous se rasent le crâne, y compris moi-même, je nous fis tous embarquer dans un petit bateau de pêche à la crevette. Au bout d'une heure de navigation, nous fûmes en haute mer. Un cercle bleu-vert resplendissant nous entourait. Le merveilleux océan arrivait jusqu'à l'horizon circulaire avec ses vagues énormes, mais paisibles. Je regroupai les acteurs autour de moi et leur dis, dans un état de transe : « Nous allons sauter et nous plonger dans l'océan. L'âme individuelle doit apprendre à se dissoudre dans ce qui n'a pas de limites. » Je ne sais ce qui s'est passé à cet instant. Ils m'ont regardé avec des yeux d'enfant, m'accordant une foi qu'en vérité je ne méritais pas. Alors je lançai un cri de karatéka et sautai, poussant le groupe à la mer. À l'instant où je m'enfonçais, je reçus une gigantesque leçon d'humilité. Nous nous étions jetés à l'eau déguisés en pèlerins style soufi : nous chaussions de grosses bottes, portions des pantalons larges, des ceintures de flanelle autour de la taille, des chemises amples, de longs manteaux ainsi que des chapeaux à larges bords. Les chapeaux ne furent pas un problème : simplement, ils flottèrent. Mais en une seconde les costumes s'imbibèrent d'eau, devenant dangereusement lourds. Je me sentis couler comme une pierre vers les profondeurs marines, et cette descente dura une éternité. Soudain, la mer entière se comprima contre mon corps, avec son immense puissance, son insondable mystère, sa monstrueuse présence. J'étais pris dans ce ventre surhumain, me sentant plus petit qu'un microbe. Qui étais-je au milieu de cet être colossal ? Je m'agitai autant que je le pus, sans être sûr de sauver ma vie, peut-être allais-je continuer à m'enfoncer jusqu'aux fonds obscurs. Je n'eus pas l'idée de prier ou d'implorer de l'aide, je n'en eus pas le temps. L'énorme masse d'eau m'éjecta vers la surface. Bien que le plongeon eût à peine duré quelques secondes, nous nous retrouvâmes tous à une quinzaine de mètres du bateau. Sur terre, quinze mètres sont peu de chose ; en haute mer, ils équivalent à plusieurs kilomètres. Il ne m'était pas venu à l'esprit que vivaient là des requins et d'autres poissons carnivores. Dans l'embarcation, les pêcheurs s'agitaient, nous traitant de gringos fous, improvisant un sauvetage. Nous, en revanche, entraînés par ces mois d'exercices initiatiques, attendîmes calmement, la partie individuelle effacée par les vagues, devenus un être collectif. Tout en donnant des petites tapes sur l'eau, la Peau-Rouge déclara qu'elle ne savait pas nager. Le nazi se révéla être un champion de natation : il la prit par le menton et la fit flotter.

Corkidi, le photographe, oubliant complètement que sa tâche consistait à filmer des moments d'une telle transcendance, nous jeta, en proférant des malédictions, une bouée attachée à une longue corde... Le millionnaire, qui était le plus proche de l'embarcation, lança le flotteur en direction de son voisin, l'oiseleur, qui tout en récitant un mantra le lança à son tour à un autre, et ainsi, peu à peu, nous nous rassemblâmes en nous accrochant à la corde. Sans ce calme, nous aurions tous pu nous noyer. Nous remontâmes sur le bateau au milieu d'un silence religieux. On nous déshabilla, on nous enveloppa dans des serviettes. Nous commençâmes à trembler. Quand ils retrouvèrent l'usage de leurs mâchoires, les acteurs, plus le photographe, ses assistants et les pêcheurs de crevettes se mirent à m'insulter. Seuls deux d'entre eux restèrent silencieux. Le comique, qui dans le film tenait le rôle d'un voleur, symbole du moi primitif et égoïste, s'était comporté comme tel : sans se préoccuper du groupe, il avait nagé de toute la force de sa puissante musculature vers le bateau dès qu'il avait émergé de l'eau. Ma femme ne réussit pas non plus l'épreuve : elle fut la seule à ne pas sauter. Elle resta sur le pont à nous regarder, paralysée, ou alors incrédule. À cet instant quelque chose se brisa entre nous pour toujours ; nous prîmes conscience que nos chemins suivaient des directions différentes. Je compris que si je voulais arriver à moi-même je devais me dépouiller de cette lèpre qu'était la terreur de l'abandon et accepter la solitude pour, un jour, être capable de parvenir à une union authentique avec les autres. Les interprètes déclarèrent quant à eux s'être rendu compte qu'ils se fichaient pas mal de devenir des moines illuminés, et que tout ce qu'ils voulaient, c'était devenir des vedettes de cinéma. L'immersion dans la mer des Caraïbes avait été une erreur qui leur servirait de leçon : jamais plus, désormais, ils n'obéiraient à mes folies de réalisateur. Pour commencer, ils exigèrent un petit déjeuner copieux — jus d'orange, œufs, tartines grillées, céréales, beurre, confiture —, de même que la cessation de toute improvisation étrangère au scénario. Dans le cas contraire, ils quitteraient le tournage... Pour moi, ce fut une expérience essentielle. Je sus que j'aurais dorénavant le courage d'affronter l'inconscient sans me laisser envahir par la terreur, sachant que toujours la barque de ma raison lancerait une corde pour me récupérer.

Mais revenons au rêve lucide : dès que je me jetai dans cet être de lumière gigantesque, je fis l'expérience, comme dans la mer des Caraïbes, de l'immensité de son pouvoir. Cette fois cependant, préparé comme je l'étais par l'expérience antérieure, je ne luttai pas pour regagner la surface comme si j'échappais à la gueule d'un monstre, mais me laissai glisser vers le fond. J'eus la sensation de tomber lentement, en même temps que je me dissolvais, comme si la lumière était un acide. À la fin, poussant un cri où se mêlaient la joie et la paix, je cessai de m'accrocher à ma dernière miette de conscience individuelle. Je m'intégrai au centre. J'explosai en une inconcevable succession de formes géométriques, des milliers, des millions, et cela formait des mondes qui s'évaporaient, océans de couleurs, de mots, de phrases, de discours en d'innombrables langues qui s'entremêlaient tels d'immenses labyrinthes, le temps changé en un instant éternel, palpitant, s'ouvrant sur des possibilités infinies de futurs ; moi, j'étais le noyau créateur explosant sans cesse, sans interruption, sans silences, en des métamorphoses sans fin. Une sorte de violent tremblement de terre me secoua, dans mes extrémités inimaginables s'ouvrirent huit portes, huit ponts, huit tunnels, ou des bouches, que sais-je ?, et de là partirent d'autres univers qui éclatèrent également en des créations délirantes, qui à leur tour s'unirent à d'autres, jusqu'à former une masse astrale semblable à une énorme ruche.

Combien de temps ce rêve dura-t-il ? Je ne sais pas. La notion de durée avait été abolie. J'eus la chance, ou la malchance, qu'une pluie torrentielle, accompagnée d'un vent violent, fouettât la ville cette nuit-là. Les persiennes de mes fenêtres se mirent à battre avec fracas. Je me réveillai en croyant que le rêve continuait. Il me fallut un bon moment pour recouvrer la raison. Le mur qui me séparait de l'inconscient s'était en partie écroulé. Bien que me sachant un individu, je pouvais ressentir l'incessante création d'images dans mon cerveau.

Cela ne cessait de produire des mondes, c'était un immense ouragan de folie créatrice. Le moi vivait dans un dieu dément aux multiples facettes. La raison était une petite barque submergée dans un océan infini agité par toutes les tempêtes, traversé par toutes les entités, angéliques ou démoniaques — cela ne faisait pas de différence —, par toutes les langues vivantes, mortes ou à créer, par l'incommensurable multiplication des formes, par le démembrement absolu de l'unité.

Après cette vision extrême, que j'utilisai d'une certaine manière pour créer mes histoires de l'Incal, beaucoup de temps passa avant que je rêve à nouveau. Le thème du rêve lucide, aux États-Unis, puis dans le monde entier, commença à être à la mode. Il ne manqua pas un Américain pour tenter de vendre des machines qui pouvaient le produire. Plusieurs livres furent publiés, quelques-uns sérieux, d'autres moins, comme dans le cas de cet auteur qui s'attribua des pouvoirs magiques. Je les lus avec avidité. Ils me permirent de me rendre compte de quelque chose de fondamental : ceux qui décrivaient leurs rêves lucides racontaient des choses qui correspondaient à leur niveau de conscience, à leurs croyances. S'ils étaient catholiques, par exemple, ils voyaient le Christ avec une grande émotion. S'ils avaient une forme ou une autre de morale, les messages de leurs rêves la corroboraient. Je me souvins avoir bavardé avec un ami psychanalyste qui m'avait montré des exemples de rêves : les patients d'analystes freudiens rêvaient de symboles sexuels, les jungiens de mandalas et de transformations, les lacaniens de jeux verbaux, etc. C'est-à-dire qu'ils rêvaient d'après les théories de leur analyste, théories qui pour eux avaient force de dogme. Je compris que quelque chose de semblable se passait avec les rêves lucides : dans le rêve, une écrivaine maniérée dirigeait sa conscience comme une femme maniérée, un ethnologue mythomane créait dans son monde onirique des aventures qui le faisaient passer pour quelqu'un détenant les secrets intransmissibles de la magie indigène... J'examinai ma vision du centre créateur. En devenant ce centre, j'avais eu huit portes. C'est-à-dire un double carré. Tocopilla ! *Toco* : double carré. *Pilla* : diable-conscience. Était-ce une coïncidence ? Les Quechuas avaient-ils fait le même rêve ? L'incessant créateur, Pillán, communiquait-il avec les autres créateurs par ses huit ponts ? Ou bien le nom de mon village natal avait-il modifié mes images ? Pourquoi pas neuf, dix, ou même mille portes ?

Je décidai de procéder avec la plus grande prudence. J'avais déjà atteint le sommet de la montagne : je m'étais identifié à la folle création universelle, que voulais-je de plus ? Dans quel but essayais-je de modifier mes rêves ? Si je voulais obtenir quelque chose de profitable, je devais plutôt modifier le rêveur, l'être qui était en état de veille, celui qui s'introduisait dans le monde onirique pour tenter de le contrôler. Pour y parvenir, j'avais besoin d'entreprendre d'autres expériences par un sentier onirique différent.

Je remarquai que rester conscient pendant le rêve lucide demandait un effort considérable. Finalement, la grande leçon que je tirais de ces expériences se situait moins dans le monde extraordinaire que je pouvais créer que dans cette exigence de lucidité. Sans lucidité, rien n'est possible. Dès l'instant où je me laissais emporter par les événements, éprouvant les émotions qu'ils éveillaient en moi, le rêve m'absorbait et perdait de sa limpidité. La magie n'opérait que grâce à l'éloignement ; ce qui permettait le jeu, c'était la clarté du témoin, alors qu'au contraire la fusion réduisait le champ des possibilités. Je me dis : « Les rêves ont une raison d'être : comme produit de la création universelle, ils sont parfaits, il n'y a rien à leur enlever, rien à leur ajouter. L'araignée en elle-même n'est pas horrible, elle l'est pour la mouche. Si j'ai vaincu la peur, il n'y a aucune raison que le monde onirique m'affecte. Si j'ai vaincu la vanité et vois des images sublimes, celles-ci non plus ne doivent pas m'altérer. En réalité, celui qui se réveille dans le rêve n'est pas un être supérieur doté de pouvoirs fabuleux, c'est une conscience dont le rôle est de devenir un témoin impassible. Si on intervient dans les rêves, au début on le fait pour expérimenter une réalité inconnue, mais ensuite la vanité peut nous faire tomber dans un piège. Le microbe qui est conscient de la mer des Caraïbes n'est pas la mer des Caraïbes. La divinité peut être moi et continuer à être elle ; je ne peux être la divinité et continuer à être moi. » Je décidai alors de laisser de côté ma volonté et de m'abandonner au rêve lucide en qualité d'observateur. Je précise qu'être observateur n'est pas s'éloigner de l'action, c'est la vivre dans l'indifférence : si une bête sauvage m'attaque, je me défends sans angoisse. Si elle gagne, je me laisse dévorer et j'observe ce que signifie être trituré. Au début de ces nouvelles expériences, je me trouvai dans des situations où je pouvais tuer. Je ne le fis pas. À l'état de veille, je ne suis pas un criminel, pourquoi le serais-je en rêve ? Comme résultat de mon travail, qui s'étala sur des années, beaucoup de choses de la personnalité primitive furent vaincues. En me proposant de ne pas intervenir dans l'événement onirique, mes cauchemars disparurent complètement. De même que les images angoissantes, écœurantes, perverses. On aurait dit que mon inconscient, me sachant ouvert à tous ses messages, sans volonté de me défendre ou de l'adultérer, s'était changé en mon associé.

Se réveiller ou ne pas se réveiller dans le rêve devient une préoccupation de second plan. On atteint un niveau de conscience où l'on sait, dans tous les rêves qui arrivent, que l'on est en train de rêver. Les images oniriques sont des expériences qui nous transforment tout autant que les faits de la vie réelle. En réalité, rêve et état de veille marchent tellement ensemble qu'en parlant d'eux nous faisons référence à un seul monde. On cesse de chercher le détachement, la lucidité, et l'on accepte avec humilité la béatitude. Les rêves lucides sont devenus des rêves heureux. Cependant, on n'y arrive pas d'un coup, on passe par différentes étapes. En ce qui me concerne, quand je cessai de jouer au magicien et eus dompté les cauchemars, faisant de chaque menace un allié, un cadeau, une énergie positive, je me mis à rêver de devenir mon propre thérapeute. J'ai soigné des blessures émotionnelles, consolé des manques. Par exemple :

Je repose, nu, dans ma chambre, telle qu'elle est dans la réalité : une pièce avec des murs et des rideaux blancs. Un lit en planches, un oreiller dur, une table de nuit, une chaise et une petite penderie, rien de plus. Aucune décoration. Mon père apparaît, il a le même âge que moi. Il s'appuie sur sa bicyclette qui, sur le garde-boue de la roue arrière, porte une caisse pleine de marchandises : de la lingerie féminine, des cravates, de la camelote. Il est vêtu du costume qu'il a copié sur une photographie de Staline. Il me demande, avec une intense expression de surprise, ce que je fais ici, et je lui réponds : « Je suis ton fils, tu n'es plus à Matucana. Tu habites maintenant mon niveau de conscience. Laisse cette bicyclette, tu n'es pas un commerçant, tu es un être humain. Oublie ton uniforme de communiste et reconnais que tu as adoré un faux héros. »

Au fur et à mesure que je parle la bicyclette s'estompe de même que son costume. Il se retrouve nu. Bras ouverts, je m'approche de lui. Il recule, avec crainte ou répugnance. « Calme-toi, cesse d'avoir honte de ton sexe, cela fait une éternité que je sais qu'il est petit, cela n'a aucune importance. L'amour filial existe, et l'amour paternel aussi. Tu avais tellement peur d'être homosexuel comme ton frère que tu as refusé tout contact physique entre nous. Les hommes ne se touchent pas, disais-tu. Et pendant toute mon enfance, jamais tu ne m'as pris dans tes bras, jamais tu ne m'as embrassé. Tu as fait en sorte que je te craigne, rien de plus. À la moindre faute tu me frappais ou me criais après avec rage. C'est une erreur d'ériger la paternité sur un socle de peur. Je veux que ce soit l'amour et non la terreur qui m'attache à toi. J'ai été ta victime étant petit, mais à présent que je suis un adulte je vais te prendre dans mes bras et tu feras de même. » Et, sans crainte, je le prends dans mes bras, l'embrasse, puis le berce comme un enfant. Et en le tranquillisant je ressens la force surprenante de son dos. Maintenant il a cent ans et moi aussi ! Nous sommes deux vieillards, robustes, pleins d'énergie. « L'amour allonge la vie, mon père ! » Je continue à le bercer, avec audace, avec tendresse. « Comme tu n'as jamais communiqué avec moi par le toucher, moi aussi j'ai refusé tout contact corporel avec mon fils Axel Cristóbal. » Et celui-ci apparaît à l'âge que j'avais à l'époque de mon rêve, vingt-six ans. Je le caresse avec une immense tendresse, et je lui demande de me bercer comme je viens de bercer mon père. Il me prend dans ses bras, pleurant de bonheur. Moi aussi... Je me réveille.

Mon fils m'appelle au téléphone et propose que nous prenions le petit déjeuner ensemble. Je lui demande de venir me voir. Dès que je lui ai ouvert la porte, je le prends dans mes bras. Il n'en est pas surpris et me répond avec la même tendresse, comme si toute notre vie nous avions communiqué avec nos corps. Je lui explique le rêve et lui demande de sentir qu'il peut donner une protection, pas seulement en recevoir. « Prends-moi dans tes bras comme si j'étais un enfant, et berce-moi en murmurant une berceuse. » Au début, Cristóbal le fait timidement, mais peu à peu il s'émeut et nous finissons par établir un contact dans lequel l'amour filial et l'amour paternel se mêlent étroitement. Enfin il y a du bien-être et de la paix dans notre relation.

Naturellement, sans le vouloir, je passai de ces rêves où je me soignais moi-même à ceux dans lesquels je me préoccupais des autres :

Je vole au-dessus de l'avenue des Champs-Élysées, à Paris. En bas, des milliers de personnes défilent en exigeant la paix dans le monde. Elles portent une colombe en carton d'un kilomètre de long, aux ailes et à la poitrine tachées de sang. Je commence à tourner autour d'elles pour attirer leur attention. Les gens, admiratifs, me montrent du doigt en me voyant léviter. Je leur demande alors de se prendre par la main et de former une grande chaîne, afin de voler avec moi. J'en prends un avec tendresse et le soulève. Les autres, sans se lâcher les mains, s'élèvent également. Je me promène dans les airs en faisant de belles figures avec cette chaîne humaine. La colombe en carton nous suit. Ses taches de sang ont disparu. Je me réveille avec la sensation de paix et de joie que procurent les beaux rêves.

Trois jours plus tard, me promenant avec mes enfants sur

la même avenue des Champs-Élysées, dans le jardin qui se trouve près de l'Obélisque, je vois un vieux monsieur dont tout le corps est couvert de moineaux. Il est assis sur une chaise en métal que la municipalité met à la disposition du public. Immobile, la main tendue, il offre un morceau de gâteau. En voletant les petits oiseaux lui arrachent des miettes tandis que d'autres attendent leur tour, amoureusement perchés sur sa tête, ses épaules, ses jambes. Il y a des centaines d'oiseaux. Je suis surpris de voir les touristes passer sans prêter la moindre attention à ce que je considère quant à moi comme un véritable miracle. Ne pouvant contenir ma curiosité je m'approche du vieux monsieur. Dès que je suis à deux mètres de lui, tous les moineaux s'envolent et vont se réfugier dans les branches des arbres. « Pardonnez-moi, lui dis-je, comment cela est-il possible ? » Le monsieur me répond aimablement : « Je viens ici tous les ans, en cette saison. Les petits oiseaux me connaissent. Ils se transmettent le souvenir de ma personne de génération en génération. Je fais moi-même le gâteau que je leur offre. Je connais leurs goûts et je sais doser les ingrédients. Il suffit de tenir le bras et la main immobiles, et d'incliner le poignet pour que la pâte se voie bien. Puis, lorsqu'ils viennent, il faut cesser de penser et beaucoup les aimer. Voulez-vous essayer ? »

Je demandai à mes enfants d'attendre assis sur un banc, près de là. Je pris le morceau de gâteau, tendis la main et demeurai immobile. Aucun moineau n'osa s'approcher. Le bon vieux se plaça à côté de moi et me prit la main. Aussitôt les oiseaux arrivèrent et se posèrent sur ma tête, sur mes épaules, sur mes bras, tandis que d'autres picoraient la nourriture. Le monsieur me lâcha. Immédiatement les oiseaux s'envolèrent. Il saisit à nouveau ma main et me demanda de tenir celle d'un de mes enfants, tandis qu'il tiendrait les autres, pour former une chaîne. Ce que nous fîmes. Les oiseaux revinrent et se posèrent sans peur sur nos corps. Chaque fois que le vieux monsieur nous lâchait, les moineaux s'enfuyaient. Je compris que pour les oiseaux, quand leur bienfaiteur, pure bonté, nous prenait la main, nous devenions une partie de lui. Lorsqu'il nous lâchait, nous redevenions nous-mêmes : des humains redoutables. Je ne voulus pas déranger plus longtemps ce saint homme. Je lui offris de l'argent. En aucune manière il ne voulut l'accepter. Jamais plus nous ne le revîmes. Grâce à lui je compris certains passages des Évangiles : Jésus bénit les enfants sans dire de prière, se contentant de poser les mains sur eux (Matthieu 19, 13-15). Dans Marc (16, 18), le Messie mandate ses apôtres : « ... ils imposeront les mains aux infirmes, et ceux-ci seront guéris. » Les mystérieuses paroles de l'apôtre saint Jean dans sa Première Épître, 1, 1 : « Ce qui était dès le commencement, ce que nous avons entendu, ce que nous avons vu de nos yeux, ce que nous avons contemplé, CE QUE NOS MAINS ONT TOUCHÉ du Verbe de vie. »

Entre mon rêve lucide et l'homme aux oiseaux il y avait une coïncidence surprenante. D'une certaine manière, dans le monde éveillé opéraient les mêmes lois que dans le monde des rêves. Celui qui, grâce à l'humilité et à l'amour, avait atteint le détachement conscient pour être utile aux autres, leur transmettant son niveau, avait besoin non seulement de s'unir à eux spirituellement mais aussi corporellement. À travers le contact physique pouvait se transmettre l'âme. Ce fut alors que je commençai à développer ce que j'appelai plus tard le « massage initiatique ». Je me dis : la manière dont Jésus a touché les enfants, une imposition des mains qui sans un mot leur a transmis sa doctrine, ne fut pas celle d'un médecin. Le médecin ausculte une machine biologique et découvre le mal, ce n'est pas une communication d'âme à âme, mais de corps à corps. Il n'a pas agi non plus comme un militaire, un agent de police, un guerrier, un maître, toutes personnes qui s'adressent à notre corps en imposant leurs règles, en nous frappant, en nous terrorisant, en nous humiliant, en limitant notre liberté. Il n'a pas agi non plus comme un séducteur, en donnant à notre corps une signification purement sexuelle ou émotionnelle. Il a laissé cela à un second plan et fait de ses mains le prolongement de son esprit ; à travers le contact physique il a transmis la conscience. Cela était-il possible ? Pour y parvenir il devait vaincre le centre intellectuel qui provoque l'attitude du médecin, ou le centre sexuel qui produit la lascivité, ou le centre corporel et son animalité génératrice d'abus de pouvoir. Je me concentrai sur mes mains et sentis en elles la force de l'évolution, ces millions d'années au cours desquelles elles étaient peu à peu devenues humaines, émergeant des sabots et des griffes, passant par le préhensile jusqu'à ce que le pouce se décolle et qu'elles prennent la forme d'extrémités qui non seulement manipulent des instruments ou procurent nourriture, protection et caresses, mais peuvent aussi transmettre l'énergie spirituelle... Essayant de réveiller cette sensibilité, j'ai eu l'idée de mettre mes mains en contact avec des symboles sacrés ou des idoles bienfaitrices. À Mexico, au musée d'Anthropologie, je me suis placé devant le calendrier solaire aztèque, grande roue de granite sur laquelle est gravée la mystérieuse sagesse d'une ancienne civilisation. Au centre de ce mandala, un visage est entouré d'un premier cercle de vingt symboles, puis d'un autre, sur les bords, formé de deux serpents qui dans la partie supérieure unissent leurs queues et dans la partie inférieure s'observent face à face avec des visages humains... Ce mandala, aujourd'hui symbole de la nation mexicaine, m'attirait comme un aimant. L'inexplicable danse de la réalité fit que la salle où ce monument était exposé au milieu d'autres sculptures, elles aussi d'une immense valeur, resta momentanément vide de visiteurs et que le gardien s'absenta, sans doute pour aller faire ses besoins, me laissant seul face au calendrier. J'enjambai la barrière et posai mes mains en son centre, précisément sur le bas-relief du visage qui regarde le spectateur (ceux des deux serpents se présentent de profil). À peine avais-je posé mes mains sur cette surface qu'un frisson me parcourut le corps. Je n'affirmerai pas que le mandala me le produisit : peut-être fût-ce une réaction psychologique, sans relation avec la pierre. Cependant, d'où que cela fût venu, une terrible énergie pénétra mes cellules. Ma vision changea, je ne vis plus ce monument comme un disque, mais comme un cône. Le sommet en était le visage qui se trouvait sous mes mains et la base, à une centaine de mètres de distance, les deux serpents qui formaient le cercle extérieur : partant d'un niveau animal, cet être de pierre s'élevait en vingt anneaux, formés chacun par la giration d'un symbole, jusqu'à la conscience angélico-démoniaque représentée par le visage de face. J'eus la sensation que ce visage, aussi brillant qu'un soleil, se regardait en moi comme dans son miroir. J'eus la sensation que derrière lui grandissait un corps de serpent. Et si j'étais son reflet, mon esprit aussi avait un corps de reptile. Deux serpents de profil formant un cercle et, maintenant, deux serpents de face, le visage et moi, formant un autre cercle, car à part l'union au sommet, tout en bas, dans les racines, s'entremêlaient aussi nos natures animales. Cette expérience, d'une rare intensité, dura environ cinq minutes. Puis j'entendis les pas du gardien et aussi ceux d'un groupe important de touristes. Le lieu se remplit de gens. Je sortis du musée avec la sensation d'être une personne différente.

En France, dans une petite église de Camargue, aux Saintes-Maries-de-la-Mer, est conservée la statue d'une Vierge noire, idole des Gitans. Une fois l'an, en été, des milliers d'entre eux, venant de tous les coins d'Europe, se rassemblent là pour lui rendre hommage. Au cours d'une cérémonie populaire impressionnante, on promène la sainte, on chante pour elle, on la prie. Ces fêtes terminées, le peuple nomade repart et l'église reste solitaire. Lorsque je la visitai, en hiver, les portes n'étaient pas fermées à clé. Aucun prêtre ne surveillait le lieu. Je m'approchai de la Vierge noire, qui malgré son immense importance paraissait abandonnée, et, impressionné par sa légende, je m'agenouillai devant elle. Ma première impulsion fut de lui demander quelque chose, comme tout le monde. Mais je me retins. Je m'approchai d'elle et commençai à lui masser le dos. On pourra me dire que c'est là une projection subjective, qu'un morceau de bois taillé ne peut avoir de sentiments ; pourtant, à travers mes mains, je perçus l'effort que faisait cette idole pour supporter le poids d'autant de requêtes. Je caressai son dos comme s'il était celui de ma mère, submergé par une douloureuse tendresse qui peu à peu se transforma en joie. Quand je la sentis soulagée, je joignis mes mains, qui malgré le froid hivernal étaient pleines de chaleur, et l'implorai : « Apprends-moi à transmettre la conscience à travers mes mains. » Dans mon esprit sa douce voix résonna : « Donne vie à la pierre. » Je ne compris pas le sens de cette phrase, l'attribuant à un délire de mon imagination...

Quelques mois plus tard, pendant les vacances, je fus invité à animer des séminaires sur le tarot dans le sud de la France. L'architecte Anti Lovacs avait un très beau terrain sur les coteaux de Tourrettes-sur-Loup, avec une maison en forme de sphère dans laquelle j'habitai pendant deux mois. Sur une large corniche, de laquelle on pouvait voir toute la vallée jusqu'à la côte, je trouvai un rocher de forme presque ovale, d'environ un mètre quatre-vingts de haut. Ce minéral se trouvait là, simple, humble, anonyme, beau, témoin des millions d'années du passé. Je compris le message reçu des profondeurs de mon inconscient aux Saintes-Maries-de-la-Mer. Le calendrier solaire aztèque, avec son système symbolique très proche de celui du tarot, avait déposé son énergie dans mes mains en entrant par la porte de l'intellect. La Vierge noire, une idole puissante, avait fait de même, mais en entrant par la porte des émotions. Je devais maintenant affronter la matière dans son état originel, sans qu'aucun sculpteur humain fût intervenu sur ses formes. Il s'agissait d'un corps à corps. Cette pierre n'avait d'autre signification qu'elle-même. Elle ne faisait partie ni d'une cathédrale, ni d'un mur des lamentations, ni de la tombe d'un homme dieu ; elle était elle, vivant à un rythme infiniment plus lent que le mien, mais aussi avec un capital de vie colossal. Je me souvins des cinq devises des savants apparaissant sur la gravure qui orne le *Rosarium philosophorum : Lapis noster habet spiritum, corpus et animam* (Notre pierre possède un esprit, un corps et une âme). Puis *Coquite... et quod quaeris invenies...* Le mot *coquite* étant ambigu — probablement « couds » — je le traduisis par « masse », ce qui me donna : « Masse... et tu trouveras ce que tu cherches. » *Solve, coagula* (Dissous, coagule) m'indiqua que je devais sentir que je dissolvais la pierre dans sa propre conscience pour ensuite la réintégrer à son corps, cette fois matière illuminée. *Solvite corpora in aquas* (Dissous les corps dans l'eau) m'indiqua que, dans l'action de masser la pierre, je devais dissoudre tant mon corps que celui de la roche dans une communion parfaite, l'amour étant le mystérieux élixir alchimique qui dissout tout, qui transforme tout en unité. Et enfin : *Wer unseren maysterlichen Steyn will bauwen / Der soll der naehren Anfang schauwen* (Qui veut réaliser notre Pierre parfaite / Doit auparavant contempler le principe le plus proche). Je devais, dépassant le moi individuel, me laisser posséder par le moi impersonnel, la conscience universelle (l'impersonnel est plus proche de la vérité que le personnel), et ainsi, en transe, atteindre le cœur vivant de la pierre... Je décidai de la masser deux heures chaque matin, de six à huit, avant de déjeuner avec mes élèves.

Le premier jour, au milieu d'un brouillard matinal qui nous plongeait dans un espace abstrait, je vis le rocher comme un œuf immense, insensible à ma présence. Il me parut évident que, quoi que je fasse, jamais aucun contact ne s'établirait entre nous. Mais je pensai à la fable du chasseur qui veut chasser la lune. Pendant des années il tente de le faire. Jamais ses flèches ne l'atteignent, mais il devient le meilleur archer au monde... Je compris qu'il ne s'agissait pas de faire de la pierre un être vivant, mais d'essayer de le faire. L'alchimiste doit tenter l'impossible. La vérité n'est pas au bout du chemin : elle est la somme des actions réalisées pour l'obtenir. Je sentis que je devais effectuer le massage nu. Patiemment, avec de l'eau, du savon et une éponge, je lavai la pierre. Ensuite, à l'aide d'une huile de lavande, je commençai à la caresser. Le soleil n'envoyait pas encore ses rayons les plus ardents. Bien qu'à aucun moment je n'aie cessé de la pétrir, sa superficie resta froide, impénétrable... Fidèle à ma décision, je continuai mes massages chaque matin. Peu à peu je me mis à l'aimer comme on aime un animal. J'appris à oublier l'idée d'échange, à donner sans espoir d'obtenir. J'appris à aimer l'existence de cette pierre sans me préoccuper de savoir si elle était consciente de la mienne. Plus son corps était insensible, plus profond était mon massage. Je me souvins des paroles d'Antonio Porchia : « La pierre que je prends dans mes mains absorbe un peu de mon sang et palpite. » Je ne vis pas passer ces deux mois. Le dernier jour, concentré comme toujours sur mes caresses, je ne sais pourquoi je levai les yeux : un corbeau noir, avec une tache blanche sur le poitrail, était là, tranquillement posé sur le rocher. Il cloua ses yeux dans les miens, lança un croassement et s'envola.

Les ateliers arrivaient à leur terme. Un élève avoua m'avoir épié un matin et me demanda un massage. J'acceptai. Je lui demandai de se mettre nu et de s'allonger sur une table. Je commençai à le masser sans aucune intention. Mes mains se déplaçaient toutes seules. Habituées à l'apparente insensibilité et à la dureté de la pierre, elles sentaient non seulement la peau et la chair, mais aussi les viscères et les os. Il me sembla que ce corps était divisé par des barrières horizontales et je me mis en devoir d'établir les connexions verticales qui allaient des pieds à la tête. Le lendemain, mon élève rassembla ses économies et partit en voyage autour du monde.

Dans la série des rêves où le personnage central, soi-même, donne plus d'importance à la réalisation des autres qu'à la sienne, il y en eut un qui me marqua profondément et qui était peut-être le résultat de mon expérience de massage sur la pierre :

Je suis assis, méditant devant les portes d'un temple. Je sais qu'on ne m'a pas laissé entrer parce que j'ai à la main un immense sac vraisemblablement plein d'ordures. Je considère que ce sac fait partie de moi et que, par conséquent, j'ai le droit d'assister aux cérémonies qui ont lieu à l'intérieur en compagnie de mon fardeau. Un groupe d'hommes et de femmes s'approche, chacun portant tristement un sac semblable au mien. Je me lève, rempli d'allégresse, et leur dis : « S'il faut le voir pour le croire, alors voyez ! » J'ouvre le sac et le vide. Il en sort un gros flot d'encre noire qui forme une mare à mes pieds. Les pauvres gens suivent mon exemple et commencent à vider leurs sacs, également pleins d'une épaisse encre noire. Nous avons créé un lac sombre...

Je détache de la façade du temple une fine colonne avec laquelle je remue le magma. À mesure que la perche de pierre tourne, de la tache surgissent de longues tiges qui s'élèvent de plusieurs mètres. À leurs extrémités s'ouvrent d'immenses tournesols. Ces fleurs attirent la lumière et le lieu est bientôt envahi d'un éclat doré. Les tours du temple s'ouvrent elles aussi, comme des fleurs. La joie des personnes est si puissante qu'elle m'envahit. Je me réveille dans un état de joyeuse excitation. Par la fenêtre de ma chambre la lumière du soleil entre à flots.

Dans la Bible, dans l'Exode, on raconte que Moïse, conduisant son peuple assoiffé dans le désert, rencontra une mare amère. Dieu lui indiqua un arbuste. Moïse en remua les eaux et elles devinrent douces. Il apaisa ainsi la soif de deux ou trois millions de gorges (Exode 15, 22-25).

Quand Moïse ne rejette pas l'eau amère, c'est-à-dire le cauchemar apparent, et agit sur elle avec les branches, faisant de la plante un prolongement de lui-même, il en fait une douce alliée. La conscience, lorsqu'elle reconnaît l'inconscient et s'abandonne à lui avec amour, fait que celui-ci se révèle dans toute sa positivité. (Le contraire de ce que Stevenson a décrit dans *Dr. Jekyll et Mr. Hyde.*) Dans le monde des rêves lucides, nous commençons par agir, donner, créer. Puis nous devons apprendre à recevoir. Accepter la faveur que l'autre personne, ou l'autre chose, peut nous faire est une forme de générosité. Savoir donner doit s'accompagner de savoir recevoir. Tous les personnages et objets de nos rêves ont quelque chose à nous offrir. Tous les êtres, animés ou inanimés, que nous voyons dans la vie réelle peuvent nous apprendre quelque chose. C'est pourquoi, peu à peu, je laissai de côté les actes volontaires et obéis de plus en plus à la volonté des rêves. À la fin, je me sentis très bien tel que j'étais dans ce monde onirique : un vieil homme serein, s'abandonnant aux événements en sachant que, du moment qu'ils se manifestent, ils sont une fête. Et voici quelques rêves heureux. Au début je les notais. Aujourd'hui je ne le fais plus. Il faut laisser se volatiliser ce qui tend, par nature, à se volatiliser.

J'explore les flancs d'une mystérieuse montagne sans me préoccuper de la légende qui dit qu'elle est habitée par de féroces guerriers d'or. Dans une grotte de glace, je découvre une source d'eau chaude. Je plonge mes mains dans l'eau en sachant qu'après avoir soigné toutes mes maladies elle me donnera le pouvoir de soigner les maux des autres.

Je suis un enfant. J'entre dans une école dirigée par une famille d'obèses. En guise de professeur de gymnastique, on me donne un éléphant. Pendant les exercices je deviens très ami de l'animal. Sous les aisselles me poussent deux bras supplémentaires. Je reçois un diplôme par lequel on me décerne le titre de Démon ascendant.

Un mandarin chinois gît dans le coma. Un groupe de vieux prêtres lui applique, sur les côtes, un fer à repasser chaud pour voir si la douleur le fait réagir. « Vous perdez votre temps, leur dis-je. Il est définitivement mort. » Les vieillards cessent de brûler le cadavre et me regardent. Étonné, je me demande : « Qu'est-ce que je fais ici, en Chine ? Qui suis-je ? » Le mort me répond : « Tu es moi, vénère celui qui te brûle ! »

Je suis parti sur une très haute montagne à la recherche de mon fils mort. Je l'emmène en voiture vers la vallée. La neige a effacé tous les chemins, mais je conduis avec plaisir, malgré le danger de tomber dans des précipices, parce que j'emmène Teo à une grande fête. Il rit. Nous entrons dans la ville. Dans les rues, il y des défilés de carnaval conduits par ses frères.

Lorsque nous atteignons la qualité de témoin lucide des rêves, lorsque nous parvenons à soumettre notre volonté à celle du monde onirique, lorsque nous nous rendons compte que ce n'est pas nous qui rêvons, ni celui qui dort, ni celui qui est réveillé dans le rêve, mais que c'est le moi collectif, l'être cosmique qui nous utilise comme canal pour faire évoluer la conscience humaine, la barrière entre l'état de veille et le rêve, si elle ne disparaît pas, devient au moins transparente. Nous nous rendons compte qu'à l'ombre du monde rationnel prospèrent les mystérieuses lois du monde onirique...

Je proposai à mes patients de traiter la réalité comme un rêve, au commencement personnel et non lucide, pour analyser les événements comme s'ils étaient des symboles de l'inconscient. Par exemple, au lieu de nous lamenter parce que des voleurs ont dévalisé notre maison ou parce que notre amant nous a abandonné, demandons-nous : « Pourquoi ai-je rêvé qu'on me vole, qu'on m'abandonne ? Qu'est-ce que je veux me dire par là ? » Tout au long de mes entretiens je me suis rendu compte que les événements tendent à s'ordonner, « par hasard », en séries qui dans le rêve correspondent à la métamorphose d'un message unique. Il est courant que des personnes qui souffrent d'une rupture dans leur couple perdent de l'argent ou soient dévalisées. Dans d'autres cas, des personnes mêlées à des conflits qui provoquent une colère irrationnelle se voient brusquement au cœur d'un ouragan, d'un tremblement de terre ou d'une inondation.

Un consultant dont la mère venait de se suicider, avec laquelle il avait eu des relations d'amour-haine, vit son appartement commencer à brûler après la cérémonie d'incinération. Dans ce type d'enchaînements, la réalité se présente à nous comme un rêve peuplé d'ombres angoissantes, dans lequel nous sommes des victimes, des êtres passifs à qui tout arrive. Si par un effort de conscience nous cessons de nous identifier au moi individuel, si nous sommes capables de « lâcher prise » et d'être le témoin impassible de ce qui semble nous arriver par accident, plus encore, si nous cessons de souffrir de ce qui nous arrive et commençons à souffrir de souffrir de ce qui nous arrive, nous pouvons passer à l'étape qui correspond au rêve lucide et introduire dans la réalité des événements inattendus qui la fassent évoluer. Le passé n'est pas inamovible, il est possible de le changer, de l'enrichir, de le dépouiller de l'angoisse, de lui donner de la joie. Il est évident que la mémoire a la même qualité que les rêves. Le souvenir est constitué d'images aussi immatérielles que celles des rêves. Chaque fois que nous nous souvenons, nous recréons, nous donnons une autre interprétation aux événements mémorisés. Les faits peuvent être analysés à partir de nombreux points de vue. Ce qu'ils signifient à un niveau de conscience infantile change quand nous passons à un niveau de conscience adulte. Dans la mémoire, comme dans les rêves, nous pouvons amalgamer des images différentes.

Attendant un visa pour pouvoir entrer aux États-Unis comme assistant de Marceau, je restai trois mois immobilisé dans une chambre d'hôtel à Montréal, au Canada, par un hiver rigoureux. La chambre était grise, déprimante, le lit étroit et dur, le lavabo émettait sans cesse des grognements porcins, la fenêtre était envahie par les flèches de néon d'une pizzeria. Ne voulant plus me souvenir de ces mois de si cruelle solitude, je me mis à peindre mentalement les murs de la chambre de couleurs brillantes, je donnai une grande taille au lit, avec des draps de soie et des édredons de plumes, je changeai les grognements du lavabo en paisibles notes de trompette et ajoutai à la fenêtre, au lieu des flèches montrant une pizza sanglante, un paysage bleu lunaire où dansaient des entités lumineuses. Je changeai mon affreuse chambre en un lieu enchanteur, comme si j'avais fait des retouches sur une mauvaise photographie. Je parvins à ce que la pièce réelle s'unisse pour toujours à la chambre imaginaire. Puis je me mis en quête d'autres souvenirs désagréables, afin de leur ajouter des détails qui les exalteraient. Je convertis les égoïstes en maîtres généreux, les déserts en forêts exubérantes, les échecs en triomphes.

Avec les faits plus proches, ceux qui s'étaient produits pendant la journée, j'appliquai une autre technique : avant de m'endormir, je pris l'habitude de les passer en revue. D'abord du début à la fin, puis, suivant le conseil d'un vieux livre de magie, à l'envers. Cette pratique de la « marche arrière » avait pour effet de permettre de se situer à une certaine distance des faits. Après m'être analysé, jugé et insulté ou félicité au premier examen, je repassais le jour en sens inverse, et m'en trouvais alors éloigné. La réalité ainsi captée présentait les mêmes caractéristiques qu'un rêve lucide. Ce qui me permit plus que jamais de me rendre compte que, comme tout le monde, j'étais dans une grande mesure submergé dans une réalité semblable au rêve. Le fait, dans la soirée, de passer en revue la journée équivalait à me remémorer mes rêves le matin. Mais le seul fait de se souvenir d'un rêve revient déjà à l'organiser rationnellement. Nous ne voyons pas le rêve dans sa totalité, nous voyons les parties que nous avons choisies selon notre niveau de conscience. Nous le réduisons afin qu'il entre dans les limites du moi individuel. Nous faisons de même avec la réalité : en revoyant les dernières vingt-quatre heures, nous n'avons pas accès à tous les événements du jour, mais à ceux que nous avons captés et retenus, il s'agit d'une interprétation limitée : nous transformons la réalité en ce que nous pensons d'elle. Cette interprétation sélective constitue une base en grande partie artificielle, sur laquelle nous fondons ensuite nos jugements et nos appréciations. Pour être plus conscients, nous pouvons commencer par faire la distinction entre notre perception subjective de la journée et ce qui constitue sa réalité objective. Lorsque nous avons cessé de les confondre, nous sommes capables d'assister en tant que spectateurs au déroulement de la journée sans nous laisser influencer par des jugements, des appréciations et des émotions enfantines. De ce point de vue, on peut interpréter la vie comme on interprète un rêve...

Un consultant ne savait comment faire pour que des locataires jeunes et sans gêne quittent une maison dont il était le propriétaire. Quelque chose l'empêchait de se rendre à la police, bien qu'il eût la loi de son côté. Je lui dis : « Cette situation te convient. Grâce à elle, tu exprimes une vieille angoisse. Essaie de l'interpréter comme un rêve de la nuit précédente. As-tu un frère cadet ? » Il me répondit que oui ; je lui demandai alors s'il ne s'était pas senti négligé quand cet intrus lui avait volé l'attention de ses parents. Il répondit que c'était vrai. Puis je l'interrogeai sur les relations qu'il entretenait actuellement avec son frère. Comme je m'y attendais, il m'avoua qu'elles n'étaient pas bonnes et qu'ils ne se voyaient jamais. Je lui expliquai que c'était lui qui favorisait l'invasion de ses locataires (plus jeunes que lui), afin d'extérioriser l'angoisse que lui causait, dans son enfance, la présence de son jeune frère. J'ajoutai que, s'il voulait que la situation soit résolue, il fallait absolument qu'il pardonne à son frère, qu'il le traite bien et qu'ils deviennent amis. « Tu dois lui offrir un grand bouquet de fleurs et déjeuner avec lui, afin d'établir une relation fraternelle, et laisser de côté le passé dans lequel tu te sentais déplacé à cause de lui. Si tu fais cela, tes problèmes avec tes locataires prendront fin. » Il me regarda étonné. Comment la solution d'un vieux problème allait-elle résoudre une difficulté présente ? Cependant il suivit mes conseils à la lettre. Il m'adressa ensuite une courte missive : « J'ai offert des fleurs à mon frère et parlé avec lui le vendredi à midi. Le vendredi soir, les locataires partaient en emportant tous mes meubles. Mais enfin, ils sont partis et j'ai pu récupérer ma maison. Cette perte de mes meubles peut-elle signifier que je me suis détaché d'une partie douloureuse de mon passé ? » Cette question révélait que mon patient apprenait à déchiffrer des situations réelles comme s'il s'agissait de rêves.

Si dans le monde onirique nous nous rendons compte que nous rêvons, dans le monde diurne, prisonniers du concept limité que nous avons de nous-mêmes, nous devons jeter par-dessus bord les idées et les sentiments préconçus pour, l'esprit nu, nous immerger dans l'Essence. Une fois cette lucidité obtenue, nous aurons la liberté d'agir sur la réalité, en sachant que si nous nous contentons de satisfaire nos désirs égoïstes nous serons emportés par le tourbillon des émotions, nous perdrons notre égalité d'humeur, notre sang-froid, et donc la possibilité d'être nous-mêmes agissant au niveau de conscience qui nous correspond. Dans le rêve lucide on apprend que tout ce qu'on désire avec une véritable intensité, c'est-à-dire avec foi, se réalise après une patiente attente. Sachant cela, nous devons cesser de vivre comme des enfants qui ne cessent de demander pour vivre comme des adultes, en investissant notre capital vital. Deux moines prient continuellement, l'un est préoccupé, l'autre sourit. Le premier lui demande : « Comment est-il possible que je vive angoissé et toi heureux, alors que tous deux prions le même nombre d'heures ? » L'autre lui répond : « C'est que toi, tu pries toujours pour demander, moi, au contraire, je ne prie que pour rendre grâces. » Pour obtenir la paix, aussi bien dans le rêve nocturne que dans le rêve diurne que nous nommons veille, nous devons être de moins en moins impliqués avec le monde et avec l'image que nous avons de nous-mêmes. La vie et la mort ne sont qu'un jeu. Et le jeu suprême consiste à cesser de rêver, c'est-à-dire à disparaître de cet univers onirique pour intégrer celui qui le rêve.

Il y a une dimension que je n'ai pas encore eu la chance d'expérimenter : les rêves thérapeutiques partagés. On raconte que María Sabina, la prêtresse des champignons, reçut un homme qui souffrait d'une douleur atroce à la jambe. Ni les remèdes les plus sophistiqués, ni l'acupuncture, ni les massages n'avaient pu le soulager. La vieille femme divisa une portion de champignons en deux parties égales pour la partager avec son patient. Elle se coucha près de lui. Ils s'endormirent dans les bras l'un de l'autre. Dans ses rêves elle vit le patient, transformé en animal, dévorer un agneau. Le propriétaire du troupeau le frappa de sa crosse, lui blessant une patte. María prit l'animal et, imposant ses mains sur le membre blessé, elle le soigna. La guérisseuse et son patient se réveillèrent en même temps. Ce dernier n'avait plus mal à la jambe. Jamais plus il ne connut une telle souffrance.

Magiciens, maîtres,
chamans et charlatans

Ma première rencontre avec la magie et la folie, associées à l'art, remonte à mon enfance. Je devais avoir cinq ou six ans quand Cristina vint travailler chez nous comme servante. Mes yeux d'enfant la virent comme une vieille femme ; elle n'avait en réalité que quarante ans, mais l'air doublement chargé de sel — celui de la mer et celui de la poudre de salpêtre du désert — avait creusé des rides sur son front et ses joues. Tous ses vêtements, comme l'habit des carmélites, étaient couleur café. Ses cheveux, tirés en arrière et ramassés sur la nuque en un chignon, avaient l'aspect d'un casque. Propre, silencieuse, aimable, avec de grandes mains, mais sensibles, c'est elle qui m'a donné les caresses que ma mère s'épargnait, qui a massé mes pieds quand j'avais de la fièvre, elle qui m'a habillé le matin pour aller à l'école, elle qui a préparé mes gâteaux préférés nappés de la sombre crème à base de lait sucré que nous appelions *manjar blanco**. Comme j'ai aimé Cristina ! Ma mère était un besoin affectif très douloureux, j'étais uni à son absence, mais Cristina, avec son humilité de femme du peuple, fut un baume pour mon cœur blessé. Je fus surpris d'entendre un jour mon père me dire, me voyant dans les bras de ma chère servante, devant elle, comme si elle était sourde, avec un sourire cynique, satisfait

* Textuellement : entremets blanc. *(N.d.T.)*

de lui-même : « Il n'y a que moi pour employer une folle. » Ces mots entrèrent dans mon âme comme un coup de poignard. Je rougis, luttant pour retenir mes larmes. Jaime haussa les épaules avec une expression de mépris, puis il s'en alla. Cristina se mit à me bercer dans ses bras et je m'endormis. Il devait être trois heures du matin lorsque je me réveillai dans mon lit. J'entendis les ronflements sonores de mon père et la respiration de ma mère, pareille à une plainte. Comme j'avais faim et que ma bouche était sèche — on m'avait mis au lit sans dîner —, je me levai pour aller chercher un verre d'eau et un fruit. Les chambres étaient obscures, mais de la cuisine venait la faible lueur d'une bougie. Au début, Cristina ne parut pas s'apercevoir de ma présence. Étrangement concentrée, assise sur un petit banc devant la table vide, elle mouvait ses mains dans l'espace, avec délicatesse et précision. Elle paraissait être en train de modeler quelque chose, créant des formes, polissant une matière invisible, passant et repassant ses doigts sur des surfaces imaginaires. Un long moment passa, peut-être une heure. Moi j'étais là, fasciné, paralysé, regardant quelque chose que je ne pouvais comprendre et qui ne correspondait à rien de ce que j'avais connu. Fatigué, ayant faim et soif, je ne pus me retenir plus longtemps : « Qu'est-ce que tu fais, Cristina ? » Elle tourna lentement la tête et, sans cesser de caresser l'air, me regardant avec des yeux vitreux, me dit avec anxiété : « Tu la vois ? Je l'ai presque terminée. Quand Dieu a emporté mon fils, la Vierge du Carmel est venue me dire : fais de moi une sculpture d'air. Quand tu l'auras terminée et que tous la verront, ton enfant, à nouveau vivant, se lèvera de sa tombe. Tu la vois, n'est-ce pas ? Dis-moi ! » Que pouvais-je lui répondre ? Je ne savais pas mentir. C'était la première fois que je me trouvais en contact avec la folie, la première fois que je voyais une personne agir comme une unité, sans s'observer elle-même, sans masque social. Terrifié, je sentis le froid m'envahir. Le vent froid qui la nuit descendait de la cordillère se mit à souffler. Angoissée, Cristina enlaça sa sculpture invisible. « Non, je ne veux pas que tu l'emportes, maudit ! » Elle sembla lutter contre un ouragan, puis en sanglotant appuya son visage contre la table, bras ballants, les mains vides. Au bout de quelques secondes elle redevint celle que je connaissais. Elle me donna un verre d'eau, m'éplucha une pomme et m'emmena me coucher. Elle resta près de moi jusqu'à ce que je me dissolve dans le rêve.

Ma deuxième rencontre avec la magie eut lieu à Santiago. Notre groupe de jeunes poètes attirait de nombreux intellectuels d'âge mûr, homosexuels. Parfois c'étaient des peintres, d'autres fois des écrivains et, pour quelques-uns, des professeurs d'université. Ils avaient une culture extraordinaire, parlaient plusieurs langues, souvent le français, et étaient très généreux. Nous sachant hétérosexuels, ils s'amourachaient de façon platonique, gardant un respectueux silence, et, pour jouir de notre présence juvénile, nous invitaient souvent au bar des Allemands boire de la bière, manger des saucisses et écouter un trio à cordes qui, accompagné au piano par Pirulí (le Sucre d'Orge), un maigre efféminé à la chevelure teinte en jaune vif, jouait des valses viennoises. Parmi eux se détachait Chico Molina, quinquagénaire de petite taille, au tronc large, aux jambes maigres et aux tout petits pieds, qui séduisait nos esprits par son savoir encyclopédique. Polyglotte, il était capable de lire même le sanscrit, et il n'y avait pas un auteur ou un artiste qu'on lui nommât qu'il ne connût. Un jour, apparemment plus soûl que d'habitude, il nous révéla que son ami intime, le millionnaire Lora Aldunate, possédait un miroir magique fabriqué au XIVe siècle. Il semble qu'il l'avait acheté en Italie, à Turin, une ville dédiée au diable. Lorsqu'on réalisait devant lui certains rituels secrets, le miroir cessait de renvoyer la réalité pour montrer des reflets anciens. Molina nous jura avoir vu, plus nettement que dans un film, une scène nocturne dans un bois où, à la lueur de la pleine lune, des femmes nues baisaient l'anus d'un bouc. Excités par de telles révélations, nous le sortîmes à vive allure du restaurant allemand et l'emmenâmes devant la maison de Lora Aldunate, située tout près de là. Demandant à grands cris qu'on nous ouvrît, nous exigeâmes de voir le miroir magique. Un homme grand, d'aspect cadavérique, distingué, ouvrit les persiennes et, du deuxième étage, nous vida son vase de nuit plein d'urine sur la tête. « Ivrognes indécents, on ne joue pas avec la magie ! Vous ne verrez jamais mon miroir ! Quand je mourrai, je l'emporterai avec moi dans la tombe, enfermé dans mon cercueil ! » Molina nous regarda, son visage simiesque arborant un large sourire. « Vous voyez que c'est vrai. Je ne mens jamais. Dieu me garde, comme a dit Neruda, d'inventer des choses quand je chante ! » Quelque temps plus tard, nous apprîmes que c'était un mythomane et un escroc : il s'était fait admirer pendant des mois en nous lisant les chapitres de son magnifique roman, *Le Nageur sans famille*, en échange d'invitations à dîner, jusqu'à ce que l'un de nos amis, professeur de philosophie, découvrît qu'ils étaient la traduction de l'ouvrage de Hermann Hesse, *Le Jeu des perles de verre*, qui n'avait pas encore été publié en espagnol. Alors ? Le miroir magique existait-il ou était-ce un mensonge imaginé avec la complicité de Lora Aldunate ? Quand il avait ouvert les persiennes, sa colère paraissait sincère ; Lihn émit pourtant un doute : personne ne remplit d'urine un pot de chambre en une seule nuit ; il était difficile de croire qu'un homme aussi distingué accumulât autant de liquide jaune uniquement pour le plaisir de le collectionner. Mais les vices ne se comptent plus...

Cette assurance de Chico Molina pour affirmer un fait que la raison ne pouvait admettre comme certain, je l'ai trouvée chez presque tous ceux qui disaient avoir un contact avec des plans supérieurs. C'est à cette époque que j'ai commencé à penser que le mensonge, hormis sa qualité méprisable, avait aussi une utilité mystique. Dans la Bible, dans la Genèse, Jacob escroque son frère Ésaü, faisant en sorte que celui-ci lui vende son droit d'aînesse pour un morceau de pain et un plat de lentilles. Puis il profite de la cécité de son père pour se faire passer pour son frère et obtenir sa bénédiction. Il me devint plus tard évident que le mensonge ou « tricherie sacrée », comme je l'appelai, était une technique employée par tous les maîtres et chamans.

En 1950, grâce à Marie Lefèvre, j'eus ma première rencontre avec ce langage optique qu'est le tarot. À quel âge Marie était-elle arrivée au Chili ? Elle n'a jamais voulu nous le dire. Quand nous fîmes sa connaissance elle avait plus de soixante ans. Petite, ses longs cheveux blancs teints d'un bain bleu, maquillée et vêtue dans le style de la fille de Dracula, elle vivait dans un sous-sol avec son amant, Nene, un garçon de dix-huit ans inculte et sans emploi, mais d'une beauté angélique. Nous, les poètes, après des discussions métaphysiques passionnées au café Iris, arrivions au sous-sol ivres, vers trois heures du matin, sachant que nous y attendait une marmite pleine de bonne soupe, se réchauffant à feu doux. Nene, nu comme d'habitude, portant un ruban de soie rose noué en forme de papillon autour du pénis, dormait à poings fermés. Elle, qui au contraire ne dormait jamais, se levait pour nous servir un bol de cette savoureuse soupe, faite avec tous les restes dont lui faisait cadeau le restaurant voisin, en échange de la lecture du tarot aux clients. Marie avait elle-même dessiné ses soixante-dix-huit cartes. Au lieu de coupes, d'épées, de bâtons et de deniers, elle battait des beignets (deniers), des calebasses de maté (coupes), des lingams de Shiva, des sexes masculin et féminin formant une unité (bâtons) et des yeux dans un triangle (épées). Je me souviens de quelques-uns de ses arcanes majeurs : au lieu de l'Empereur et de l'Impératrice il y avait un paysan et une belle fermière. La Papesse était une guérisseuse mapuche. Le Monde, une carte du Chili. Malgré la naïveté de ce jeu de cartes, avec son langage tellement chilien qui contrastait avec sa prononciation bien française, elle faisait des lectures d'une étonnante précision psychologique. À moi, qui sans me sentir pauvre avais éliminé l'argent de ma vie, subsistant de l'aventure, absorbé dans le présent et ne me préoccupant jamais du lendemain, elle me prédit des centaines, des milliers de voyages sur toute la planète. J'eus de la peine à la croire, mais sa prédiction s'est pourtant réalisée. À Carlos Faz, un peintre au talent exceptionnel, elle dit : « Ne voyage jamais sur la mer ! » Un an plus tard, alors qu'il se rendait aux États-Unis, comme on avait interdit aux passagers de descendre, en

Équateur, Carlos, ivre à son habitude, sauta du bateau sur le quai, mais, ayant mal calculé la distance, il tomba à l'eau et se noya. Il avait vingt-deux ans. Cette femme fut pour moi un exemple de générosité, de liberté, de subtilité. Elle n'avait pas dit à Faz qu'il allait se noyer, ce qui serait devenu un ordre de suicide (l'esprit tend à réaliser les prédictions), mais elle l'avertit d'un danger, lui laissant la possibilité ou non de l'affronter. Elle m'apprit aussi que chacun peut créer des miracles pour les autres : quelque part dans le monde, une femme bien intentionnée pouvait te recevoir à n'importe quelle heure, avec un humble sourire sur les lèvres, te donner une assiette de soupe et te lire les cartes gratuitement, uniquement par amour de l'être humain.

Un autre maître qui changea ma vision du monde fut Nicanor Parra. Lorsque je fis sa connaissance, j'étais un adolescent, lui un homme mûr, professeur de mathématiques à l'école d'ingénieurs. Par réaction révolutionnaire contre la poésie émotionnelle de Neruda, Pablo de Rokha, García Lorca et Vicente Huidobro, il s'était déclaré anti-poète. Pour nous, les jeunes, son apparition dans le monde littéraire ressembla à celle d'un messie. Après ma rencontre maladroite avec lui au café Iris, ma timidité maladive m'empêcha de lui rendre visite. Stella Díaz dut m'aider. Couvrant la flamme de ses cheveux d'un béret, ce qui pour elle représentait une immense concession : « Nica ne veut pas que je me présente tête nue, il dit que les couleurs criardes affolent les élèves », elle m'emmena sur le territoire du grand anti-poète. Parra était un homme simple, que stimulait l'admiration des jeunes poètes. Nous nous vîmes souvent, en présence d'Enrique Lihn. Nous discutions dans un petit bar près de la Bibliothèque nationale, autour de cette merveilleuse boisson qu'est la *chicha* douce. Un jour, Nicanor me donna une grande enveloppe pleine de feuilles de différentes tailles, écrites à la machine. « Ce sont divers écrits, une sorte de journal littéraire. Peux-tu me les mettre en ordre ? Moi, à force de les relire, je ne me rends plus compte de leur valeur. Je les ai intitulés *Notes au bord de l'abîme.* » Recevoir une telle marque de confiance d'un poète consacré fut pour moi une bombe spirituelle. Je passai bien des nuits enfermé, respectueux, à réviser ces textes inédits, les ordonnant par thèmes, éliminant les répétitions. Dans un style concis — « Je veux un art clinico-photographique » —, en prose, le poète décrivait son intimité. Au bout de quinze jours, je lui remis ces notes, copiées sur des feuilles du même format, dans un ordre qui me parut parfait. Parra ne les publia jamais, ni ne reparla d'elles. Possédant une culture universitaire très supérieure à celle de ses prédécesseurs, tous autodidactes, il s'était spécialisé dans l'étude du Cercle de Vienne et l'œuvre de Ludwig Wittgenstein. Galilée l'intéressait autant que Kafka, dont il admirait par-dessus tout le journal. Il avait sa propre interprétation de la célèbre phrase du *Tractatus* : « Ce dont on ne peut parler, il faut le passer sous silence. » Pour lui, la métaphysique et la religion étaient des chasses gardées. De même que l'expression de sentiments personnels. « Le poète ne doit pas s'exhiber : il doit manier les fils de l'extérieur. » Neruda et ses adeptes se présentaient comme de grands justes, de grands amoureux, de grands humanistes, ayant des angoisses et des espoirs sublimes, enfin comme des ego romantiques excessifs. Parra se réfugia dans son intellect, adoptant d'abord un, puis plusieurs masques. Le poète était un professeur à la langue rongée par le cancer, un petit homme écrasé par la société, par les femmes, un clown tragique ; plus tard, il s'exprima à travers un personnage naïf se prenant pour le Christ ; puis comme un vieil incrédule ; et enfin, devenu traducteur, il fit sienne la personnalité de Shakespeare. Il remplaça le lyrisme par l'humour corrosif. « Le savoir et le rire se confondent. » Enfin, il s'inventa lui-même. À l'heure où j'écris ces lignes, Parra doit avoir quatre-vingt-six ans et, tout comme Castaneda — « le guerrier ne laisse pas de traces » —, je suis sûr que personne ne peut se vanter de le connaître intimement. L'anti-poète a fait de son cœur une forteresse impénétrable. La phrase de Jésus, « Par ses œuvres vous le connaîtrez », ne peut s'appliquer à lui.

Les souvenirs que j'ai de Nicanor Parra, autour d'une bouteille de chicha, remontent déjà à un demi-siècle. À vingt ans, ses théories se sont imprimées dans mon esprit comme gravées au fer rouge. Mais cette dissimulation de l'ego, ce voile jeté sur les émotions personnelles, cette impersonnalité du créateur, au lieu de m'éloigner de la magie m'y a conduit. Dans la magie on applique les mêmes principes, mais on va plus loin : le magicien accepte de couper les liens qui l'unissent à des influences extérieures, mais il sait recevoir de l'intérieur l'être essentiel, impersonnel, qui a ses racines au-delà de notre système solaire.

Parra s'est présenté dans l'un de mes rêves heureux, en 1998 : dans l'hélicoptère que je pilote, tournant autour du cratère d'un volcan en éruption, Nicanor, jeune, donne un cours de poésie à un groupe de vieux poètes. « Ne décrivez pas vos expériences, le poème doit être l'expérience. Ne montrez pas ce que vous êtes, mais ce que vous allez devenir. N'exprimez pas vos sentiments, créez avec le poème un nouveau sentiment. Ne révélez pas ce que vous savez, mais ce que vous suspectez. Ne recherchez pas ce que vous désirez, mais ce que vous ne désirez pas. Donc, maintenant que vous êtes un rêve, cessez de rêver. » Alors je me réveillai.

Lorsque j'arrivai à Paris, sans parvenir immédiatement à établir le contact que je souhaitais tellement avec André Breton, toujours en quête de l'aspirine métaphysique qui me consolerait d'être mortel, je trouvai deux maîtres dans les livres : l'un fut Gurdjieff, dont j'ai lu tout ce qu'il a écrit ou dicté, outre les essais sur lui publiés par ses disciples ; l'autre, Gaston Bachelard, dont le livre, *La Philosophie du non*, me gagna à la philosophie et me présenta de nouvelles visions de cette réalité qui me déprimait tant. Peu à peu je connus d'excellents artistes qui, s'ils m'ont enrichi esthétiquement, ne m'ont jamais proposé d'entrer sur le territoire de la magie ou de la thérapie. Bien au contraire, leur recherche consistait à fuir l'être essentiel pour exalter le pouvoir du moi personnel. Je ne veux pas laisser entendre par là que je méprise tout cela, car je pense — contrairement à certains gourous improvisés — que cette parcelle de notre esprit à laquelle nous nous identifions souvent, l'ego, ne doit pas être détruite ou méprisée. Bien conduite, notre personnalité égoïste peut devenir un admirable serviteur. C'est pour cette raison qu'on représente Bouddha en train de méditer sur un tigre endormi, ou Jésus monté sur un âne, ou Isis caressant une chatte. Les dieux ont des montures et celles-ci représentent l'ego. Le moi personnel, s'il s'abandonne à la volonté cosmique, est admirable. S'il désobéit à la Loi, il devient un monstre néfaste qui dévore la conscience.

Le sculpteur canadien Jean Benoît, fervent surréaliste, m'invita à passer quelques jours de vacances dans un petit village du sud de la France, Saint-Cirq-Lapopie. En face de sa maison se trouvait celle d'André Breton, une construction en bois et en pierres taillées. Mon ami se moqua de ma timidité et m'entraîna vers la maison du poète. Son épouse me reçut en me disant qu'elle ne savait pas où était André, mais qu'il ne tarderait pas à revenir et que je veuille bien l'attendre tandis qu'elle était à la cuisine. Je restai avec Benoît qui, jouissant de la future rencontre, certain qu'elle serait « électrique », commença à vider une bouteille de vin. Je tremblais de la tête aux pieds. Voir le mythique créateur du surréalisme dans son intimité me rendait nerveux, faisant naître en moi un mélange de panique et d'euphorie. Au bout de dix minutes j'eus une irrésistible envie d'uriner. Benoît, se délectant du vin, fit un geste vague indiquant l'escalier qui conduisait à l'étage. « À gauche. » Ayant l'impression d'être un intrus, pris en même temps d'une extrême curiosité, je gravis les marches à la recherche des toilettes. En atteignant le premier palier, je vis sur la gauche une petite porte en bois. L'envie pressante me la fit ouvrir d'un coup. Je me retrouvai nez à nez avec le maître, assis sur le trône, le pantalon en accordéon au-dessous des genoux, en train de déféquer. Breton, le visage altéré, pourpre, lança un hurlement terrible, comme si on lui coupait la tête. Un cri qui dut s'entendre non seulement dans toute la maison, mais également dans les environs, car de nombreux chiens se mirent à aboyer. Instantanément je claquai la porte et dévalai les marches en trombe, pour m'enfuir vers la gare et prendre le premier train pour

Paris. La scène n'avait duré que quelques secondes, mais j'avais commis le sacrilège de voir chier le poète exquis. Serais-je un jour pardonné ? Dans le doute, je décidai d'émigrer au Mexique.

L'Institut national des beaux-arts, que dirigeait le poète Salvador Novo, m'engagea pour donner des cours de pantomime dans son école de théâtre. Mon arrivée dans la capitale du Mexique suscita un grand enthousiasme et j'eus des centaines d'élèves. Mon objectif était de passer de la pantomime au théâtre — pourquoi ne pas parler ? —, et de là au cinéma, pour lequel je devais former des acteurs compétents. Dans un lieu privé, j'inaugurai un laboratoire de recherche d'expressions corporelles, en me libérant des stéréotypes de la pantomime. J'eus la surprise de voir arriver un groupe de médecins, tous disciples d'Erich Fromm. Souffrant d'une maladie cardiaque, ce psychiatre et essayiste courtisé vivait tout près de la capitale, dans l'agréable Cuernavaca, qui à cette époque n'était pas rongée par la pollution, jouissant de son climat tempéré, de sa végétation exubérante et de sa faible altitude, presque au niveau de la mer. Un groupe de psychiatres mexicains, plus deux colombiens, séduits par son humanisme radical, l'avaient sollicité pour qu'il les acceptât comme disciples. Je suppose que Fromm les trouva emprisonnés dans le piège de l'intellect et, fidèle à son mysticisme athée — « Dieu n'est pas une chose, et il ne peut donc être représenté par un nom ou une image » —, les invita à se libérer de tout lien mental, les « idolâtries », et à perdre les limites individuelles pour s'abandonner placidement à une relation heureuse avec la nature. Bien sûr, le corps était la nature la plus proche. C'est pourquoi, ayant eu vent de mes cours d'expression corporelle, il les recommanda à tous. Ces psychiatres, extraordinairement cultivés après de nombreuses années de lectures intenses, étaient habiles au maniement des théories, mais fort maladroits dans les mouvements de leurs corps. Raides, tendus, inexpressifs, identifiés aux mots, ils ne contrôlaient pas leurs gestes. La première chose que je fis avec eux consista à leur faire visiter différents espaces afin qu'ils sentent combien leur attitude changeait selon les dimensions des lieux et la situation de leurs corps. Ils virent qu'ils se sentaient mieux, ou plus mal, en certains points qu'en d'autres, comprirent que la communication n'était pas seulement orale mais également spatiale, que leurs cerveaux fonctionnaient sur la base d'un territoire, réel ou imaginaire. Ils constatèrent combien leur colonne vertébrale était ankylosée et leur marche déséquilibrée. Ils prirent le travail très au sérieux et firent de grands progrès. Ils me demandèrent de les accompagner au sanatorium Tlalpam, du docteur Millán, pour les aider à comprendre le langage corporel des malades mentaux. Ce que je fis. Satisfaits des résultats, ils décidèrent enfin de m'inviter à Cuernavaca pour me faire rencontrer le maître. Fromm nous reçut dans un très beau bungalow aux murs couverts de bougainvillées. C'était un homme aux cheveux blancs et aux yeux clairs, paisible, à la voix dépourvue d'agressivité, citant à tout instant la Torah pour affirmer son athéisme, vêtu d'un pantalon blanc et d'une veste bleu pâle, au tissu brillant, qui lui donnait l'aspect d'un musicien d'orchestre dans le style de Tommy Dorsey. En aucune manière ce bon juif ne m'apparut sous les traits du père sévère que projetaient sur lui ses élèves mexicains. Tandis que son épouse servait un apéritif, Fromm me demanda de lui décrire les techniques de la pantomime, en particulier celles ayant un rapport avec l'expression du poids. « L'homme qui n'a pas réalisé sa liberté, c'est-à-dire qui n'a pas coupé les liens incestueux avec sa mère et ceux qui le connectent à sa famille et à sa terre, vit tout comme une charge sans savoir qui porte ce poids », me dit-il. Comme notre conversation se prolongeait, Fromm proposa que nous allions déjeuner dans un restaurant perché sur l'une des collines qui se dressent à la sortie de Cuernavaca. « J'irai en voiture avec le mime, annonça-t-il à ses élèves. Mon cœur ne me permet pas de m'accorder le plaisir d'une agréable ascension. Mais je vous conseille d'aller à pied, en harmonie complète avec la nature et entre vous. Tout amour se fonde sur la connaissance de l'autre ; toute connaissance de l'autre se fonde sur l'expérience partagée. » Quand nous arrivâmes à l'auberge, Fromm demanda une cruche d'eau de tamarin et me dit avec un sourire béat : « Buvons tranquillement ce liquide excellent pour la santé. Mes collaborateurs, conversant entre eux et profitant du merveilleux paysage, ne nous rejoindront pas avant une heure. » Le maître se trompait : ses disciples arrivèrent en moins de vingt minutes, transpirant, pâles, le souffle court. L'un d'eux tomba à moitié évanoui sur une chaise, un autre vomit, les autres se précipitèrent sur les boissons fraîches, les faisant disparaître à grandes goulées désespérées. Au bout d'un moment, honteux, ils confessèrent leur erreur. Ils avaient pris le chemin qui conduisait au restaurant de la montagne très calmement. D'un commun accord, pour mieux communier avec la mère nature, ils avaient décidé de marcher en silence. Au bout de quelques minutes ils avaient constaté que les deux Colombiens, accélérant subrepticement le pas, marchaient dix mètres en avant. Ils s'étaient hâtés pour les rejoindre. Alors avait commencé une compétition à grands pas, chacun essayant de prouver qu'il était plus résistant que les autres. Ce qui avait dégénéré en course. Ils avaient effectué les cent derniers mètres au galop, au bord de l'évanouissement... Fromm éclata d'un rire mêlé de tristesse et de compassion : « Le début de la libération réside dans la capacité de l'homme à souffrir. Et celui-ci souffre s'il est opprimé, physiquement et spirituellement. La souffrance le pousse à agir contre son oppresseur en cherchant à mettre fin à l'oppression, au lieu de chercher une liberté dont il ne sait rien. Votre plus grand oppresseur, mes amis, c'est le moi individuel. Aucun thérapeute ne peut soigner en son nom propre. Souvenez-vous de ce que dit la médecine hindoue : le médecin propose des remèdes, Dieu guérit... Il me paraît essentiel que vous continuiez à méditer avec le moine zen. » Je m'étonnai. Un moine zen à Mexico ? Aucune annonce ne me l'avait appris. Je savais qu'Erich Fromm avait invité à Mexico Daisetz Teitaro Suzuki et publié un livre en collaboration avec lui, *Bouddhisme zen et psychanalyse*, mais l'existence du moine, dont le nom fut prononcé, Ejo Takata, me touchait. J'avais lu tous les livres que j'avais pu trouver sur ce thème, mais le contact direct avec un maître zen était plus important que des tonnes d'écrits. Dans l'autobus qui nous ramenait chez nous je leur demandai où il était possible de rencontrer le moine. Plusieurs minutes de silence embarrassé s'écoulèrent avant qu'ils ne me répondent. « C'est un secret. À part nous, personne ne sait qu'il est ici. Nous ne pouvons communiquer son adresse. Le seul qui puisse donner une réponse, c'est le docteur F., notre trésorier. » Le docteur F. me reçut dans son grand bureau et me dit : « Ejo Takata travaille exclusivement pour nous. Nous lui avons construit un petit zendô dans les faubourgs de la ville. Si vous voulez aller là-bas pour méditer avec nous tous les jours (sauf le samedi et le dimanche évidemment), à six heures du matin, vous devez auparavant nous offrir un don, par exemple... » (Et sans terminer la phrase il écrivit une grosse somme sur un papier. Il est possible que pour lui elle ne fût pas tellement importante, mais pour ma part elle équivalait à toutes mes économies.) Sans hésiter une seconde, je lui signai un chèque. Il me donna une carte portant l'adresse de Ejo Takata ainsi qu'un plan pour y aller.

À six heures du matin, le lendemain, j'empruntai un chemin qui longeait des ravins au fond desquels s'accumulaient des ordures et des rats, et arrivai à une modeste maison sans étage entourée d'un jardin. Le cœur battant, je frappai timidement à la porte. Aussitôt un Japonais portant un habit de moine m'ouvrit. Il avait le crâne rasé, un visage d'âge indéfinissable, avec un sourire montrant des dents enchâssées dans de l'acier et des petits yeux brillants. Il fit une révérence puis m'embrassa affectueusement, comme s'il me connaissait depuis déjà longtemps. Il me conduisit dans la petite salle de méditation et me montra un rectangle de tissu rouge avec un cercle blanc au centre où était écrit un mot japonais. Il traduisit : « Bonheur. » Comment pouvais-je me rendre compte qu'à cet instant Ejo Takata me transmettait l'essence du zen ? Il scruta mon visage, vit que je n'avais pas compris le message. Plusieurs fois il fit claquer sa langue en penchant la tête d'un côté et d'autre. « Avoir besoin beaucoup zazen », murmura-t-il avec son accent oriental. Il me donna un coussin noir, un *zafu*, me montra comment le placer sous mes fesses pour méditer à genoux, corrigea la position de mes mains, de ma colonne vertébrale, et s'assit en face de moi pour méditer, aussi immobile qu'une sculpture de cire. Une demi-heure passa. Mes jambes me faisaient atrocement mal. Les psychiatres commencèrent à arriver. Sans s'excuser de leur retard, ils s'assirent et, avec une profonde et extraordinaire concentration, restèrent immobiles une heure et demie durant, puis, souriants, firent une rapide révérence et s'en allèrent. Moi, le corps engourdi, je pouvais à peine marcher. Pendant trois mois je souffris le martyre : tous mes muscles me faisaient mal, et aussi mes articulations ; mes jambes s'ankylosaient, mon cou s'enfonçait dans mes épaules et j'avais l'impression d'être une tortue malade. Ejo, avec son bâton de bois, m'assénait des coups vigoureux sur les omoplates, pour me redonner de l'énergie. Les médecins au contraire, toujours souriants, étaient capables de rester immobiles pendant des heures. Une fois vaincues les douleurs corporelles, j'eus des difficultés avec mon esprit. Comme rester immobile était terriblement ennuyeux, je passais mon temps à imaginer des poèmes, des contes, des images sensuelles, des solutions à toutes sortes de problèmes. Je me rendis compte qu'il était idiot d'essayer de gagner l'admiration du maître en imitant l'aspect extérieur d'un bouddha : je devais vaincre mon chaos mental. Je constatai qu'à tout moment mon esprit était envahi par d'interminables dialogues, monologues, jugements, images que, leur donnant un nom, je comparais à d'autres. J'appelai cela le « caquetage mental ». Je me mis à essayer de ne laisser entrer aucun mot dans mon esprit. Je luttai trois années jusqu'à pouvoir enfin, chaque fois que je le voulais, libérer mon esprit des mots. Je me réjouis beaucoup de cette victoire. Je me rendis compte cependant que, pour parvenir à effacer le langage, je devais consacrer toute mon attention à cela, c'est-à-dire fournir un effort constant. Ce n'était pas le bon chemin pour mettre fin au dialogue intérieur. Ce que je devais faire, c'était plutôt me désidentifier de mes pensées. Elles étaient miennes, mais elles n'étaient pas moi. Tandis que je méditais, je laisserais les mots traverser mon esprit comme si c'étaient des nuages emportés par le vent. Les phrases viendraient, personne ne s'emparerait d'elles, elles s'en iraient... Disposé à entreprendre ce nouveau combat, j'arrivai par un matin brumeux au zendô. Je trouvai Ejo en train de mettre dans un sac en tissu le peu de choses qu'il possédait.

« Docteurs tricheurs : ils prennent des pilules avant de méditer. Ils veulent paraître, pas être. Je m'en vais. » À côté de moi, très calme, portant son sac, il descendit vers la ville. « As-tu de l'argent, Ejo ? — Non. — Sais-tu où aller dormir ? — Non. — As-tu des amis en ville ? — Non. — Que vas-tu faire ? » Il haussa tranquillement les épaules et avec un grand sourire me répondit : « Bonheur. » Il déclina mon offre de le loger et, tandis qu'un taxi m'emportait vers la capitale, il se mit en marche vers les montagnes.

Deux années passèrent avant que je le revoie. Il était allé dans la sierra apprendre aux indigènes à cultiver le soja. Il leur avait aussi appris à construire des maisons saines, avec la cuisine à l'extérieur, orientées vers le soleil levant, et à fabriquer du gaz butane avec leurs excréments. Comme son enseignement était gratuit, les conseillers municipaux le prirent d'abord pour un dangereux communiste, et à maintes reprises menacèrent de lui tirer dessus. Sans s'inquiéter pour sa vie, Ejo continua son œuvre, tirant de nombreuses familles de la misère. Lorsqu'il revint à la capitale, lui et ses nouveaux élèves se mirent à soigner les maladies par les plantes et l'acupuncture. Un jour, alors que je filmais *La Montagne sacrée* dans les cimes enneigées de l'Ixtaxihuatl, souffrant du froid et en butte à de nombreuses difficultés techniques, le moine vint me rendre visite. Désespéré, je lui demandai : « Quand la montagne cessera-t-elle d'être blanche ? » Il se concentra un instant sur son ventre, puis répondit en souriant : « Quand elle est blanche, elle est blanche, et quand elle n'est pas blanche, elle n'est pas blanche ! » Je compris que je devais cesser de mettre mes espoirs dans le futur et accepter la situation présente avec bonheur. Jusqu'à sa mort, Ejo Takata vécut toujours dans des lieux prêtés, se nourrissant grâce aux rares dons qu'on lui faisait.

Quand je terminai d'écrire le scénario de *La Montagne sacrée*, m'étant attribué le rôle de l'alchimiste, un maître dans le genre de Gurdjieff, je me rendis compte que je connaissais à la perfection les motivations de l'élève mais que j'ignorais les expériences miraculeuses, surhumaines, que — supposais-je — connaissent les gourous. Alors que je préparais la musique et les décors du film, la danse de la réalité fit qu'un New-Yorkais qui voulait devenir mon secrétaire prît contact avec moi. Agacé par son insistance exagérée, je raccrochai le téléphone au milieu de l'une de ses phrases impérieuses. Dès le lendemain, l'homme prit un avion et vint me voir. En le voyant si fanatique et si brutal, je me rendis compte que je venais de trouver Axón, le tyran militaire qui, dans mon film, coupe les testicules. Quand je lui dis que je ne l'emploierais pas comme technicien mais comme acteur, il m'avoua : « C'est ce que je voulais, mais comme je n'ai jamais joué j'ai demandé un poste d'assistant. Cependant, si je suis venu jusqu'ici et ai obtenu de faire partie de la distribution, c'est grâce au pouvoir psychique que j'ai acquis au cours d'un mois et demi d'études à l'Arica Training, fondé par un maître bolivien, Oscar Ichazo, qui possède tous les secrets de Gurdjieff. » Je lui demandai en quoi consistait cet enseignement et il me répondit : « Oscar dit qu'il n'apporte aucune idée nouvelle. Ce qu'il propose, c'est un mélange de différentes techniques, taoïstes, soufies, cabalistiques, alchimistes, etc., qui permettent d'obtenir l'illumination en quarante jours. Si tu cherches un gourou, c'est la personne indiquée. Actuellement, il a deux cent quarante mille élèves. » En réalité, entrer en contact avec un hindou ou un Oriental — le journal *The Village Voice* était rempli d'annonces de toutes sortes de gourous — ne me satisfaisait pas. Mon personnage de l'alchimiste était occidental. Qu'Ichazo fût sud-américain et qu'il eût baptisé sa technique du nom d'un port chilien, Arica, où mon père avait installé une fabrique de sommiers, me séduisit. Axón me raconta qu'Ichazo avait emmené un groupe de cinquante-sept Américains en quête de la vérité, comme Lilly et Claudio Naranjo, dans le désert de Tarapacá pour leur apprendre une méthode qui leur permettrait de léviter en dix mois. Je partis pour New York, obtins une entrevue avec Ichazo et lui proposai de venir à Mexico avec deux de ses assistants : lui m'initierait (trois jours lui suffiraient) tandis que ses assistants initieraient mes acteurs (ce qui nécessiterait six semaines de travail continu vingt heures par jour). Nous parvînmes à un accord : voyage en première classe pour lui et sa secrétaire chilienne, une femme hautaine de l'aristocratie, deux appartements communiquant dans un hôtel cinq étoiles, plus dix-sept mille dollars.

Oscar Ichazo et sa compagne débarquèrent à Mexico. À peine étaient-ils arrivés à l'hôtel qu'elle m'apostropha : « Où est la marijuana ? » Très surpris, je lui dis que, ne fumant pas moi-même, je n'avais pas pensé à cela. La dame, furieuse, se mit à crier : « C'est stupide et impardonnable de ne pas nous attendre à Mexico avec au moins un kilo d'herbe ! Allez immédiatement en chercher ou vous n'obtiendrez rien du maître ! » Le ton despotique de la dame me remplit de fureur. J'eus envie de lui rabattre son caquet, mais je me retins, car la rencontre avec Ichazo me semblait essentielle pour le succès de mon film. En moins d'une heure mes assistants arrivèrent avec un kilo de marijuana de la meilleure qualité, enveloppée dans du papier journal. La Chilienne se calma. Moi aussi. Un texte sacré tibétain dit : « Ne t'inquiète pas des défauts du maître : si tu as besoin de traverser une rivière, peu importe que la barque qui t'emmène sur l'autre rive ne soit pas bien peinte. » Ejo Takata, par exemple, fumait une cigarette après l'autre, et cela ne l'a pas empêché de me révéler le cœur du zen.

Nous fixâmes la rencontre privée avec Ichazo au lendemain soir, à six heures, chez moi. J'avais là, au deuxième étage, un vaste studio aux murs couverts de livres, avec une grande fenêtre qui donnait sur la place Rio de Janeiro. Mais ce premier soir nous dînâmes ensemble et le maître me raconta d'où lui venaient ses pouvoirs :

« Je suis né en 1931 en Bolivie. Fils d'un militaire bolivien, j'ai été éduqué à La Paz, dans une école de jésuites. Un soir, j'avais alors six ans, j'étais au lit en train de lire un conte de fées quand, pris d'une étrange attaque, comme d'épilepsie, je m'évanouis et aussitôt, en état astral, sortis de mon corps. Je me vis mort, étendu sur le lit. Ainsi dématérialisé, je connus les mystères de l'au-delà. Lorsque je revins dans mon corps d'enfant, mon esprit était celui d'un adulte, celui d'un connaisseur de la vérité. Quand le prêtre qui était mon professeur me décrivait l'enfer, je pensais : "J'ai déjà été dans l'enfer et il n'était pas comme ça." J'abandonnai mes histoires pour enfants et me mis à lire, en les comprenant parfaitement, toutes sortes de livres scientifiques, philosophiques et sacrés tels que la Baghavad-Gîtâ, le Tao-te-king, le Zohar, les Upanishads, le Sûtra du Diamant et bien d'autres. Je me suis également intéressé aux écrits de Gurdjieff et de ses disciples. À neuf ans je prenais des cours de hatha-yoga, d'hypnotisme et d'arts martiaux avec un vrai samouraï. À treize ans, quelques sorciers boliviens m'initièrent à leurs rites magiques en me faisant boire de l'ayahuasca. Vers dix-neuf ans, j'ai rencontré un vieux monsieur qui s'intéressa à mon grand développement spirituel. En 1950, il m'invita à Buenos Aires, où il me mit en contact avec un groupe de vieux sages, dont beaucoup avaient au moins quatre-vingts ans. Ils étaient venus de tous les coins du globe, essentiellement d'Europe et d'Orient, afin d'échanger leurs techniques spirituelles. Ils m'employèrent comme domestique pour faire leurs chambres, les achats, la cuisine, en bref les servir en tous leurs besoins. Ils pouvaient ainsi se consacrer exclusivement à échanger leurs connaissances : yoga, tantra hindou et tibétain, Cabale, tarot, alchimie, etc. Je me levais à quatre heures du matin pour leur préparer le petit déjeuner et, discrètement, je restais parmi eux. Peu à peu ils s'habituèrent à ma présence et se mirent à m'utiliser comme un cobaye, afin de prouver l'efficacité de leurs techniques : un cours particulier de méditation ou une récitation de mantras. Au bout de deux ans, possédant la totalité de ces techniques, j'en savais plus que chacun d'eux. Fiers de ma synthèse, ils me donnèrent de précieux contacts avec des confréries d'Orient. Ils m'ouvrirent les portes des lieux les plus secrets, lieux où il était très difficile, et même quasiment impossible, d'entrer. Je me mis à voyager. Partout je fus reçu non comme un élève mais comme un maître. J'ai visité l'Inde, le Tibet (pays où je pus confirmer mes connaissances du tantra), le Japon (où je résolus tous les kôans), Hong Kong (où on me révéla les secrets du I King), l'Iran (où les soufis m'indiquèrent la véritable signification de l'ennéagone et le nom secret de Dieu). Je revins à La Paz pour vivre avec mon père et digérer ces connaissances. Après avoir médité pendant un an, je suis tombé dans un coma divin qui dura sept jours. Cette extase me maintint immobile, comme mort. J'appris ainsi de quelle manière fut créé l'univers, quelles étaient les relations mathématiques entre les choses, la maladie de la civilisation actuelle et la manière de la soigner. Lorsque je retrouvai mes mouvements, je sus que j'étais illuminé. Je compris qu'au lieu de m'aider moi-même je devais essayer d'aider Dieu. »

Ichazo me raconta tout cela avec la même conviction que mettait Chico Molina lorsqu'il affirmait avoir vu fonctionner un miroir magique. La même conviction avec laquelle Carlos Castaneda me raconta que, marchant dans Mexico en compagnie de don Juan dans l'avenue de la Réforme, ayant cessé de l'écouter pour regarder une femme qui passait, le vieux lui avait donné une tape dans le dos qui l'avait propulsé, en moins d'une seconde, à cinquante kilomètres de là. La même conviction avec laquelle, plus tard, Ichazo me raconta avoir été au côté de Jésus, au moment où celui-ci « subit » sa transfiguration. Voulut-il me dire qu'il pouvait voyager à travers le temps ou qu'il avait des souvenirs de réincarnations antérieures ? Cette dernière possibilité concordait avec le fait qu'Ichazo affirmait être doté d'une mémoire prodigieuse : il se souvenait parfaitement d'expériences qu'il avait vécues à l'âge d'un an.

À six heures tapantes, Ichazo frappa un coup sec à ma porte. Comme s'il était venu là bien des fois, il me dépassa pour monter les escaliers jusqu'au deuxième étage et s'asseoir dans le fauteuil confortable que j'avais acheté pour lui le matin même. Satisfait, il sourit en reniflant le cuir neuf.

« Bravo... Ce meuble n'a pas de passé. Il est comme moi. Je

suis la racine d'une nouvelle tradition. Oublie tous les christs, oublie tous les bouddhas, la réalisation personnelle n'existe pas. Moi, à l'instant même, je vais t'enseigner à dompter l'ego. Je t'apprendrai le chemin par où tu reviendras au pouvoir impersonnel qui nous respire, à la force qui existe au-delà du niveau de notre esprit conscient. (Et, tout de suite, il sortit de ses poches un paquet de bonbons, un tube de pastilles de vitamine C, un briquet, un cigare de marijuana et un mystérieux bout de papier. Il me demanda d'apporter un verre d'eau. Il ouvrit le bout de papier : il contenait une poudre orangée. Il la versa dans l'eau.) C'est du LSD pur. Bois. (Bien que ce soit à la mode, je n'avais jamais voulu faire d'expériences psychédéliques. Au cours de mes interviews, j'affirmais que je n'en avais nul besoin parce que mes films me donnaient des images tout aussi puissantes. J'avalai ma salive et, surmontant ma crainte, absorbai le breuvage. Nous attendîmes au milieu d'un épais silence. Une heure passa. Aucun effet. Il alluma le joint.) Fume-le. Ça accélérera le processus. »

Nous partageâmes la bouffée. Au bout de quelques minutes commencèrent mes premières hallucinations. Je fus pris d'une joie enfantine. Par la grande fenêtre du studio je vis la place Rio de Janeiro, avec ses arbres et sa copie en bronze du *David*, de Michel-Ange, prendre l'aspect d'une collection de tableaux des peintres que j'aimais, Bonnard, Seurat, Van Gogh, Picasso, etc. Soudain, j'entendis un grincement qui parut séparer la maison en deux et je m'exclamai :

« Cela ne sert à rien, c'est la même chose que de voir un film de Walt Disney. De plus, j'ai cessé d'être maître de mes mouvements. Si quelqu'un m'attaquait maintenant, je ne pourrais me défendre.

— Cesse de critiquer et aie confiance en moi. Assez de paranoïa. Où que tu ailles, tu pourras en revenir. Sache aussi que, dans l'état où tu es, tu peux parfaitement te diriger dans la réalité quotidienne. (À cet instant précis le téléphone sonna.) Réponds, m'ordonna-t-il. (Comme si je descendais d'une autre galaxie, je m'approchai de l'appareil et décrochai. C'était l'un de mes comédiens qui me demandait certains renseignements. Sans grande difficulté, je les lui communiquai.) Tu vois ? me dit Ichazo, satisfait. Maintenant que tes peurs se sont apaisées, nous allons voir si tes images sont aussi infantiles que tu le dis. »

Il me demanda d'aller dans la salle de bains et d'observer mon visage dans le miroir. Ce que je fis. Je me vis de mille manières différentes, dans un changement continuel. L'une derrière l'autre mes personnalités apparurent : l'ambitieux, l'égoïste, le paresseux, le colérique, l'assassin, le saint, le génie vaniteux, l'enfant abandonné, l'indolent, le mélancolique, le mauvais coucheur, le bouffon arriviste, le faux fou, le lâche, l'orgueilleux, l'envieux, le juif complexé, l'érotomane, le jaloux et tant d'autres. Ma chair se fissurait, mes traits enflaient, ma peau se remplissait de plaies. Je vis la putréfaction de ma matière et celle de mon esprit. Écœuré par moi-même, je vomis... Ichazo me donna un bonbon, puis une pastille de vitamine C. Une vague de chaleur, transportée par mon sang, m'inonda le corps. Je me sentis mieux.

« Si un jour tu as éprouvé de la compassion, une véritable compassion pour quelqu'un, souviens-t'en. »

Je me mis à pleurer comme un enfant de trois ans. Je tenais Pepe, mon chat gris, moribond dans mes bras : mon père l'avait empoisonné. Ses yeux vitreux et sa langue pendante me brisaient le cœur. J'aurais donné ma vie pour le sauver.

« Fais croître cette émotion, aie pitié de tous les animaux, du monde, de toute l'humanité. Voilà. Maintenant regarde-toi de nouveau dans le miroir, mais avec pitié... Cet être aux multiples facettes obscures, c'est ton pauvre ego, moribond. Si tu peux maintenant atteindre ce niveau élevé de conscience, c'est grâce à lui, à l'incessante souffrance que fait naître en lui sa quête de l'unité. Sa monstruosité t'a engendré, ses défauts ont été les racines qui ont alimenté ton essence. Plains-le, donne la main à ton ego. Le papillon n'éprouve aucun dégoût pour la chenille qui l'a engendré. »

Collant mon visage contre la surface argentée, j'absorbai mon image par la peau. Quand je me retirai, le miroir reflétait toute la pièce sauf moi. Tout en ayant conscience que cette invisibilité était une hallucination, je sus alors que jamais plus je ne vivrais en critiquant chacun de mes pas. Le cruel juge intérieur avait disparu. Pour la première fois je me sentis en paix avec moi-même.

« N'en reste pas là ! s'exclama Ichazo. Continue à avancer ! (Il me fit étaler par terre toutes les photographies et programmes de spectacles que je gardais dans les tiroirs de mon bureau.) Ce sont tes pièces de théâtre, tes deux films, tes acteurs, tes amis, toi-même, pris dans la comédie du succès. Dans l'état où tu te trouves maintenant, comment vois-tu tout cela ? »

Je vis tout cela avec l'esprit d'un extraterrestre, sans désirs, sans attaches ; l'angoisse de la séparation était présente dans chaque détail, la vérité se devinait, mais située au loin, comme un mystère, comme un douloureux espoir. Là où vivre était souffrir, l'ignorance se changeait en orgueil, le moi en une prison sans portes ni fenêtres.

« Te rends-tu compte ? Tu as vécu en cherchant au loin ce qui était en toi, ce que tu étais. » Je m'étendis sur ces photos, ces coupures de journaux qui parlaient de moi, ces programmes et ces enregistrements, comme si tout cela était une vieille peau qui se serait détachée de mon corps. Et Oscar me dit : « Il y a trois centres dans l'animal humain : l'intellectuel, l'émotionnel et le vital. Mes maîtres les nomment le Path, l'Oth et le Kath. Tant que l'ego est faux et la conscience difforme, ils dorment, n'accomplissant pas leur tâche qui consiste à nous mettre en relation avec le monde de manière immédiate, en dépassant les obstacles illusoires, mais mortels. Réveillons-les ! »

Je dus tout d'abord me concentrer sur un point de mon ventre situé à environ quatre pouces au-dessous de mon nombril. J'y captai une force immense.

« Ne l'observe pas de l'extérieur. Ne définis pas ce que tu ressens. Entre dans le Kath, deviens ce centre. (J'entendis la voix d'Ichazo dans le lointain. Je me diluai en — comment décrire cela ? — une dimension d'énergie inépuisable, semblable à une ouverture dans la roche d'où jaillit un torrent.) Tu peux envoyer cette énergie, sous forme de tentacules invisibles, à la distance que tu veux. Tu peux entrer avec elle dans le corps des autres et leur donner la vie ou la mort. (Il me montra les piétons qui traversaient la place.) Lance le Kath, pénètre en eux. »

Je produisis une poussée et sentis jaillir de mon ventre un courant énergétique, invisible et long, qui allait s'attacher aux corps des passants. Aussitôt je me sentis uni à eux, je compris leurs esprits, captai leurs émotions, connus — ou imaginai ? — une grande partie de leurs passés. Après les avoir suivis sur cent mètres, ils devenaient des amis pour lesquels j'éprouvais une immense pitié, tant la douleur qui les envahissait était grande.

« Ils souffrent parce qu'ils ne sont pas conscients. Ne reste pas là. Recherche l'union qui te convient le mieux, sans te donner de limites. »

Je montai sur la terrasse et m'étendis nu sur le sol de ciment. Déjà il faisait nuit et le ciel était tout étoilé. J'envoyai un long tentacule et m'unis à l'astre le plus brillant. Je ne le sentis pas indifférent. Ce corps céleste était un être qui reconnaissait notre relation et m'envoyait une forme d'énergie qui enrichissait mon âme. Je décidai de me relier à d'autres astres. Mon faisceau invisible se divisa en d'innombrables branches. Je constatai avec surprise et fascination que chaque étoile avait une « personnalité » différente. Elles étaient toutes distinctes, chacune avec son propre type de conscience bienveillante. Cela me parut naturel : la création ne se répète jamais. J'avais toujours vécu avec des chats et jamais je n'en avais rencontré un qui eût le même caractère qu'un autre. Ressemblant, oui, mais pas égal. Chaque flocon de neige qui tombe est différent. Et les étoiles. Tout là-haut, il y avait une masse d'êtres individuels, telles les multiples faces d'un diamant unique, qui m'envoyaient leurs énergies. En même temps, je recevais la force que la Terre m'envoyait. Mon centre de gravité s'unissait au centre de la planète, et de là montait vers le Kath de chaque être vivant. Je pris peur. La tentation du pouvoir était pressante. À cet instant précis Ichazo me demanda :

« Que feras-tu de ce pouvoir ?

— J'aiderai mon prochain ! répondis-je, et la peur s'évanouit.

— Comment ressens-tu ton cœur ?

— Comme un ennemi, un muscle implacable, une horloge indifférente qui marque l'usure de mon temps, un bourreau qui menace à chaque instant de s'arrêter et de mettre fin à ma vie, répondis-je.

— Tu te trompes. Entre en lui. Là, tu rencontreras le Oth. »

Dans l'état où se trouvait mon esprit, se proposer quelque chose revenait à le réaliser sur-le-champ. Je fus brusquement immergé dans mon cœur ! Les battements retentissaient comme des coups de tonnerre, comme une pluie sonore décidée à tout pénétrer pour abattre toute illusion d'existence personnelle. Je me souvins d'un après-midi où, solitaire, depuis la terrasse de mon hôtel, en Inde, à Bangalore, j'observais le ciel nuageux qu'agitait un violent orage. Chaque coup de tonnerre semblait dire la syllabe sacrée, *Ram*. Ainsi les battements, secouant mon cœur pour ensuite agiter mon corps, la chambre, la ville, le monde, le cosmos tout entier, ressemblaient à la voix du dieu créateur. Ceci était l'écho répété du premier verbe : *Ram, Ram, Ram*. Moi, innocent comme un nouveau-né, j'étais au milieu d'un gigantesque temple doré qui palpitait avec dévotion en répétant le nom divin. Et ce rythme tonitruant, quand ma peur et ma méfiance eurent disparu, se changea en une constante explosion d'amour, organisée en des vagues qui allaient du centre aux frontières infinies, et des frontières infinies au centre. Ce noyau était ma conscience, aussi transparente qu'un diamant, et ce diamant était protégé par le temple doré, métaphore de l'univers. Je commençai à sentir l'incommensurable amour que le cœur avait pour moi. Je sus enfin ce qu'était être aimé. Dans ma poitrine ne se nichait pas un bourreau, mais un merveilleux ami, mère et père à la fois, pont entre ce monde de matière où naît l'esprit et ce monde spirituel qui produit la matière. Dans cet immense berceau d'or flottant sur l'océan du plaisir infini, bercé par la houle amoureuse, tel un enfant heureux qui a rencontré sa famille et le foyer qui lui correspond, je commençai à m'endormir. Un ordre brusque d'Ichazo me réveilla :

« Ne sois pas indulgent envers toi-même. Le bonheur est un beau piège. Vois plus loin. Vogue sur la mer des idées folles. Immerge-toi dans l'énergie mentale. Trouve le Path. »

Nous retournâmes sur la terrasse. De là on voyait un grand panneau publicitaire pour Coca-Cola : un cercle lumineux qui tournait autour d'un axe vertical.

« Nous n'avons besoin ni de mandalas tibétains ni de symboles ésotériques. Cette publicité, si tu en élimines les mots de ton esprit et n'en détaches pas ton regard, en concentrant ton attention, deviendra la porte. »

Le panneau en tournant se transformait, de mon point de vue, en ovale, en ligne, à nouveau en ovale, en cercle et ainsi de suite. J'avalai peu à peu les frontières rationnelles, la volonté d'être et... brusquement, sans intention aucune, comme si j'avais effectué un saut gigantesque, je me sentis hors du monde des sensations. Comment expliquer cela ? La force du Kath et le bonheur de l'Oth se changèrent en une transparence immuable, le Path. J'avais vécu dans un monde d'épais nuages gris, et voilà que je m'élevais jusqu'à flotter dans un ciel translucide. Sans désirs, sans définitions, continuation pure, sans commencement ni fin, là, dépourvu de temps et d'espace, je m'immergeai dans la béatitude. Combien d'heures demeurai-je là, immobile ? Quand je récupérai mon corps, mon nom, mon île rationnelle, je me retrouvai seul, face au cercle cocacolesque clignotant. Je me sentis ridicule, mais aussi tout joyeux. Ce que je me rappelais, je ne l'avais pas imaginé, je l'avais vécu. Cette expérience allait devenir mon guide. On m'avait montré le but, l'atteindre réellement dépendait désormais de ma persévérance. Quand je demandai à Ejo Takata ce qu'était le Bouddha, il me répondit : « L'esprit est le Bouddha. »

Le lendemain matin, je reçus un appel téléphonique de la hautaine collaboratrice d'Oscar me disant que je devais de toute urgence trouver quelqu'un pour faire une piqûre de morphine au maître, car il souffrait de douleurs insupportables. Je restai bouche bée, pensant refuser. Alors elle me cria : « Imbécile, trouvez ce que je vous demande ! » J'avais besoin de poursuivre mon expérience, Ichazo m'avait promis deux séances : je ravalai ma rage et courus chez le docteur Toledano, un ami qui avait joué dans *Fando et Lis*, en extrayant devant la caméra un petit verre de sang du bras de l'actrice pour le boire goulûment. Nous arrivâmes à l'hôtel. L'ogresse, craignant que le médecin ne parte avec moi si l'on m'expulsait de l'appartement, accepta ma présence après m'avoir jeté un regard foudroyant. Se tordant, plié en deux, Ichazo gisait sur le lit. Il avait mal dans les muscles, dans les os, au ventre, partout. Toledano lui injecta rapidement la dose de morphine et le malade se calma. Sortant de son lit en pleine possession de ses facultés, il nous expliqua :

« Je suis intimement lié à mon école. Nous formons un corps et un esprit collectif. À New York, en raison de mon absence, de graves querelles et problèmes ont éclaté. Les élèves ne sont pas encore prêts à se passer d'un guide. C'est pourquoi j'ai senti la catastrophe dans mon corps. Je regrette beaucoup, je dois immédiatement retourner à New York ! » La femme avait déjà préparé les valises. Ils nous saluèrent froidement et, sans autre forme de procès, prirent le taxi qui allait les emmener à l'aéroport.

La fin de la rencontre avec Ichazo ressemble à celle de ma rencontre avec Carlos Castaneda. Il était impossible de rencontrer cet écrivain entouré d'une aura sulfureuse. À l'époque de sa plus grande célébrité, des centaines de Nord-Américains venaient au Mexique à sa recherche, avec le désir gourmand qu'il leur présente le mythique maître du peyotl : don Juan. Je n'eus pas à le chercher. Il s'approcha de ma table... Je mangeais un bifteck de viande argentine dans le restaurant El Rincón Gaucho que Wolf Rubinsky, un ancien lutteur, avait ouvert dans la capitale, dans l'avenue Insurgentes ; j'étais accompagné d'une actrice de la télévision qui, après avoir suivi un enseignement de l'Église de scientologie[1], avait décidé de changer son nom mexicain pour celui

1. Mouvement sectaire fondé par l'écrivain Lafayette Ronald Hubbard.

de Troïka. « Dans les plaines russes couvertes de neige, symbole de la pureté, une troïka glisse sans effort ni obstacles : comme mon esprit aujourd'hui. » À vrai dire, ses formes exubérantes m'intéressaient davantage que son esprit. Au début, lorsque Castaneda s'approcha, je crus que c'était un serveur. Au Mexique, il est aisé de déterminer la classe sociale à laquelle appartient un individu, seulement d'après son physique. L'homme était de petite taille, corpulent, les cheveux crépus, le nez aplati et la peau légèrement piquée, en bref, un humble autochtone. Mais lorsqu'il m'adressa la parole, le ton posé de sa voix, sa prononciation délicate, la vibration lumineuse de son intellect m'indiquèrent aussitôt que c'était un homme d'une culture supérieure. Sa sympathie personnelle me fit instantanément le considérer comme un ami.

« Pardonnez-moi, Alejandro, de vous interrompre. J'ai vu plusieurs fois votre film *El Topo*, et je me réjouis de vous saluer. Je suis Carlos Castaneda. »

Ç'aurait pu être un escroc — personne ne connaissait le visage de l'écrivain —, mais je le crus. Je pus vérifier plus tard, par un dessin qui parut dans un livre et une photographie que publia son ex-épouse, que c'était bien lui. Troïka le crut également. Bien qu'elle ne l'ait jamais lu, la notoriété du personnage parut la griser. D'un geste nonchalant, comme si la chaleur l'assaillait, elle ouvrit son décolleté, montrant la pointe de l'un de ses deux magnifiques promontoires, et gonfla ses lèvres pour murmurer, baisant un phallus invisible : « Comme c'est intéressant ! » Castaneda, après avoir fixé un regard de faucon sur la chair vivante qui lui était offerte par-dessus le bifteck saignant, me sourit : « Si nous nous sommes rencontrés, il doit y avoir une raison. J'aimerais parler avec vous dans un endroit plus tranquille. » Je proposai à Castaneda d'aller à son hôtel, mais il insista pour venir au mien. Ayant un producteur prospère, j'étais logé au luxueux Camino Real. Quel meilleur endroit pour rencontrer Castaneda qu'un chemin royal ! Nous tombâmes d'accord pour qu'il vînt le lendemain, à midi. Je l'attendis, impatient. À midi moins cinq, le téléphone de ma chambre sonna. Je me dis : « Évidemment, il m'appelle pour me dire qu'il ne peut pas venir. » Je décrochai. D'un ton respectueux il me demanda si cela ne me dérangeait pas de le recevoir avant l'heure prévue. Une telle délicatesse me toucha. Dès qu'il entra dans ma chambre, je lui offris une chaise. Nous nous assîmes face à face et nous regardâmes dans les yeux, nous scrutant comme deux guerriers, sans aucune agression bien sûr, mais avec le grand espoir de trouver un interlocuteur agréable. Combien de temps cela dura-t-il ? Une éternité. Il fut le premier à parler et, rapidement, j'en arrivai à la question qui nous intéressait.

« Dans tes livres, tu nous as révélé une manière différente de voir le monde, tu as fait revivre le concept de guerrier spirituel, tu as rendu actuel le travail sur le rêve lucide ; pourtant, je ne sais si tu es un fou, un génie ou un menteur.

— Tout ce que je raconte est vrai. Je n'ai rien inventé, me répondit-il avec un sourire lumineux.

— En te lisant, j'ai eu l'impression qu'à partir d'une expérience réelle, vécue au Mexique, tu élabores et introduis des concepts extraits de la tradition ésotérique universelle. Dans tes livres on peut trouver le zen, les Upanishads, le tarot, le travail sur les rêves de Hervey de Saint-Denis, etc. Cependant, je suis sûr d'une chose : il est évident que tu parcours réellement ce pays dans le cadre de tes recherches. Il est probable que, rassemblant tout ce que tu découvres, tu aies créé le personnage de don Juan.

— En aucune manière. Je t'assure : il existe... »

Puis il me raconta la manière dont le sorcier (qu'il avait retrouvé sur l'avenue de la Réforme, artère centrale de la ville) d'une simple tape dans le dos l'avait projeté à plusieurs kilomètres de distance parce qu'il s'était laissé distraire par une femme qui passait par là. Ensuite il me parla de la vie sexuelle de don Juan, capable d'éjaculer quinze fois de suite. Je me souviens qu'il me raconta aussi que son maître méprisait les êtres humains qui, sacrifiant leurs capacités magiques, « fabriquaient » des enfants. « Chaque enfant nous vole un morceau de notre âme. » Il évoqua le thème du cannibalisme saturnien. Mais, voyant peut-être en moi une expression d'horreur, il changea de sujet :

« Pourquoi les circonstances nous ont-elles réunis ? Ne serait-ce pas pour que nous réalisions un film ? Hollywood m'a offert plusieurs millions de dollars pour porter à l'écran mon premier livre, mais je ne veux pas que don Juan finisse sous les traits d'Anthony Quinn. »

Nous allions nous mettre d'accord pour voir les possibilités de filmer sur les lieux réels, en montrant de vrais miracles, d'authentiques sorciers, sans utiliser d'effets spéciaux ou de trucs qui convertiraient tous ces enseignements en banals contes de fées, lorsque Castaneda se mit à avoir mal au ventre, chose qui, me dit-il au milieu de ses gémissements, ne lui arrivait jamais. Dans les montagnes il buvait de l'eau des ruisseaux sans aucun problème, mais à la ville, où l'eau était apparemment potable, il attrapait la diarrhée. Il commença à se tordre tant et plus. J'appelai un taxi et l'accompagnai à son hôtel Hollyday Inn. À cause des traditionnels embouteillages de la circulation, il nous fallut près d'une heure pour y arriver. Nous nous serrâmes la main et il se mit aussitôt à courir. Jamais plus je ne le revis. Au moment même où il avait eu mal au ventre j'avais ressenti une violente douleur au foie qui m'obligea à rester trois jours au lit. Une fois rétabli, je l'appelai à son hôtel. Il était parti sans laisser d'adresse. Lorsque je passai par là, j'interrogeai le portier : il me dit que le monsieur était accompagné d'une femme séduisante. Sa description coïncidait avec celle de Troïka... Longtemps la diarrhée de Castaneda n'éveilla en moi aucun soupçon. Ce mal attaque tant de touristes que les Mexicains l'appellent la « vengeance de Moctezuma ». Mais peu à peu, me remémorant les détails de notre rencontre, quelques doutes s'insinuèrent en moi. La diarrhée exige une évacuation rapide. Pourquoi Castaneda n'avait-il pas utilisé mes toilettes ? Cela l'aurait soulagé pour un bon moment. Si son besoin était si urgent, comment avait-il résisté au voyage en taxi pendant plus d'une heure ? D'un autre côté, dans cet inconvénient gênant, au lieu de se tordre, ce qui peut provoquer la fuite de jets nauséabonds, on a plutôt tendance à se faire un nœud autour de l'abdomen. Lui semblait avoir mal, outre à l'estomac et aux intestins, aux boyaux, aux muscles et aux os. Probablement un esprit envoyé par d'autres sorciers l'avait-il attaqué, en même temps que moi, pour empêcher le projet de se réaliser, car il aurait impliqué que nous révélions certains secrets au monde entier ou alors... son corps, en manque de sa drogue habituelle, avait besoin, comme celui d'Ichazo, d'une piqûre de morphine. Mystère que je ne résoudrai jamais. Troïka disparut des feuilletons télévisés. Quelqu'un me dit qu'elle avait signé un contrat de cinq mille ans pour travailler sur le bateau de Ronald Hubbard.

La retraite d'Oscar Ichazo m'avait laissé sur ma faim. Je sentais que j'avais perdu une chance de réaliser une expérience essentielle. Cependant, la danse de la réalité me donna cette chance... Francisco Fierro, un ami peintre, revint de Huautla où il était allé manger des champignons avec la célèbre guérisseuse mazatèque, María Sabina. Il vint me chercher dans la maison où j'étais enfermé depuis un mois avec mon groupe d'« acteurs », nous préparant à filmer *La Montagne sacrée.* Ichazo nous avait laissé deux instructeurs, Max et Lidia, qui, certains de posséder les secrets suprêmes, nous traitaient à la manière de sergents. Elle, c'était une Américaine de petite taille, myope et grosse ; lui, un grand maigre au visage couvert de boutons. Ils ne nous autorisaient que quatre heures de sommeil par jour, de minuit à quatre heures du matin ; le reste du temps, nous devions nous consacrer à toutes sortes d'exercices pseudo-soufis, pseudo-bouddhistes, pseudo-égyptiens, pseudo-hindous, pseudo-chamaniques, pseudo-tantriques, pseudo-yogiques, pseudo-taoïstes, etc., exercices qui ne nous serviraient finalement à rien... Francisco Fierro me remit un flacon plein de miel dans lequel macéraient six couples de champignons.

« C'est un cadeau que t'envoie María Sabina. Elle t'a vu en rêve. Il paraît que tu vas réaliser quelque chose qui aidera notre pays. Quand ? Quoi ? Elle ne me l'a pas dit. Ce qu'elle m'a dit, c'est qu'elle et d'autres comme elle veulent t'aider. Mange-les tous. Ce sont des mâles et des femelles. Ceux qui ne te servent pas, ton organisme les rejettera et tu les vomiras.

Elle a dit que tu fasses cela le soir, pour ensuite avancer vers la lumière et voir le jour se lever pour la première fois. »

Tandis que mes acteurs se couchaient pour, quatre heures plus tard, être réveillés par un gong les invitant à prendre une douche froide, moi, sur la terrasse, nu dans un sac de couchage, j'ingérai les champignons. Cette fois, les hallucinations ne furent pas visuelles. C'est l'ensemble de mes sensations qui acquit des caractères fantastiques. Je commençai par me rendre compte que ce que je considérais être « moi-même » n'était qu'une construction mentale obtenue sur la base de sensations : « Je ne sens que comme je pense que je suis. » Le venin du champignon commença alors à me montrer d'autres possibilités. Je compris que je m'étais construit à partir de l'intellect, « ça, c'est une main », « ça, c'est mon visage », « je suis un homme », « voici mes limites ». Quelque chose me disait à présent : « Quand tu parles de limites, tu fais en réalité référence à des infinis non connus. Tu peux être quelque chose de plus qu'un humain. » Je m'accroupis et, peu à peu, je devins un lion. « Ça, ce n'est pas une main, c'est une patte. » « Ça, ce n'est pas mon visage, ce sont les traits sauvages d'un félin. » « Je ne suis pas un homme, je suis une bête puissante. » Ma force animale s'était réveillée : c'était une sensation corporelle, chaque muscle acquérait la force de l'acier et une enivrante élasticité. Un peu comme un éventail fermé qui s'ouvre doucement, mes sens se dilatèrent. Je pus distinguer les différents effluves que transportait l'air, entendre une gamme de bruits innombrables, voir des détails insoupçonnés, sentir le pouvoir de mes mâchoires. Avant cela, j'avais quasiment été un aveugle-sourd-muet sans odorat. Le Kath parut bouillir dans mon ventre : j'étais un chasseur mille proies m'appelaient pour m'offrir leur énergie vitale, mais quelque chose me retint. La force mentale pure, que je perçus pénétrante, subtile, délicate comme une femme, affronta la bête avec un amour intense. Je compris alors la signification profonde de la carte XI du tarot, la Force, où une femme coiffée d'un chapeau en forme de huit couché, symbole de l'infini, ouvre et ferme la gueule d'un lion. Jusqu'à ce moment j'avais vécu en réprimant avec mépris et crainte mon animalité, tout en limitant par ma rationalité, transformée en une île logique, l'étendue infinie de mon esprit. Dans le Oth (le cœur), j'étais un humain ; dans le Path (l'esprit), un ange, et dans le Kath (le corps-sexe), une bête... Je restai là, à l'affût non pas d'une petite proie mais de la vie entière. Les étoiles brillaient plus que jamais, m'octroyant une énergie inépuisable ; la terre se manifestait, d'abord sous forme de territoire limité, la terrasse, puis elle s'étendait, telle une femelle qui s'abandonne, à toute la ville, tout le pays, tout le continent, à la planète entière. Accroupi, mes griffes accrochées au globe terrestre, je voyageais à travers le cosmos. Le jour se levait. Je perçus le mouvement de la planète tournant pour offrir chaque partie de sa surface à la caresse du soleil. Je sentis la jouissance de la Terre recevant la lumière et la chaleur vitale, mais aussi l'euphorie solaire dans son don incessant et inséminateur ; et, autour de cela, la joie des autres planètes et celle des étoiles traversant le firmament tels des navires iridescents. Tout était vivant, tout était conscient, tout dansait au milieu d'explosions, de naissances et de catastrophes, abandonné à la merveille de l'instant. C'étaient les mystérieuses noces alchimiques : l'union du ciel et de la terre, la fusion de l'animal-végétal-minéral et de l'esprit immatériel dans le cœur humain, c'est-à-dire dans la source d'où jaillissait à flots l'amour divin.

Ces deux expériences, LSD et champignons, changèrent pour toujours la perception que j'avais de moi-même et de la réalité. J'avais la sensation que mon esprit, tel un bouton de fleur, s'était ouvert. Cela concorda avec un cadeau que Yamada Mumon, le maître de Ejo Takata — venu du Japon lui rendre visite après que les disciples de Fromm l'eurent expulsé —, m'envoya par un élève pour me remercier d'avoir offert ma maison au moine pour y fonder un nouveau zendô. Le garçon, Mexicain typique vêtu en moine japonais, les joues et le front envahis par les classiques boutons de tout élève aspirant à l'état d'un bouddha, me remit un foulard plié. « Asseyez-vous et ouvrez-le ! » s'exclama-t-il, debout près de ma chaise, le tronc incliné, les paumes des mains jointes à la hauteur de la poitrine et les paupières mi-closes, essayant de paraître oriental. J'ouvris le foulard. Il était plié sans aucune symétrie : des plis multiples, tous beaux, grands, petits, en diagonale, horizontaux, verticaux, dont chacun avait été repassé avec application. Il était évident que, pour obtenir cet effet, le maître avait passé beaucoup de temps. Ouvrir cette véritable œuvre d'art, en m'obligeant à utiliser mes doigts avec respect, fit naître en moi une profonde jouissance esthétique. Quand le foulard fut étalé, je vis qu'au centre, à l'encre noire, était écrite une phrase en japonais. Alors l'élève, gravement, imitant un samouraï, parut lire ce qu'il savait de mémoire : « Lorsqu'une fleur s'ouvre, c'est le printemps sur toute la terre. » Il fit demi-tour et, sans dire au revoir, s'en alla. J'essayai sans succès de replier le foulard. L'expérience vitale est irréversible.

La réalité, avec sa danse incessante, considéra que j'étais prêt à entrer dans le monde de la magie opératoire... Mon voisin, Guillermo Lauder, un agent d'artistes populaires qui habitait un immeuble situé à cinquante mètres du mien, dans la même rue, vint m'inviter à assister à une séance de la guérisseuse Pachita. Cette dame venait là tous les vendredis pour « opérer » des malades. J'avais déjà entendu parler d'elle. On disait qu'elle ouvrait les corps avec un couteau oxydé et changeait les organes malades par des organes sains, qu'elle pouvait matérialiser des objets et bien d'autres choses. Tout cela, qui me paraissait des inventions naïves, une grossière imitation des véritables opérations chirurgicales, me faisait peur... Mon premier contact avec la magie populaire avait eu lieu dans la maison de F. S., un fonctionnaire du ministère de l'Éducation, qui avait offert un cocktail en mon honneur pour célébrer mon arrivée au Mexique en vue de donner des cours de pantomime. Il vivait dans une luxueuse demeure aux murs couverts de tableaux de peintres mexicains modernes. Ces artistes avaient une force impressionnante — dans leurs œuvres se mêlaient l'expressionnisme muraliste, le surréalisme et les écoles abstraites —, mais ils me donnèrent pourtant l'impression que quelque chose leur manquait.

F. S., homosexuel très intuitif qui ne détachait pas un instant ses yeux de mon visage, ni non plus de mon corps, me dit, sans que je lui aie fait part de ce sentiment : « Ce qui manque à nos peintres, c'est la racine magique. En cherchant la chimérique approbation internationale, ils ont oublié que la base sacrée de la vie mexicaine est la sorcellerie. Viens avec moi, je vais te montrer une création authentique. » Je le suivis dans un long couloir où, dans des vitrines, éclairées par des lumières verdâtres, paraissaient dormir des poteries et des sculptures précolombiennes. Nous arrivâmes à sa chambre : au plafond, un grand tableau de Juan Soriano montrait une main géante caressant le sexe du tronc sans tête d'un adonis nu. À côté du lit en métal, dont la tête symbolisait l'arbre du bien et du mal, il y avait un coffre noir avec des incrustations d'ivoire. Lorsqu'il l'ouvrit, l'intérieur de la boîte s'éclaira. Ma gorge se noua. Il me dit de regarder si j'osais. Là, sur des plateaux couverts de velours, gisaient toutes sortes de statuettes de cire. Je fus aussitôt saisi d'une forte migraine. Ces figures, d'une couleur semblable à celle de la chair en décomposition, étaient traversées de nombreuses aiguilles, dans les yeux, dans le sexe, dans l'anus, dans les seins, dans toutes les extrémités. Ces visages putrides exprimaient une souffrance incommensurable. Les bouches ouvertes, dont les dents étaient parfois perforées d'aiguilles, lançaient des hurlements muets. Ces objets, tellement chargés d'énergies maléfiques, affectèrent mon organisme. J'eus envie de pleurer. Comment se pouvait-il qu'existent au monde des êtres capables de façonner tant de méchanceté ? F. S. ferma le coffre, m'offrit une gorgée de tequila et, voyant mon trouble, se mit à rire.

« Bienvenue à Mexico, mime. Si ce pays est celui de la lumière, c'est aussi celui de l'ombre. En as-tu conscience ? Si tu rassemblais tous les tableaux que contiennent les pièces de ma maison, ils n'atteindraient pas la force d'une seule de mes statuettes de cire. Ce sont d'authentiques objets de sorcellerie destinés à nuire à quelqu'un. J'ai pu les obtenir grâce à certains contacts dangereux. J'espère que les autorités me permettront un jour d'organiser une exposition de ce grand art. »

Deux ans plus tard, F. S. fut retrouvé assassiné dans son lit. Après l'avoir castré, on lui avait enfoncé son sexe sanglant dans la bouche.

C'est pour cette raison que j'avais jusqu'alors refusé tout contact avec la magie populaire. Cependant, la tentation de voir opérer Pachita me décida à affronter les dangers. Les légendes urbaines racontaient que certains sorciers négatifs pouvaient s'introduire subrepticement dans l'inconscient d'un visiteur et lui jeter un maléfice à retardement pour que, au bout de trois ou six mois, il se consume jusqu'à la mort. C'est pourquoi, avant de rendre visite à la vieille femme, je me protégeai du mieux que je pus. D'une certaine façon, sans m'en rendre compte, ce fut là mon premier acte psychomagique. J'eus le sentiment que je devais cacher mon identité pour que ses maléfices glissent sur mon anonymat. Je m'habillai et me chaussai donc de vêtements et de souliers neufs. Afin qu'on ne pût me juger sur mes goûts, il était important que ces vêtements ne fussent pas choisis par moi. Aussi, je donnai mes mesures à un ami et lui demandai d'acheter tous mes vêtements. De plus, je me fabriquai une carte d'identité avec un faux nom (dans ce cas, Martin Arenas), un autre lieu et une autre date de naissance, une autre photographie (le visage d'un acteur mort). J'achetai une côtelette de porc, l'enveloppai dans du papier d'aluminium et la mis dans ma poche. Ainsi, chaque fois que j'y mettrais la main, le contact insolite avec la viande me rappellerait que j'étais dans une situation particulière et qu'à aucun prix je ne devais me laisser fasciner. Avant de me mettre en route vers mon rendez-vous, je pris une douche et me frottai le corps avec du jus de citron, pour éliminer au maximum mon odeur corporelle. Tremblant, je parcourus les cinquante mètres qui me séparaient de l'appartement de Guillermo Lauder. Il faut dire qu'être reçu là par Pachita était un privilège. Quand la sorcière allait opérer dans d'autres villes, il pouvait venir des milliers de personnes. Une fois, pour la sauver du harcèlement de la foule, il avait fallu la sortir en hélicoptère. Les autres jours de la semaine, elle recevait et opérait les pauvres, à la périphérie de la capitale. Le vendredi elle soignait chez Lauder les gens aisés, parmi eux de puissantes personnalités politiques, des artistes célèbres, des malades venus de lointains pays, des cas urgents. La porte était entrouverte. On n'entendait pas une mouche voler. L'endroit paraissait vide. Je me glissai à l'intérieur en essayant de me déplacer en silence. Tout était plongé dans l'obscurité. Les fenêtres avaient été tapissées de couvre-lits. Essayant de ne pas heurter un meuble, je parvins au salon. Trois bougies éclairaient légèrement la pénombre. Par terre gisaient plusieurs corps enveloppés dans des draps ensanglantés. À côté d'eux, à genoux, des femmes et des hommes qui les accompagnaient priaient. Confortablement assise dans un fauteuil, la vieille femme était en train de nettoyer le sang qu'elle avait sur les mains. Malgré la semi-obscurité et de loin, à cause de l'intense magnétisme qui émanait de son corps, j'eus l'impression de la voir en pleine lumière. Elle était petite, grosse, avait un large front bombé et un œil plus bas que l'autre, comme tombé, voilé par une membrane blanche. J'essayai de me dissimuler parmi ses acolytes. Ce fut inutile. Tel un cobra hypnotisant un singe, elle fixa son œil droit scintillant sur ma silhouette et, m'en transperçant, me dit d'une voix très douce : « Entre, cher enfant. Pourquoi as-tu peur de cette pauvre vieille ? Viens t'asseoir près de moi. » Lentement j'avançai jusqu'à elle, stupéfait. Cette femme avait trouvé les mots et le ton justes pour s'adresser à moi. Bien qu'approchant la quarantaine, je n'avais pas mûri sur le plan émotionnel. Lorsque je tombais amoureux, je me comportais comme un enfant de neuf ans (âge qui correspondait à celui que j'avais lorsqu'on m'avait brusquement déraciné de Tocopilla — la perte du territoire aimé installe une digue dans le cœur, qui empêche de grandir au niveau émotionnel). J'eus beau presser ma côtelette de porc, je tombai sous le charme. Je m'approchai de Pachita, me sentant comme le fils qui trouve enfin sa mère perdue. Elle m'adressa un sourire empreint de l'amour universel que j'avais toujours espéré voir dans le sourire d'une femme. « Que veux-tu, mon petit ? » La réponse jaillit de mes lèvres avant que j'aie pu la penser. « J'aimerais voir tes mains. » À la surprise générale — tout le monde se demandait pourquoi elle m'accordait cette faveur —, elle mit sa main gauche entre les miennes. La paume de cette main avait la douceur et la pureté d'une vierge de quinze ans ! Une sensation difficile à décrire m'envahit. Devant cette vieille femme au visage déformé, j'eus l'impression de me trouver en présence de la femme idéale que l'adolescent qui m'habitait avait toujours cherchée. Elle se mit à rire. Elle retira sa main des miennes et la leva jusqu'au niveau de mes yeux, la laissant ainsi, tendue et calme. De l'assistance s'éleva un murmure : « Accepte le don. » « Quel don ? pensai-je très vite. Elle fait le geste de me donner quelque chose, bien sûr invisible. Je vais me laisser prendre au jeu et faire comme si je prenais un cadeau invisible... » Je tendis mes doigts et les approchai de sa paume comme si j'allais saisir quelque chose. À ma grande surprise, entre la base du médium et celle de l'annulaire brilla un objet métallique, très petit. L'impensable était en train de se produire. Je venais de caresser sa main, il était impossible qu'elle eût caché quelque chose ; cependant, le don se trouvait là. Je le pris : c'était un triangle à l'intérieur duquel il y avait un œil. Cela m'impressionna parce que le symbole de mon film *El Topo* était un œil dans un triangle. (À ce moment, croyant que la vieille dame pensait à moi en tant que cinéaste, je ne perçus pas un message plus profond. Sur les billets d'un dollar, sous la pyramide couronnée d'un triangle avec un œil, se trouve la devise : « Nous avons confiance en Dieu. » Il était probable que Pachita, dans son langage non oral, était en train de me dire : « Je t'aiderai à trouver ce qui te manque : ton dieu intérieur. ») Je me mis à tirer des conclusions de cette expérience surprenante. « Cette femme est une prestidigitatrice exceptionnelle. Comment s'est-elle débrouillée pour faire apparaître ce triangle du néant ? Et comment une femme du peuple, sans culture cinématographique, peut-elle savoir que c'est le symbole de mon film ? Guillermo Lauder est-il un complice malhonnête ? Quoi qu'il en soit, je veux voir comment elle soigne. » Je lui demandai alors si elle me permettrait de voir ses opérations.

« Bien sûr, enfant chéri de l'âme. Viens vendredi prochain. Mais ce n'est pas moi qui opère, c'est le Frère. »

Le vendredi suivant, j'arrivai à l'heure dite. Pachita m'attendait. Le petit appartement ressemblait à un autobus bourré : il y avait au moins quarante malades, quelques-uns avec des béquilles, d'autres dans des chaise roulantes. Elle me demanda de la suivre dans une petite pièce où n'était accroché qu'un chromo représentant Cuauhtémoc, héros divinisé. « Aujourd'hui, mon petit, je veux que ce soit toi qui lises le poème que mon Seigneur aime tant. » Elle enfila une tunique jaune imprégnée de sang coagulé entre les pierreries et les dessins indiens qui la couvraient. Elle s'assit sur un petit banc de bois et me passa une feuille manuscrite. Elle parut s'endormir. Je me mis à lire ces vers :

Tu fus Roi sur cette terre,	*Fuiste Rey en esta Tierra*
tu fus grand, Majesté,	*fuiste grande Majestad*
et te voilà Lumière éternelle	*y ahora eres Luz Eterna*
sur le trône céleste.	*en el trono celestial.*
Viens vite, Enfant Béni,	*Ven pronto Niño Bendito*
viens nous consoler,	*venidnos a consolar*
viens nous donner tes conseils	*ven a darnos tus consejos*
et ôter de nous le mal.	*y a quitarnos todo mal.*

Le poème était long. Pachita bâilla de temps à autre. Puis elle se tordit brusquement comme si son corps recevait un nouvel être. Et, soudain, cette femme qui avait l'air d'une vieille fatiguée poussa un cri de stentor, leva le bras droit et se mit à parler d'une voix d'homme : « Mes chers frères, je rends grâce au Père de me permettre d'être de nouveau parmi vous ! Amenez-moi le premier malade ! » Les patients commencèrent à défiler, chacun tenant un œuf à la main. Après lui en avoir frotté tout le corps, la sorcière le cassait et, le versant dans un verre contenant de l'eau, elle examinait le jaune et le blanc, pour découvrir le mal. Si elle ne trouvait rien de très grave, elle recommandait des infusions d'olivier, de mauve ou, parfois, des choses plus étranges telles que des lavements de café au lait, des cataplasmes de papaye et d'œufs de termite, de patate douce cuite ou d'excréments humains. Aussi, de manger les langues de certains oiseaux, de boire un verre d'eau dans lequel avaient trempé des clous rouillés, ou encore des remèdes qui étaient des actes : le malade, en voyant un ruisseau, devait couper une fleur rouge et regarder l'eau l'emporter, puis mettre une cuvette d'eau sous son lit afin que celle-ci absorbe ses mauvaises pensées... Quand le problème lui paraissait grave, elle proposait une « opération ».

Ce premier vendredi, le Frère Cuauhtémoc effectua dix opérations. Je fus le témoin de choses incroyables. Vêtu de mes habits neufs, je voulus empoigner ma côtelette de porc. Les assistants de Pachita, une demi-douzaine, m'ordonnèrent immédiatement de sortir la main de ma poche. Ils m'interdirent également de croiser les jambes ou les bras, exigeant que je regarde le Frère sans tourner la tête. Voir cette femme possédée exhiber son grand couteau et l'enfoncer dans la chair des patients, faisant surgir des flots de sang, était hallucinant. Bien que quelque chose en moi me dît que tout cela était du théâtre, un acte de prestidigitation destiné à impressionner, en utilisant la terreur comme principal élément curatif, la personnalité de cette femme me dominait... Lauder me raconta qu'un jour, ayant tellement entendu parler d'elle, l'épouse du président de la République l'invita à une réception nocturne dans le jardin du palais du gouvernement. Il y avait là un grand nombre de cages avec différentes espèces d'oiseaux. Lorsque Pachita arriva, ces centaines de petits oiseaux se réveillèrent et se mirent à faire des trilles comme s'ils saluaient l'aube. La guérisseuse n'employait pas uniquement son charisme. Plusieurs assistants collaboraient en apportant leur énergie à l'opération. Ces personnes n'étaient pas complices d'une supercherie ; toutes avaient une foi immense en l'existence du Frère. Aux yeux de ces bonnes gens, l'action du désincarné était ce qui importait. Ils voyaient Pachita comme sa « chair ». Elle était un « canal », un instrument utilisé par le dieu. Quand elle n'était pas en transe, ils la respectaient mais ne la vénéraient pas. Pour eux, le désincarné était plus réel que la personne à travers laquelle il se manifestait. Cette foi qui enveloppait Pachita produisait une atmosphère sacrée qui contribuait à convaincre le malade qu'il avait des chances de guérir. Les malades, assis dans le salon obscur, attendaient que vienne leur tour d'entrer dans le « bloc opératoire ». Les aides parlaient en chuchotant, comme s'ils étaient dans un temple. Parfois, l'un d'eux sortait du bloc en cachant dans ses mains un mystérieux paquet. Il entrait dans les toilettes et, par la porte entrebâillée, on percevait la lueur de l'objet que le feu consumait. L'aide avertissait dans un murmure : « N'entrez pas avant que le mal se soit consumé. Il est dangereux de s'approcher de lui tant qu'il est actif. Vous pourriez l'attraper... » Qu'était réellement ce « mal » ? Les malades l'ignoraient, mais le simple fait de devoir s'abstenir d'uriner pendant que se produisait l'une de ces immolations par le feu leur procurait une impression étrange. Peu à peu, ils abandonnaient la réalité habituelle pour s'immerger dans un monde parallèle totalement irrationnel. Brusquement, quatre assistants sortaient de la salle d'opération en portant un corps inerte enveloppé dans un tissu taché de sang et le déposaient par terre, comme si c'était un cadavre. Car une fois l'opération terminée et les bandages posés, Pachita exigeait du patient une immobilité totale pendant une demi-heure, sous peine de mort instantanée. Les opérés, craignant d'être annihilés par des forces magiques, ne faisaient pas le moindre geste. Et inutile de dire que cette savante chorégraphie préparait le candidat. Quand Pachita l'appelait à voix basse, employant toujours la même formule : « C'est ton tour maintenant, enfant de mon âme », le patient se mettait à trembler de la tête aux pieds et retombait en enfance. Je me souviens l'avoir vue, ce jour-là, donner un bonbon à un ministre tandis qu'elle lui demandait d'une voix grave et affectueuse : « Où as-tu mal, mon tout petit ? » L'homme lui répondit d'une voix d'enfant : « Voilà des semaines que je ne dors pas. Je me lève pour uriner toutes les demi-heures. — Ne t'inquiète pas, je vais changer ta vessie. »

Pachita, devenue le Frère, gardant toujours les yeux fermés, fit d'abord passer les hommes, affirmant qu'étant plus faibles que les femmes il fallait apaiser leurs douleurs au plus tôt. Dans la salle d'opération il n'y avait qu'un petit lit étroit avec un matelas recouvert de plastique. Le patient devait apporter un drap, un litre d'alcool, un paquet de coton et six rouleaux de bandes. Les aides lui enlevaient sa chemise et, si nécessaire, dans le cas d'une opération des testicules par exemple, son pantalon. Toutes les manipulations se faisaient dans la pénombre, à la lumière d'une unique bougie car, d'après elle, la lumière électrique pouvait abîmer les organes internes. Ayant recouvert le lit de son drap, le malade se couchait. Avec des gestes cérémonieux, un assistant passait un grand couteau de chasse à la guérisseuse. La poignée était garnie d'un ruban d'isolant noir la couvrant entièrement et la lame, sans tranchant, portait une gravure d'Indien coiffé d'un panache. Puis, le Frère ayant indiqué l'endroit du corps qu'il allait ouvrir, un assistant entourait celui-ci de coton et l'arrosait abondamment d'alcool. L'odeur du produit se répandait dans la pièce, créant une atmosphère d'hôpital. Le premier à passer fut le ministre. Le Frère demanda : « Enrique, as-tu préparé la vessie ? » Le fils de Pachita montra un flacon qui contenait quelque chose comme un tissu organique. L'homme se coucha en tremblant, glacé de peur. Je lui pris la main. La guérisseuse lui ouvrit le ventre sur environ quinze centimètres de long. Je luttai pour ne pas m'évanouir à la vue du sang qui coulait. La vieille examina l'intérieur du ventre, leva la main, fit un geste et matérialisa une paire de ciseaux. Elle coupa quelque chose qui exhala une puanteur insupportable. Puis elle sortit une masse de chair infecte qu'Enrique enveloppa dans du papier noir. Ensuite, elle sortit du flacon la nouvelle vessie. Elle la posa à côté de la blessure et, à ma grande surprise, je la vis être absorbée, sans que personne ne l'eût poussée, à l'intérieur du corps. Elle plaça les cotons imbibés d'alcool sur l'incision. Elle les pressa un moment, nettoya le sang, et la blessure disparut sans laisser la moindre cicatrice. « Mon cher enfant, te voilà guéri. » Les assistants le bandèrent, l'enroulèrent dans son drap et le portèrent pour le coucher dans la salle d'attente. Un autre assistant courut aux toilettes pour brûler le paquet noir.

Malgré mon incrédulité, cet acte m'avait paru tellement réel que ma raison commença à vaciller. Était-elle une géniale prestidigitatrice ou une sainte qui faisait des miracles ? J'eus honte de moi. Comment pouvais-je croire que cette vieille femme ne trichait pas ? À la lumière d'une seule bougie, on pouvait cacher un grand nombre de manipulations frauduleuses. Et si elle était capable de faire des miracles, pourquoi avait-elle besoin d'un couteau ? Voulait-elle nous faire croire que c'était un instrument magique ? Pour démontrer qu'il n'y a pas de truc, elle fait en sorte qu'un assistant le lui passe... mais celui qu'elle utilise est-il le même que celui qu'on lui a donné ? Elle pourrait, dans l'obscurité, le changer pour un autre semblable avec une poignée de caoutchouc, dissimulée par la bande d'isolant, pleine de sang de poulet ou de chien. On raconte que, par bonté, elle recueille les chiens errants, mais si au lieu d'être une sainte c'était un imposteur qui assassine ces animaux pour leur prendre leur fluide vital ? Et les cotons qu'elle met autour de la plaie, quelle est leur utilité ? Le couteau n'est jamais désinfecté... alors, à quoi sert l'alcool ? Pachita, bien qu'elle dise ne jamais manger, est grosse, elle a un gros ventre. Sur sa robe, elle porte toujours un tablier. Et si le ventre était faux ? Et s'il était plein de sacs en plastique contenant du sang et des objets qui ensuite apparaissent « par magie » ? Serait-elle une folle ? Serait-elle une mythomane ? Comme Ichazo, comme Castaneda, elle raconte des choses qu'aucune personne d'une intelligence moyenne ne peut croire. « Je sais qui mourra d'ici, et quand. Je sais combien de jours ont à vivre ceux qui viennent me voir. » « Ne vous inquiétez pas pour la sécheresse. Demain je ferai pleuvoir. » « Il me suffit de donner une poussée et je sors de mon corps. Parfois, je vais visiter d'autres lieux, la Sibérie, le mont Blanc, Mars, la Lune, Jupiter. » « Comme un cyclone s'approchait du territoire des Indiens Coras, je suis allée demander au Père de les protéger et il l'a fait : le cyclone a été dévié de sa trajectoire. » « Quand je tombe en transe, je vis dans l'astral. Si quelqu'un met mon corps en morceaux, le Frère le reconstruit. » Pachita affirmait en outre voyager dans le temps, prédisant des événements futurs, ou aller dans le passé pour en rapporter quelques objets.

Debout à côté d'elle, je la vis plonger son index, qui avait un ongle long et peint de vernis rouge, dans l'œil d'un aveugle, après avoir versé dessus un blanc d'œuf. Je la vis changer le cœur d'un patient, auquel elle parut ouvrir la poitrine d'un seul coup de lame, faisant jaillir un jet de sang qui m'éclaboussa le visage. Pachita m'obligea à mettre la main dans la plaie pour que je palpe la chair déchirée. (Lorsque je racontai à Guillermo que je l'avais sentie froide comme un bifteck cru, il me dit que c'était parce que le Frère réalisait ces travaux dans une dimension astrale, différente de la nôtre.) Je sentis arriver à ce trou le nouveau cœur, apparemment acheté préalablement par Enrique, on ne savait à qui ni où, peut-être à un employé corrompu de la morgue. La masse musculaire s'était implantée dans le malade de manière magique. Ce phénomène se répétait à chaque opération. Pachita prenait un morceau d'intestin qui, dès qu'elle l'avait placé sur l'« opéré », disparaissait à l'intérieur. Je la vis ouvrir une tête, sortir la cervelle cancéreuse et mettre là un nouveau tissu encéphalique. Cette illusion tactile et optique, si illusion il y avait, était accompagnée d'effets olfactifs : l'odeur du sang, la puanteur des tumeurs malignes... et d'effets auditifs : le bruit aqueux des viscères, ou le son des os coupés par une scie de charpentier. À la troisième opération, tout commença à me paraître naturel. Nous étions dans un autre monde. Un monde dans lequel les lois naturelles étaient abolies. S'il s'agissait de faire une transfusion, parce que le patient se vidait de son sang, le Frère mettait l'extrémité d'un tube dans sa propre bouche, l'autre extrémité dans un trou du bras, et commençait à cracher des litres de liquide rougeâtre. En deux occasions je vis le mal se transformer en une espèce d'animal qui paraissait haleter et bouger des excroissances semblables à des pattes. À minuit, halluciné, couvert de sang, je rentrai chez moi. Le monde ne serait jamais plus le même. J'avais enfin vu un être supérieur réaliser des miracles, vrais ou faux.

Je décidai d'assister aux opérations tous les vendredis. Le travail de la guérisseuse lui avait valu ma profonde admiration. Ses activités ne l'enrichissaient pas. En sortant, les malades déposaient dans une casserole l'argent qu'ils voulaient bien donner. La plupart ne laissaient que des pièces de monnaie et les plus riches, ceux qui venaient de l'étranger, faisaient preuve d'une étrange avarice. Un homme, qu'elle devait sortir de sa paralysie, lui dit : « Je n'ai pas d'argent pour vous payer. » Elle lui répondit : « Eh bien, ne me donne rien maintenant. Quand je t'aurai guéri, tu retourneras travailler. Alors tu me donneras ce que tu voudras. » Lauder me raconta que Pachita vivait dans une modeste maison située dans les faubourgs de la ville, entourée de chiens, de perroquets, de singes et d'un aigle. Elle entretenait ses enfants et donnait le peu d'argent qu'elle pouvait économiser à une petite école de son quartier. « Dans les faubourgs pauvres de Mexico les gens ne voient que des cochonneries. Il est pratiquement impossible de corriger un rufian quand il est grand. Il faut leur apprendre les bonnes choses quand ils sont petits. » Il était évident que Pachita soignait par vocation. Si elle trichait, c'étaient des tricheries sacrées. La tromperie, lorsqu'elle a une finalité bénéfique, est acceptée dans toutes les religions. Jacob le mystique trompe son frère et son père. Dans la tradition islamique, il est interdit de mentir, mais les solutions astucieuses sont admises. Un fugitif passe par un chemin au bord duquel est assis un sage. « S'il te plaît, le supplie-t-il, ne dis pas à ceux qui me poursuivent que je suis passé par ici. » Le sage attend que le fugitif disparaisse à sa vue, et alors il va s'asseoir de l'autre côté du chemin. Lorsque arrivent les poursuivants et qu'ils lui demandent s'il a vu passer quelqu'un, il répond : « Depuis que je suis assis ici, je n'ai vu passer personne. » Pour qu'un miracle se produise, la foi est indispensable. Les chamans le savent bien. Dans les cérémonies auxquelles assistent des néophytes, ils réalisent de faux miracles, afin d'ébranler la vision rationnelle de l'élève qui, ainsi convaincu que d'autres dimensions existent dans sa réalité solide, commence à avoir la foi. Grâce à cette nouvelle vision, les événements exceptionnels peuvent se produire. Pachita était-elle donc une grande créatrice de pièges sacrés ?

J'assistai, pendant trois ans, à d'innombrables opérations. Beaucoup de patients furent guéris. D'autres moururent. Un exemple : deux personnes atteintes de maladies incurables arrivèrent de Paris. L'un d'eux, un grand journaliste, avait un cancer de la hanche. L'autre, souffrant d'une grave maladie cardiaque, était l'attaché des relations publiques d'une entreprise cinématographique. Tous deux, accompagnés d'un prêtre dominicain, Maurice Cocagnac (qui plus tard écrivit un livre sur ces expériences*), furent opérés par le Frère. À l'un il changea le cœur, à l'autre il injecta dans la hanche un os neuf. Avant qu'ils ne rentrent en France il leur dit : « Mes enfants chéris, vous voilà guéris. Cessez de prendre des médicaments et pour rien au monde ne consultez un médecin avant six mois. » À peine rentré à Paris, le journaliste rassembla une équipe de médecins. Les diagnostics furent lapidaires : le cancer était toujours là. L'homme mourut un mois plus tard. Au contraire, l'autre opéré cessa de prendre des pilules et ne vit aucun médecin pendant six mois. Quand ceux-ci l'examinèrent, ils n'en revinrent pas : le cœur était sain, il fonctionnait comme celui d'un jeune homme... Je compris que dans le monde magique jouaient un rôle essentiel non seulement la foi mais également l'obéissance. Même si l'on ne croyait pas au pouvoir de la sorcière, il fallait lui accorder toutes les chances d'agir en suivant ses instructions sans rien y changer. Plus tard, j'ai appliqué ce principe à la psychomagie. Un acte psychomagique doit être effectué à la lettre, comme un contrat. Le consultant s'engage à obéir. S'il ne le fait pas ou modifie les instructions, par préjugé, par peur ou par commodité, l'inconscient se rend compte qu'il peut désobéir et la guérison n'a pas lieu. Alors que je filmais *Tusk* près de Bangalore, en Inde, l'un des éléphants qui jouait, peut-être énervé par la chaleur, détruisit un décor. Son cornac, le *mahoud*, s'emparant d'une barre de fer, se mit en devoir de le châtier. C'était impressionnant de voir ce mastodonte tremblant comme un enfant, urinant de peur devant son fragile maître. L'homme le frappa jusqu'au sang. Je protestai. Il me paraissait inconcevable qu'on punît ainsi un ani-

* *Rencontre avec Carlos Castaneda et Pachita la guérisseuse*, Albin Michel, 1991. *(N.d.t.)*

mal, avec autant de cruauté. L'officier chargé de la troupe des pachydermes me dit : « Je vous en prie, ne vous en mêlez pas. Le dompteur sait ce qu'il fait. S'il laisse son éléphant désobéir, même pour quelque chose d'anodin, celui-ci se sentira libre de faire ce qu'il veut et, plus tard, il finira par tuer des êtres humains. » L'inconscient se comporte de la même façon. Le consultant doit lui apprendre à obéir. C'est difficile : en réalité, les personnes tombent malades parce qu'elles ne peuvent résoudre ni rendre conscient un problème douloureux. Elles veulent qu'on les soigne, c'est-à-dire qu'on élimine les symptômes dont elles souffrent, mais pas qu'on les guérisse. Bien qu'elles demandent de l'aide, elles luttent pour que cette aide ne soit pas effective.

Dans les opérations, le Frère exigeait du patient et de tous ses aides une collaboration inconditionnelle. Parfois, il semblait que le travail se compliquait ; alors, le chirurgien et le malade lui-même sollicitaient l'aide de tous les assistants. Je me souviens d'opérations pendant lesquelles Cuauhtémoc s'exclamait soudain par la bouche de Pachita : « L'enfant se refroidit, vite, réchauffez l'air, ou nous le perdrons ! » Aussitôt nous courions tous, hystériques, à la recherche d'un radiateur électrique. Au moment de le brancher, nous nous apercevions qu'il y avait une panne d'électricité ! « Faites quelque chose, malheureux, ou l'enfant va entrer en agonie », rugissait le Frère tandis que le malade, au bord de la crise cardiaque, se voyant sans doute le ventre ouvert et les intestins à l'air, gémissait, glacé de terreur : « Mes amis, je vous en supplie, aidez-moi ! », et nous approchions tous la bouche de son corps et soufflions, angoissés, nous oubliant nous-mêmes, essayant désespérément de le réchauffer de notre souffle. « Très bien, mes chers enfants, disait brusquement le Frère, sa température remonte, le danger est passé, je peux continuer maintenant. » Je compris que toute guérison est collective, tribale. Le chaman n'agit pas seul — il est toujours entouré d'alliés invisibles — et le malade non plus n'est pas seul. Lorsque à Temuco, au Chili, dans un *machitun*[1], j'eus l'occasion d'interroger la guérisseuse principale,

1. Fête sacrée mapuche.

je lui demandai quelle méthode elle employait pour soigner ses malades ; elle me répondit : « La première chose que je fais, c'est de leur demander qui est leur maître. — Leur maître ? — C'est ça : tous les malades appartiennent à quelqu'un, à leur conjoint, à leur famille, à leur patron. Ceux qui n'ont pas de maître ne peuvent être guéris. Une fois que je sais cela, je discute du prix. Pour les soins, il faut organiser un repas, en invitant des amis qui aideront ensuite à chasser les diables, en faisant du bruit, en frappant sur un tambour ou en tirant des coups de fusil. Une fois l'endroit nettoyé, je peux opérer, accompagnée par les esprits bénéfiques. Nous, nous travaillons pour le malade ici sur terre ; en même temps, eux travaillent au ciel. »

Comme depuis ma rencontre avec Castaneda je n'avais cessé de sentir une douleur aiguë au foie, j'allai voir Pachita, muni d'un œuf. Pachita me le frotta sur la région douloureuse et me dit :

« Enfant chéri de l'âme, tu as ici une tumeur. Je vais t'opérer pour te l'extirper (voyant la pâleur de mon visage, elle se mit à rire). N'aie crainte, petit, voilà plus de soixante-dix ans que j'opère ; des milliers de personnes ont été ouvertes par le couteau du Frère. S'il était arrivé quelque chose à l'un de ses patients, il y a longtemps que je serais en prison. Écoute : quand j'avais dix ans, j'ai vu un attroupement près de la tente d'un cirque ; l'éléphante, enceinte, ne pouvait accoucher de son petit parce qu'il se présentait de travers. Elle était là, agonisante, allongée sur un tapis de sciure. Les pauvres artistes pleuraient. Ce pachyderme était l'attraction du spectacle et, s'il mourait, eux aussi mourraient, mais de faim. Tout à coup, l'éléphante se mit à barrir de manière assourdissante. Alors, je ne sais pas ce qui m'est arrivé. Je me suis endormie et, lorsque je me suis réveillée, je me suis vue couverte de sang. On m'a raconté que j'avais pris une lame au lanceur de couteaux, que j'avais ouvert le ventre de l'animal, extrait l'éléphanteau, puis refermé la plaie en y appliquant mes mains, sans laisser de cicatrices. Depuis, je n'ai cessé d'opérer, des humains aussi bien que des animaux. »

Je considérai que ce qu'elle me racontait était un conte

thérapeutique complètement irréel. Mais, par une irrésistible curiosité, je décidai de me prêter à l'expérience pour voir ce qu'on ressentait en d'aussi étranges circonstances. Je retirai ma chemise, comme si c'était une plaisanterie. Mais quand je me vis étendu sur le lit, devant Pachita qui brandissait son couteau, déguisée en héros aztèque et entourée de fanatiques qui priaient, je commençai à avoir peur. Peut-être étaient-ils tous fous. Pris de panique, je m'exclamai : « Frère, la douleur est passée. Il est inutile que tu m'opères. » Je tentai de me lever. Avec une indéniable autorité, la possédée m'obligea à rester allongé, mit la pointe du couteau derrière mon oreille gauche, et le descendant lentement elle me dit : « Si tu ne veux pas que je t'opère le foie, je commencerai par t'ouvrir à partir d'ici, je t'enlèverai le cœur... (elle descendit plus bas son couteau), puis je couperai ton estomac, et enfin j'extirperai ce mauvais diable de ton foie ! »

Incroyable subtilité psychologique : elle me fit choisir, entre deux possibilités atroces, la moins atroce. Oubliant la troisième possibilité, qui était de me lever et de m'enfuir, je m'exclamai qu'elle veuille bien n'opérer que le foie ! Une paire de ciseaux apparut dans sa main, elle fit un pli avec ma peau et coupa. J'entendis le bruit des deux lames d'acier. L'horreur commença. Ce n'était pas du théâtre. Je sentis la douleur que sent une personne à qui l'on coupe la chair avec des ciseaux ! Le sang coulait et je crus être en train de mourir. Puis elle me donna un coup de couteau dans le ventre et j'eus la sensation qu'elle l'ouvrait en laissant mes intestins à l'air. Épouvantable ! Jamais je ne m'étais senti aussi mal. Pendant quelques minutes qui me parurent une éternité je souffris atrocement et demeurai inerte. Pachita me fit une transfusion. À mesure qu'elle crachait son étrange liquide rouge par le tube de plastique qu'elle m'avait enfoncé dans le poignet, je sentais m'envahir peu à peu une agréable chaleur. Puis elle leva mon foie sanglant (le mien ou celui d'un veau, qu'en sais-je) et commença à tirer sur une excroissance qu'il avait. « Nous allons l'arracher à la racine », affirma le Frère. Et je souffris, à part l'odeur du sang et l'horrible vision du viscère grenat, de la douleur la plus affreuse que j'aie ressentie dans ma vie. Je criai sans pudeur. Elle tira une dernière fois, me montra un morceau de matière qui semblait bouger comme un crapaud, le fit envelopper dans du papier noir, remit le foie à sa place, passa ses mains sur mon ventre pour fermer la plaie et, sur-le-champ, la douleur disparut. S'il s'agissait de prestidigitation, l'illusion était parfaite : non seulement moi, mais tous les présents, parmi lesquels se trouvait le producteur de cinéma Michel Seydoux, virent couler le sang et s'ouvrir le ventre. Ils me bandèrent, m'enroulèrent dans le drap, m'emportèrent au salon et me couchèrent au milieu des autres opérés. Je restai là, immobile, pendant une demi-heure, heureux d'être vivant. Pachita, nettoyant le sang qui la tachait, s'agenouilla près de moi, me prit les mains et me demanda comment je m'appelais. Puis elle me serra dans ses bras ; j'avais une telle soif de mère que je m'y abandonnai. Plus je lui demandai, plus elle me donna. Je voulus une affection infinie, je reçus une affection infinie. Cette femme était une montagne, aussi impressionnante qu'un mythique maître tibétain. Jamais je n'ai éprouvé autant de gratitude qu'à l'instant où elle me dit que j'étais guéri et que je pouvais et devais m'en aller. Oui, Pachita connaissait l'âme humaine et savait admirablement utiliser une thérapie qui mêlait l'amour et la terreur. À ce propos, je me souviens des paroles de Maimonide ouvrant le prologue du traité Berahot du Talmud : « Réunissez-vous, sages, et attendez sur vos sièges. Je veux vous faire un beau cadeau : vous enseigner la peur de Dieu. »

Pour se libérer de la maladie, il fallait coopérer avec la sorcière. Une personne, même si elle croyait au pouvoir du Frère, pouvait très bien ne pas vouloir recouvrer la santé. Je me souviens, par exemple, d'une femme du nom d'Henriette, patiente d'un ami médecin, Jean-Claude, génie de la phytothérapie, qui ne lui donnait pas plus de deux années à vivre. Henriette avait un cancer et on lui avait déjà enlevé les deux seins. Sur l'insistance de Jean-Claude, qui voulait tout tenter, elle partit pour Mexico. Nous la logeâmes chez nous. Bien que très déprimée, elle se déclara disposée à se laisser opérer par Pachita. Celle-ci lui proposa de changer tout son sang en lui injectant deux litres de plasma provenant d'une autre dimension, matérialisés par le Frère. Le jour arriva et, après le cérémonial habituel, Henriette se retrouva étendue sur le grabat. Le Frère lui planta le couteau dans le bras et nous entendîmes son sang couler dans un seau en laiton. C'était un jet épais et malodorant. Ensuite, le Frère introduisit dans la plaie, comme nous l'avions vu dans d'autres opérations, l'extrémité d'un tube en plastique, en levant cette fois l'autre extrémité en l'air pour la connecter avec l'invisible. Nous entendîmes le bruit d'un liquide qui coulait lentement d'on ne savait où, et le Frère dit : « Reçois le plasma saint, fillette, ne le rejette pas. » Le lendemain de l'opération, Henriette était triste, abattue. Nous mîmes tous nos efforts à essayer de la faire réagir, mais en vain. Elle était comme une petite fille, farouche et égoïste. Elle essayait de nous culpabiliser de vouloir la soustraire à son calvaire. Deux jours plus tard, un gros abcès purulent apparut sur son bras. Très effrayé, j'appelai Enrique qui, après avoir consulté sa mère, me répondit : « Ton amie a foi dans la médecine, mais elle la rejette. Elle veut se défaire du plasma saint. Ce soir, qu'elle fasse ses besoins dans un bassin et demain matin qu'on lui applique ses excréments sur le bras. » Je transmis le message à Henriette, qui s'enferma dans sa chambre. Je ne sais si elle suivit ou non le conseil, ce qui est sûr, c'est que l'abcès éclata, laissant un trou énorme, si profond qu'on voyait l'os. Immédiatement, nous l'emmenâmes chez Pachita, qui sous les traits du Frère lui dit de sa voix d'homme : « Je t'attendais, petite, je vais te donner ce que tu désires. Viens... » La guérisseuse la prit par la main comme une enfant, elle la conduisit jusqu'au lit et, de manière étonnante, se mit à fredonner une vieille chanson française, tout en balançant le couteau devant les yeux grands ouverts de la malade. J'eus l'impression qu'elle l'hypnotisait. Alors elle lui demanda : « Dis-moi, fillette, pourquoi as-tu voulu qu'on t'enlève tes seins ? » À quoi Henriette, qui parlait espagnol, répondit de sa voix de petite fille : « Pour ne pas être mère. — Et après, ma chère enfant, que veux-tu qu'on t'enlève ? — Les ganglions qui vont enfler sur mon cou. — Pourquoi ? — Pour ne pas avoir à parler aux gens. — Et après, ma petite fille ? — On me coupera les ganglions qui enfleront sous mes bras. — Pourquoi ? — Pour ne pas avoir à travailler. — Et après ? — On me coupera les ganglions qui enfleront près de mon sexe, pour que je puisse rester seule avec moi-même. — Et après ? — Les ganglions des jambes, pour qu'on ne puisse pas m'obliger à aller quelque part. — Et que veux-tu ensuite ? — Mourir... — Très bien, petite, maintenant tu connais le chemin que suivra ta maladie. Choisis : ou tu avances sur ce chemin ou tu guéris. »

Pachita lui posa un emplâtre sur le bras et, trois jours plus tard, la plaie avait cicatrisé. Henriette décida de rentrer à Paris ; elle mourut deux semaines plus tard dans les bras de Jean-Claude. Son dernier geste fut de passer une alliance à l'annulaire de son médecin. Quand je donnai la triste nouvelle à Pachita, elle me répondit : « Le Frère ne vient pas seulement guérir. Il aide aussi à mourir ceux qui le souhaitent. Le cancer et les autres maladies graves se présentent comme des exercices guerriers, en suivant un plan précis de conquête. Quand tu révèles à un malade qui veut se détruire lui-même le chemin que prend sa maladie, il s'empresse de le suivre. C'est pourquoi, au lieu de souffrir pendant deux ans, la Française a cessé de lutter. Elle s'est livrée à la maladie et l'a laissé réaliser son plan en deux semaines. »

Ce fut une grande leçon : avant, je croyais que pour sauver une personne il suffisait de la rendre consciente de ses pulsions d'autodestruction. Pachita m'a fait comprendre que cette découverte pouvait aussi accélérer la mort.

La première chose que faisait Pachita, c'était de toucher affectueusement ceux qui venaient à elle. Dès l'instant où ils sentaient sur eux les mains chaudes de cette vieille femme, elle devenait la Mère universelle. Pachita savait que dans l'adulte — même chez le plus sûr de lui — dort un enfant avide d'amour, et que le contact physique est plus efficace que les mots pour établir la confiance et mettre le sujet dans un état réceptif. Ce contact semblait également lui permettre de faire le diagnostic. Je me souviens, par exemple, du jour où je lui amenai Jean-Paul G., un ami français. Il y avait longtemps qu'il souffrait, et les médecins français avaient mis six mois à lui découvrir un polype dans l'intestin. Pachita lui passa les mains sur le corps et immédiatement s'exclama : « Petit, tu as une mauvaise grosseur dans les intestins. » Mon ami resta sans voix !

Mais, outre ces facultés presque divinatoires, la sorcière donnait des conseils qui aujourd'hui me font penser à des actes psychomagiques : elle reçut un jour un homme qui était au bord du suicide parce qu'il ne supportait pas l'idée de devenir chauve à trente ans. Il avait essayé, sans succès, tous les traitements possibles et n'acceptait pas de se voir chauve. Par la bouche de la vieille femme, le Frère lui demanda : « Crois-tu en moi ? » L'homme répondit que oui et, de fait, il avait foi en Pachita. L'esprit lui donna alors ces instructions : « Procure-toi un kilo d'excréments de rat, urine dessus et mélange bien jusqu'à obtenir une pâte que tu appliqueras sur ta tête. Cela fera repousser tes cheveux. »

L'homme protesta faiblement, mais Pachita insista, en disant que s'il voulait éviter la calvitie il n'y avait pas d'autres remèdes. Trois mois plus tard, il revint voir la vieille femme et lui dit : « Il est très difficile de se procurer des excréments de rat, mais j'ai fini par trouver un laboratoire où l'on élève des souris blanches. J'ai convaincu l'un des employés de me les garder. Lorsque j'en eus un kilo, j'ai uriné dessus, j'ai préparé la pâte, et alors je me suis aperçu que ça m'était égal de ne pas avoir de cheveux. Je n'ai donc pas appliqué l'onguent et j'ai décidé de me satisfaire de mon sort. »

Pachita lui avait demandé un prix qu'il n'était pas disposé à payer. Lorsqu'il se trouva confronté à l'action, il comprit qu'il pouvait parfaitement accepter son destin. Devant la réalité de l'acte difficile qu'on exigeait de lui, il découvrit qu'il préférait rester chauve. Il sortit de son monde imaginaire pour regarder le monde réel en face. Ces instructions, absurdes à première vue, lui donnèrent l'occasion de mûrir, le firent passer par tout un processus qui à la fin lui permit de s'accepter tel qu'il était.

Je me souviens d'un homme à qui l'argent posait un grave problème : il était incapable de gagner sa vie. La vieille dame lui imposa un étrange cérémonial. « Tu dois uriner tous les soirs dans un pot de chambre jusqu'à ce qu'il soit plein. Ensuite, tu dois laisser le récipient sous ton lit et dormir trente jours au-dessus de ta pisse. »

Je fus témoin de la consultation et me demandai bien sûr quelle pouvait être sa signification. Peu à peu je commençai à lui trouver du sens : si une personne ne souffrant d'aucun handicap physique ou intellectuel ne parvient pas à gagner sa vie, c'est qu'elle ne veut pas. Une partie d'elle-même n'accepte pas l'argent. Or, suivre les prescriptions de Pachita supposait s'exposer à un véritable supplice : il ne faut pas beaucoup de temps pour que l'urine entreposée jour après jour sous le lit empeste. Le patient, obligé de dormir au-dessus du pot de chambre, imprégné de ses propres émanations, établit de manière inconsciente une relation symbolique : l'urine est jaune, comme l'or. Mais, en même temps, c'est un déchet. Produire des déchets est un besoin physiologique ; et le besoin d'uriner ou de déféquer est en soi la conséquence d'un autre besoin, celui de boire et de manger. Pour y subvenir, il faut gagner de l'argent. Dans la mesure où il représente l'énergie, l'argent doit circuler. Cet individu ne gagnait pas sa vie parce qu'il éprouvait de la répulsion pour cet argent, sale, vil, et il ne voulait pas se voir impliqué dans sa manipulation. Il refusait d'intervenir dans le mouvement qui fait que l'argent entre et sort, se transforme en aliment. Il lui répugnait de reconnaître le lieu légitime de l'« or » dans le réseau que constitue toute existence. Pachita l'obligea à dominer cette peur. En se trouvant chaque nuit seul avec ses urines, il eut la révélation que l'argent n'est sale que lorsqu'il ne circule pas. S'il refusait de le voir et le gardait sous son lit, les problèmes apparaissaient. D'autre part, le fait de pratiquer l'exercice jusqu'à la fin l'obligeait à faire preuve de volonté, qualité indispensable pour gagner sa vie normalement.

Une autre fois vint la voir une femme à qui, lors d'une précédente opération, le Frère avait extrait un cancer du poumon, mais qui souffrait toujours d'une grave gêne respiratoire, Pachita lui parla avec une grande sévérité : « Ton cancer est guéri et tu ne l'as pas compris. Quand quelqu'un pense qu'il va mal, le corps tombe malade. Tu vas bien, mais tu ne veux pas coopérer. Ne pense plus que tu es malade et cette gêne disparaîtra. »

Pour être sorcier ou chaman, il faut habiter un monde où la superstition devient réalité. En ce qui me concerne, je ne croyais pas assez à la magie primitive pour devenir guérisseur. J'étais certain que ces tumeurs sanglantes qui bougeaient et respiraient bruyamment étaient simplement de petits animaux, des lézards, des grenouilles et que sais-je encore. C'est pourquoi, si j'ai voulu apprendre auprès de Pachita, je n'ai jamais aspiré à recevoir son don pour devenir à mon tour quelqu'un qui guérit. Je compris que pour apprendre du Frère je devais supposer que tous ses miracles étaient faux. Si j'étais parti du principe que tout cela était vrai, je me serais bientôt retrouvé dans une impasse, m'efforçant de me transformer moi-même en magicien pour rien ou pour obtenir des résultats seulement partiels ou médiocres ; car, je le crois, on ne peut changer de peau, se libérer de sa culture rationnelle et jouer à être un « primitif ». De cette façon, je me trouvais mentalement disposé à apprendre quelque chose qui ensuite pourrait me servir dans mon propre contexte ; par exemple, la manière d'utiliser les objets symboliques, afin de produire certains effets sur autrui ; ou comment m'adresser directement à l'inconscient dans son propre langage — que ce soit à travers des mots ou à travers des actes.

Plus tard, grâce à l'exemple de cette femme remarquable, je m'intéressai à la connaissance de la place qu'occupait la magie dans l'histoire. Je lus un bon nombre de livres sur le sujet, pour essayer d'en tirer des éléments universels dignes d'être utilisés, de manière consciente et non superstitieuse, dans ma propre pratique. Dans toutes les cultures antiques on croit au pouvoir des incantations, on a la conviction que le désir exprimé par des mots sous la forme voulue provoque sa réalisation. Mais, fréquemment, le nom du dieu ou de l'esprit est renforcé par son association à une image. Les anciens savaient intuitivement que l'inconscient est aussi réceptif aux formes, aux objets. D'autre part, ils accordaient une importance capitale à la parole écrite, transformée en talisman.

Une autre pratique universelle est la purification, les ablutions rituelles. À Babylone, pendant les cérémonies de guérison, les exorcistes ordonnaient au patient de se déshabiller, de jeter ses vieux vêtements, symboles du moi malade, et de porter des vêtements neufs. Les Égyptiens considéraient la purification comme une condition préliminaire à la récitation des formules magiques, comme l'atteste ce texte : « Si un homme prononce cette formule pour son propre usage, il doit s'enduire d'huiles et d'onguents, puis tenir à la main l'encensoir plein ; il doit avoir du natron d'une certaine qualité derrière les oreilles, et d'une qualité différente dans la bouche ; après s'être lavé dans les eaux de la crue, il doit s'habiller de deux vêtements neufs, chausser des sandales blanches et, avec de l'encre fraîche, s'être peint sur la langue l'image de la déesse Maat. » Les anciens attribuaient aussi un rôle d'allié à de nombreux objets : on récitait les textes magiques sur un insecte, un petit animal, ou même un collier. On utilisait également des bandes de lin, des figurines de cire, des plumes, des cheveux, etc. Les magiciens gravaient le nom de leurs ennemis sur des pots qui ensuite étaient cassés et enterrés, destruction et disparition qui devaient entraîner celles de tels adversaires. Sous les semelles des sandales royales on peignait les effigies des « méchants », pour que le roi écrase journellement les envahisseurs en puissance. Dans ce même ordre d'idées, les sorciers hittites me firent découvrir les concepts de substitution et d'identification : en réalité, le magicien ne détruit pas le mal, il s'en empare en découvrant ses origines et l'extirpe du corps ou de l'esprit de la victime pour le renvoyer aux enfers. D'après un ancien texte, « on attachera un objet à la main droite et au pied droit du malade, puis on les détachera pour les attacher à un rat, pendant que l'officiant dira : "Je t'ai extirpé le mal et l'ai attaché à ce rat" ; et alors on libérera le rat ». Pachita extirpait le mal pour l'instiller dans une plante, un arbre ou un cactus, ce qui faisait que le végétal mourait peu à peu. On avait aussi coutume de substituer au malade un agneau ou une chèvre : on attachait le turban du malade à la tête de la chèvre, à qui l'on coupait le cou avec un couteau, lequel avait auparavant touché le cou du patient. Selon la magie juive, il est possible de tromper, de se moquer et d'induire en erreur les forces du mal. Pour cela, on déguise la personne sur laquelle elles s'acharnent, on change son nom. Si on veut purifier un objet, on l'enfonce dans la terre, etc.

Pachita m'avait dit : « Je viendrai te voir dans tes rêves. » Une fois, probablement à cause d'une infection intestinale, je fus pris de douleurs au ventre qui durèrent plusieurs jours, parce que je voulus me soigner avec des plantes et non avec des antibiotiques. Je dormis mal pendant trois nuits puis, la quatrième, je fis ce rêve : je suis dans mon lit, souffrant des mêmes douleurs que lorsque je suis éveillé. Pachita arrive, elle se couche sur moi et suce le côté droit de mon cou en disant : « Je vais te guérir, petit. » En faisant un effort, elle glisse sa main gauche entre nos corps et l'appuie sur mon ventre. Puis elle s'élève dans les airs sans se séparer de moi. Nous lévitons un moment horizontalement, puis redescendons sur le lit. Elle s'efface lentement. Je me réveillai guéri, ne ressentant plus aucune douleur.

Lorsque Pachita mourut, Guillermo Lauder me raconta que le médecin ne put signer immédiatement le certificat de décès, parce que la poitrine du cadavre était chaude. Cette chaleur dura trois jours. Alors, seulement, on put la déclarer morte. Quelque temps plus tard, le don passa à son fils Enrique qui, possédé par le Frère, commença à opérer comme sa mère. Claudia, l'assistante du cinéaste François Reichenbach, lors d'un tournage au Belize — l'ancien Honduras britannique —, eut un accident d'automobile au cours duquel elle eut plusieurs nerfs de l'épaule sectionnés et neuf vertèbres brisées. Elle resta trois mois dans le coma. Lorsqu'elle reprit connaissance, on l'informa qu'elle était paralysée et ne pourrait plus marcher. En désespoir de cause, elle se rendit à Mexico et se fit opérer par Pachita, qui, d'après ce qu'elle raconte, l'ouvrit de la nuque jusqu'au coccyx et lui remplaça les vertèbres abîmées par d'autres qu'elle avait achetées à la morgue. La semaine suivante, elle marchait. Ce

« miracle » changea sa vie et la fit s'intéresser à la magie mexicaine avec un immense désir d'aider ses amis de France, raison pour laquelle elle invita Enrique à venir opérer à Paris. Il accepta.

Ma fille Eugenia souffrait à cette époque d'une maladie à peu près exclusivement française, la spasmophilie, provoquant des contractions involontaires, très douloureuses, des muscles du ventre. Ayant perdu l'appétit, elle était maigre comme un clou. Aucun médecin n'avait pu la guérir. Bien qu'elle eût une formation universitaire et une sérieuse éducation rationnelle — sa mère, allemande, l'avait élevée jusqu'à seize ans à Düsseldorf —, je lui proposai d'aller voir le Frère. Par pur désespoir, car elle ne croyait pas à ces « supercheries », elle accepta. Nous arrivâmes à l'appartement et un assistant mexicain, qui était venu avec Enrique, nous ouvrit la porte. Posant un index sur ses lèvres, il nous indiqua que nous devions entrer en silence. Les pièces, aux fenêtres occultées par des couvre-lits, étaient plongées dans l'obscurité. Nous entrâmes à tâtons dans le salon et nous assîmes. Nos yeux s'accoutumèrent peu à peu à la pénombre. Le silence était impressionnant. Soudain, pressé, l'aide ouvrit la porte des toilettes. De là sortit la lueur d'un objet qui brûle et l'homme murmura : « C'est un mal. N'entrez pas avant qu'il soit consumé. Sinon, il peut vous tomber dessus », et il s'en fut. Un sourire méprisant apparut sur les lèvres d'Eugenia, qui grogna : « Des histoires pour attardés mentaux. »

Au bout d'un moment, la porte du fond s'ouvrit et deux personnes sortirent, en portant une troisième enveloppée dans un drap ensanglanté, pâle, apparemment profondément endormie, ou morte. Elles la couchèrent par terre, à côté de nous. Effrayée, ma fille me demanda de quitter immédiatement les lieux et, tremblant de la tête aux pieds, se leva pour s'enfuir. Une silhouette étrange apparut, un homme qui savait rester dans l'ombre, et demanda à Eugenia de s'approcher. D'un coup, celle-ci se calma et le suivit docilement. J'assistai à l'opération. Comme autrefois, il n'y avait qu'un lit et le lieu était à peine éclairé par une bougie. Une jeune fille couverte de sang gisait, allongée par terre, avec une expression souriante. Bien qu'il manipulât le couteau de chasse, on ne voyait pas le Frère debout, terrifiant, portant la tunique de l'empereur aztèque. Le guérisseur demeurait maintenant dans l'ombre, assis. On ne voyait de lui que ses mains. La « chair » était devenue impersonnelle. Il ausculta le ventre de ma fille, lui dit qu'elle portait là une grande colère accumulée contre son père et qu'il allait la guérir d'un syndrome qui n'était pas un mal. Le couteau s'enfonça dans la chair, le sang gicla, les mains s'introduisirent dans la plaie, parurent mettre les organes à leur place, ressortirent, épongèrent la peau ; il ne resta aucune trace d'incision. Jamais Eugenia n'émit aucune plainte. Le Frère parlait cette fois avec douceur et ne produisait pas de douleur. En sortant, j'en fis la remarque à l'assistant, qui me répondit que d'incarnation en incarnation le Frère faisait des progrès, et que dernièrement il avait appris à ne pas faire souffrir les patients. Eugenia n'eut plus jamais de spasmes, elle retrouva son poids normal et, très vite, rencontra l'homme de sa vie.

Après avoir inventé la psychomagie et le psychochamanisme, je suis retourné plusieurs fois à Mexico pour étudier les méthodes de ceux qu'on appelle des charlatans ou des guérisseurs. Ils sont légion. Au cœur de la capitale existe un grand marché de la sorcellerie. On y vend toutes sortes de produits magiques : bougies, poissons du diable, images de saints, herbes, savons bénis, tarots, amulettes, etc. Dans quelques arrière-boutiques plongées dans la pénombre, il y a des femmes qui, un triangle peint sur le front, réalisent des « nettoyages » du corps et de l'aura. Chaque quartier possède son sorcier ou sa sorcière. Grâce à la foi de leurs patients, ils parviennent souvent à les soigner. Les médecins sortis des universités méprisent ces pratiques. Il va de soi que cette médecine n'a rien de scientifique ; pourtant, c'est un art. Et pour l'inconscient humain il est plus facile de comprendre le langage onirique que le langage rationnel : d'un certain point de vue, les maladies sont des rêves, des messages qui trahissent les problèmes non résolus. Les charlatans, avec une grande créativité, développent des techniques très personnelles. Je les compare à des peintres. Tous peuvent peindre des paysages, mais le style avec lequel ils le font est inimitablement individuel. Quelques-uns ont plus d'imagination ou de talent que les autres, mais tous, si on a foi en eux, sont utiles. Ils parlent à l'homme primitif que chacun de nous porte encore en lui.

Don Arnulfo Martínez est le sorcier footballeur. J'eus du mal à le localiser. Il vit dans un quartier pauvre et chaotique. Les maisons sont numérotées dans le désordre : à côté du numéro 8 se trouve le 62, puis le 34, etc. J'ai pu le trouver en me renseignant auprès des voisins. Don Arnulfo m'attendait au bout d'un corridor étroit aux murs couverts de cages de canaris. Je dus traverser une pièce où se tenaient son épouse, sa mère et sa nombreuse progéniture. Séparé par des rideaux en plastique, le petit espace sacré brillait, rempli d'étagères couvertes de statuettes représentant le Christ et la Vierge de Guadaloupe, de nombreuses bougies allumées, de liquides colorés dans différents types de bouteilles, à côté de photographies de l'époque où il était footballeur. Au centre de l'autel régnait le ballon formé de pentagones noirs et blancs. Le guérisseur, au lieu de cacher la passion de sa jeunesse, l'utilisait dans ses pratiques magiques. Pour diagnostiquer mes maux, il me frotta tout le corps, d'abord avec un bouquet d'œillets rouges et blancs, puis avec le ballon de football. Il me prédit des problèmes économiques. Il grava de ses longs ongles mon nom sur une bougie et me demanda de l'allumer dans ma chambre, en la laissant se consumer. Par hasard, parce qu'il le voulait ainsi, par un truc ou un autre, lorsqu'il me mit une main sur le front et l'autre sur le cœur, pour me débarrasser de mes préoccupations, les canaris se mirent à chanter. Il n'y a rien de tel qu'un chœur de canaris pour apaiser l'âme. Don Arnulfo nous dit que « chacun doit soigner avec ce qu'il aime le plus, sans se préoccuper de ce qu'en pensent les autres. Les objets sont des réceptacles d'énergies, positives ou négatives. Ils ne sont ni diaboliques ni sacrés. C'est la haine ou l'amour que tu déposes en eux qui les transforme. Un ballon de football peut en arriver à être saint ».

Gloria est une femme énergique, vêtue d'un pantalon court et d'un chemisier, grande, musclée, mère de trois enfants. Son fidèle assistant est son mari, un petit homme fluet. En apparence, Gloria n'a rien d'extraordinaire. Elle vit dans un appartement et vend des poupées qui reproduisent les personnages des séries enfantines de la télévision. Sur les murs nus il n'y a qu'un grand portrait de María Sabina, car lorsqu'elle entre en transe Gloria reçoit l'esprit de la sage des champignons. Ses patients s'adressent donc à elle en l'appelant *Abuelita*, « bonne-maman ». Elle n'a pas un lieu sacré particulier. Elle reçoit dans sa chambre, presque entièrement occupée par un lit très large et une armoire. Elle s'assoit sur un coin du lit et place le consultant debout devant elle. Elle ferme les yeux, se plie en deux, puis se redresse, transformée en l'Abuelita, une vieille dame qui parle un mauvais espagnol mêlé de phrases en nahuatl. Elle ausculte la personne avec ses mains, puis commence à dicter une longue série d'herbes, de fleurs et de vieux médicaments. Ordonnances que son mari note religieusement dans un cahier d'écolier. Enfin, « María Sabina » croise les doigts et fait un cercle purificateur avec ses bras. Le patient doit introduire ses jambes dans l'anneau corporel, puis les en sortir comme on retire un sabre de son fourreau, ensuite les bras, la tête, et le torse. « Te voilà purifié, mon petit-enfant. » Tandis que l'Abuelita prend congé et que Gloria sort peu à peu de sa transe, le mari donne des photocopies de petits papiers écrits sur une vieille machine. J'en reproduis un qui conseille une fumigation pour purifier la maison en expulsant les esprits négatifs : « Dans une poêle nous mettons un peu d'huile et vingt et un piments d'arbre (écrasés), qu'il faut faire frire et brûler. Quand il y a de la fumée, on passe la poêle dans toutes les pièces de la maison en disant : "Je coupe, je sépare, je retire et je détruis tout ce qui ne nous revient pas et tout être d'obscurité." Quand on a passé la poêle dans toute la maison, on la laisse en un lieu sûr et on sort de la maison pendant dix ou quinze minutes. On revient pour ouvrir les fenêtres. Répéter l'opération trois fois, aussi rapprochées que possible mais pas le même jour. » Dans son livre *Dogme et Rituel de la haute magie*, Éliphas Lévi a résumé celle-ci par quatre mots : « Vouloir, oser, pouvoir et taire. » On peut dire que l'Abuelita a résumé en quatre mots la sorcellerie qui guérit. *Je coupe* : on coupe les liens qui unissent le malade à des désirs, des sentiments et des pensées négatives. *Je sépare :* on sépare l'esprit de sa prison matérielle. *Je retire :* on retire le mal (la maladie est perçue comme un démon envoyé par une personne envieuse ou par des entités maléfiques). *Je détruis :* le mal se détruit hors du corps du patient. La maladie a été concrétisée dans un objet, toujours considéré vivant. Gloria, en transe, ajoute une dimension nouvelle à l'acte de possession. L'Abuelita dit au consultant : « Maintenant que tu as établi un contact avec moi, je suis aussi en toi. Tu pars, mais je pars avec toi. Je ne t'abandonnerai plus. Quand tu veux aider tes semblables, appelle-moi et, à travers toi, je les aiderai. » Cela nous dit que les valeurs sublimes de l'esprit, une fois révélées, sont irréversibles.

Don Ernesto vit dans un quartier plus aisé et a aménagé son logement en fonction de son activité. L'endroit ressemble à une petite gare de chemin de fer, avec de longs bancs de bois des deux côtés. C'est là qu'attendent, patiemment, les candidats au nettoyage. Auparavant, ils se sont arrêtés devant le bureau qui est à côté de la porte et ils ont payé à l'épouse du guérisseur une somme équivalant à trois dollars. Dans le fond du hangar, sur le sol, il y a un carré de trois mètres sur trois, constitué de carreaux blancs. C'est là qu'officie don Ernesto, secondé par sa fille.

On demande au solliciteur d'inscrire sur une feuille de papier tout ce dont il veut se défaire : maladies, problèmes économiques, confusions sentimentales, tensions familiales, angoisses, etc., et de se mettre debout au centre du carré. La fille, pressant une bouteille de plastique pleine d'alcool, projette un jet circulaire autour de la personne. Don Ernesto y met le feu. Dans les flammes brûle la feuille de papier sur laquelle est écrite la liste des maux. Quand l'anneau de feu est consumé, il passe un bouquet de chrysanthèmes sur le corps du patient. Puis il lui fait tendre les paumes ouvertes dans une attitude de supplication. Il étire jusqu'au plafond sa main droite, fait semblant de prendre quelque chose dans l'air (le monde divin), le dépose dans la main ouverte et fait que la personne empoigne le don invisible. Don Ernesto définit ce don par un mot : parfois, c'est Paix, d'autres fois Amour, d'autres Prospérité ou encore Santé. Les personnes repartent, le poing serré, comme si elles avaient reçu un trésor. Avec don Ernesto nous comprenons que pour donner il n'est pas nécessaire de posséder matériellement.

Don Toño est un Indien Huichol. Ses vêtements sont blancs, avec de belles broderies où se mêlent le jaune, le bleu ciel, le noir et le blanc. Une fois par semaine, un promoteur âpre au gain va le chercher dans la montagne et l'amène à la capitale afin qu'il exerce sa médecine dans l'arrière-boutique d'une librairie ésotérique. Le libraire, tout aussi avide, fait payer avant chaque consultation l'équivalent de cinquante dollars. Après s'être incliné et avoir prononcé dans sa langue une invocation en direction des quatre point cardinaux, don Toño demande quelle est la maladie et où le consultant ressent la douleur. Après avoir pressé avec ses doigts pour la localiser avec exactitude, il commence à « balayer » le corps à l'aide d'un éventail de plumes rigides, depuis les points les plus éloignés jusqu'à la douleur centrale. Il donne l'idée d'accumuler le mal qui s'est répandu sur tout l'organisme. Alors, les bras ouverts, comme les ailes d'un aigle, il approche sa bouche de ce noyau et commence à aspirer. Puis il relève la tête et crache une pierre, parfois petite, d'autres fois plus grosse, de différentes couleurs qui vont du sépia au noir. Il a extirpé le mal... J'avais une verrue au coin de l'œil. Après avoir absorbé et craché mon mal, une petite pierre verdâtre, don Toño me fit joindre les mains, comme en attitude de prière. Il aspira à la pointe de mes doigts et cracha dans mes paumes un beau cristal. Puis il me fit cadeau d'un collier de perles avec ses quatre couleurs sacrées. Avec lui, on apprend que la finalité de la médecine n'est pas seulement de soigner, mais également de révéler ses valeurs au patient.

Soledad est une femme d'âge mûr, brune, très forte, actrice de profession, qui toutes les fins de semaine ouvre les portes de son appartement et fait gratuitement des massages. Elle est médium et est possédée par l'esprit de Magdalena. Lorsqu'elle me voit arriver, elle me reconnaît, ce qui ne me surprend pas car elle appartient au monde du théâtre et du cinéma. Mais ce n'est pas pour cette raison qu'elle me reçoit avant tout le monde. Elle me conduit dans la petite pièce où elle officie ; là il y a une petite armoire, en métal émaillé de blanc, comme dans les hôpitaux, un fauteuil-lit en cuir noir pour les massages et, sur le mur, la photographie d'une femme, très mexicaine, dont le visage, aux yeux extraordinairement lumineux, ne m'est pas inconnu. « C'est Magdalena, ma dame. Elle a été la maîtresse de don Juan. Tu l'as connue. Elle m'a parlé de toi. Tu es allé la voir parce qu'à cause d'un échec au théâtre tu souffrais d'une baisse d'énergie, n'est-ce pas vrai ? »

C'est vrai ! La vanité des acteurs, la hargne de la presse, le peu d'intérêt du public et l'énorme perte économique m'avaient causé tant de contrariétés que toute énergie m'avait abandonné, de même que la joie de vivre. Quelqu'un m'avait recommandé d'aller voir Magdalena pour recevoir un massage énergétique. Ce que je fis. Je rencontrai une femme indéfinissable : d'un côté c'était un être primitif, ayant la sagesse simple et directe du peuple, de l'autre, à certains moments, elle montrait un esprit cultivé, employant des phrases dignes d'un professeur d'université. La seule manière que j'aurais de la définir serait de dire qu'elle évoquait à mes yeux un diamant montrant à chaque instant une facette différente. Elle me dit de me déshabiller et de m'étendre à plat ventre sur sa table rectangulaire. Elle me montra un grand flacon plein d'une pâte semblable à de la vaseline et me raconta que les Mayas du Quintana Roo lui avaient appris à préparer cet onguent. Elle m'en enduisit tout le dos, ainsi que la nuque et les jambes. Ce ne fut pas un massage, mais un simple étalement délicat de la pâte. Puis elle appuya les mains sur ma tête et pria dans une langue étrange. Je me sentis léger, de plus en plus joyeux, et fus pris de fou rire. La dépression et la fatigue s'étaient volatilisées. Avant de m'en aller je voulus la payer. Elle m'en empêcha : « Ce que j'ai fait est peu de chose, c'est l'onguent qui t'a aidé, remercie-le, lui. » Je lui en demandai la composition et, souriant malicieusement, elle me répondit : « Quelques herbes que tu ne connais pas et beaucoup de marijuana, moulues jusqu'à devenir une poudre, dissoute dans de la vaseline chaude. La marijuana réveille la joie dans ton corps. Le corps la transmet à ton esprit et ton esprit se rend compte qu'elle est toujours intacte au fond de tes peines, tel un joyau lumineux. Alors la peine s'évanouit, car ce n'est qu'un mauvais rêve. »

Soledad me confirma la capacité de Magdalena d'adopter des personnalités différentes. Alors qu'elles passaient toutes deux devant le palais des Beaux-Arts, où une compagnie étrangère présentait un programme de danse, Soledad se plaignit tristement de ne pouvoir aller le voir par manque d'argent, car l'entrée coûtait fort cher. Magdalena l'invita à la suivre : « Ils nous laisseront entrer gratuitement. » Elle était vêtue de manière simple. Soledad se sentit complexée, mais elle suivit sa maîtresse. Magdalena changea d'attitude et, en quelques secondes, eut l'air d'une princesse. On aurait dit qu'elle portait une invisible toilette luxueuse. Les portiers s'inclinèrent devant elle et la laissèrent passer. Les placeuses, avec un respect fasciné, les conduisirent à une loge. Elles purent voir le ballet en toute tranquillité, sans que personne vînt les déranger.

La fabrication de l'onguent était un secret. Soledad ne savait pas que Magdalena m'avait fait l'honneur de me le révéler. Il est certain que les massages de Soledad étaient excellents. Ses mains, les bouts de ses doigts unis à celui du pouce, imitaient des têtes de serpent, ses bras étaient le corps ondulant des ophidiens qu'elle faisait ramper sur la peau, leur pression paraissant donner un massage aux os et non à la chair. En même temps, à chaque partie du corps sur laquelle elle s'attardait longuement, elle récitait le nom d'un dieu nahuatl et une prière adressée à lui seul. Elle divisait l'organisme en vingt parties, en vingt dieux. En arrivant au ventre (le Kath), au lieu de nommer un dieu elle chantait le nom du patient, en faisant ainsi le centre du groupe divin. Puis elle étalait la pâte et la marijuana produisait son effet. Une euphorie mystique. Dans l'ivresse, on oubliait la maladie. Le patient, se sentant sain, retrouvait la foi. Et quand l'effet de l'onguent cessait, l'inconscient, trompé, continuait de croire que le corps était sain, et la guérison se produisait.

On surnomme don Rogelio le « guérisseur enragé ». C'est un vieillard maigre, jaunâtre, sans dents, vêtu de noir, portant à chaque doigt une bague ornée d'une tête de mort. Il dit : « Les gens sont envieux et ils agissent. La jalousie embrouille l'esprit, l'envie provoque des maux. Il faut ensuite les trouver et les jeter dehors. » Il cite l'évangile de saint Luc, quand Jésus, soignant un homme possédé par un esprit immonde, crie au démon, avec une autorité irrésistible : « Sors de lui ! »

« Quand l'esprit est troublé, en suivant l'exemple de notre Seigneur, je le libère par la force. » Et don Rogelio, debout devant le malade, fouette l'air, autour du corps malade, avec un coq rouge, en lançant des cris de fureur assourdissants : « Dehors, salaud de merde ! Va-t'en ! Va-t'en ! Laisse ce chrétien tranquille ! »

Avec lui, on apprend qu'il faut procéder avec une grande certitude et une autorité absolue. Le moindre doute provoque l'échec. Il y a un dicton zen qui dit : « Un grain de poussière dans le ciel de midi obscurcit tout le ciel. »

En différentes occasions, au fil des ans, j'assistai aux guérisons réalisées par don Carlos Saïd. Après Pachita, c'est l'un des guérisseurs les plus inventifs ; en évolution constante, il ne cesse d'introduire de nouveaux éléments dans ses séances. Quand je lui rendis visite pour la première fois, il recevait dans une pièce de son grand appartement, dans un vieil immeuble pas très loin du centre-ville. Les gens attendaient dans le salon, au milieu de vases de fleurs et de tableaux représentant le Christ. Beaucoup de gens m'ont dit que don

Carlos les avaient guéris de dangereux cancers. Il avait un petit autel, semblable à ceux des temples catholiques. À côté de lui, une vieille chaise de style espagnol, couverte de coussins de velours rouge. D'après Saïd, bien que nous ne la voyions pas, sa maîtresse, doña Paz, y était assise. Cette vieille sage voyait les malades en faisant référence à eux comme à des « petites boîtes », c'est-à-dire des formes qui contenaient différents éléments, des maladies, des chagrins, etc. Elle lui dictait les remèdes qui guériraient ces maux. Quelques années plus tard, don Carlos Saïd avait transformé le premier étage de sa maison en temple.

En entrant, les solliciteurs trouvent des rangées de chaises disposées comme dans les églises ou les théâtres. Il y a de la place pour une cinquantaine de personnes. Devant elles se dresse un autel : une plate-forme où l'on arrive en montant douze marches. En haut, couronnant la table rectangulaire, sept grands cierges allumés. Chaque coin de l'autel est orné d'un vase contenant des chrysanthèmes. Les murs sont couverts de tableaux, d'assez bon goût, qui montrent le chemin de croix. Don Carlos officie vêtu de blanc, comme un Indien mexicain. Deux femmes l'assistent, portant des tuniques blanches, sans maquillage, les cheveux courts ou ramassés en un chignon sur la nuque. Elles ont l'air de religieuses. À la gauche des participants, il y a une rangée de matelas où gisent des malades enveloppés de draps, avec sur le corps des applications de bouquets d'herbes fraîches.

Dès qu'un futur patient entre, une autre assistante lui verse dans les mains, d'une bouteille noire, un peu de parfum magique appelé *Siete Machos*, « Sept Mâles », afin qu'il en mouille sa tête et son corps, coupant ainsi les liens qui l'unissent à l'extérieur. On pénètre dans un lieu entièrement sacré. Quoi que le malade apporte, tout doit entrer dans le temple. Rien ne doit rester à l'extérieur, dans le monde ordinaire. Ce qui est laissé en arrière ne peut être guéri. Ce sont des diables qui attendent et, à peine le malade est-il sorti, ils lui retombent dessus.

Les patients sont soignés dans l'ordre strict de leur arrivée. Cependant, certains se sont présentés à l'aube, convoqués pour un rendez-vous spécial. Ils sont assis sur une chaise, le corps et la tête couverts de mantes blanches. Saïd a déposé sous la chaise une cuvette pleine de charbons allumés et d'encens. Une fumée dense et parfumée s'en dégage, enveloppant le pénitent. Le guérisseur demande au malade de se mettre debout, pieds nus, devant l'autel, sur un triangle de sel teint en noir, entouré d'un cercle de sel blanc. La première chose qu'il fait est de placer autour du cou un gros morceau de corde avec un nœud coulant. Il semble dire : « Cette maladie est ta maladie, ta responsabilité. Tu ne viens pas ici pour me la donner. Laisse ton esprit la reconnaître et s'en écarter. » Pour accentuer cela, les mains fermées, don Carlos croise avec force les bras autour du patient en faisant une croix, puis il ferme d'invisibles verrous dans l'air. Ensuite, avec l'une de ses grandes mains, la gauche, il prend trois œufs crus et commence à en frotter le corps de son protégé. Soudain, il enveloppe les œufs dans un mouchoir mexicain, un foulard rouge. Il continue à frotter, puis jette avec force le paquet dans un récipient et écoute de quelle manière les œufs éclatent sous le tissu. Il a ôté et détruit une partie du mal. Maintenant, cette fois avec un couteau, il commence à donner des coups violents dans l'air, autour du malade. Il coupe les désirs fous, les sentiments fous, les idées folles. Il arrose un triangle avec de l'alcool et y met le feu. Quand les flammes s'éteignent, il lui retire la corde, asperge les mouchoirs de Siete Machos et, tendus, les passe sur le patient des pieds à la tête, utilisant le parfum comme pour une bénédiction. Avant qu'il s'en aille, dans un petit gobelet en papier, il lui offre de l'eau filtrée, puis un morceau de citron frotté dans des graines noires. La purification ne doit pas être seulement extérieure, mais également intérieure. Il termine la cérémonie en donnant au patient, pour qu'il la suce, une sucette en sucre qui a la forme d'un cœur. Pendant cet acte complexe, qui varie par de nouveaux détails pour chaque maladie, don Carlos parle, comme en transe, révélant que quelqu'un a piqué une poupée avec des aiguilles ou a utilisé un sorcier négatif pour envoyer le mal. La guérison est une lutte contre un ennemi extérieur où le guérisseur, assisté par des alliés invisibles qui se rassemblent autour de lui, court toujours le danger que les entités négatives l'attaquent, pour le punir d'avoir extrait les maux. Tous les guérisseurs affirment que si certains guérissent et d'autres pas, c'est parce que les opérations magiques ne sont pas suffisantes : il est nécessaire que se produise dans le malade un changement de mentalité. Ceux qui vivent dans une demande constante doivent apprendre à donner.

De la magie à la psychomagie

Mon fils Adan naquit l'année de mes cinquante ans. Au même moment, le producteur de mon film *Tusk* se déclara en faillite et ne me paya pas ce qu'il me devait. Pendant la grossesse de Valérie, je me trouvais en Inde, où je tournais dans des conditions misérables, avec des techniciens médiocres, cela, d'après la production, pour des raisons économiques. Je suspecte qu'une grande partie de l'argent destiné à créer des images de qualité était passée dans la poche de cet organisateur cupide. Toujours est-il que, de retour à Paris, je me retrouvai avec une femme fatiguée, un nouveau-né, trois autres enfants et zéro franc sur mon compte en banque. Le peu que Valérie avait économisé, qu'elle gardait dans une boîte à biscuits du Mexique, ne suffirait à nous nourrir qu'une dizaine de jours, pas plus. J'appelai un ami millionnaire aux États-Unis et lui demandai de me prêter dix mille dollars. Il m'en envoya cinq mille. Nous quittâmes l'appartement spacieux que nous avions dans un beau quartier et, par des circonstances miraculeuses, trouvâmes une petite maison en banlieue, à Joinville-le-Pont. Je me vis obligé de gagner ma vie en lisant le tarot... Tout cela, vu de loin, fut non pas un malheur mais une bénédiction.

Jean-Claude, toujours préoccupé de découvrir l'origine des maladies, car (tout comme les chamans) il considérait les maux comme des symptômes physiques de blessures psychologiques provoquées par des relations familiales — ou sociales — douloureuses, m'avait envoyé pendant deux ans, les samedi et dimanche, quelques-uns de ses patients pour leur lire le tarot. Je l'avais toujours fait gratuitement et avais souvent obtenu de bons résultats. Maintenant que j'étais dans la misère, avec une grande responsabilité familiale, je me voyais obligé de faire payer mes lectures. La première fois que je tendis la main pour recevoir l'argent de ma consultation, je crus m'évanouir de honte. Cette nuit-là, alors que ma femme et mes enfants dormaient, dans la solitude d'une petite pièce qu'au moyen d'un tapis rectangulaire violet j'avais transformée en temple du tarot, je me mis à genoux, assis sur mes talons, comme me l'avait enseigné Ejo Takata, et je méditai. Le moine avait dit : « Quand on veut ajouter plus d'eau dans un verre qui est déjà plein, il faut d'abord le vider. Ainsi, un esprit plein d'opinions et de spéculations ne peut apprendre. Nous devons le vider pour qu'en lui se fasse jour la condition de l'ouverture. » Quand je retrouvai mon calme et vis la honte comme un nuage passager, me rendant compte que c'était de l'orgueil déguisé, j'admis que je ne vivais pas de la charité publique, que l'acte consistant à lire le tarot avait une noble valeur thérapeutique. Mais les doutes m'assaillirent. Ce que je lisais dans les cartes était-il utile à ceux qui venaient me consulter ? Avais-je le droit d'en faire un métier ? Je repensai à Ejo Takata. Quand le moine vivait au Japon, il se rendait chaque année sur une petite île où était installée une léproserie — à cette époque, la lèpre était une maladie incurable —, afin d'y accomplir un travail social. Il y avait reçu une leçon qui avait changé sa vie. Lorsqu'ils se promenaient ensemble au bord d'une falaise, les visiteurs marchaient devant et les lépreux derrière. Ainsi évitait-on aux proches — épouses, mères, parents et amis — de voir les corps mutilés des êtres qu'ils chérissaient. Une fois, Ejo fit un faux pas et fut sur le point de tomber dans le précipice. Un malade s'avança pour le soutenir mais, voyant sa propre main sans doigts, il ne voulut pas le toucher par crainte de la contagion. Désespéré, il éclata en sanglots. Le moine retrouva l'équilibre et, avec émotion, remercia le malade de son amour. Cet homme, qui avait tant besoin de compassion et d'aide, avait été capable d'oublier son ego, agissant non pour son profit personnel, mais avec l'intention de porter secours à autrui. Takata écrivit ce poème :

Celui qui n'a que des mains
aidera avec ses mains
celui qui n'a que des pieds
aidera avec ses pieds
dans cette grande œuvre spirituelle.

Je me souvins également d'un conte chinois :

Une haute montagne empêchait, par son ombre, un village construit à ses pieds de recevoir les rayons du soleil. Les enfants grandissaient rachitiques. Un matin, les villageois virent le plus ancien marcher dans la rue, tenant une cuillère en porcelaine dans ses mains. « Où vas-tu ? lui demandèrent-ils. — Je vais à la montagne, répondit-il. — Pour quoi faire ? — Pour l'enlever de là. — Avec quoi ? — Avec cette cuillère. » Les villageois éclatèrent de rire. « Tu ne pourras jamais ! » Le vieux répondit : « Je le sais : jamais je ne pourrai. Mais quelqu'un doit commencer. »

Je me dis : « Si je veux me rendre utile, je dois le faire de façon honnête, avec mes véritables capacités. En aucune manière je ne me comporterai comme un voyant. D'abord, je ne suis pas capable de lire l'avenir, et ensuite il me paraît inutile de le connaître alors que nous ignorons qui nous sommes ici et maintenant. Je me contenterai du présent et centrerai la lecture sur la connaissance de la personne elle-même, en partant du principe que notre destin n'est pas prédéterminé par d'hypothétiques dieux... Le chemin se crée à mesure que nous avançons, et chaque pas nous offre mille possibilités. Nous ne cessons de choisir. Mais qu'est-ce qui fait ce choix ? Il dépend de la personnalité par laquelle nous avons été formés dans notre enfance. C'est-à-dire que ce que nous appelons futur est une répétition du passé. »

En même temps que j'écrivais pour Moebius la bande dessinée *L'Incal*, je commençai mes séances de lecture du tarot. Plus j'avançais et plus je constatais avec force que tous les problèmes débouchaient sur l'arbre généalogique. Examiner les difficultés d'une personne, c'était entrer dans l'atmosphère psychologique de son milieu familial. Je compris que nous étions marqués par l'univers *psychomental* des nôtres. Par ses qualités, mais aussi par ses idées folles, ses sentiments négatifs, ses désirs inhibés, ses actes destructifs. Le père et la mère projetaient sur le bébé attendu tous leurs fantasmes. Ils voulaient le voir réaliser ce qu'eux-mêmes n'avaient pu vivre ou obtenir. Ainsi assumions-nous une personnalité qui n'était pas la nôtre, mais qui provenait d'un ou de plusieurs membres de notre entourage affectif. Naître dans une famille, c'était, pour ainsi dire, être possédé.

La gestation d'un être humain ne se réalise presque jamais de manière saine. Sur le fœtus influent les maladies et les névroses des parents. Au bout d'un certain temps, il me suffisait de regarder se mouvoir et d'entendre quelques phrases de celui qui venait me consulter pour pouvoir déduire de quelle manière il avait été mis au monde. (S'il se sentait obligé de tout faire rapidement, il avait vu le jour en quelques minutes, comme dans l'urgence. Si face à un problème il attendait la dernière minute pour le résoudre avec une aide extérieure, il était né par forceps. S'il avait du mal à prendre des décisions, il était né par césarienne, etc.) Je compris que la manière dont nous sommes mis au monde, bien souvent incorrecte, nous détourne de nous-mêmes pour toute notre vie. Et ces mauvais accouchements dépendent des problèmes émotionnels que nos parents ont eus avec nos grands-parents. Le mal se transmet de génération en génération : l'envoûté devient l'envoûteur, en projetant sur ses enfants ce qui fut projeté sur lui, à moins qu'une prise de conscience ne parvienne à rompre le cercle vicieux. Il ne faut pas craindre de plonger profondément en soi pour affronter la partie de l'être mal constituée, l'horreur de la non-réalisation, en faisant sauter l'obstacle généalogique qui se dresse devant nous comme une barrière et s'oppose au flux et reflux de la vie. Nous trouvons dans cette barrière les sédiments psychologiques amers de notre père et de notre mère, de nos grands-parents et arrière-grands-parents. Nous devons apprendre à ne plus nous identifier à l'arbre et à comprendre qu'il n'est pas dans le passé : au contraire, il vit, présent à l'intérieur de chacun de nous. Chaque fois que nous avons un problème qui nous paraît individuel, toute la famille est concernée. Au moment où nous en prenons conscience, d'une manière ou d'une autre la famille commence à évoluer. Pas seulement les vivants, mais également les morts. Le passé n'est pas inamovible. Il change en fonction de notre point de vue. Nous comprenons différemment les ancêtres que nous considérons comme odieusement coupables dès lors que notre mentalité change. Après leur avoir pardonné nous devons les honorer, c'est-à-dire les connaître, les analyser, les dissoudre, les refaire, les remercier, les aimer, pour voir enfin le « Bouddha » en chacun d'eux. Tout ce que nous avons réalisé spirituellement, chacun de nos parents pourrait l'avoir fait. La responsabilité est immense. Une quelconque chute entraîne toute la famille, y compris les enfants à venir, pendant trois ou quatre générations. Les petits ne perçoivent pas le temps comme les adultes. Ce qui pour les grands se déroule en une heure, ils le vivent comme ci ça avait duré des mois, et cela les marque pour toute leur vie. Une fois devenus adultes, nous avons tendance à reproduire les abus que nous avons subis pendant notre enfance sur les autres, ou encore sur nous-mêmes. Si hier on m'a torturé, aujourd'hui je ne cesse de me torturer, devenant mon propre bourreau. On parle beaucoup des abus sexuels que subit l'enfance, mais on oublie les abus intellectuels (bourrer l'esprit de l'enfant d'idées folles, de préjugés pervers, de racisme, etc.), les abus émotionnels (la privation d'amour, le mépris, les sarcasmes, les agressions verbales), les abus matériels (le manque d'espace, les changements abusifs de territoire, l'abandon vestimentaire, les erreurs dans l'alimentation, etc.), les abus de l'être (nos parents ne nous ont pas donné la possibilité de développer notre véritable personnalité, ils ont établi des plans en fonction de leur propre histoire familiale, nous ont créé un destin étranger, n'ont pas vu qui nous étions, ont fait de nous leur miroir, ont voulu que nous soyons autre ; ils attendaient un garçon et nous sommes né fille ou inversement ; ils ne nous ont pas laissé voir tout ce que nous voulions, ne nous ont pas laissé écouter certaines choses, ne nous ont pas laissé nous exprimer, nous ont donné une éducation qui consistait en l'implantation de limites). Quant à l'abus sexuel, la liste est longue. Aussi longue que celle des culpabilisations : « J'ai été obligé de me marier parce que ta mère était enceinte, tu as été une charge pour nous, par ta faute j'ai abandonné ma carrière, tu veux aller vivre ta vie comme un égoïste, tu nous as trahis, tu n'es pas devenu ce que nous voulions que tu sois, tu te permets de nous dépasser et de réaliser ce que nous-mêmes n'avons pu réaliser. » L'histoire familiale est pleine de relations incestueuses, réprimées ou non ; de noyaux homosexuels, de sadomasochisme, de narcissisme, de névroses sociales qui, tel un legs, se reproduisent de génération en génération. Cela, parfois, peut être perçu dans les noms. Une consultante m'a écrit : « Tu m'as proposé d'éclaircir l'inceste inconscient avec mon frère. Tu avais raison. Mon frère s'appelle Fernando et le père de mes enfants s'appelait également Fernando. Mais je retrouve aussi cela dans ma généalogie : ma mère a un frère qui se nomme Juan Carlos et elle a épousé un Carlos. Tout comme ma grand-mère maternelle : son frère s'appelait José, elle a épousé un José et son père (mon arrière-grand-père) s'appelait aussi José. »

Quand tout cela a-t-il commencé ? J'ai souvent vu des personnes qui traînaient des problèmes depuis la guerre de 1914-1918. Un arrière-grand-père est revenu du front avec une maladie pulmonaire provoqué par des gaz toxiques, ce qui a entraîné chez lui un désordre émotionnel, une incapacité de se réaliser, une dévaluation morale. Et quand le père est faible ou absent, la mère devient dominante, envahissante, ce n'est plus une mère. L'absence du père implique celle de la mère. Les enfants grandissent avec une soif de caresses qui se transforme en colère réprimée. Colère qui se prolonge à travers plusieurs générations. Le manque de caresses est le plus grand abus que subisse un enfant. Toute cette saleté, si elle ne devient pas consciente, nous affecte. Les relations entre nos parents et nos oncles et tantes glissent jusqu'à nous. Par exemple : Jaime haïssait Benjamín, son cadet. Je fus son benjamin. Il a fait de moi un écran où il projeta son frère. Cela lui permit de décharger sa haine sur moi. Même si nous ne savons rien de viols, d'avortements, de suicides ou d'événements honteux comme un parent en prison, une maladie sexuelle, l'alcoolisme, la dépendance à la drogue, la prostitution et d'innombrables autres secrets, nous souffrons de tout cela, et parfois le répétons. Nous nous prénommons René, ce qui veux dire « renaître », et nous nous sentons envahi par une personnalité vampire, sans savoir que nous sommes né après un frère décédé. Le père donne à sa fille le nom d'une jeune fille qui fut son premier amour, et cela fait d'elle sa fiancée pour toute la vie. La mère donne à son fils le nom de son grand-père maternel, et le fils, pour satisfaire le lien incestueux de la mère, essaiera, en vain, de ressembler à son grand-père. Ou encore, dans une famille où les filles sont nombreuses, l'une d'elles, pour satisfaire le désir de donner au père un rejeton qui perpétuera son nom, le fera au cours d'un bal avec un inconnu, avec un étranger qui repart ensuite dans son pays, avec quelqu'un qui l'abandonne enceinte. Symboliquement, cet enfant est engendré par Dieu. C'est l'imitation de Marie. La Vierge fut possédée par son père ; l'ayant entièrement introduit dans son ventre, elle le changea en son fils, puis fit de cet homme-dieu son époux. Désormais, ensemble pour l'éternité, tous deux règnent dans le ciel, comme un couple. La mère célibataire enfante un fils qui, métaphoriquement, a été engendré par son propre père ; elle l'appelle Jésus, Emmanuel ou Sauveur, enfin, le nom d'un saint, et cet enfant vivra dans l'angoisse, se sentant obligé d'être parfait. Les textes sacrés, mal interprétés, ont un rôle néfaste dans cette catastrophe familiale. Les religions extrémistes créent des frustrations sexuelles, des maladies, des suicides, des guerres, du malheur. Les interprétations perverses de la Torah, du Nouveau Testament, du Coran ou des sûtras ont causé plus de morts que la bombe atomique.

L'arbre se comporte, avec tous ses membres, comme un individu, un être vivant. J'ai appelé l'étude de ces problèmes « psychogénéalogie » (de même que j'ai appelé « tarologie » l'étude du tarot — des années plus tard les « tarologistes » et les « psychogénéalogistes » se sont multipliés). Quelques thérapeutes qui ont fait des études généalogiques ont voulu la réduire à des formules mathématiques, mais l'arbre ne peut être enfermé dans la cage de la rationalité. L'inconscient n'est pas scientifique, il est artistique. L'étude des familles doit se faire d'une autre manière. Un corps géométrique, dont on connaît parfaitement les relations entre les parties, ne peut être modifié. À un corps organique, dont les relations sont énigmatiques, on peut ajouter ou retirer une partie et pourtant, dans son essence, il reste ce qu'il est. Les relations internes d'un arbre généalogique sont mystérieuses. Pour les comprendre il faut entrer en lui comme dans un rêve. Il ne faut pas l'interpréter, il faut le vivre.

Le patient doit faire la paix avec son inconscient, ne pas se rendre indépendant de lui, mais en faire un allié. Si nous apprenons son langage, il se met à travailler pour nous. Si la famille qui se trouve en nous, ancrée dans notre mémoire enfantine, est la base de notre inconscient, nous devons alors considérer chaque parent comme un archétype. Nous devons lui accorder notre niveau de conscience, l'exalter, l'imaginer atteignant le meilleur de lui-même. Tout ce que nous lui donnons, nous nous le donnons à nous-même. Ce que nous lui refusons, nous nous le refusons à nous-même. Les personnages nuisibles, nous devons les transformer en nous disant : « Cela, c'est ce qu'on m'a fait, c'est que j'ai senti, c'est ce que l'abus produit aujourd'hui sur moi, c'est la réparation que je désire. » Ensuite, toujours dans notre for intérieur, nous devons faire que tous les parents et ancêtres se réalisent. Un maître zen a dit : « Le chien aussi a la nature du Bouddha. » Ce qui veut dire que nous devons imaginer la perfection de chacun des personnages de notre famille. Ont-ils le cœur plein de rancœur, le cerveau obscurci par des préjugés, le sexe dévié par des morales abusives ? Comme un berger le fait avec ses brebis, nous devons les conduire sur le bon chemin, les débarrasser de leurs besoins, de leurs désirs, de leurs émotions et de leurs pensées empoisonnées. Un arbre est jugé à ses fruits. Si le fruit est amer, l'arbre d'où il provient, même s'il est majestueux, est considéré comme mauvais. Si le fruit est doux, l'arbre tordu sur lequel il a été cueilli est considéré comme bon. Notre famille, passée, présente et future, constitue l'arbre. Nous sommes le fruit qui lui confère sa valeur.

Comme le nombre des gens qui venaient me consulter augmentait, je me vis obligé de les recevoir en groupe certaines fins de semaines. Pour guérir la famille, j'organisai sa théâtralisation. La personne qui l'étudiait devait choisir parmi les assistants ceux qui représenteraient ses parents, ses grands-parents, ses oncles et ses tantes, ses frères et ses sœurs. Puis, dans un espace donné, elle devait les situer debout, assis, juchés sur des chaises ou couchés (malades chroniques ou morts), éloignés ou proches les uns des autres, obéissant à la logique de leur arbre. Qui était le héros de la famille ou le plus puissant ? Qui étaient les absents, les méprisés ? Lesquels étaient unis et par quels liens ? Etc. Ensuite, le patient devait se situer. Où ? Au centre, à la périphérie, séparé de tout le monde ? Comment se sentait-il à cet endroit ? Puis il devait se confronter à chaque « acteur ». En représentant la famille de cette manière, comme une sculpture vivante, le chercheur se rendait compte que les personnes qu'il avait choisies « par hasard » correspondaient en de nombreux aspects aux personnages et avaient des choses importantes à lui dire. Une conversation se produisait, qui en général se terminait par de fortes embrassades et des larmes.

Après ces exercices, nous étions convaincus que, ayant rendu conscientes ces relations malades, nous les avions soignées. Cependant, en revenant de la situation thérapeutique à la situation réelle, les symptômes douloureux persistaient, aussi forts qu'avant. Pour dépasser une difficulté, il ne suffisait pas de l'identifier ! Une prise de conscience, une confrontation théâtrale, un pardon imaginé qui n'étaient pas suivis d'un acte dans la vie quotidienne s'avéraient stériles. J'en vins à la conclusion que je devais pousser les gens à agir au milieu de ce qu'ils concevaient comme leur réalité. Mais j'hésitais à le faire. De quel droit allais-je me mêler de la vie des autres, en exerçant une influence qui pouvait facilement dégénérer en une prise de pouvoir, en établissant des dépendances ? J'étais dans une position difficile, étant donné que les personnes qui venaient me consulter me demandaient, d'une certaine manière, de devenir leur père, leur mère, leur fils, leur mari, leur épouse... Pour que les prises de conscience soient efficaces, je décidai de faire agir l'autre, en ne l'appelant pas patient mais consultant, en lui prescrivant des actes très précis, sans pour cela assumer la tutelle ni le rôle de guide par rapport à la totalité de sa vie. Ainsi naquit l'acte psychomagique, dans lequel se conjuguèrent toutes les influences assimilées au fil des ans que j'ai décrites dans les chapitres précédents.

En premier lieu, la personne s'engageait à réaliser l'acte exactement comme je le lui prescrivais, sans rien y changer. Pour éviter des modifications dues aux défaillances de la mémoire, elle devait immédiatement prendre note du processus à suivre. Une fois l'acte réalisé, elle devait m'envoyer une lettre dans laquelle elle commençait par transcrire les instructions reçues, puis me racontait dans les moindres détails la façon dont elle les avait exécutées, ainsi que les circonstances et incidents survenus pendant le déroulement de l'acte. Enfin, elle décrivait les résultats obtenus. Certaines personnes tardèrent une année à m'envoyer cette lettre, d'autres discutaillaient, rechignant à faire exactement ce qu'on leur recommandait, ergotant et trouvant toutes sortes d'excuses pour ne pas suivre les instructions au pied de la lettre.

Comme j'en avais fait l'expérience avec Pachita, quand on change une chose, si minime soit-elle, et qu'on ne respecte pas les conditions indispensables au succès de l'acte, les effets peuvent êtres nuls ou négatifs. En réalité, la plupart des problèmes que nous avons sont ceux que nous voulons avoir. Nous sommes attachés aux difficultés. Elles forment notre identité. Nous nous définissons à travers elles. Il n'est donc pas étonnant que quelques-uns tentent de tergiverser et s'ingénient à saboter l'acte : sortir des difficultés implique modifier en profondeur notre relation avec nous-même et avec le passé. Les gens ne veulent plus souffrir, mais ils ne sont pas disposés à en payer le prix, c'est-à-dire à changer, à ne plus vivre en fonction de leurs précieux problèmes. Pour toutes ces raisons, la responsabilité de prescrire un acte qui devait être exécuté au pied de la lettre était immense. Je devais, au moment de le donner, me désidentifier de moi-même et, dans une sorte de transe, laisser parler mon inconscient, directement connecté à l'inconscient de celui ou celle qui me consultait. Je me concentrais sur le simple fait de donner, de soulager la douleur, en prescrivant des actions qui étaient semblables à des rêves lucides, sans me préoccuper du fruit que je pourrais récolter à titre personnel. Pour être en condition de guérir une personne, il ne faut rien attendre d'elle, en pénétrant dans tous les aspects de son intimité sans se sentir impliqué ni déstabilisé.

Dans son *Traité des cinq roues*, le spadassin Miyamoto Musashi recommande d'aller très tôt sur le terrain et d'en acquérir une connaissance parfaite avant le combat. La familiarisation avec le terrain psycho-affectif de la personne me paraissait une condition fondamentale pour la recommandation d'un acte quelconque. Avant toute chose, je lui demandais de me raconter ce qui concernait son problème, avec le plus grand nombre de détails possible. Au lieu d'essayer de deviner par le tarot ce qu'elle aurait pu me cacher, je soumettais la personne à un interrogatoire serré. Je lui posais des questions sur sa naissance, ses parents, ses oncles, ses grands-parents, ses frères, sa vie sexuelle, son rapport à l'argent, ses complexes sociaux, ses croyances, sa vie sentimentale, sa santé, ses fautes. (Très souvent, ce moment ressemblait à une confession dans le confessionnal d'une église.) De terribles secrets apparurent. Un homme me confessa qu'étant enfant, à la fin de l'année scolaire, perché sur un mur, il attendit un professeur détesté pour lui jeter une grosse pierre sur la tête. Il pensait que le professeur était mort, mais il s'enfuit sans s'en assurer. Pendant trente ans il se sentit un assassin. Une autre fois, je reçus un père de famille, belge. Je remarquai aussitôt qu'il était homosexuel. « Oui, m'avoua-t-il, et je le fais avec dix personnes par jour chaque fois que je viens à Paris, dans les saunas. Savez-vous quel est mon problème ? J'aimerais le faire avec quatorze, comme le fait un de mes amis ! » Je reçus, de personnes qui paraissaient normales, les confidences les plus obscures et les plus extravagantes. Une femme m'avoua que le père de sa fille n'était autre que son propre père ; un adolescent suisse, séduit par sa mère, me raconta tous les détails. Ce qui le perturbait le plus, c'était sa jalousie, elle ne le laissait avoir aucune amie. Ne percevant aucune critique de ma part, les gens se soulageaient en toute confiance. Si le thérapeute juge au nom d'une morale, il ne guérit pas. L'attitude du confesseur doit être amorale. S'il n'en est pas ainsi, jamais les secrets ne jaillissent à la lumière.

Je me souviens d'un conte bouddhiste : Deux moines méditent au milieu de la nature ; de nombreux lapins entourent l'un d'eux, aucun n'approche l'autre. Celui-ci demande : « Si tous deux méditons avec la même intensité le même nombre d'heures chaque jour, pourquoi les lapins t'entourent-ils et pas moi ? — C'est très simple, répond l'autre, parce que je ne mange pas de lapin, toi si ! »

Une participante à l'un de mes cours ne supportait pas qu'on lui touche la poitrine. Dès qu'un homme, même celui avec lequel elle souhaitait entretenir des relations sexuelles, faisait mine de lui caresser les seins, elle se mettait à crier. Cette situation la faisait beaucoup souffrir, elle désirait ardemment se débarrasser de cette panique insensée. Je lui proposai de découvrir sa poitrine. Ce qu'elle fit, révélant de très beaux seins. Je lui demandai : « As-tu confiance en moi ? — Oui, répondit-elle. — J'aimerais te toucher d'une manière particulière, qui ne ressemble ni aux caresses d'un homme désirant jouir de ton corps ni au toucher d'un médecin qui t'examine froidement. J'aimerais te toucher avec mon esprit. Crois-tu qu'il pourrait établir avec tes seins un contact intime qui n'ait rien de sexuel ? — Peut-être... » Alors, à trois mètres d'elle, je levai mes mains et lui dis avec douceur : « Regarde mes mains. Je vais m'approcher lentement de toi, millimètre par millimètre. Dès que tu te sentiras agressée ou mal à l'aise, tu m'ordonneras de m'arrêter et je cesserai d'avancer. » J'approchais donc mes mains avec une lenteur extrême. Lorsque je fus à dix centimètres de ses seins, elle me demanda de m'arrêter. J'obéis et, au bout d'un long moment, lentement, très lentement, je m'approchai à nouveau, attentif à sa réaction. Elle, tranquillisée par la qualité de l'attention que je lui portais, percevant que j'agissais avec délicatesse et détachement, ne protesta pas. Enfin mes mains se posèrent sur ses seins, sans qu'elle ressente aucune douleur, ce qui lui procura un vif étonnement. Appliquant l'expérience que j'avais eue avec le monsieur qui donnait à manger aux moineaux, je pris un participant par les épaules et, sans le lâcher, lui fis aussi toucher les seins. Elle ne ressentit aucune douleur. Je lâchai l'homme, la femme se mit à crier... Cette anecdote est un exemple du détachement qui, d'après moi, est indispensable pour celui qui veut réellement aider les autres. Je pus toucher, palper les seins de cette femme en me situant hors de mon centre sexuel, sans penser à prendre du plaisir. À ce moment, je n'étais pas un homme mais un être. L'important est de se situer dans un état intérieur qui exclue toute tentation de profiter de l'autre, d'abuser de la fascination qui s'exerce sur lui pour affirmer notre pouvoir en dominant sa volonté. Dans ce cas, la relation d'aide perd son essence et devient une mascarade.

Pour qu'un acte magique ait de bons résultats, le charlatan populaire doit, obligatoirement, se présenter comme un être supérieur, détenteur de tous les mystères. Le malade, de manière superstitieuse, accepte ses conseils sans comprendre de quelle manière ni pourquoi ils affectent son inconscient. Au contraire, le psychomagicien se présente seulement comme le connaisseur d'une technique, comme un instructeur, et il se préoccupe d'expliquer au malade la signification symbolique de chaque acte et sa finalité. Le consultant sait ce qu'il est en train de faire. Toute superstition a été éliminée. Cependant, dès qu'on commence à exécuter les actes prescrits, la réalité se met à danser sous une nouvelle forme. Il arrive des choses inattendues qui aident à la réalisation de ce qui paraissait impossible. Par exemple, à un professeur d'école primaire, très maltraité dans son enfance et affligé d'une tristesse chronique, je conseillai, entre autres choses, d'apprendre à marcher en équilibre sur une corde raide, comme le font les artistes de cirque. « Impossible ! me dit-il, je vis dans un petit village, dans le sud de la France. Où vais-je trouver quelqu'un pour m'apprendre cela ? » J'insistai pour qu'il trouve le moyen de le faire. Lorsqu'il revint à l'école, l'un de ses élèves lui raconta qu'il apprenait à marcher sur la corde raide avec un artiste de cirque à la retraite qui vivait à quelques kilomètres de là ! Une autre fois, à un patient aux tendances suicidaires qui, étant né d'un inceste, considérait que son sang était impur, je conseillai, afin que son inconscient sente qu'il l'avait remplacé par un autre, de se rendre avec deux grandes bouteilles thermos dans un abattoir, d'y acheter du sang de bœuf, de rentrer chez lui et d'en prendre une douche jusqu'à ce que toute sa peau soit couverte de rouge. Ensuite, sans se laver, il devait s'habiller et aller marcher dans les rues, affrontant avec orgueil les regards des passants. Lui aussi s'exclama : « Impossible ! » Mais en allant chez le dentiste il trouva dans la salle d'attente un exemplaire de *L'Incal*. Il demanda à l'arracheur de dents s'il l'avait lu. Celui-ci lui répondit que non, que l'un de ses clients l'avait laissé là, que c'était le patron d'un abattoir qui aimait beaucoup mes ouvrages. Mon consultant obtint son adresse, se présenta avec quelques-uns de mes albums dédicacés et le propriétaire, très heureux, lui donna les litres de sang dont il avait besoin... Un jour, je reçus la visite d'une dame suisse dont le père était mort au Pérou lorsqu'elle avait huit ans. Sa mère avait fait disparaître toute trace de cet homme, brûlant lettres et photos, raison pour laquelle ma patiente était toujours, sur le plan émotionnel, une petite fille de huit ans. Je lui prescrivis un acte : aller au Pérou et parcourir les lieux où son père avait vécu, jusqu'à découvrir une preuve palpable de son existence. De retour en Europe elle devait enterrer le ou les souvenirs dans son jardin et planter là un arbre fruitier, puis aller chez sa mère et lui donner une gifle. Précisons que sa mère, d'un caractère colérique, viril, la maltraitait et l'insultait. La femme partit pour le Pérou, découvrit la pension où avait vécu son père et, par cette synchronie que j'appelle danse de la réalité, y trouva des lettres et des photos. Le père les avait données à la propriétaire de la pension, certain que sa fille viendrait un jour les chercher. En lisant ces missives et en contemplant ces photographies, elle cessa de voir l'auteur de ses jours comme un fantôme sans visage et sentit enfin qu'il avait été un être de chair et d'os. En enterrant les documents dans son jardin, elle enterra aussi la fillette de huit ans. Alors elle alla voir sa mère avec l'intention de lui donner la gifle prescrite. Mais elle eut la surprise de constater que celle-ci, pour la première fois, l'attendait à la gare et, pour la première fois également, lui avait préparé à manger. La voyant tellement aimable, elle se sentit très troublée de devoir la frapper, puisque, exceptionnellement, sa mère ne lui donnait aucun prétexte pour le faire. Mais elle savait que l'acte psychomagique était un contrat inéluctable qu'elle devait respecter. Au dessert, ma patiente gifla sa mère par surprise et sans raison apparente, craignant une réaction brutale de sa part. Mais celle-ci se contenta de lui demander : « Pourquoi as-tu fait cela ? » Devant une telle égalité d'humeur, la fille trouva enfin les mots pour exprimer toutes les plaintes qu'elle avait à son endroit. La mère lui répondit : « Tu m'as donné une gifle... mais tu aurais dû m'en donner bien plus ! »

Une femme, critique littéraire qui approche la cinquantaine, mariée à un professeur de philosophie, du même âge mais adolescent éternel, m'appelle au téléphone, de Barcelone, car elle a découvert que son mari a une maîtresse de vingt-trois ans.

« Nous sommes des intellectuels, des personnes sérieuses et d'âge mûr qui refusent les esclandres émotionnels. Mais retenir ma rage m'a fait tomber dans une affreuse dépression. Et lui ne veut renoncer ni à elle ni à moi. Que dois-je faire ?

— Je vais te demander d'analyser ta vie comme si c'était un rêve. Pourquoi rêves-tu que ton mari de cinquante ans a une maîtresse de vingt-trois ans ?

— Eh bien je me souviens maintenant que, justement à l'âge de vingt-trois ans, j'ai eu une liaison avec un homme qui en avait cinquante. Elle a duré trois ans. Puis je l'ai quitté pour aller avec un homme plus jeune.

— Tu vois ? Tu es en train de vivre quelque chose qui ressemble énormément à une répétition onirique. D'une certaine manière, tu te rêves à la place de l'épouse trompée et tu te rends compte de quelle manière, étant jeune, tu as fait souffrir la femme de ton amant. Si cette liaison n'a pas duré, il est fort possible que l'aventure de ton philosophe s'achève également dans un an, puisque tu as appris qu'il y a déjà deux ans qu'il est avec cette jeune femme. Ensuite, il reviendra pleurer dans tes bras.

— Chaque jour qui passe me paraît un siècle, je ne peux tolérer cette situation, je me sens diminuée, malade de rage, vieille.

— Je ne suis pas un charlatan, je ne peux te conseiller d'envelopper le cadavre d'un colibri dans un foulard rouge que tu lui feras toucher, ou de répandre des pétales de roses sur ses empreintes dans le sable pour qu'il revienne tout de suite. Mais je peux aider ton inconscient à accepter cette relation triangulaire afin d'être capable d'attendre calmement que passe cette année. »

Je lui prescrivis d'aller dans une oisellerie acheter trois canaris, un mâle (son mari) et deux femelles : l'une, jeune, jolie (la maîtresse), et l'autre plus âgée, laide et grosse (elle). Puis elle devait mettre les oiseaux dans une cage et suspendre celle-ci dans son bureau, devant sa table de travail. Au bout de dix jours elle devait retourner dans l'oisellerie et offrir les oiseaux à l'homme qui les lui avait vendus. Je lui dis : « Le vendeur d'oiseaux représentera Dieu (ton père, un homme absent). Une fois que tu te sentiras bien, tu devras lui remettre ce problème enfantin d'abandon. »

Une dizaine de jours passèrent, et elle m'appela, bouleversée : « Il vient d'arriver une chose incroyable : j'ai mis les canaris ensemble, les ai nourris de la même manière. Mais peu à peu la jeune femelle s'est mise à grossir, à perdre ses plumes, restant immobile dans un coin. L'autre, la plus vieille, s'est mise à embellir, à maigrir, à chanter joyeusement. J'ai appris qu'une jeune femelle périt si elle n'est pas fécondée par le mâle. Le dixième jour, c'est-à-dire aujourd'hui, quand je me suis assise à ma table de travail, j'ai soudain levé les yeux vers la cage et, à cet instant précis, la femelle malade est tombée morte. Je suis épouvantée. Elle représentait ma rivale. J'ai l'impression de l'avoir tuée. Que dois-je faire ?

— La réalité a dansé pour te réconforter. Accepte ce don. Mets la petite oiselle au fond d'un pot de fleurs, remplis-le de terre et plantes-y un rosier. Garde-le vivant aussi longtemps que possible dans ta maison et va faire cadeau du couple restant à l'oiselier. »

Au bout d'un certain temps la patiente m'appela de nouveau pour me dire qu'elle était enchantée de l'acte. Il y avait longtemps qu'elle ne s'était pas sentie aussi bien. Elle avait retrouvé la joie de vivre. Maintenant, ce que faisait son mari lui était complètement égal.

Donner des conseils psychomagiques pourrait paraître un jeu surréaliste facile, mais en réalité seule peut le faire une personne qui a beaucoup travaillé sur elle-même. Chaque acte doit, comme une paire de chaussures faites sur mesure, correspondre aux subtiles caractéristiques du consultant. Il n'y a pas deux personnes semblables, on ne peut donc prescrire des actes identiques. Un individu, après avoir assisté à l'une de mes conférences, se sentit autorisé à pratiquer immédiatement, en organisant un groupe féminin. Il demanda à ses élèves de s'identifier à une poupée, de déverser sur elle leurs douleurs enfantines et leur colère contre leurs parents, de la déposer ensuite dans un sac qu'il garderait pour faire plus tard une cérémonie de purification. Elles devaient en outre acheter de grands ciseaux et les envoyer, avec des tripes de poule, à leur mère. Catastrophique ! On ne peut prescrire les actes « en gros » ! Le supermarché psychomagique est une aberration ! Évidemment, l'effet fut négatif. Les parents ne comprirent pas un tel acte, beaucoup pensèrent que leur fille était devenue folle. Ils n'étaient pas loin de la vérité : après cet atelier, une jeune fille épouvantée vint me voir, au bord de la psychose, convaincue que le « psychomagicien » avait maintenant un pouvoir sur elle. Pour la tranquilliser, je lui recommandai d'aller récupérer sa poupée, mais l'homme ne put la lui rendre, car à peine ses élèves étaient-elles parties qu'il avait tout jeté à la poubelle. En résumé, il s'agissait d'un commerçant dont le seul but était de gagner de l'argent en exploitant la crédulité d'un groupe de femmes. Ça me rappelle une histoire :

Dans une usine, un appareil compliqué tombe en panne. Les meilleurs techniciens viennent, travaillent des journées entières avec toutes sortes d'instruments sophistiqués, mais ils ne parviennent pas à le remettre en marche. Enfin arrive un vieux portant une petite mallette. Il en sort un simple marteau, donne un léger coup sur un engrenage de l'appareil et celui-ci se remet en route. Pour son service, le vieux demande un million de dollars. Les fabricants protestent : « Comment est-ce possible ? Vous vous permettez de demander un million de dollars uniquement pour un coup de marteau ! — Non, répond l'ancien, le coup de marteau coûte un dollar. Les études que j'ai dû faire pour pouvoir le donner avec efficacité coûtent un million. » Proposer un acte de psychomagie est le résultat d'un long apprentissage.

Lorsqu'il devint clair pour moi que mes conseils pouvaient provoquer une mutation dans l'esprit du consultant, je me rendis compte de l'immense responsabilité qu'une telle chose impliquait. Une erreur pouvait provoquer des catastrophes comme l'aggravation d'une maladie, un suicide, un divorce, une dépression, une psychose ou un acte criminel, raison pour laquelle je commençai la psychomagie en prenant beaucoup de précautions. La première d'entre elles : donner des actes infimes, qui n'impliquaient pas d'autres personnes que le patient lui-même.

À une femme qui avait grandi martyrisée verbalement par ses parents et qui ne pouvait s'exprimer sans paroles agressives, je recommandai d'acheter des morceaux de rayons de miel. Je lui demandai d'adoucir sa bouche en mâchant cela jusqu'à obtenir une petite boule de cire, d'accumuler ces restes dans un coffret à bijoux et, au bout d'un certain temps, de donner à cette cire la forme d'un cœur, de passer sur sa langue une teinture végétale rouge, de lécher le cœur jusqu'à le teindre en rouge et, enfin, de le clouer dans les toilettes, face à la cuvette où elle faisait ses besoins. Ainsi son inconscient recevrait-il le message que parler était un acte d'amour, non une excrétion.

Une autre consultante me demanda de lui prescrire un acte qui lui permettrait de pardonner à son père mort, et de vaincre ainsi la haine qu'elle éprouvait pour les hommes. Je lui demandai de me dire à quel moment son père avait rompu toute relation avec elle. « Peu après mes premières règles », me répondit-elle. (Il est fréquent qu'un père, par peur de s'exciter, s'éloigne de sa fille lorsque celle-ci devient femme. La petite fille, sans comprendre pourquoi il l'éloigne, souffre de ne plus s'asseoir sur ses genoux, et elle a du mal à renoncer à cette forme d'intimité, de contact.) Je lui demandai ensuite où était enterré son père et lui proposai d'aller sur sa tombe. « Là, le plus près possible du cercueil, tu enterreras un coton imbibé de ton sang menstruel et un paquet de morceaux de sucre. Le sucre pour indiquer qu'il ne s'agit pas d'un acte agressif, mais d'une approche amoureuse, d'une tentative de communication signifiant que les règles ne sont pas un empêchement au bonheur. »

Quand la personne qui nous a blessé est morte, la tombe en est la représentation pour l'inconscient. Si elle n'a pas de tombe, on utilise une photographie, et s'il n'y a pas de photographie, un dessin. Une autre consultante se retrouva à quatre ans interne dans un collège que dirigeait sa grand-tante. Cette dame la tyrannisa de manière sadique. Dans son travail avec moi, la consultante découvrit la haine profonde qu'elle éprouvait pour cette femme. Elle ne pouvait lui pardonner et, son bourreau n'étant plus de ce monde, elle ne pouvait pas non plus se venger. Je lui conseillai donc d'aller sur la tombe de cette femme et, une fois là, de donner libre cours à sa haine : de piétiner la tombe, de crier des insultes, d'uriner et de déféquer dessus, mais à condition d'analyser minutieusement les réactions que provoquerait en elle l'exécution de sa vengeance. Elle suivit mes conseils ; après avoir vidé son sac sur la dalle, elle sentit monter en elle, du plus profond, le désir de la laver et de la couvrir de fleurs. Cette haine n'était que la face déformée d'une affection non partagée.

Quand la personne haïe a été incinérée et n'a pas de tombe, ou simplement qu'elle est toujours vivante, on peut insulter une photographie. L'image doit être ensuite brûlée. Aussitôt après, le consultant doit prendre un peu de cendres, les dissoudre dans un verre de vin, si ce sont celles d'un homme, ou dans un verre de lait, si ce sont celles d'une femme, et le boire. Ainsi le mal, enfin purifié, devient un antidote.

Un garçon se plaint de « vivre dans les nuages », il m'explique qu'il n'arrive pas à « mettre les pieds dans la réalité » ni à « avancer » dans sa quête d'autonomie financière. Je prends ses paroles au pied de la lettre et lui propose de trouver deux pièces d'or et de les coller sous les semelles de ses chaussures, de manière à marcher toute la journée sur l'or. À partir de ce moment, il descend des nuages, met les pieds dans la réalité et avance.

Un autre consultant, marié et sans enfants, ne se sent pas suffisamment homme. Il a été élevé par sa mère, veuve, au milieu de trois tantes et d'une grand-mère, elles aussi veuves ou célibataires. Pour lui, un père est un être inexistant : le sien a mis une femme enceinte, puis il est mort. C'est pourquoi il a peur que sa femme tombe enceinte. Afin qu'il se sente exister en tant qu'homme, je lui conseille de réunir trente mille francs (il peut se les faire prêter), de rouler les billets dans le sens de la longueur, en les maintenant serrés avec un élastique, d'acheter deux boules chinoises (de celles que les Orientaux font tourner dans leurs mains pour se calmer et méditer), de se fabriquer un suspensoir en peau de chamois et de porter entre ses jambes le rouleau de billets comme un sexe et les boules chinoises comme des testicules. Avec ce poids sous son pantalon, il doit aller à son travail, rendre visite à ses amis, bavarder avec ses parents, caresser son épouse et dormir ainsi pendant trois jours. Ce conseil, apparemment comique, eut un résultat inespéré : non seulement l'homme changea de caractère, mais il mit sa femme enceinte.

À une chanteuse qui, se croyant sans talent, avait toujours connu des échecs dans les auditions, je recommandai de mettre dix pièces d'or dans un préservatif et de l'introduire dans son vagin. Puis, ainsi, de se présenter à l'examen. Elle chanta comme jamais et obtint le travail.

Parfois, pour résoudre les problèmes, je n'hésitai pas à recommander des actes qu'une personne ayant des préjugés pourrait considérer comme pornographiques. Cependant, si l'on veut soigner spirituellement quelqu'un qui souffre, il est nécessaire de lui faire comprendre que ses organes sexuels sont des sanctuaires où il peut rencontrer ce qu'il appelle Dieu. Il doit également apprendre à valoriser son corps, sans dédaigner ses sécrétions. L'excrément, la salive, l'urine, la sueur, le sang menstruel ou le sperme peuvent être utilisés comme des éléments libérateurs de sentiments inhibés. Une consultante, lesbienne, se sent incapable de commencer le livre qu'elle a l'intention d'écrire. Dès qu'elle allume l'ordinateur elle se met à faire des jeux. Je lui explique qu'elle est restée une fillette, c'est-à-dire asexuée, parce qu'elle sait qu'en atteignant l'âge adulte le pouvoir phallique lui fera défaut. Je lui conseille d'aller dans un sex-shop, d'acheter un phallus qu'elle puisse attacher à son pubis avec une ceinture, de placer un grand papier blanc à la hauteur de ses hanches, de couvrir le phallus d'encre et d'écrire avec les deux premières phrases de son livre. Après cela, il lui sera facile de rédiger le reste sur son ordinateur.

À Guadalajara, un homme maladivement timide me consulte parce qu'il ne parvient ni à concrétiser ses projets ni à terminer ce qu'il commence. Je lui conseille de se rendre sur la place de la Libération (une place très fréquentée), nu sous un grand manteau, de s'asseoir sur un banc et, ayant glissé la main dans une poche dont il aura préalablement décousu le fond, de se masturber jusqu'à l'éjaculation. Il gardera son sperme dans un médaillon ovale contenant la photo de sa mère, accroché à son cou en guise de talisman.

Une jeune femme, française, n'a jamais ressenti de désirs sexuels. Son père est mort d'un cancer de la prostate et elle, de façon irrationnelle, en rend sa mère responsable, accumulant contre elle une rage féroce. Je lui explique qu'elle a peur, si elle fait l'expérience du désir, d'avoir des relations sexuelles, de se retrouver enceinte, d'être mère, c'est-à-dire sa mère. Je lui conseille de placer sur une photographie de sa mère deux œufs d'autruche, symbole des ovaires maternels. En les écrasant avec un marteau, elle laissera jaillir sa rage. Puis, avec deux autres œufs d'autruche, qui représenteront ses propres ovaires, elle fera une grosse omelette et l'offrira lors d'un repas à un groupe de sept amis. « Tandis que tu les observeras en train de manger, imagine comment ils fonctionnent au lit, tu verras que les désirs apparaîtront. Quant au reste des œufs écrasés à coup de marteau et à la photographie de ta mère, enterre tout cela et plante une fleur blanche. Tout de suite après, va sur la tombe de ton père et, avec de l'eau, du savon et une brosse, nettoie-la. »

Un homme marié, ayant deux enfants et qui aime sa femme, vient me consulter parce qu'il souffre d'éjaculation précoce. Je lui demande combien de temps dure son acte sexuel. « À peine vingt secondes », me répond-il. Je lui conseille, ce soir-là, de faire l'amour avec sa femme en mettant près du lit un chronomètre et de lui promettre d'éjaculer plus vite que jamais, c'est-à-dire en exactement dix secondes. Ce qu'il essaie de faire. Il revient, heureux, me voir, et me dit avec un grand sourire : « J'ai manqué mon coup. J'ai eu beau essayer, je n'ai pas pu. J'ai mis une demi-heure. »

Un jeune homme qui n'a pas de père sent qu'il n'a aucune autorité. Il me demande un conseil pour développer la capacité de donner des ordres. Je lui conseille de commencer par donner des ordres aux choses qui existent. S'il voit qu'il commence à pleuvoir, qu'il dise : « J'ordonne qu'il se mette à pleuvoir ! » Si son chien est couché, qu'il dise : « Je t'ordonne d'être couché ! » S'il voit passer des voitures, qu'il dise : « J'ordonne que passent des voitures ! », etc. Ainsi il vaincra sa timidité et s'habituera à commander.

Une femme fut abandonnée par son père lorsqu'elle avait six ans. Elle s'unit toujours à des hommes qui l'abandonnent. Elle ne veut plus continuer à vivre seule comme sa mère, qui lui disait souvent : « Mieux vaut être seule que mal accompagnée. » Elle voudrait former un couple stable. À la lumière du tarot je lui explique : « Comme la communication avec ton père t'a manqué, et que tu n'as entendu que ta mère, tu ne sais pas accepter les hommes. Tu dois apprendre à entendre les paroles masculines. Je te conseille de t'acheter un Walkman et, pendant quarante jours, de te promener et de travailler en écoutant des enregistrements de la voix de poètes et d'hommes sages. »

Ne voulant pas passer pour un charlatan, j'ai renoncé à soigner des maladies physiques. Toutefois, j'ai fait quelques exceptions. Un instructeur de plongée sous-marine a souffert pendant des années d'aphtes dans la bouche. Aucun médecin n'a pu le guérir de ces ulcères. Nous voyons dans le tarot que ce mal provient de l'impuissance qu'il ressent de ne pouvoir se faire entendre par sa mère, décédée. Elle, femme divorcée et narcissique, sans homme, uniquement préoccupée d'elle-même, passait des journées entières devant son miroir, luttant contre les rides. Je lui demande quelle était la taille de sa mère. « Un mètre soixante », me répond-il. Je lui conseille de trouver une Vierge de plâtre d'un mètre soixante de haut, et de descendre avec cette idole dans l'océan jusqu'à atteindre le fond. Là, il percera les oreilles de la sainte à l'aide d'un foret et appliquera un instant sa bouche sur chaque trou ; après l'avoir remontée à terre, il criera à la sculpture tout ce qu'il n'a jamais pu dire à sa mère. Enfin, il enterrera cette Vierge en mettant un peu de son sperme dans chaque oreille et plantera un arbre. Le consultant suivit mes conseils. Ses aphtes disparurent.

Mon ami chilien Martín Bakero, psychiatre et poète, a du mal à marcher parce qu'une verrue, qui atteint l'os, a poussé sur son pied gauche, entre le quatrième et le cinquième doigt. Le dermatologue, voyant que les pommades qu'il lui a données ne font aucun effet, a commencé à brûler la verrue par couches en lui disant que le traitement peut prendre un an ou deux. Je demande à Bakero s'il y a longtemps qu'il est à Paris. « Quatre ans, me répond-il. — As-tu eu de bons rapports avec ton père dans ton enfance ? — Mon père fut un homme absent. Ma mère m'a magnifiquement traité. Fils unique, d'une certaine manière, j'ai été son conjoint. J'admets que nous avons une profonde relation œdipienne. — Ce qui se passe, c'est que tu te sens coupable de l'avoir laissée au Chili. Prends la photo de ta mère, fais-en dix photocopies ; chaque matin, colles-en une, avec de l'argile verte, sur ton pied malade, et marche ainsi toute la journée. »

Dans une lettre, le poète me relate son acte : « Au début, j'ai refusé de mener à bien ce que tu m'avais conseillé : les symptômes du malade vont toujours de pair avec une jouissance inconsciente. Je t'ai dit : "Je n'ai pas de photo de ma mère", et tu as répondu : "Dessine-la." J'ai grommelé : "Je ne sais pas dessiner", et tu as répliqué : "Tu refuses la guérison." Le lendemain, j'ai mis tous mes efforts à trouver une photo de ma mère ; j'ai exécuté l'acte et, une fois les dix applications terminées, la verrue a disparu, faisant place à une peau neuve et propre. Je n'ai plus eu de problèmes. »

Une femme qui boite, appuyée sur une canne, me demande de l'aider à bien marcher. Je lui explique que je ne fais pas de miracles. Je ne suis pas Pachita pour lui ajouter un os et lui étirer la jambe ; je peux cependant lui faire mieux accepter sa claudication. Je lui demande où elle a trouvé cette canne si laide, sans vernis et d'un bois ordinaire. « Elle appartenait à mon grand-père paternel, me répond-elle. — Et que s'est-il passé avec ce grand-père ? — Il n'a jamais parlé à personne, il a vécu comme un ermite, enfermé dans son appartement. »

Je lui conseille de brûler cette canne, de prendre une poignée de ses cendres et d'en frotter sa jambe courte. Puis d'acheter la plus belle qu'elle puisse trouver, en bois d'ébène, avec une poignée d'argent. Ce qu'elle fait. Elle retrouve le goût de se promener à pied. En préconisant cet acte, j'appris que les lieux du corps qui sont affectés, une cicatrice, une bosse, etc., doivent être exaltés.

Je terminerai ces exemples en transcrivant une lettre :

« Je suis allée vous voir au café où, chaque mercredi, vous lisez gratuitement le tarot et je vous ai consulté : "Cela fait dix-huit mois que je ressens une forte douleur dans la nuque. Cette douleur peut-elle être l'effet d'une régression du point de vue spirituel ?" J'avais consulté des médecins, des acupuncteurs, des masseurs, des ostéopathes, des rebouteux, des guérisseurs et, bien sûr, prenais des médicaments anti inflammatoires, de la cortisone, des infiltrations, etc. Rien n'avait eu d'effet. Vous m'avez indiqué un acte psychomagique : je devais m'asseoir sur les genoux de mon mari et lui, sur la nuque, devait me chanter une berceuse. Mais ce que vous ne saviez pas, c'est que mon mari est chanteur d'opéra. Il m'a chanté un lied de Schubert. Je suis guérie, je n'ai plus mal. »

En faisant une équation entre la nuque, le passé et l'inconscient, j'avais senti que la relation de la consultante avec son père n'avait pas pu se développer correctement. En l'asseyant sur ses genoux, le mari, symboliquement, jouerait le rôle du père et elle reviendrait à l'enfance. D'un autre côté, en lui chantant une berceuse à la hauteur de l'endroit douloureux, elle réaliserait un désir d'enfant qui n'avait pas été satisfait, c'est-à-dire que son père l'endorme et communique avec elle sur le plan affectif.

Cette première série de conseils, la plupart du temps donnés à la fin d'une lecture du tarot, s'étendit sur une période de quatre ans, sans que j'ose résoudre des choses plus importantes. (Ayant réglé mes problèmes économiques grâce à l'excellent accueil qu'avaient reçu mes bandes dessinées — je collaborais alors avec dix dessinateurs —, je décidai de m'asseoir tous les mercredis dans un café et de lire gratuitement le tarot pendant deux heures, puis de donner ensuite une conférence pour commenter cela. Je nommai cette activité « Cabaret mystique ».) Bien que je n'aie jamais répété deux fois le même conseil, je me suis imposé certaines règles. Par exemple : j'ai toujours fait en sorte qu'un acte ait une fin positive, évitant de conseiller quelque chose qui termine dans la colère ou la destruction. S'il a parfois été nécessaire de sacrifier des animaux, tous comestibles, c'était pour ensuite les préparer et les offrir à la famille ou à des amis au cours d'un banquet. Lorsque quelque chose a été enterré — la terre dissout et purifie —, on a planté au même endroit un beau végétal. Toute confrontation virulente devant une tombe a été couronnée par une offrande de miel, de sucre, de fleurs, ou par son nettoyage avec de l'eau et du savon avant de la parfumer. Chaque fois que la famille avait implanté une vision castratrice, je conseillais au (ou à la) consultant(e) de se présenter déguisé(e), d'abord comme on lui imposait d'être, puis comme on l'empêchait d'être. Beaucoup de femmes qui avaient déçu leur père en ne naissant pas garçon, et qui avaient été obligées de se masculiniser, avec la frigidité et la stérilité qui en résultaient, se montrèrent devant lui avec un faux ventre de femme enceinte, vêtues avec un érotisme féminin, bien maquillées et coiffées d'une perruque de longs cheveux.

Une femme qui a vécu avec son père veuf et quatre frères, un « harem d'hommes », a été considérée comme un être décoratif mais sans valeur et, cherchant l'acceptation de son père, elle s'est toujours virilisée. Je lui propose d'aller le voir, vêtue comme un homme, en lui apportant en cadeau une bouteille de mescal, son alcool préféré. « S'il te demande pourquoi tu viens déguisée ainsi, tu lui dis : "Buvons d'abord un verre, je te répondrai ensuite." Après avoir trinqué, va dans la salle de bains et transforme-toi en femme séductrice avec une perruque longue, des faux cils, les lèvres grenat, une minijupe, etc. Présente-toi devant lui et dis-lui : "Regarde, c'est un aspect de moi que tu ne connais pas. Je t'ai montré deux extrêmes : l'homme que tu veux que je sois et la femme exagérée que tu ne veux pas que je sois. Maintenant, je vais te montrer comment je suis en réalité." Et tu vas t'habiller comme une femme décente et de bon goût. Tu te montres ainsi devant ton père et tu lui dis : "Regarde-moi bien, je ne suis ni une virago ni une putain. Voilà la femme que je suis. Être femme n'est pas être une idiote. Accepte-moi comme ta fille." »

En ce qui concerne le fait de se montrer devant ses parents en obéissant très exactement aux images qu'ils nous ont collées comme étiquettes, nous avons réalisé un acte, d'un commun accord avec mon fils Cristóbal, qui selon lui a changé sa vie. Je dois reconnaître qu'à l'époque où il est né j'étais encore ce que j'appelle un « barbare psychologique ». Tout ce qui m'intéressait alors, c'était me réaliser en tant qu'artiste : je me préoccupais fort peu de soigner mes problèmes psychologiques, ni ceux de qui que ce soit. Je considérais que les gens étaient comme ils étaient, et j'adoptais face à eux une position critique. J'ai été un père insensible, sévère, compétitif. Je me souviens avoir eu une crise de jalousie en le voyant téter le lait des seins de « ma » femme. C'est-à-dire que je me comportais avec lui exactement comme mon père s'était comporté avec moi. Dans la brume de ma névrose, je lui donnai deux noms : Axel, pour qu'il soit l'exacte copie de ma personne (Alex), et Cristóbal, pour qu'il découvre un nouveau monde... Sous ce double désir, Axel Cristóbal parut grandir avec une double personnalité. Chaque fois qu'il faisait quelque chose de « satisfaisant » (m'imiter), il était le docteur Jekyll. Lorsqu'il faisait une « bêtise » (tenter d'être lui-même), je le traitais de Mr. Hyde. Ce conflit fit naître chez lui une kleptomanie. (Et moi, comme Jaime l'avait fait avec moi, pour le punir je le privais de ses jouets.) Pendant plusieurs années il ne put dominer l'impulsion qui le poussait à voler. Bien qu'avec le temps notre relation, sortant de la barbarie psychologique, se fût changée en amour conscient (tous deux nous sommes efforcés d'aplanir les aspérités du passé lors de nombreuses confrontations, grâce auxquelles Axel finit par laisser place à Cristóbal), il a toujours senti cette pulsion de s'approprier les objets des autres. La lutte pour l'inhiber l'angoissait. Il m'a demandé un acte psychomagique pour l'en guérir.

Je l'ai fait se salir les mains avec de la boue ramassée au pied d'un arbre. Je me suis alors agenouillé devant lui, ai pris ses mains sales que j'ai posées sur mon visage et lui ai demandé pardon. Puis, dans le lavabo de ma salle de bains, lentement, avec une attention concentrée, je les lui ai lavées et parfumées. Après, j'ai frotté ses paumes avec une carte postale mexicaine qui représentait saint Christophe (Cristóbal) portant l'Enfant Jésus. Enfin, je lui ai recommandé de se fabriquer quelques cartes de visite qui disaient : « Je suis Axelito, le petit voleur. J'aurais pu voler cet objet, mais j'ai décidé de ne pas le faire. Remerciez-moi et bénissez-moi. » Chaque fois qu'il allait dans un magasin et se sentait tenté, il déposait sa carte en faisant attention à ce que personne ne le voie. Parfois il en déposait plus de dix. Il était si habile à ce jeu que jamais personne ne l'a surpris. La kleptomanie a complètement et définitivement disparu. Quelque temps après, il est venu me voir avec une valise. Il m'a fait asseoir dans le salon, a disparu dans une pièce et a reparu vêtu en docteur Jekyll. Avec une force surhumaine, il a laissé s'exprimer sa rage, arrachant son déguisement et le piétinant pour le mettre en pièces. Ainsi, tout nu, il est sorti, et au bout d'un moment est revenu déguisé en Mr. Hyde, avec son chapeau, sa cape, sa canne, ses longues dents. Il s'est jeté dans mes bras et a pleuré en poussant des gémissements déchirants. J'ai compris ce qu'il me demandait. Je me suis moi aussi mis à pleurer, l'ai débarrassé de son déguisement. Puis nous avons fait un paquet des vêtements, ceux de Jekyll et ceux de Hyde, et sommes allés jusqu'à la Seine. Là, tournant le dos au fleuve, nous avons lancé le paquet et sommes partis, sans nous retourner, célébrer la libération dans un bon restaurant.

Un autre conseil que j'ai donné à plusieurs reprises, bien sûr chaque fois avec certaines variantes, ce fut à des personnes qui souffraient d'avoir une mère envahissante. Bien qu'elles ne vivent pas avec elle, elles l'avaient toujours à l'esprit, dirigeant leur vie. Je leur proposai de la traiter comme une idole. En Inde, on nourrit les dieux représentés par des sculptures. C'est-à-dire qu'on leur offre des fleurs, de l'encens et de la nourriture. À l'époque où je dirigeais Maurice Chevalier, je fus invité à dîner chez lui. Là, je vis un petit banc où le chanteur s'agenouillait pour prier. À l'endroit où aurait dû se trouver le Christ ou la Vierge, je vis le portrait d'une dame. C'était la mère du chanteur. Il l'avait élevée au rang d'une idole. Inspiré par cela, je recommandai à mes consultants qu'au lieu de lutter en vain pour chasser l'envahisseur — car plus ils l'attaquaient plus elle prenait de place —, ils lui accordent un endroit précis dans la maison. Un petit autel où ils placeraient la photo de leur mère dans un cadre d'acier, couverte d'un grillage. Ainsi, l'inconscient pouvait être sûr que la « bête sauvage » ne s'échapperait pas. Ensuite, pour la sentir heureuse, ils devaient l'honorer, en déposant devant elle des fleurs fraîches, en brûlant de l'encens, en gardant toujours allumée une petite lampe achetée dans une église. De plus, chaque fois qu'ils dînaient, ils devaient mettre de côté des petits morceaux de nourriture et les déposer dans une soucoupe devant l'idole maternelle. Ainsi, bien nourrie, elle cesserait de les dévorer.

De nombreux consultants souffraient de problèmes de dépréciation. M'inspirant des techniques chamaniques de don Ernesto, je leur demandai d'écrire sur une belle feuille de papier tout ce dont ils voulaient se défaire : autocritique paralysante, manque de talent, jalousie maladive, timidité, etc., de signer cette liste avec une goutte de leur propre sang et de l'enterrer. Je m'appliquai le conseil : il y avait vingt ans que je polissais et corrigeais mon premier roman, *Le Perroquet aux sept langues*, car je pensais que personne ne le lirait jamais. J'enterrai mon « romancier raté ». Deux mois plus tard un éditeur chilien, Juan Carlos Sáez, m'appela à Paris : il avait appris par l'un de mes amis que j'avais écrit un roman et me proposait de le publier. Ainsi fut fait.

Quelques hommes se plaignirent de ne pas trouver d'amante. Je leur recommandai d'écrire à l'encre indélébile, sur un ruban de soie rose, la phrase : « Je désire de toute mon âme rencontrer une femme », de la signer d'une goutte de leur sang, puis de l'attacher autour de leur pénis et de l'y garder un jour et une nuit.

Quelques femmes demandèrent un acte de psychomagie pour leur permettre de rencontrer un homme. À celles que je vis enfermées en elles-mêmes, timides, incapables de manifester leur colère contre leur père, je conseillai de se rendre dans une école spécialisée et d'y prendre des leçons de tir, non seulement avec un pistolet ou un fusil, mais également avec une mitraillette. Je reçus une lettre où la consultante me remerciait vivement du conseil : elle était en couple avec son instructeur. Plus tard, elle vint me voir pour me demander un acte de psychomagie qui lui permette de se libérer de cet homme.

Les avortements, lorsqu'ils sont causés par des problèmes émotionnels ou économiques, provoquent de profonds traumatismes. La femme, se sentant coupable, tombe dans la déprime et ne se résigne pas. La relation du couple peut connaître une crise éloignant de plus en plus les conjoints. Dans ce cas, pour aider mes consultantes, je leur proposais de penser à un fruit qu'elles identifiaient au fœtus — certaines choisisirent une framboise, d'autres une petite mangue ou une mandarine. Une fois le fruit choisi, elles devaient le mettre sur leur ventre nu et l'y maintenir par quatre tours de bande de couleur chair. Un ami, le mari, l'amant, un membre de la famille, vêtu en chirurgien, devait couper les bandes et prendre le fruit en faisant semblant de l'arracher à grand-peine. Pendant cette action, la consultante devait revivre les sentiments qu'elle avait éprouvés pendant l'opération et les exprimer à haute voix. Elle devait ensuite placer le « fœtus » dans une petite boîte en bois noble fabriquée en compagnie de l'homme qui l'avait inséminée, ou de son compagnon du moment, ou encore d'un ami ou d'une personne de sa famille. Enfin, tous deux devaient aller dans un bel endroit, faire un trou avec les mains et enterrer le « cercueil » pour planter dessus un petit arbre. Cela fait, l'homme devait l'embrasser sur la bouche et lui glisser un bonbon au miel.

Quand viennent me consulter des personnes qui ont des boutons sur le visage et dont je vois qu'elles ont manqué de l'attention de leurs parents, je leur conseille de faire cracher leur mère et leur père sur un peu d'argile verte qu'elles tiennent dans la main droite ; puis, avec le médium et l'annulaire de la main gauche, de remuer l'argile et la salive jusqu'à former une pâte qu'elles mettent sur leurs boutons ou eczéma.

Dans les cas extrêmes, lorsque les abus de l'enfance ont été si cruels que leurs préjudices semblent incurables, je propose au consultant de mourir... pour renaître autre. Je lui conseille de choisir un bel endroit où, aidé d'un groupe d'amis, il creuse sa tombe. Debout devant elle, il lit son discours funèbre. Puis nu, enveloppé dans un drap, il se couche. Ses amis le couvrent de terre (en laissant bien sûr sa bouche et son nez découverts) et il reste là, imitant le vide de la mort, au minimum quarante minutes. Alors ses amis, à sa demande, doivent l'exhumer, le laver, l'habiller de vêtements neufs et lui donner un autre nom de baptême.

Quand, par inconscience, on a donné à un petit garçon ou

à une petite fille un prénom néfaste, par exemple celui d'un aîné mort avant sa naissance ou celui d'un parent qui s'est suicidé, etc., je conseille de changer de prénom. Pour éviter que le petit se sente dépossédé de son identité, il faut lui faire cadeau de deux petits coffrets, l'un gris et l'autre doré. « Dans ce coffre gris tu vas garder ton prénom », et sur une carte simple, opaque, la mère ou le père écrit son prénom et le met dans le coffret. « Et de celui-ci (on ouvre le coffret doré et on sort une carte brillante avec des décorations gaies), nous sortons un prénom nouveau, encore plus beau (et on lui lit le nouveau nom écrit sur la carte). À partir de maintenant nous t'appellerons ainsi. Quand tu voudras te souvenir de ton ancien prénom, tu le sortiras un moment du coffre gris, tu le salueras et le rangeras à nouveau. »

Aux femmes divorcées qui n'arrivent pas à vaincre la rage que produit sur elles leur ancien mari, j'ai conseillé de coller la photo du visage de l'homme sur un ballon de football et de lui donner des coups de pied.

Aux personnes qui n'ont jamais été caressées, je conseille de demander à leur partenaire ou à une personne amie de leur faire un long massage en utilisant, au lieu d'huile, du miel d'acacia. À la fin, prenant une photo de la mère dans la main gauche et une photo du père dans la main droite, cette personne leur en frotte tout le corps.

Parfois, avec des personnes qui réprimaient leurs sentiments, j'ai utilisé la poésie active comme remède. J'ai demandé à un musicien frustré de se lever en même temps que le soleil pour écouter les chants des oiseaux en se répétant, comme une litanie : « Ils sont contents parce que j'existe. » Une femme se sentait inexistante ; je l'ai fait s'arrêter au milieu d'un pont, à minuit, en été, et répéter maintes fois, en regardant le courant : « Le fleuve passe, mais le reflet des étoiles demeure. » Je conseillai à un homme qui souffrait de se croire particulièrement antipathique de murmurer à l'oreille de cent personnes (des parents, des amis, des collaborateurs, etc.) : « Une seule luciole, dans la nuit obscure, illumine tout le ciel. »

Peu à peu, j'ai osé proposer des actes plus complexes. Aujourd'hui, tous les mercredis, sans aucune publicité et toujours gratuitement, aidé par le tarot, je donne des actes de psychomagie à une vingtaine de personnes. Par chance, Marianne Costa, ma compagne, a pris soin de noter ces conseils (qu'on pourra lire en appendice, à la fin du livre) car, les donnant en état de transe, je les oublie presque aussitôt.

Une fois, j'ai accordé à Gilles Farcet une série d'entretiens qui furent publiés dans un livre, *Le Théâtre de la guérison*. Ses lecteurs m'ont écrit pour me demander des séances privées, ce que j'ai fait pendant un an pour résoudre des problèmes graves et expérimenter de nouveaux chemins dans cette forme de thérapie. De nombreux psychanalystes, des ostéopathes et des médecins de ce qu'on appelle la nouvelle médecine (des élèves du docteur Gérard Athias, dans le sud de la France) ont suivi mes cours et les ont appliqués à leurs disciplines. Plus tard, l'institut SAT (*Seakers After Truth*, Chercheurs de la Vérité), que dirige le psychiatre Claudio Naranjo — disciple direct de Frederick Perls, créateur de la gestalt-thérapie —, m'a invité à donner des cours en Espagne et au Mexique, où trois cents futurs thérapeutes ont appris les techniques de la tarologie, de la psychogénéalogie et, surtout, de la psychomagie. J'ai également formé des groupes à Santiago du Chili, puis à Naples, avec des élèves du psychanalyste Antonio Ferrara. Pour transmettre cet art, que j'avais pratiqué en état de transe, je dus m'efforcer de trouver des « lois » qui permettent aux esprits scientifiques de pénétrer ces mystères.

La psychomagie s'appuie fondamentalement sur le fait que l'inconscient accepte le symbole et la métaphore en leur donnant la même importance qu'aux faits réels. Cela, les magiciens et chamans des anciennes cultures le savaient. Pour l'inconscient, agir sur une photographie, une tombe, un vêtement ou n'importe quel objet intime (un détail peut symboliser le tout) revient à agir sur la personne réelle.

Une fois que l'inconscient décide que quelque chose doit arriver, il est impossible à l'individu d'inhiber la pulsion ou de la sublimer totalement. Une fois la flèche propulsée, on ne peut la faire revenir à l'arc. La seule manière de se libérer de la pulsion est de la réaliser... Mais cela peut être fait de manière métaphorique.

De nombreux enfants qui ont été mal aimés par leurs parents grandissent avec le désir de les faire disparaître. Tant qu'ils ne réalisent pas cela, ils resteront plongés dans une dépression qui peut les conduire au suicide, au vice ou à des maladies mortelles. Je recommande donc de pendre au cou d'une poule noire le portrait de la mère et au cou d'un coq rouge le portrait du père. Puis de leur trancher le cou et de se baigner dans leur sang. Ensuite, de les plumer, de les faire cuire et de les offrir lors d'une fête comme nourriture à un groupe d'amis. Les plumes noires et rouges ainsi que les restes des animaux doivent être enterrés et, sur eux, on doit planter un petit arbre.

J'ai soigné de nombreux cas de frigidité — quand on a détecté une fixation sexuelle sur le père — en recommandant à la femme d'imprimer sur une chemise une photo de son géniteur, puis de faire l'amour avec son conjoint vêtu de cette chemise. Ainsi, de manière métaphorique, on réalise l'inceste et on le dépasse. J'ai reçu la visite d'une jeune fille qui souffrait de plaies semblables à des brûlures dans le vagin chaque fois qu'elle faisait l'amour. En recherchant dans son arbre généalogique j'ai vu qu'à treize ans elle avait été séparée de son père, italien. Pour réaliser l'inceste métaphorique, je lui ai proposé de faire cuire un paquet de spaghettis dans trois litres d'eau. D'envoyer ensuite, dans un sac, les spaghettis à son père et, avec l'eau de cuisson, de se faire des lavements vaginaux. Elle guérit.

On ne peut éliminer une angoisse, une peur irrationnelle, en essayant de raisonner avec le consultant pour lui démontrer que ce qu'il craint ne peut jamais arriver. Ce qu'il faut faire, c'est le pousser vers l'angoisse, afin que se réalise, métaphoriquement, ce qu'il craint tellement. C'est une anecdote racontée par le psychiatre américain Milton Erickson qui m'a inspiré cela : étant enfant, il vit les ouvriers de son père essayer de faire entrer dans l'enclos un veau têtu qui refusait d'avancer. Ils avaient beau le pousser, ils ne parvenaient pas à le faire bouger. Erickson s'approcha d'eux, prit la queue de l'animal et tira violemment dessus. Sentant qu'on lui donnait l'ordre de reculer, l'obstiné animal se mit à courir vers l'enclos.

Quand une personne sent qu'elle est possédée par une autre, quelqu'un de sa famille, un sorcier ou une mauvaise personne, il est impossible de la convaincre du contraire en lui en expliquant les raisons, car si elle peut les accepter intellectuellement, son centre émotionnel, lui, les rejettera. Il faut la traiter comme une possédée et la soumettre à un acte qui ressemble à un exorcisme. Pour cela, on colle sur tout son corps, avec un mélange d'argile, de farine et d'eau, des copies de la photographie ou des dessins représentant l'envahisseur. Puis on les arrache en même temps qu'on hurle des ordres furibonds tels que : « Dehors ! Laisse cette personne en paix ! Retourne à toi-même ! » Une fois que tout a été retiré, on baigne le patient, on le parfume et l'habille de vêtements neufs. Les photographies sont enterrées et, à cet endroit, on plante un chrysanthème.

On peut aussi lui recommander de se fabriquer de faux papiers d'identité en changeant sur le document son nom, son âge et sa profession, pour tromper celui qui veut le posséder. Lorsque, dans certaines familles juives d'Europe centrale, quelqu'un tombait gravement malade, on appelait le rabbin pour qu'il change son nom. Ainsi, quand la mort venait le chercher, elle ne le trouvait pas.

La psychanalyste Chantal Rialland, qui a étudié avec moi pendant un bon nombre d'années, dit dans son livre *Cette famille qui vit en nous* : « En ce qui concerne l'enfant, les parents s'angoissent en fonction de leur propre problématique, conséquence de leur enfance et de leur adolescence. Et ce avec d'autant plus d'intensité que le père et la mère se sont sentis non désirés, rejetés, non conformes au désir familial : "Pourvu que tout aille bien et qu'il soit normal", "Pourvu que la naissance soit facile". Peut-être la précédente a-t-elle été difficile ou l'une des femmes de la famille, mère, grand-mère, arrière-grand-mère, tante, est-elle morte en couches : "Pourvu qu'elle ne soit pas mauvaise comme la grand-mère Agathe", "Droguée comme la cousine", "Une putain comme la tante", "Infidèle comme la grand-mère Ernestine", "Pourvu qu'il ne soit pas alcoolique comme le grand-père Arthur", "Homosexuel comme l'oncle Pierre", "Paresseux et coureur de jupons comme le grand-père paternel". Certains parents redoutent la crise d'adolescence : "Espérons qu'il rencontrera une femme digne", "Quand je pense que ma fille sera à un autre homme"... Affectivement, tout enfant est comparé à sa famille et, cela étant un mécanisme qui tend à se reproduire, les craintes des parents agissent au fond comme des malédictions. »

Georg Groddeck, dans *Le Livre du Ça*, affirme : « La crainte est la conséquence dérivée de la répression d'un désir. » « La peur est désir : qui redoute le stupre le désire. » Depuis notre enfance, à travers le psychisme de nos parents, notre famille instille dans notre esprit ses désirs sous forme de craintes. Les flèches, lancées il y a bien des générations, arrivent jusqu'à nous en exigeant que nous réalisions les pulsions autodestructrices : « Tu dois développer le même cancer que ton grand-père », « Tu dois perdre tes ovaires comme tant de tes aïeules les ont perdus », « L'alcoolisme est une tradition familiale », « Fils de tigre naît rayé », « Putain la mère, putain la fille, putain la couverture qui les couvre ». À moins que nous les réalisions métaphoriquement, par un acte de psychomagie, ces malédictions familiales nous obséderont tout notre vie.

Une psychanalyste ne parvenait pas à se détacher de la crainte de perdre ses patients et de se retrouver à la rue, sans domicile fixe, réduire à mendier. Je lui conseillai de se déguiser en indigente (vêtements sales et déchirés, cheveux pleins des croûtes de terre, nez rougi) et de recevoir ainsi ses clients dans son cabinet. Elle devait en outre avoir à côté d'elle un litre de vin et des croûtons de pain sec. « Et que vais-je leur dire ? — Tu leur diras que tu fais un acte de psychomagie. — Et pendant combien de temps dois-je me présenter ainsi ? — Tu as trente ans. Tu seras psychanalyste-mendiante pendant trente jours. »

Une épouse était obsédée par le désir d'avoir de nombreux amants mais, ayant une haute idée de la fidélité, elle se retenait. Je lui proposai de tromper son mari en lui restant fidèle

« C'est ce que je veux, mais c'est impossible ! — C'est possible, métaphoriquement. Avant tout, tu dois avouer ces pulsions à ton époux et le convaincre de collaborer avec toi. Il louera une chambre dans un hôtel. Puis il t'appellera, en imitant une autre voix, pour t'y donner rendez-vous. Quand tu arriveras dans la chambre, il t'attendra sous les traits d'un autre, avec des moustaches, une barbe ou une perruque, et en agissant avec des gestes jamais employés. Sans dire un mot, vous ferez l'amour. Il partira le premier. Toi, tu rentreras chez toi, où ton mari, ayant retrouvé sa personnalité, t'attendra. Il doit te demander : "D'où viens-tu ?" et tu lui répondras par un mensonge : "Je viens de chez le dentiste." Cet acte doit se répéter à plusieurs reprises, ton mari étant chaque fois déguisé de manière différente. »

Notre famille ne cesse de nous faire des prédictions : « Si tu n'étudies pas, tu ne réussiras pas dans la vie », « Tu n'as pas d'oreille, jamais tu ne pourras chanter », « Tu es insupportable, aucun homme ne voudra se marier avec toi », « Si tu continues ainsi, tu finiras en prison ». L'inconscient tend à réaliser la prédiction. Anne A. Schutzberger, professeur à l'université de Nice, évoque un aspect de ce phénomène : « Si on observe attentivement le passé d'un certain nombre de personnes gravement malades du cancer, on s'aperçoit qu'il s'agit, très souvent, de personnes qui pendant leur enfance ont développé un "scénario de vie" inconscient, parfois même avec la date de leur mort, le moment, le jour, l'âge, et qui ensuite se voient effectivement dans cette situation de mourants. Par exemple, à trente-trois ans — l'âge de Jésus-Christ — et à quarante-cinq ans — l'âge de la mort de leur père ou de leur mère —, etc. Tous sont des exemples d'une sorte de réalisation automatique des prédictions personnelles ou familiales. »

On a vérifié que si un professeur prévoit qu'un mauvais élève continuera sur la même voie, le plus sûr est que rien ne change ; au contraire, quand le maître estime que l'enfant est intelligent, bien que timide, et pense que malgré cela il fera des progrès, l'enfant commence à bien étudier.

La seule manière de se libérer d'une prédiction obsédante,

ce n'est pas d'essayer de l'oublier, mais de la réaliser... Une amie espagnole, incrédule, qui se moquait toujours des voyants, se fit lire le tarot, par curiosité. On lui dit : « Quelqu'un de très proche de toi va mourir et cela te coûtera beaucoup d'argent. » À partir de ce moment elle ne cessa d'être angoissée. Plus elle s'efforçait de ne pas croire à la prédiction, plus son obsession augmentait. Je lui conseillai : « Ferme les portes et les fenêtres de ta maison. Passe une bombe d'insecticide dans toutes les pièces. Regarde mourir une mouche. Alors se sera réalisé ce "Quelqu'un de très proche de toi va mourir". Ensuite, prends un billet de peu de valeur et ajoute-lui six zéros à l'encre indélébile. Enveloppe la mouche avec et enterre-le. Cela t'aura "coûté beaucoup d'argent". » C'est ce qu'elle fit. Son obsession s'évapora dans l'instant.

À une jeune Française qui avait une voix exceptionnelle son père avait dit : « Rêveuse, jamais tu ne te gagneras ta vie avec ta gorge, à moins que tu ne chantes au théâtre de l'Opéra. » Elle se voyait obligée de prendre des cours de chant, sans jamais pouvoir cesser d'être une élève pour devenir une professionnelle. Son but impossible était de chanter à l'Opéra. Se sachant incapable d'y parvenir, elle vivait frustrée. Je lui proposai de réaliser l'exigence de son père. Elle devait aller à six heures du matin, humblement vêtue, près des portes de l'Opéra et se mettre à chanter, avec une sébile à ses pieds. Sept amis, l'un après l'autre, déposeraient un billet dans la sébile. À la fin de la chanson, ils devraient l'applaudir. Avec l'argent reçu, elle s'achèterait une robe qui rehausserait sa beauté. Une fois l'exigence paternelle réalisée, chanter au théâtre de l'Opéra, son sentiment d'infériorité disparut et très vite, avec succès, elle interpréta les chansons populaires qui lui plaisaient.

À Mexico, un homme jeune qui a peur de se suicider vient me consulter. Cette peur lui a été inculquée par sa mère qui, lorsqu'elle se fâche après lui, crie toujours : « Tu finiras comme ton père ! » On lui a raconté que son père était un mauvais homme, qui finit par se suicider en avalant des cachets. Je lui demande d'imaginer la couleur des barbituriques. Il les voit bleus. « Où s'est-il tué ? — Dans un hôtel de Buenos Aires, en Argentine. — Cherche dans la ville une rue qui s'appelle Buenos Aires ou Argentine. Loue dans cette rue, ou le plus près possible, une chambre d'hôtel. Avertis ta mère que tu vas faire un acte thérapeutique nécessaire pour éviter de te suicider et demande-lui de t'aider. Tu vas dans la chambre en emportant un petit flacon de pastilles de sucre de couleur bleue. Tu les avales toutes et tu te couches, immobile, dans le lit. Une heure plus tard, ta mère doit arriver et te trouver ainsi, "mort". Elle doit se mettre à pleurer en prenant ton "cadavre" dans ses bras, se lamenter beaucoup et demander pardon. Elle doit ensuite appeler quatre aides qui te sortiront, très raide, de l'hôtel. Ils t'emmèneront étendu dans une camionnette à l'appartement où tu vis avec ta compagne. Ils te déposeront à ses pieds. La femme te prendra dans ses bras, t'embrassera, te caressera. Alors tu te réveilleras. Tu diras à ta mère : "Voilà, je me suis suicidé comme mon père ! Maintenant que la prédiction s'est accomplie, je vais vivre ma propre vie !" Pour fêter cela, tu inviteras ta compagne, ta mère et les quatre amis à un dîner léger fait de tortillas bleues. »

À un homme très gros, infantile, une voyante a prédit qu'il aura un grave accident à son prochain anniversaire. La date fatidique approche et le consultant est si inquiet qu'il a du mal à se lever le matin pour aller travailler. Je lui recommande d'acheter l'un de ces calendriers auxquels on arrache chaque jour une feuille. Le lendemain, de bonne heure, il devra l'effeuiller jusqu'à la date de son anniversaire puis, habillé comme un enfant, aller dans une pâtisserie et acheter un gâteau de plusieurs étages, couvert de crème. Sans emballage, il le portera en marchant dans la rue, fera semblant de trébucher et tombera dessus à plat ventre, en plongeant le visage dans la crème. Il se mettra alors à pleurer comme un enfant qui croit avoir eu un accident grave. Puis il se rendra avec le gâteau chez la voyante et en barbouillera sa porte.

Une femme, obsédée parce qu'un médecin lui a dit qu'elle était sujette à avoir un cancer des ovaires, se croit stérile. Pour éliminer cette prédiction négative, je lui conseille d'introduire dans son vagin deux œufs frais de pigeon et de les y garder une nuit entière, afin qu'ils lui communiquent leur force germinative ; puis de les enterrer dans une terre fertile et de planter deux grandes fleurs qui symboliseront ses ovaires réalisés.

Une jeune femme s'inquiète de ce que, dans son arbre généalogique, toutes les femmes, filles uniques, sont veuves. Elle souhaite rencontrer un mari qui ne disparaisse pas. Je lui conseille, pour réaliser la prédiction, maintenant qu'elle vit sans partenaire, de s'habiller de noir et de faire imprimer des cartes de visite à son nom suivi de « veuve X ». Elle devra également faire de ses mains une poupée de taille humaine qui représentera le mari mort, et elle dormira avec pendant sept nuits. Au bout de ce temps, elle l'enterrera et plantera un arbre sur la « tombe ».

Souvent, pour résoudre un problème, j'ai fait prendre conscience au consultant que, comme dans les rêves, il glissait dans une personne l'image d'une autre. Une femme ne parvient pas à se détacher de son ex-mari. Bien qu'elle le déteste, la séparation la fait souffrir. Je lui conseille de trouver une photo du visage de son père et une autre du visage de son ex-mari. Elle doit les faire agrandir, jusqu'à leur taille réelle, sur des feuilles transparentes, puis poser celle de son ex-mari sur celle de son père et les coller sur la vitre d'une fenêtre de sa chambre, de préférence donnant au soleil levant, pour voir ainsi les deux visages à la fois, mêlés. « Va rendre visite à ton père et, sans qu'il s'en aperçoive, fouille dans le panier de son linge sale et vole-lui un caleçon. Une fois chez toi, coupe un morceau de la braguette et colle-le au bas de la double photographie. Quand tu te rendras vraiment compte que, à cause d'un désir incestueux infantile réprimé, tu ne souffres pas de l'incompréhension de ton ex-mari mais de celle de ton père, brûle les deux photos transparentes et le morceau de linge de corps, dissous un peu de leurs cendres dans un verre de vin et bois-le. Alors tu accepteras avec plaisir le divorce, sachant que c'est une libération. »

Une femme très sensible, du nom de Barbara, s'accuse d'être agressive et destructrice. « À cause de cela j'ai détruit la vie de mes trois filles. » Elle voudrait se débarrasser de l'« ombre » de sa grand-mère maternelle, elle aussi prénommée Barbara, également agressive et destructrice. « Ma mère me dit toujours que je lui ressemble, que je prends le même chemin, que je cause les mêmes maux. Malgré toutes sortes de thérapies, je ne parviens pas à me défaire de cette ombre. » Je lui conseille de se déguiser en sa grand-mère — sous-vêtements, robe, chaussures, perruque — et de se tenir debout à côté d'un papier blanc sur lequel, au moyen d'un réflecteur, elle projettera son ombre. Sa mère, avec un crayon feutre, doit dessiner les contours de l'ombre, puis peindre en noir l'intérieur. La consultante doit ensuite enrouler l'ombre métaphorique, aller à une rivière, la jeter dans l'eau, ainsi que son déguisement de vieille, en tournant le dos au courant et par-dessus son épaule gauche, puis partir sans regarder en arrière.

Parfois, dans ces glissements psychologiques, sans nous en rendre compte, un parent mort nous possède, nous poussant à obtenir réparation pour lui. Dans ce cas, au lieu de lutter contre ces pulsions que nous sentons étrangères, nous devons nous y plier. Un homme au visage inexpressif, comme taillé dans la pierre, a été abandonné par sa femme qui, après lui avoir donné une fille au bout d'un an de mariage, est retournée chez ses parents. La mère de son épouse avait fait de même : tout de suite après avoir accouché, elle avait abandonné son mari et était retournée dans la maison paternelle. L'homme souffre, car il aime sa femme et veut la récupérer. Il pense que, à cause de son caractère taciturne, sa femme s'est ennuyée. Je lui conseille d'engager un orchestre de mariachis et d'aller donner une sérénade à sa femme, à la mexicaine ! Quand la grand-mère était retournée chez ses parents, le grand-père, orgueilleux, n'était jamais allé la chercher. Ce qu'elle demandait, c'était une preuve d'amour. « Ta femme, possédée par sa mère, répète son acte en espérant qu'enfin son mari se comporte comme un homme amoureux. Vas-y toi aussi, vêtu du costume traditionnel des mariachis. Ce n'est pas toi qui iras séduire ta femme, c'est le grand-père qui ira séduire la grand-mère. »

Lorsqu'un problème semble ne pas avoir de solution parce que le consultant admet être le coupable, et que dans son remords, sentant qu'il ne peut réparer sa faute, il provoque en lui une maladie, une faillite économique et sentimentale ou une obsession suicidaire, j'ai recours à l'idée que les « crimes » peuvent être payés. Lors du soulèvement contre les étrangers, un fils de Français d'Algérie vit, depuis la fenêtre de sa chambre, sortir son père et sa mère de la maison, prendre la voiture et être déchiquetés par une bombe placée là par les révolutionnaires. Au lieu de souffrir, il se mit à rire aux éclats, se sentant libéré de ces parents narcissiques, intolérants et froids. Des années plus tard, il vint me voir, accablé par la culpabilité. Il ne pouvait accepter d'avoir été aussi inhumain avec les êtres qui lui avaient donné le jour. Je ne me permis pas d'excuser son acte en lui disant que celui qui avait ri était son enfant intérieur, tellement maltraité. Au contraire, je lui confirmai sa culpabilité. Puis je lui conseillai, en faisant un sacrifice économique, d'acheter deux bijoux très chers, d'aller en Algérie et, juste à l'endroit où l'automobile avait explosé, d'enterrer les pierres précieuses sans que personne le voie. Il aurait ainsi payé sa dette émotionnelle.

Parfois, un injuste sentiment de culpabilité peut nous conduire à une névrose d'échec. À une jeune fille à qui ses parents avaient dit et répété : « Quand tu es née, tu nous as posé un problème. Ta naissance nous a encore plus précipités dans les difficultés financières », je recommandai de changer un billet de cinq cents francs en petites pièces de monnaie de cinq centimes. Portant ce volumineux paquet dans un sac à hauteur de son ventre, elle devait marcher dans une rue centrale en jetant des poignées de pièces, comme si c'étaient des graines : « Je donne des richesses au monde. »

Une autre technique employée consiste à transférer le sentiment douloureux sur un objet pour « le rendre » ensuite à celui ou celle qui nous a fait du mal. Une femme vient consulter parce que, dit-elle, elle vivait en symbiose avec sa sœur, laquelle ne cessait de lui donner des ordres, s'emparant de sa volonté. Bien que cette sœur soit morte d'un cancer du sein, ma consultante continue à se sentir possédée par elle et veut s'en libérer. Je lui conseille de mettre dans un sac en peau de chamois une boule d'acier, de celles avec lesquelles on joue à la pétanque, et de la porter jour et nuit pendue à son cou.

« Résiste le plus longtemps possible à ce poids, qui symbolise ta sœur, et quand tu ne pourras plus le supporter, va voir ta mère et donne-lui la boule en lui disant : "Cet objet n'est pas à moi, il est à toi. Je te le rends. Il serait bien que tu l'enterres." » Je lui explique que les relations de rivalité entre frères et sœurs sont causées par un déséquilibre des parents.

Une lesbienne souffre parce qu'elle ne se sent pas bien avec son amie. Avec elle, sa sexualité souvent réprimée, sans énergie, fonctionnait bien, mais ses désirs ont maintenant disparu parce que l'autre lui demande constamment, comme le faisait sa mère autrefois, d'être parfaite. Je lui conseille de voler des vêtements sales à sa mère, d'en habiller son amie, de se coucher avec elle et, pendant la relation sexuelle, de déchirer avec rage ces vêtements en lui criant : « Je ne suis pas parfaite et tu n'es pas ma mère ! » Elle la massera ensuite avec de l'huile parfumée à la rose. Après cela, elle enveloppera les vêtements déchirés dans un papier blanc et attachera le paquet avec un ruban bleu. Dans un autre paquet, en papier noir attaché avec un ruban rose, elle enveloppera un vêtement neuf. Elle enverra ces deux paquets à sa mère avec une lettre qui dira : « Je ne sais si tu comprendras cela : j'ai mis en pièces un vieux vêtement à toi pour te le rendre neuf. Merci. »

Une femme, très angoissée, dit avoir des problèmes terribles lorsque arrivent ses règles. Il lui semble qu'elle ne va jamais s'arrêter de saigner. Après avoir analysé son arbre généalogique je lui dis : « Tu souffres de l'angoisse de ta mère. Tu saignes à cause des coups de pied que ton grand-père maternel a donnés dans le ventre de sa femme lorsqu'il a appris qu'elle était encore enceinte. Elle ne donnait le jour qu'à des filles. Tu aurais dû être un garçon. Tu dois rendre ces coups de pied à ton grand-père. Va sur sa tombe avec un fœtus de veau et un litre de sang artificiel. Jette ce cadavre sur la tombe et verses-y le sang. Puis donne de grands coups de pied à la sépulture. Expulse de toi la rage de ta grand-mère. Ensuite, enterre tout près de là le fœtus et plante un beau végétal à fleurs rouges. »

On peut libérer une personne de ses problèmes en lui faisant battre un record. À une femme qui souffrait d'avoir vingt kilos de trop, j'ai conseillé d'entrer dans une boucherie, d'acheter vingt kilos de viande et d'os, de porter ce paquet sur ses épaules, de marcher vingt kilomètres jusqu'à une rivière et de l'y jeter. J'ai envoyé un caissier de banque qui avait perdu le goût de vivre traverser toute l'Italie, d'un bout à l'autre, en patins à roulettes. À une femme âgée, veuve inconsolable, j'ai conseillé de voler en deltaplane accompagnée d'un instructeur.

Le problème du perfectionnisme se soigne en acceptant de se montrer, devant ceux qui l'exigent, plus imparfait que ce qu'on est. Une consultante très jeune, étudiante dans une école de cinéma, souffre parce qu'elle exige trop d'elle-même. « Depuis toute petite, je n'ai jamais été satisfaite de ce que je fais. Ce désir de perfection me paralyse. » Je lui conseille de tourner un court métrage, le plus mauvais possible. Mal dirigé, mal photographié, mal interprété, avec une histoire stupide racontée de manière absurde. Aussitôt après elle doit réunir sa famille, lui montrer cette horreur, exiger d'être applaudie et louée par tous.

Un homme consulte parce qu'on lui a mis dans la tête qu'aucune femme ne l'aimera s'il n'est pas parfait. Il a une fiancée que, pour cette raison, il ne se décide pas à épouser. Malgré toutes les preuves d'affection qu'elle lui donne, il est persuadé qu'elle fait semblant, car « comment est-il possible qu'elle aime un homme aussi imparfait ». Je lui conseille d'apprendre à fabriquer des anneaux avec un bijoutier, puis de faire l'alliance la plus laide qui soit. Si elle décide de la porter à son annulaire, il sentira enfin qu'il est aimé, parce qu'elle accepte son imperfection.

Lorsqu'on n'a pas une qualité qu'on désire avoir, on peut l'imiter. Ça me rappelle une histoire : un maître est désespéré parce que son âne, très têtu, refuse de boire. Ni les prières ni les coups ne le convainquent. S'il continue ainsi il mourra de soif. Son bon voisin propose de l'aider. Il amène son propre âne, le place à côté du gréviste et lui donne un seau plein d'eau que l'animal boit avec plaisir. Voyant cela, le têtu, par esprit d'imitation, se met aussi à boire.

Une jeune femme qui depuis plusieurs années, à la suite de problèmes émotionnels, a cessé d'avoir ses règles me demande quoi faire. Je lui conseille d'acheter du sang artificiel (celui qu'on emploie au cinéma) et, une fois par mois, pendant trois ou quatre jours, d'introduire ce sang dans son vagin, en utilisant tous les éléments correspondant à cet état, et de continuer ainsi à imiter. Bientôt, sa véritable menstruation arrivera. Ce même phénomène survient en général quand une femme qui ne parvient pas à avoir d'enfant en adopte un. Grâce à cette imitation de la maternité, à sa surprise, elle se retrouve très vite enceinte.

Aux personnes déprimées, outre leur demander : « Si les lois n'existaient pas et que tout t'était permis, qui tuerais-tu et comment ? », et leur faire réaliser leurs crimes de façon métaphorique, il est très utile de recommander d'essayer quelque chose qu'elles n'ont jamais fait ou qu'elles n'ont même pas imaginé. Par exemple faire un voyage en ballon et lancer d'en haut sept kilos de graines vers la terre. Ou peindre leur autoportrait avec du sang menstruel. Ou aller à la messe déguisé en perroquet. Ou, s'il s'agit d'un homme très viril, prendre des cours de danse du ventre. Ou offrir une fleur au premier chauve rencontré dans la rue en lui demandant la permission de lui embrasser le crâne. Ou s'habiller en pauvre et sortir mendier... À une femme qui n'avait pas joué dans son enfance, parce qu'elle avait des parents faibles, infantiles, qui l'avaient obligée à agir comme une adulte et à s'occuper d'eux, je conseillai d'aller au casino de Deauville, d'acheter cinq mille francs de jetons et de les jouer jusqu'à ce qu'elle ait tout perdu. « Et si je gagne ? — Continue à jouer pendant des jours, des semaines, des mois, des années, jusqu'à ce que tu finisses par tout perdre. »

Parfois, un conseil très simple a un bon résultat. J'ai sorti une femme d'une dépression en lui conseillant, pendant vingt-huit jours, tous les matins, à jeun, d'aller dans un salon de thé pour y manger un éclair (pâtisserie de forme phallique) rempli de crème au café.

Pour conseiller les consultants souffrant de névroses sociales, je me suis inspiré du film *Le Magicien d'Oz*. L'homme d'acier veut avoir des sentiments, le psychomagicien lui met dans la poitrine une montre en forme de cœur. L'homme de paille veut être intelligent, le psychomagicien lui donne un diplôme universitaire. Le lion peureux veut devenir courageux, le psychomagicien lui donne une décoration. L'inconscient prend les symboles pour des réalités ! Si je suis chinois et brûle de faux billets sur la tombe de mes ancêtres, j'ai l'impression de réaliser un sacrifice important. Si je suis prêtre vaudou et crache des nuages de rhum qui s'évaporent, je sens mon esprit s'élever avec eux vers les dieux. À un médecin, frère d'un champion de tennis, qui ne parvient pas à avoir de clients parce qu'il se croit anonyme, je recommande de mettre dans sa salle d'attente une photographie où on le voit à côté de son frère. Toutefois, par un habile montage, il doit changer les têtes de façon à ce que sur son corps apparaisse celle du champion et, sur le corps de son frère, sa tête à lui.

Dans certains cas, l'archétype qui provoque la frustration du consultant est la mère, renforcé par celui de la grand-mère et de l'arrière-grand-mère. Cette coalition est la plus puissante de toutes et elle ne peut être vaincue que par un archétype de caractère divin. La seule qui soit psychologiquement plus forte que la mère est la Vierge Marie (si le consultant est catholique, évidemment). Souvent, motivé par le seul désir d'aider, j'ai utilisé des lieux exaltés par le culte populaire et, au risque d'être accusé de sacrilège, des éléments de cérémonies sacrées. Par exemple : une femme d'éducation protestante, née au milieu de huit frères et sœurs, souhaite fonder une famille, mais une peur irrationnelle l'empêche de se marier. Je lui explique que la présence, dans un arbre généalogique, de mères, de grands-mères et d'arrière-grands-mères accablées par un grand nombre de maternités suscite la peur du sperme, qu'on en vient à considérer comme une matière diabolique, qui pour punir le plaisir produit des grossesses non désirées. Je lui propose un acte qui lui fera perdre la peur du sperme, en lui donnant sa véritable dimension : celle d'une substance divine. « Tu devras faire l'amour avec ton fiancé en lui demandant d'éjaculer dans un verre au fond duquel il y aura une hostie. Tu rempliras ensuite ce verre de cire fondue en y ajoutant une mèche. Quand la cire sera solidifiée, tu le porteras dans la crypte dédiée à la Vierge, à Lourdes, et tu le poseras à ses pieds. Aussitôt, tu allumeras la mèche, tu t'agenouilleras et diras neuf Notre-Père, un pour ton père et huit pour tes frères et sœurs. »

Le nombre de mes étudiants augmentant, des problèmes plus importants me furent proposés. Santiago Pando, l'un des directeurs de la campagne publicitaire du président du Mexique, Fox, qui ayant assisté à mes séminaires à Guadalajara avait appliqué les principes de la psychomagie dans sa campagne réussie, me demanda : « Si nous considérons que notre pays a souffert pendant soixante-quinze ans d'une maladie appelée PRI*, pourrais-tu proposer des conseils de psychomagie pour l'en guérir ? » Je lui proposai de commencer par une fête collective à échelle nationale : au moment de la passation du pouvoir, à l'annonce du nom du nouveau président, au cri de « Le Mexique monte ! », on lancerait vers le ciel des millions de ballons (en matière biodégradable) aux trois couleurs du drapeau national, pleins de gaz d'hélium.

Il faudrait ensuite inaugurer sur Internet un site intitulé Le Mexique virtuel, auquel participeraient tous les citoyens pour, idéalement, convertir le Mexique en un Éden. Le pays virtuel servirait de modèle au pays réel.

Il me parut d'une importance vitale de changer l'aspect de l'argent. Les billets, symboles de la corruption et de l'exploitation, imprégnés de la douleur du peuple, devaient retrouver leur dignité, devenir des talismans positifs. Je conseillai d'y imprimer des images chargées de la foi populaire, telles que la Vierge de Guadalupe, saint Simon, la Sainte Mort, saint Pascual Baylón ou María Sabina.

Je proposai en outre de couvrir de fines couches d'or toute la pyramide du Soleil. Et de couvrir de feuillets d'argent toute la pyramide de la Lune. On devrait mettre au sommet de la pyramide masculine, dorée, la déesse Cuatlicue couverte d'argent. Et au sommet de la pyramide féminine, argentée, le calendrier solaire aztèque entièrement doré. Cet acte phénoménal attirerait des millions de touristes. Avec l'argent recueilli, on recréerait le lac qui fut autrefois asséché, de façon absurde, faisant de la région une vallée de poussière.

---

* PRI : Partido Revolucionario Institucional, fondé par P. E. Calles, président du Mexique de 1924 à 1928, parti unique de la démocratie mexicaine. *(N.d.T.)*

De la psychomagie au psychochamanisme

La psychomagie essaie de gagner du temps en accélérant la prise de conscience. De même qu'une maladie peut se déclarer soudainement, la guérison aussi peut survenir d'un seul coup. On donne à la maladie subite le nom de malheur, on donne à la guérison subite le nom de miracle. L'une et l'autre participent cependant de la même essence : ce sont des formes du langage de l'inconscient. Grâce à une détection rapide par la tarologie, à une profonde compréhension par l'étude des répétitions de l'arbre généalogique et à des actions psychomagiques, nous pouvons approcher cette paix intérieure, produit de la découverte de notre véritable identité, qui nous permet de vivre dans la joie et de mourir sans angoisse, en sachant que nous n'avons pas gâché notre passage dans ce rêve appelé « réalité ». Cependant, si précieuses que soient ces interventions, si le consultant n'y met pas autant d'efforts que le thérapeute, s'il ne réalise pas une mutation mentale, le travail ne fait que calmer les symptômes ; il semble éliminer la douleur mais laisse la blessure intacte, qui va peu à peu envahir de son ombre angoissante la totalité de l'individu. Le consultant, en même temps qu'il sollicite de l'aide, la rejette. L'acte thérapeutique est un étrange combat : on combat vaillamment pour aider quelqu'un qui oppose toutes les barrières possibles en essayant de conduire le traitement à l'échec. D'une certaine façon, le guérisseur est pour le malade son espoir de salut en même temps que son ennemi. Celui qui souffre, craignant qu'on lui révèle la source de son mal de vivre, veut qu'on l'endorme, qu'on le rende insensible à la douleur, mais absolument pas qu'on le change, absolument pas qu'on lui démontre que ses problèmes sont la protestation d'une âme enfermée dans la cage d'une fausse identité. De nombreux consultants sont venus me voir parce que, bien qu'ils aient réussi ce qu'ils avaient souhaité réaliser, obtenu des succès en amour, dans la vie matérielle, dans la vie sociale, sans aucun motif apparent ils avaient envie de mourir. Quelques vainqueurs ont péri dans des accidents insensés, d'autres, apparemment en très bonne santé, ont attrapé des maladies chroniques. Des commerçants avisés se sont retrouvés ruinés du jour au lendemain. Des êtres paisibles, entourés d'une famille qui les aimait, se sont suicidés. Pourquoi ? Lorsque, pour un motif puissant (que ce soit parce que le couple connaît des problèmes économiques ou sentimentaux, ou parce que le père a abandonné le foyer ou parce qu'il est mort, ou parce que la femme s'est retrouvée enceinte par accident, ou que des aïeules sont mortes en couches, et tant d'autres motifs d'angoisse), la mère, consciemment ou non, veut éliminer le fœtus, ce désir d'élimination, de mort, s'incruste dans le souvenir intra-utérin du nouvel être puis, pendant sa vie terrestre, agit comme un ordre. Sans s'en rendre compte rationnellement, l'individu sent qu'il est un intrus, qu'il n'a pas le droit de vivre. Même si après sa naissance la femme devient la meilleure des mères, le mal est fait. Son fils — ou sa fille —, bien qu'il ait tout ce que les autres considèrent comme le bonheur, devra se bagarrer contre ses incessants désirs de mourir. D'autre part, même si la grossesse est acceptée avec joie, il peut arriver qu'on ne désire pas un enfant réel mais un qui soit imaginaire, celui qui va réaliser les plans de la famille, même si cela n'a rien à voir avec sa véritable nature. Le rejeton devra être semblable à son géniteur ou réaliser ce que l'adulte n'a pu réussir ; ou la mère — dont le père, du fait d'un noyau homosexuel non résolu, a fait un homme raté, l'obligeant à anesthésier sa féminité pour développer des caractéristiques viriles — rêve d'accoucher d'un garçon parfait, s'emparant de son phallus pour satisfaire le désir paternel. Dans ce cas, il est fréquent que la mère soit célibataire : son fils porte alors le nom de son grand-père maternel, réalisant ainsi, de façon métaphorique, l'inceste de la fille avec le père. Les êtres humains étant des mammifères au sang chaud, ils renferment, au fond de leur animalité, la nécessité d'être protégés, nourris et préservés du froid par le corps du père et de la mère. Si ce contact manque, l'enfant se voit condamné à périr. L'angoisse la plus grande d'un être humain est celle de ne pas être aimé par sa mère, par son père, ou les deux. S'il en est ainsi, l'âme est marquée par une blessure qui jamais ne cesse de suppurer. Le cerveau, lorsqu'il n'a pas trouvé son centre authentique, lumineux, ce qui le maintiendrait dans un état d'extase continuelle, vit dans l'angoisse. Ne trouvant pas le vrai plaisir, qui n'est autre que celui d'être soi-même et non un masque imposé, il recherche les situations les moins douloureuses. J'ai connu un ami français qui répondait avec un sourire de satisfaction : « Pas trop mal » quand, le saluant, on lui demandait : « Bonjour, comment vas-tu ? » Entre deux maux, le cerveau choisit le moindre. Comme le plus grand des maux est de ne pas être aimé, l'individu ne reconnaît pas ce désamour et préfère, avant de supporter l'atroce douleur d'en être conscient, se déprimer, s'inventer une maladie, se ruiner, échouer. À cause de ces symptômes insupportables, le consultant entreprend une thérapie. Si le guérisseur veut le mettre devant sa blessure originelle, il déploie un large éventail de défenses.

Un grand comédien italien, de théâtre et de cinéma, est venu me consulter accompagné de son épouse. Depuis déjà plusieurs années il souffrait de dépressions cycliques. C'était un vieux beau, très grand, robuste, avec une voix impressionnante. Toutefois, malgré sa fulgurante personnalité, je pus me rendre compte que dans son cœur il était resté un enfant docile. Son épouse, d'une personnalité extraordinaire, brune, petite, exerçait sur lui une autorité virile. En étudiant l'arbre généalogique de l'artiste, nous avons vu que sa mère, en raison de l'absence du père, avait développé un caractère possessif extrême, faisant de lui un fidèle serviteur. Cet homme célèbre n'aimait pas du tout jouer, ce n'était pas là sa vocation. Cependant, voulant faire plaisir à sa mère qui exigeait de lui qu'il triomphe sur les scènes et les écrans, il avait consacré à cela la plus grande partie de sa vie. Et, bien sûr, devenant une star de renommée internationale, accumulant triomphe après triomphe, sans en tirer aucun plaisir, parce que c'était l'idéal de sa mère et non le sien, il souffrait dépression sur dépression. Il ne se sentait pas lui-même, mais un individu vivant un destin étranger. D'une certaine façon, son épouse, qui lui portait une grande admiration, était la reproduction de sa mère, décédée. Je lui proposai cet acte psychomagique : l'enfant obéissant devait se rebeller devant l'auteur de ses jours, mais également devant l'épouse. Pour affirmer son indépendance il devrait se rendre, avec un coq, sur la tombe de sa mère. Debout sur la pierre tombale, il couperait le cou de l'animal, laisserait tomber le sang sur son pénis et ses testicules et ainsi, le sexe couvert de sang, il devait, en arrivant chez lui, posséder sa femme, sans caresses préliminaires, avec des mouvements énergiques, en poussant des cris qui libéreraient sa colère jusqu'alors réprimée. L'homme ne fut ni surpris ni effrayé. Il me dit simplement : « Je regrette, Alejandro, je ne peux faire cela. Je suis X... (il prononça son célèbre nom avec emphase et un léger désespoir). Si j'étais un inconnu, sans doute le ferais-je. »

Comment lui expliquer ce qu'il ne voulait voir sous aucun prétexte ? Si sa mère, contre sa volonté à lui, en avait fait ce comédien célèbre, c'est que jamais elle ne l'avait aimé lui, elle s'était aimée elle-même ou peut-être avait-elle aimé son propre père. L'acte qui aurait révolutionné sa dépendance, et aurait peut-être prolongé sa vie (il mourut deux ans après m'avoir consulté), il ne pouvait l'accomplir parce qu'il était prisonnier d'une image de lui-même, d'autant plus douloureuse qu'il la savait fausse, mais qu'il respectait cependant, comme une tortue sa carapace, parce qu'elle s'était entièrement substituée à son essence. Sans elle il se serait senti vide, inexistant. Ce système défensif faisait échouer toute tentative de traitement réel.

Le cerveau humain réagit comme un animal, il défend son

territoire en l'identifiant à sa vie. De cet espace, qu'il délimite avec son urine et ses excréments, font partie ses parents, ses frères, ses partenaires amoureux, ses collaborateurs et, surtout, son corps. Qui en est le propriétaire ? Un individu dont les limites correspondent à son niveau de conscience. Plus le niveau de conscience est élevé, plus la liberté est grande. Mais pour atteindre ce niveau, où le territoire ne se résume pas à quelques mètres carrés de terrain ou à un petit groupe d'associés, mais à la planète entière et à la totalité de l'humanité, et, plus encore, à l'univers entier et à la totalité des êtres vivants, il faut avant tout cicatriser la première blessure, se détacher du conditionnement fœtal, puis familial et enfin social. Le consultant, pour parvenir à cette mutation où, ayant abandonné la demande, il vit avec plaisir le miracle d'être vivant, doit prendre conscience de ses mécanismes défensifs. Mécanismes que tous les animaux emploient pour échapper à leurs ennemis les rapaces. Eux savent s'enkyster, et aussi faire les morts. Ils s'enroulent sur eux-mêmes, se couvrent de couches chitineuses, s'enterrent dans la boue, retiennent leur respiration et les battements de leur cœur. L'être humain fait de même : il se paralyse, s'enferme dans un système répétitif de gestes, de désirs, d'émotions, de pensées, et végète dans ces étroites limites en refusant toute information nouvelle, soumis à une incessante répétition du passé. Pour fuir les profondeurs, il vit flottant dans un tissu de sensations superficielles, la plupart du temps anesthésié... Les animaux savent utiliser le mimétisme, se fondre dans le milieu où ils vivent. Le caméléon change de couleurs, des insectes ressemblent à des feuilles d'arbre, la peau de certains mammifères prend la couleur du terrain qu'ils habitent. Un grand nombre d'êtres humains, rejetant leur différence naturelle, prennent l'apparence du monde qui les entoure. Ils s'interdisent le moindre trait d'originalité, mangent ce que tous mangent, s'habillent en suivant la mode la plus répandue, utilisent un accent et quelques tournures idiomatiques indiquant leur indubitable appartenance à un groupe social, font partie de la masse qui défile en brandissant le même livre rouge ou en faisant le même salut avec le bras tendu, ou en revêtant le même uniforme. Ils dépendent totalement de l'apparence, reléguant leur être aux opacités de leurs rêves... Quand les animaux se sentent attaqués, ils peuvent agresser. La peur de se connaître soi-même, ajoutée à la terreur d'être dépossédés de ce qu'ils croient posséder, entre autres choses leur mode de vie, ce qui implique une douloureuse rencontre avec la plaie essentielle, peut changer les humains en assassins. Dans d'autres espèces animales, face à l'attaque, la principale défense est la fuite. Dans le vieux traité de stratégie chinoise, *Les 36 Stratagèmes*, il est dit : « La fuite est la politique suprême. Garder ses forces intactes en évitant l'affrontement n'est pas une défaite. » Ces personnes ne veulent rien savoir d'elles-mêmes, elles abandonnent un traitement à mi-chemin, se justifient constamment, luttent pour avoir toujours raison et démontrer que les autres se trompent ; elles s'abandonnent à un vice, développent des manies et des obsessions ; parfois, pour ne pas être confrontées à leurs problèmes familiaux, elles vont vivre dans un pays lointain, utilisant la distance comme calmant. À la fuite, parfois, s'ajoute l'automutilation : le lézard s'échappe en coupant sa queue. Mon ami G. K., excellent écrivain français de romans de science-fiction, eut une déception amoureuse en plein succès littéraire : la femme de ses rêves en épousa un autre. G. K. décida de cesser définitivement d'écrire. De manière métaphorique, il se castra. Van Gogh se coupa une oreille, Rimbaud expulsa la poésie de sa vie. Quelques-uns se séparent des êtres ou des objets qu'ils aiment, d'autres se mutilent dans des opérations de chirurgie esthétique, dilapident leur fortune...

Au cours d'une consultation, les défenses se mettent en place dès que commence la lecture du tarot. « Ça je le savais. » En disant cela, le consultant croit nier l'importance de ce que, bien que le sachant, il tenait dans les régions inconscientes. À peine la lecture est-elle terminée, le consultant oublie ce qu'il a clairement vu, de la même manière que le matin, en se réveillant, il oublie ses rêves. Parfois, bien qu'on lui parle clairement et distinctement, il paraît ne pas entendre : c'est une surdité psychologique. Si on lui montre un point douloureux dans le schéma de son arbre généalogique, il semble ne pas le voir : c'est un aveuglement psychologique. Si on lui propose un acte, il marchande autant qu'il peut. Parfois il lui paraît difficile, d'autres fois très long, très coûteux, il demande d'en changer des détails ou craint la réaction des autres : « Si je fais cela, mon père peut mourir, ma mère devenir folle. » Lorsqu'il se décide à exécuter le devoir psychomagique, il retarde le moment de l'accomplir. Cela peut durer des années. Ou alors il déclare que pendant le temps d'attente il s'est guéri : je n'ai plus besoin d'une solution, car le problème n'existe plus ! Soudain, une parole l'offense ou une révélation lui provoque une crise de larmes, des vomissements ou des tremblements, qui obligent le thérapeute à le calmer, déviant ainsi l'objectif de la recherche. Si on lui demande de donner des renseignements utiles, il peut se mettre à raconter des anecdotes interminables, ou à parler plus rapidement que d'habitude, comme fuyant ses propres paroles, ou mentir, ou taire obstinément des souvenirs importants, ou paraître collaborer, mais en se trompant sur les dates et les noms. Enfin, en essayant par tous les moyens de devenir l'ami du thérapeute, en en tombant amoureux, en lui faisant des propositions sexuelles, des cadeaux, des invitations à dîner, pour finir, déçu, par le trahir et médire de sa thérapie.

Ejo Takata disait : « Pour que naisse un poulet, la poule doit donner des coups de bec à la coquille de l'œuf de l'extérieur, tandis que le poussin les donne de l'intérieur. » Cependant, très souvent, si bien intentionné que soit le consultant, ses défenses inconscientes sont si grandes qu'il ne peut collaborer au traitement. Aucune parole, aucun conseil ne parvient à franchir les barrières de sa fausse identité, aucun essai de prise de conscience ne peut l'écarter de son point de vue infantile, ses sentiments négatifs le dominent en l'éloignant du chemin qui peut le conduire à sa propre découverte. Lorsque cela arrive, pour libérer le consultant de ses problèmes, nous devons le traiter comme un patient.

Pour le guérisseur primitif la mort est toujours une maladie, un mal provoqué par l'envie des autres. Le patient est envahi par une créature étrangère ; au lieu de le soigner il convient plutôt de le libérer, d'expulser de son âme et de son corps ce qui lui a été envoyé. Pour cela, comme nous l'avons vu, les charlatans de la ville recourent aux lavages ou à l'imitation d'opérations chirurgicales. Devant ces cas d'impuissance (la personne, n'affrontant pas la cause de sa souffrance ou le secret familial, incestes, hontes sociales, maladies déshonorantes, etc., se crée une tumeur, une douleur physique persistante, une paralysie ou une dépression), le langage oral, l'analyse, le conseil d'un acte ou la prise de conscience échouent. L'unique possibilité de soulagement est d'éliminer le symptôme. Or la plupart des symptômes sont manifestés par le corps. L'organisme est le puisard des problèmes non résolus. C'est là que le thérapeute doit aller pour les expulser, en considérant le patient comme un « possédé ». Dans les Évangiles, on raconte que la première chose que fit Jésus, après ses quarante jours de jeûne dans le désert, fut d'entrer dans un temple pour expulser, à grands cris, les démons d'un possédé.

Lors de mon voyage à Temuco, ville chilienne à mille kilomètres de la capitale, accompagné par une gentille ethnologue, j'eus l'occasion de m'enfoncer avec elle par les chemins boueux qui serpentent entre les montagnes. Nous roulions dans une puissante Jeep chargée des « manques » — articles de consommation qui font défaut à ces pauvres gens, comme du café, des fruits, des boissons gazeuses, de la farine, des biscuits, etc. — qui nous permettraient d'être bien reçus par une *machi*, une guérisseuse mapuche. Dans une vallée minuscule, entre trois collines, nous trouvâmes une modeste maisonnette, entourée d'un jardin planté de petits arbres et de plantes médicinales, où se promenaient des cochons, des poules, trois chiens et quatre enfants. Tout près de la porte s'élevait un *rehue*, fait d'un tronc d'arbre d'environ deux mètres de haut, dans lequel avaient été taillées sept marches, entouré de brins de cannelle. C'est en quelque sorte un autel vertical : la machi monte dessus et, l'ayant ainsi transformé en socle, elle fait ses incantations dans une langue venue du fond des âges. Grâce au don des marchandises, nous fûmes aimablement reçus. La femme, enceinte, vêtue d'une simple jupe et d'un gilet de laine, ne devait pas avoir plus de trente ans malgré son visage ridé. Sur ses vêtements de pauvre, elle portait un large collier d'argent et, aux poignets, des bracelets avec des pointes du même métal. L'ethnologue m'avait raconté que cette dame, mariée très jeune à un homme buveur, avait une nuit rêvé d'un serpent blanc qui lui avait donné le pouvoir de soigner. Elle s'était réveillée angoissée, se sentant ignorante, trop accablée par le poids de son mari et de ses enfants pour s'occuper des maux de tant de gens. Mais son corps avait commencé à se paralyser, sa respiration devenant de plus en plus difficile, et elle avait failli mourir dans d'atroces souffrances. À nouveau elle avait rêvé du serpent blanc et, cette fois, elle avait accepté d'être machi. Sur-le-champ le reptile lui avait donné le pouvoir de reconnaître la valeur curative des plantes et appris à soigner selon les rites ancestraux. Elle s'était réveillée en parlant le mystérieux langage des machis. Son premier acte avait consisté à sortir son mari du vice pour en faire son assistant.

Elle nous permit d'assister à une séance de guérison. Dans une petite pièce très propre, décorée de tissus aux dessins géométriques et d'une photo sur laquelle on la voyait avec son mari, ses enfants et ses chiens, elle fit passer le malade, que sa femme et sa mère portaient dans leurs bras, enveloppé d'une couverture de laine. Il était pâle, avait de la fièvre et des douleurs à l'estomac et au foie, il ne pouvait marcher tant ses jambes étaient faibles. « Un homme envieux, nous verrons ensuite qui, a payé un sorcier pour qu'il t'envoie ce mal. Je vais te l'enlever », lui dit la machi tandis qu'elle le couchait sur une petite table rectangulaire, sur le dos, les pieds posés de chaque côté sur le sol de terre battue. Elle prit le *kultrung*, un petit tambour décoré de motifs cosmiques, et en le frappant commença une incantation adressée à chacun des quatre points cardinaux. Ensuite, apparemment déjà en transe, avec une poignée d'herbes elle fouetta l'air autour du malade comme pour faire fuir des entités invisibles. « Esprits malins, partez d'ici ! Laissez ce pauvre homme tranquille ! » Puis, d'une voix caverneuse, elle ordonna : « Apportez-moi la poule blanche ! » Son mari, un homme au torse large, aux jambes courtes et au visage embelli par un amour respectueux, lui apporta la poule. La guérisseuse lui attacha les pattes puis entrelaça ses ailes afin qu'elle ne pût ni battre des ailes ni s'échapper. Elle posa la poule sur la poitrine du malade. « Regarde bien, mon pauvre petit. La vie que tu vois dans ses yeux est ta vie. Le cœur qui bat en elle est ton cœur. Ces poumons qui respirent sont tes poumons. Ne cligne pas des yeux, regarde-la bien. » Elle se remit à frapper son tambour de façon rythmée, s'exclamant avec une surprenante autorité : « Sors de là, mauvaise bile ! Sors de là, fièvre du diable ! Sors de là, mal au ventre ! Lâchez cet homme bon, cet homme courageux, cet homme beau. » Alors, avec délicatesse, elle prit la poule blanche et la montra au malade et à ses parents, qui frissonnèrent de surprise. La poule était morte ! « Le mal de ton époux, de ton fils, est passé dans cette poule. Elle est morte pour que tu vives, homme. Te voilà guéri. Va dans la cour, ramasse du bois sec et brûle-la. » En voyant que sa maladie était passée dans la poule, l'imagination du malade lui fit croire qu'il était guéri. Sa fièvre et ses douleurs disparurent. Il se leva sans aide, sortit en souriant dans le jardin, ramassa des branches sèches, avec une grande habileté mit le feu à un bûcher et brûla l'oiseau. De mon côté, j'imaginai plusieurs manières par lesquelles la machi s'était arrangée pour tuer en cachette le volatile. Peut-être en lui enfonçant dans la nuque une pointe de son bracelet, ou en lui pressant un centre nerveux, ou avec la complicité de son mari, en lui donnant préalablement un poison. Qu'importe ! L'essentiel était qu'elle ait pu toucher l'esprit du patient afin qu'il considère que son mal lui avait été extirpé. Toutes les maladies seraient-elles une manifestation de l'imagination, une sorte de rêve organique ?

Quelque temps plus tard, lors d'un cours que j'ai donné à des médecins et des thérapeutes à Sanary, dans le sud de la France, utilisant ce concept primitif qui consiste à retirer le mal du corps, je me suis rapproché de ce que j'ai ensuite appelé le « psychochamanisme », guérissant en quelques minutes une femme qui souffrait d'un tic depuis une quarantaine d'années. Constamment, toutes les deux ou trois secondes, à un rythme saccadé, elle bougeait la tête d'un côté et d'autre. Je l'appelai devant une centaine d'élèves et me mis à l'interroger d'un ton aimable qui immédiatement fit de moi, à ses yeux, un archétype paternel. Appliquant la technique de Pachita, bien qu'elle ait quarante-huit ans, je la traitai comme une enfant. « Dis-moi, fillette, quel âge as-tu ? » Elle tomba en transe et me répondit d'une voix enfantine : « Huit ans. — Dis-moi, petite, à qui dis-tu toujours non de la tête ? — Au curé ! — Que t'a fait ce curé ? — Quand je suis allée me confesser pour préparer ma première communion, il m'a demandé si j'avais commis un péché mortel. Comme je ne savais pas ce qu'était un péché mortel, je lui ai répondu que non. Il a insisté en me demandant si je m'étais touché l'entrejambe. Je l'avais fait sans savoir que c'était mal. J'ai ressenti une grande honte et, d'un "Non !" catégorique, j'ai de nouveau menti. Il a continué à insister et j'ai continué à nier. Je suis sortie de là et j'ai reçu l'hostie sacrée, me sentant menteuse, en état de péché mortel, condamnée pour toujours. — Ma pauvre petite, pendant quarante ans tu as continué à nier. Tu dois comprendre que ce curé était un malade ; qu'il n'avait aucune raison de te culpabiliser : il est normal que les enfants apprennent à connaître leur corps et qu'ils se touchent, les organes sexuels ne sont pas le siège du mal. Je vais te sortir de la tête ce "Non !" inutile... »

Sur une bande de papier, je fis écrire par la femme, au feutre noir : « NON ! », puis lui en ceignis le front. Je lui demandai de s'allonger sur une table, sur le dos, puis agitai mes mains tendues autour de son corps, comme si je coupais des liens invisibles, en criant : « Va-t'en de là, curé stupide, laisse cette enfant innocente en paix ! Dehors ! Dehors ! » Ensuite, faisant semblant de produire de grands efforts, je commençai à lui arracher le papier avec le NON ! qu'elle avait sur front. Je fis comme si c'était très difficile. Je m'exclamai : « Les racines sont profondes ! Pousse ! Expulse-le ! Aide-moi, fillette ! » Elle se mit à pousser, en criant de douleur. Enfin, j'arrachai triomphalement la bande de papier. La femme se couvrit le visage de ses mains et éclata en sanglots. Lorsqu'elle releva la tête, elle n'avait plus son tic. Je lui dis d'aller dans le jardin, de brûler ce NON !, de prendre un peu des cendres, de les dissoudre dans du miel et de les avaler. Ce qu'elle fit. Jamais plus elle ne secoua la tête.

Cette « opération » réussie m'ouvrit un champ d'expérimentation immense. J'en conclus que tout ce que Pachita, les machis, les médecins philippins, les charlatans et les chamans réalisaient dans un milieu primitif, superstitieux, pouvait, sans tromperies ni effets de prestidigitation, être réalisé avec des patients nés dans une culture rationnelle. De la même manière que l'inconscient acceptait les actes symboliques comme des réalités, le corps acceptait comme réelles les opérations métaphoriques auxquelles on le soumettait, même si la raison les niait.

Mes expériences avec ce que j'avais appelé le « massage initiatique » m'ont servi de base. Quand je commençai à étudier le corps en le considérant comme un terrain où se manifestait l'inconscient, je vis que certaines personnes, jusqu'à un certain point réalisées, se mouvaient en faisant des gestes que je percevais comme « brillants ». Au contraire les dépressives, enkystées dans leurs problèmes, manquant de protection, faisaient des gestes « opaques ». Il me vint à l'esprit que le passé et ses souvenirs douloureux, ainsi que les principales peurs — peur d'être, peur d'aimer, peur de créer, peur de vivre —, s'accumulaient comme une croûte collée à la peau Je me souvins des « nettoyages » mexicains où le sorcier, avec une poignée d'herbes, frottait le corps du consultant pour le nettoyer du mauvais sort qu'on lui avait jeté. Je pensai qu'on pouvait obtenir un effet psychologique encore plus profond si, au lieu de frotter la peau avec légèreté, on la récurait, exactement comme on le fait avec un morceau de métal pour lui enlever une couche oxydée. Je trouvai une spatule d'os synthétique, de vingt centimètres de long et deux de large, de celles qu'on utilise pour plier le papier, et commençai à racler mon consultant nu. J'y passai trois heures. Après avoir été entièrement étrillées, les personnes se sentent renaître, une grande partie des vieilles peurs qu'elles portent collées à la peau se dissolvent. Mais s'il est certain que le patient se mettait à « briller », je dois admettre qu'au bout d'un certain temps s'accumulaient de nouveaux sédiments qui leur rendaient peu à peu leur « opacité ». Cependant quelque chose avait progressé. La personne, avec le sentiment d'abandon que donne chaque problème non résolu, avait rencontré un accompagnateur physique, complément indispensable de la compagnie mentale et émotionnelle que prodigue un psychanalyste.

Au début des années soixante-dix je vivais à Mexico. Dans la grande avenue Chapultepec passaient des tramways. Un matin, autour de l'un d'eux, je vis un attroupement de curieux. Immobiles, inexpressifs, ils regardaient, fascinés, vers les roues avant. Je me frayai un passage : le véhicule avait accroché un homme. Il était impossible de le sortir manuellement. Une roue s'était encastrée au niveau de sa taille. Il était pâle, étrangement calme. Ayant abandonné tout espoir, livré aux desseins de la Providence, il attendait la capricieuse Croix-Rouge, capable de mettre des heures à arriver. Que pouvions-nous faire ? Il fallait une grue pour bouger le lourd tramway. Je ressentis une compassion immense pour ce pauvre homme, puis je fus envahi par une paix que j'ose qualifier, dans le bon sens, d'anormale. Ce fut comme une chute dans l'océan du temps, où chaque seconde était semblable à l'éternité. Je m'agenouillai près du blessé, tachant mon pantalon de son sang, et je lui pris délicatement la main, afin qu'il se sente accompagné. Il me regarda avec reconnaissance et il resta là, tranquille, je ne sais combien de temps, jusqu'à ce qu'arrivent les infirmiers, les pompiers, les gendarmes et la grue. Avant que je puisse le lâcher, il me serra la main, et dans ce contact glissèrent mille mots silencieux. Je ne pouvais faire plus pour lui. Je partis en marchant lentement. Quand j'étais petit et que je pleurais, effrayé dans l'obscurité, en appelant désespérément mes parents qui étaient partis au cinéma, la seule chose que je demandais, c'était un contact amoureux pour m'accompagner. Cela m'aurait permis d'accepter d'être dévorer par l'ombre. La seule compagnie de l'autre, dans les situations adverses, est aussi nécessaire que la vie...

Quand Bernadette mourut déchiquetée dans cet accident d'avion et que notre fils Brontis vint me voir après avoir reconnu la dépouille de sa mère à la morgue, je ne trouvai aucun mot pour le consoler. Tout ce que je fus capable de faire, c'est de le prendre dans mes bras et de poser son oreille droite à la hauteur de mon cœur pour qu'il pleure en entendant ses battements. Il resta là je ne sais combien de temps, peut-être une heure, ou deux, ou trois... Ces tristes événements m'apprirent à accompagner le patient, à lui donner dans un temps limité la totalité de mon temps, à faire participer mon cœur au travail, sachant que ses battements sont des médiateurs entre l'humain et le divin.

Une fois que la personne étrillée se détachait du passé et récupérait ses énergies vitales, énergies qui l'invitaient à s'immerger dans le présent, j'ajoutai une séance d'étirements de la peau. Le moi individuel dévié, égoïste, tend à se séparer du monde, il se vit à l'intérieur de la peau. Et, dans son désir de possession, transforme cette peau en frontière défensive. Se sentant dans l'insécurité, ayant peur du vide, il attire sans s'en rendre compte sa peau vers l'intérieur, en faisant une gaine. Autrefois, on emmaillotait les bébés, craignant peut-être secrètement que leurs mouvements incontrôlés les fassent se « répandre ». Je considérai qu'il fallait apprendre à la peau à se dilater, en lui rendant son élasticité pour s'unir à l'humanité, au cosmos. Je commençai en prenant des parties et en les étirant le plus possible. La peau du dos était élastique et s'allongeait de façon surprenante, de même que celle de la poitrine et du ventre. J'étirai les paupières, les joues, le front, le cuir chevelu ; la peau de la nuque, des bras, des jambes, des pieds, des mains. Le sac des testicules pouvait s'ouvrir comme un éventail arrivant parfois tout près du nombril. Étirer les lèvres extérieures de la vulve, en leur enlevant pour quelques instants leurs désirs d'absorber, produisit des états intenses de liberté. À la fin de la séance, le patient ne se sentait plus séparé du monde, sachant que ses limites se trouvaient au-delà des étoiles.

La troisième étape fut le massage des os. Nous avons tendance à vivre en oubliant notre structure osseuse : le squelette nous rappelle la mort. Il nous paraît impersonnel, macabre, inanimé. C'est pourtant une structure vivante et sensible. Au lieu de caresser la peau ou de presser les muscles pour les décontracter, nous avons entrepris de masser les os en explorant leurs formes, leurs interstices, leurs recoins. Nous avons pris conscience de chaque phalange, de chaque vertèbre, de chaque côte, des longues pièces, des articulations, des différentes parties du crâne, des fosses oculaires, de la structure du bassin. À la fin du massage, le patient se levait et dansait en se mouvant comme un joyeux squelette.

De là nous sommes passés à la conquête de la chair, des muscles et des viscères. En utilisant une bonne huile, nous avons commencé à deux mains un frottement continu, octroyant une caresse sans commencement ni fin. Le corps cesse d'être divisé en parties, il devient un tout, un chemin qui ne veut arriver nulle part, qui ne veut que s'étendre. Les mains passent et repassent, prenant chaque fois des directions différentes, l'organisme perd ses limites et se sent infini. Puis le masseur commence à « ouvrir ». Les mains, sur n'importe quelle région du corps, se posent ensemble, côte à côte, puis, pressant avec intensité et s'écartant, elles transmettent au patient l'idée qu'elles l'ouvrent. À travers cette ouverture métaphorique sortent les souffrances accumulées, l'amour retenu, la colère, la rancœur. Le corps entier est une mémoire. Je me souviens d'une jeune fille qui, lorsque je lui ouvris le genou gauche, se mit à geindre : elle portait à cet endroit la douleur de sa mère, qui avait perdu une jambe dans un accident de voiture. Les cris et les crises de fureur apparaissent quand on ouvre la poitrine. Du dos jaillit le ressentiment contre les trahisons. En ouvrant le pubis on peut trouver la haine de la mère pour les hommes, ou la culpabilité née d'un avortement, l'angoisse d'une homosexualité frustrée, etc. En ouvrant la plante des pieds et les talons d'un vieillard je le vis pleurer, laissant s'épancher le chagrin d'avoir été éloigné de son village natal, perdant pour toujours, à six ans, son paysage et ses amis. Une femme à qui on ouvrit le cœur se mit à trembler, comme lors d'une attaque d'épilepsie. Spontanément, mû par une étrange impulsion, je lui ôtai son alliance et immédiatement elle se calma. Elle avait été obligée de se marier, à cause d'une grossesse involontaire.

Pendant plusieurs années je continuai à étudier tout type de massage pouvant élever le niveau de conscience. Marie-Thérèse, l'une de mes élèves, était infirmière. À cette époque elle travaillait pour un couple, lui juif, elle chrétienne, dont l'unique enfant, étant bébé, pour des raisons inconnues, était tombé dans le coma. Il gisait sur un lit de l'hôpital Necker, à Paris, spécialisé pour les enfants. Il y avait cinq ans que le petit garçon survivait là, immobile, comme un légume. On lui avait ouvert le crâne et on l'avait refermé, sans remédier au problème. Marie-Thérèse me demanda de faire quelque chose pour lui. Je refusai tout net : si les meilleurs médecins de France n'avaient rien pu faire, comment le pourrais-je ? Si je donnais le moindre espoir à ses parents, je serais un charlatan. Mon élève me dit qu'elle avait l'intuition que mes techniques de massage pourraient être bénéfiques. Je vis dans son regard une foi si sincère que j'acceptai, dans le plus grand secret, d'aller rendre visite à l'enfant, en présence de son père et de sa mère, mais à l'insu des médecins et des infirmières de l'hôpital. Je lui demandai de ne rien promettre, de dire seulement que j'étais disposé à essayer une nouvelle méthode thérapeutique.

À midi, heure à laquelle les Français suspendent religieusement leurs activités pour aller déjeuner, Marie-Thérèse me fit passer par une porte de service et, avec une prudence de voleurs, nous entrâmes dans la chambre de l'enfant. L'homme et la femme n'avaient pas plus de trente ans. Il était vêtu de noir, comme les religieux israélites ; elle, teinte en blonde, était une Française typique de la classe moyenne. L'enfant, âgé de cinq ans, le crâne rasé et portant des cicatrices, protégé par un ample lange, comme un bébé, gisait sur le lit de métal. Au-dessus de la tête du lit, au mur, était accroché un cadre avec la photographie d'un vieux religieux. Je demandai au père qui c'était et il me répondit : « C'est le rabbin de New York, il fait des miracles. — Lui avez-vous rendu visite pour qu'il guérisse votre fils ? — Bien sûr, mais le saint a refusé de le voir ou de prier pour lui parce que, sa mère étant catholique, l'enfant ne peut être considéré comme juif. — Comment ? Vous êtes en train de me dire que votre fils est couché sous la photo de quelqu'un qui l'a rejeté, ce qui équivaut à une malédiction ? Si vous voulez que je tente quelque chose pour lui, décrochez immédiatement cette photographie et cachez-la ! »

Ma colère n'était pas feinte. Je me rendis compte que j'étais au cœur d'un problème racial et religieux entre deux familles, dans lequel l'enfant faisait office de bouc émissaire. L'homme obtempéra, enfermant l'image du rabbin dans une armoire. Je demandai à la mère : « L'enfant a-t-il déjà pris le sein une fois ? — Jamais », me répondit-elle. Je lui demandai d'introduire le bout de son sein gauche dans la bouche de son fils. Ce qu'elle fit. Je demandai alors au père de sucer le gros orteil de chaque pied de l'enfant. Je pensai qu'ainsi le corps gisant serait informé de la manière dont il devait téter. Au bout de dix minutes de cette activité, à la grande surprise de tous, la bouche de l'enfant bougea et téta légèrement. Marie-Thérèse, émue, versa quelques larmes. Les parents, aucune. J'entrevis un espoir. Ce mercredi, jour où je donnais comme d'habitude une conférence à laquelle assistaient quelque trois cents ou quatre cents personnes, j'exposai le cas et demandai qu'un couple, formé par un homme et une femme, fasse un massage de deux heures à l'enfant ; il serait ensuite remplacé par un autre, puis un autre, et ainsi de suite, de façon à faire douze heures de massage continu, chaque jour pendant une semaine. De nombreux spectateurs bénévoles, tous élèves de mes séminaires, s'engagèrent à le faire. Marie-Thérèse les introduisait dans l'hôpital et eux, gratuitement, donnaient leurs efforts pour soigner l'enfant. Au bout d'une semaine, celui-ci commença à bouger. Je me souviens que Marie-Thérèse vint me voir, heureuse, elle m'embrassa et prononça une seule phrase : « Il s'est réveillé ! »

Trois mois plus tard, mon élève, avec une expression triste, m'invita à voir l'enfant. Je le trouvai dans une clinique privée, jouant assis dans un berceau avec un animal en peluche en même temps qu'il manipulait une radio. « Il entend déjà parfaitement. Maintenant il apprend à voir, me dit Marie-Thérèse. — Tout va bien, l'enfant est guéri ! Pourquoi es-tu si triste ? — Ses parents ne viennent presque jamais le voir, ils l'ont complètement abandonné à ma surveillance. D'autre part, ils refusent de te parler. Ils disent que tu es un despote, que tu ne les as pas bien traités, enfin ils te détestent. »

Je ne fus pas surpris de ne pas recevoir leurs remerciements. Un enfant converti en légume leur était utile pour concrétiser les malédictions familiales. L'enfant vivant les obligeait à assumer le problème de ce mariage répudié par l'arbre généalogique de chacun. Maintenant, pour l'avoir guéri, c'était mon tour d'être le bouc émissaire.

Une expérience bien plus agréable est celle que nous avons réalisée avec Moebius. L'ayant vu travailler pendant quatre ans à dessiner *L'Incal*, je remarquai, au début du cinquième tome, qu'il était fatigué. Pour lui donner de nouvelles énergies, je lui proposai de faire son arbre et, lorsque je l'eus terminé, je m'aperçus que chaque personnage de notre bande dessinée correspondait à quelqu'un de sa famille. Par exemple, le Métabaron était son grand-père sourd, élevé au rang de mythe. Je pensai que la suprême réalisation émotionnelle d'un individu consistait à être aimé inconditionnellement par les membres de son arbre généalogique, depuis ses parents jusqu'à ses arrière-grands-parents. Recevoir cette affection signifierait effacer les cicatrices laissées par d'anciennes souffrances. Cicatrices qui à la longue, s'additionnant, peuvent devenir des poids morts dépressifs, ôtant à l'artiste le goût de créer. Je visualisai Moebius, nu, au milieu des membres de sa famille, également nus, recevant d'eux tous un massage affectueux. Mon ami ayant accepté ma proposition, j'appelai vingt de mes meilleurs élèves des cours de massage initiatique et leur donnai rendez-vous dans le salon où j'avais ma bibliothèque. Hommes et femmes d'âges divers, ils acceptèrent de réaliser gratuitement cette expérience. Quel luxe : un massage de quarante mains ! Lorsque je demandai à Moebius de raconter quels souvenirs il gardait de cet événement, il me fit parvenir le témoignage suivant :

« Après avoir assisté à un grand nombre de tes conférences du mercredi, je me suis décidé à accepter ta proposition d'analyser mon arbre généalogique. Étant ton ami et collaborateur, tu m'as offert, en concluant l'analyse, d'organiser un massage adapté à mon histoire. Malgré ma perplexité, j'ai accepté sans la moindre hésitation. Quelques jours plus tard, en entrant dans ta bibliothèque, je t'ai trouvé entouré d'une vingtaine de personnes (j'en reconnus quelques-unes pour les avoir vues à tes conférences) qui m'attendaient en souriant aimablement. Avec cet air de joyeuse gravité qui te caractérise, tu m'as présenté au groupe de mes futurs masseurs, puis tu as ajouté malicieusement, avant de t'éclipser : "Ils incarneront les membres de ton arbre, distribue les rôles et fais-les vivre."

« Vainquant ma timidité, j'ai commencé à choisir, soigneusement, qui serait mon père, ma mère ; qui seraient mes grands-parents paternels et maternels, mes frères et mes sœurs, mes tantes et mes oncles. Tous, aimés ou ignorés, lointains ou proches, se sont peu à peu incarnés dans ces inconnus. Bien sûr eux, véritables professionnels, connaissaient très bien les processus d'identification et bientôt, sans le moindre doute, ma famille était là. Après avoir plongé la pièce dans une demi-obscurité, nous nous sommes déshabillés et le massage a commencé. Une multitude de mains se sont posées sur mon corps, douces, fortes, hésitantes, caressantes. Elles m'ont touché avec une attention lumineuse et tendre. J'ai connu le contact dont rêvent tous les enfants du monde : l'amour vigilant de l'adulte pour l'innocent. Soudain, à travers ces personnes capables de se changer en canal, ma vraie famille est devenue présente ; l'esprit de mes ancêtres était là. L'émotion qui m'a possédé fut si intense que je me suis senti projeté dans la région de l'impassibilité. De là, je me suis vu pleurer et rire de moi-même.

« Aussitôt, émerveillé par cette nouvelle conscience, protégé par ma famille des attaques de l'ombre, j'ai décidé de profiter de cette fenêtre de pouvoir. Je me suis transformé en organisateur central : je devais reconstruire avec le groupe ce qu'est réellement toute famille, un merveilleux navire spatio-temporel naviguant sur l'océan infini de la vie à la recherche du Père promis. J'étais le capitaine de ce navire ! J'ai distribué les rôles sans hésiter et chacun a joyeusement pris sa place. Celui-ci fut le moteur infatigable, cet autre devint la coque protectrice, l'autre le radar, l'autre le tableau de bord, etc. Ce voyage fantastique à travers l'univers fut une expérience unique dans la mesure où notre imagination collective s'est libérée, l'espace de quelques instants, de la confortable prison rationnelle et illusoire pour entrer dans une dimension merveilleuse, si subtile, si vraie, si parfaite qu'à la fin, de retour dans notre réalité habituelle, nous nous sommes félicités avec l'émotion d'un équipage qui a achevé avec succès une mission importante.

« Les années ont passé et ce moment, loin d'avoir été oublié, continue d'être une source d'inspiration ; il me permet de garder la certitude absolue du pouvoir incroyable de l'amour et de l'imaginaire lorsqu'ils sont ainsi mélangés dans le creuset de la sensation corporelle. »

Les tomes cinq et six de *L'Incal* furent dessinés par Moebius avec un enthousiasme créatif surhumain. Moi, profitant de l'expérience de mon collaborateur, je lui avais écrit une aventure où les personnages principaux, formant une famille, se constituaient en navire spatio-temporel et traversaient l'univers jusqu'à rencontrer Orh, le Père suprême.

Il m'a paru important d'accorder aux pieds l'importance qu'on donnait aux mains. Ces extrémités, conduites à l'insensibilité, la plupart du temps prisonnières dans des chaussures, conservaient, du fait de recevoir le poids de tout le corps, des informations importantes. Avec le massage, on conduisait le patient à vivre complètement la conscience de ses pieds. On le faisait pénétrer avec son ressentir de plus en plus profondément dans les plantes de ses pieds, jusqu'à ce qu'il y sente son âme. On fortifiait le talon pour qu'il ne recule pas devant la vie. On étirait les doigts vers le futur infini. On baisait avec tendresse toute la superficie des pieds pour libérer l'enfant prisonnier en eux.

Malgré ces recherches et bien d'autres (comme, par exemple, masser non seulement le corps mais aussi son ombre et les objets avec lesquels il était en contact, que ce soit le sol, un meuble, un objet ou une autre personne, comme si cela formait un tout ; faire l'expérience d'une naissance parfaite dans les bras d'un homme et d'une femme : sur le ventre de la « mère », protégé par le « père », couvert d'un drap mouillé dans de l'eau tiède, se sentir arriver à la vie pour, au milieu d'un contact plein d'amour, simuler notre développement, notre croissance et enfin être mis au monde avec joie et facilité ; masser l'espace qui entoure un corps, en imaginant que c'est une aura qui lui appartient, etc.), je sentais qu'il restait un aspect essentiel que je n'avais pas encore découvert. Je commençai à me demander : « Qui masse ? » Je me rendis compte, en observant mes élèves, que le patient n'offrait pas un corps objectif, mais une image, tel qu'il se sentait et se concevait. Bien que cela paraisse incroyable, certains se vivaient sans sexe, d'autres sans colonne vertébrale ou sans pieds, d'autres étaient une tête de laquelle pendait une sorte d'organisme fœtal. La majorité d'entre eux se percevaient comme leurs parents les avaient perçus. D'autre part, celui qui massait ne le faisait pas avec tout son être. Parfois il se comportait comme un séducteur, d'autres fois comme un médecin froid ou comme un enfant sadique, etc. Dans chaque geste se glissaient ses frustrations, ses complexes, ses manques d'assurance, ses intérêts. J'en vins à la conclusion que je ne travaillais pas avec des êtres d'un seul corps mais de nombreux. La vision de notre organisme changeait selon le moi qui dominait à cet instant.

Me souvenant de mes expériences de jeunesse, je me mis à travailler le massage en enseignant l'imitation de la sainteté. La plus grande aspiration du patient en quête de consolation est d'être serré dans les bras d'une sainte ou ceux d'un bouddha. Cependant, celui qui s'abandonne à un tel contact doit être, comme l'animal du sacrifice, pur de tout égoïsme. Quelqu'un qui peut tout donner est impuissant devant qui ne peut rien recevoir. Très souvent, le patient souffre d'inhibitions ou d'antipathies irrationnelles. Il faut alors le toucher comme si c'était notre fils ou notre fille. Tel est le secret de l'imposition christique des mains. S'il est difficile à la personne de se donner et qu'elle nous repousse avec ses mains, aimons ces mains et commençons notre massage en les caressant. Nous devons respecter les défenses, et avec un amour de mère-père, en commençant par le bout des doigts, millimètre par millimètre, nous avancerons avec une délicatesse extrême et une attention totale vers le cœur de l'autre, diluant les contractions muscle après muscle, en donnant un appui sûr à chaque membre pour que le patient n'ait jamais l'impression que nous négligeons une partie de lui, si minime qu'elle semble être. Celui qui masse ainsi doit respirer profondément et calmement, il doit être au service de l'autre, complètement attentif. Il doit agir comme un réceptacle vide, sans rien demander ni rien imposer. Il doit être un refuge sans limites, une compagnie infinie et éternelle, pas envahissante mais discrète ; compagnie prête à se rendre invisible au moindre mouvement de rejet.

Cependant, si ce massage agissait comme un calmant efficace, il ne guérissait pas la blessure essentielle. Tout au fond de lui, le patient gardait sa souffrance comme un trésor. Je pensai : « Il n'est pas juste d'abandonner celui qui n'arrive pas à recevoir. En tant que société, nous sommes tous responsables de son mal. Il n'y a pas que l'arbre qui soit malade, mais la forêt tout entière. Cette chaîne de maladies, cette reproduction de maux de génération en génération doit cesser un jour. Il doit y avoir une manière de faire voir à celui qui n'a pas d'yeux, de faire entendre à celui qui n'a pas d'oreilles, de communiquer de l'amour à celui qui a fermé son cœur. »

Juste au moment où j'avais besoin d'une nouvelle information précieuse, la réalité dansante me mit entre les mains un livre intitulé *Membres fantômes*, de la psychothérapeute Catherine Lemaire, avec une préface de Gérald Rancurel, professeur de neurologie à l'hôpital de la Salpêtrière, publié en 1998. Dans cet ouvrage est étudiée l'une des énigmes les plus fascinantes de la neurologie clinique, le « membre fantôme » : phénomène par lequel le patient continue de percevoir la présence d'un organe qui a cessé d'exister. Si fictif qu'il puisse paraître, le fantôme du membre est très réel, presque de chair, pour celui qui le sent et le décrit. Bien qu'il n'existe plus, il peut produire des douleurs. Même amputé, il s'impose à la conscience, de façon continue ou intermittente, parfois pendant de nombreuses années. Le blessé ou l'opéré sent sa jambe ou son bras comme s'il était là. Ses yeux effacent le fantôme, mais l'obscurité le fait renaître ou l'exagère. La palpation le nie. La partie amputée est là, perceptible, mais invisible et intouchable. Ce ne sont pas seulement les jambes et les bras ; il se produit des fantômes des seins, du nez, du pénis, de la langue, de la mâchoire et aussi de l'anus. Jean-Martin Charcot examina un malade qui sentait non seulement le fantôme de sa main, mais aussi l'alliance qu'il portait à un doigt. Certains, qui sont nés sans leurs membres et n'en ont donc pas eu l'expérience sensible, élaborent un fantôme. Comment ? J'ai trouvé la réponse dans un autre phénomène observé par les neurologues : certaines personnes, lorsqu'elles décontractent leurs muscles et restent immobiles, les yeux fermés, sentent parfois un membre immatériel dans une position qui ne correspond pas à celle du membre physique. Les organes fantômes peuvent exister sans qu'il y ait d'amputation !

Il me parut que les scientifiques parlaient principalement de membres fantômes, c'est-à-dire de parties, jamais de la totalité. Je me suis autorisé à penser que nous avons un corps entier qui est fantôme. Corps immatériel qui existe, caché par la chair, avant toute amputation et qui possède des sensations. Les chercheurs ont rencontré des patients aveugles ayant des fantômes visuels, et des patients sourds ayant des fantômes auditifs.

Des mutilés ressentent des douleurs atroces dans les

membres absents. Les neurologues, pensant que les parties ressenties mais intangibles ne sont pas réelles, bien qu'ils aient opéré les moignons — en insensibilisant des zones cutanées juste sur le moignon et dans le thorax, d'où ils pensent que partent les sensations topologiques qui créeraient l'organe invisible — ne parviennent pas à calmer ces douleurs. Je me suis demandé : « Que se passerait-il si nous acceptions comme réel le corps fantôme et que, pour calmer ses souffrances, nous l'opérions lui ? Si le membre invisible peut sentir la présence d'une bague ou d'une montre, pourquoi ne sentirait-il pas l'action d'un bistouri ? » Je compris l'aspect qui me manquait dans le massage initiatique : nous ne percevons pas notre corps tel qu'il est, nous n'en captons qu'une représentation matérielle, adultérée par le regard des autres. Nous ne sentons pas tout ce que nous sentons, nous ne voyons pas tout ce que nous voyons, nous n'entendons pas tout ce que nous entendons : il y a des odeurs et des saveurs que nous ne portons pas à notre conscience bien qu'elles aient été captées par notre odorat et notre langue... Avec le massage initiatique, je m'étais occupé de soigner le corps tangible, sans agir sur le corps fantôme. J'en vins à la conclusion que Pachita et les autres sorciers, lorsqu'ils opéraient, ne le faisaient pas sur le corps matériel, mais qu'ils agissaient sur le corps intangible. Sauf que, au moyen de trucs, ils ajoutaient des éléments visibles, comme le sang, les viscères, etc., pour que le patient croie qu'ils opéraient son corps « réel ».

Je me proposai d'éliminer tout ce qui avait pour but de tromper l'esprit primitif, superstitieux, et de procéder à des opérations en toute honnêteté, sans aucune forme de truc. De la même manière qu'un état d'âme modifie l'attitude corporelle, une attitude corporelle modifie l'état d'âme. De même, si ce dont souffre le corps matériel affecte le corps fantôme, ce qu'on fait au corps fantôme affecte le corps matériel. M'appuyant sur cette croyance, j'imaginai un rituel psychochamanique. Pour commencer, le sorcier agit dans son milieu, en utilisant les lieux, les plantes et les animaux qui l'entourent comme éléments de pouvoir. Le psychochaman, en n'imitant pas ce qu'il n'est pas et qui appartient à une autre culture, emploiera les éléments que lui offre son milieu, c'est-à-dire la ville. Un téléphone mobile, un aspirateur, une voiture ou des produits du supermarché sont tout aussi magiques qu'un serpent, un éventail de plumes ou un champignon. Le psychochaman ne s'habillera pas de vêtements exotiques ni de colliers ou autres ornements. Un costume de ville ordinaire, de préférence noir, pour sa neutralité, suffira. Il n'opérera pas dans la pénombre, éclairé par une seule bougie. Il fera sienne la phrase du poète Arthur Cravan : « Le mystère en pleine lumière. » Et étant donné que l'acte est métaphorique, il ne maniera aucun couteau ; s'il est nécessaire de le symboliser, une règle en bois suffira. Jamais il n'opérera en son nom propre, attitude qui correspond à celle du psychanalyste. Lacan a dit à ses élèves : « Vous pouvez être lacaniens, moi je dois être freudien. » Pachita opérait au nom de Cuauthémoc, Carlos Saïd au nom de doña Paz. Chaque sorcier est habité par des alliés mythiques. Un psychochaman peut choisir ses alliés dans sa propre mythologie familière et urbaine. Il opérera au nom d'un chanteur célèbre ou d'une vedette de cinéma, d'un champion de boxe ou d'un politicien remarquable, d'un parent mort ou d'un personnage enfantin, que ce soit Pinocchio, Popeye, Mandrake ou d'autres. Il peut choisir d'être aidé par un personnage de sa religion, Jésus-Christ, Marie, le pape, Staline, Gandhi, Moïse, Allah, etc. Pour créer un lieu magique, il suffit que le psychochaman passe la paume de ses mains sur le sol en dessinant un cercle invisible, puis qu'il indique par des gestes précis les quatre points cardinaux, le nadir et le zénith, et qu'il dise : « Là est le nord, là est le sud, là est l'est, là est l'ouest, là est le monde supérieur, là est le monde inférieur, nous, nous sommes au milieu. Ici arrivent et d'ici partent tous les chemins. »

Ensuite, il placera le patient debout et déchaussé au milieu de ce cercle imaginaire, travaillant à le fortifier. Les sorciers frottent le corps avec un œuf ou deux, parfois trois, car ils considèrent qu'étant le germe ils contiennent une grande force. Le psychochaman, pliant le pouce vers l'intérieur et l'enfermant avec les quatre autres doigts, obtient un poing qui symbolise le germe, attitude de la main qu'on peut voir sur le fœtus humain. Avec ce poing, il frotte le patient, lui donnant de l'énergie. Puis il le fait s'allonger, sur le ventre ou sur le dos, sur une table, sur un lit ou sur le sol. Quelques-uns peuvent être opérés assis ou debout. Avec la main ouverte et tendue, brandie comme un couteau, le psychomagicien donne des coups dans l'air autour du patient, le coupant des influences hostiles.

(Pour préparer notre esprit à l'intensité de l'opération, mon fils Cristóbal — qui m'a chaque fois apporté sa collaboration — et moi avons décidé de réciter mentalement : « Il n'y a pas un être ici et maintenant, car l'ici est tout l'espace, le maintenant est tout le temps et l'être est la conscience totale. Être, espace et temps sont une même chose. »)

Ainsi, sans objet de décoration, sans trucs de prestidigitation, rendant le patient conscient de ce qu'on opérera son corps fantôme et non son corps matériel, de ce que nous utilisons des actions métaphoriques, de ce que nous, les psychochamans, nous ne possédons pas de pouvoirs surnaturels, mais que nous les imitons et que ce que nous proposons est une forme de théâtre sacré, nous pouvons réaliser tous les « miracles » de Pachita et de tous les saints et guérisseurs primitifs. Nous pouvons métaphoriquement extraire des tumeurs, couper des os, injecter de nouveaux membres, nettoyer le cœur de ses chagrins, changer les idées négatives d'un cerveau, purifier le sang, etc.

J'ai appliqué cette nouvelle technique pendant mes cours de psychomagie, et de surprenantes guérisons se sont produites. Comme d'habitude, j'ai commencé prudemment avec de petites opérations. Puis, comme au cours de ces trois dernières années elles se sont compliquées, j'ai demandé à mon fils Cristóbal de m'aider, et il a mis son énergie juvénile au service du psychochamanisme.

Connaissant le désir ardent qu'ont les malades de trouver des solutions rapides, jamais nous ne nous permettons d'opérer de manière professionnelle, en percevant des honoraires. Tous les exemples que je donnerai ci-après ont été réalisés pendant des cours pour thérapeutes. C'est eux qui ont proposé à leurs patients de tenter ces expériences. J'ai pratiqué la première opération sur une femme algérienne, d'une quarantaine d'années, souffrant d'une douleur aux yeux qu'aucun médecin, ne découvrant aucune cause organique, n'avait pu soigner. Après les cérémonies préliminaires que j'ai décrites plus haut, je lui demandai de fermer les yeux. Sur chaque paupière je collai un petit sparadrap. D'une voix empreinte d'autorité je lui dis : « Ce sont là les choses terribles que tu as vues et qui t'ont abîmé les yeux. Je vais te les arracher pour toujours. » Faisant semblant de produire de très grands efforts, je décollai les sparadraps. J'eus la surprise de la voir crier avec une douleur intense, comme si je lui arrachais vraiment quelque chose collé à son organisme. Ensuite, en faisant très attention, j'enfonçai mes doigts dans ses orbites et avec une pression calculée lui donnai l'idée que j'avais attrapé ses globes oculaires. « Maintenant je vais sortir tes yeux, je vais les laver, puis je te les remettrai. » Je fis semblant de lui arracher les yeux à grand-peine, et de nouveau elle cria, avec une douleur réelle. Je mis les doigts dans un verre contenant de l'eau et produisis un bruit, comme si je lavais ces organes. Ensuite, avec mes mains mouillées, je fis semblant de remettre les yeux à leur place. « Maintenant tu peux ouvrir les paupières. Ton regard est propre, enfin libéré de tes souvenirs douloureux. » Elle ouvrit les yeux et se mit à pleurer : cette douleur qui la torturait depuis tant d'années avait disparu.

Une autre fois on me présenta un garçon qui bégayait. Son arbre révélait un père indifférent, égoïste, infantile, capricieux et injuste. Le garçon, n'étant pas aimé par lui, se sentait sans force virile. Je lui demandai de baisser son pantalon et de s'asseoir au bord d'une chaise. « Je vais t'injecter l'énergie du père. Respire-la. » Aussitôt, avec ma main droite, je saisis ses testicules et sans les serrer, mais en donnant une grande fermeté à ce contact, je lui fis sentir que je lui injectais une immense force paternelle. J'imitai cette injection en soufflant avec les lèvres à peine entrouvertes un long et intense souffle d'air. Sans le lâcher, je lui dis avec une totale conviction : « Voilà, tu es guéri. Respire profondément, décontracte-toi, pense que ta voix vient maintenant de tes puissants testicules et parle. » Le garçon parla correctement. Son bégaiement avait disparu.

Aidé par Cristóbal, je commençai alors à réaliser des opérations plus complexes. Nos années de pratique théâtrale nous furent essentielles : la voix du psychochaman ne doit à aucun moment être empreinte de doute ou de faiblesse. La certitude imitée doit être totale. Pour exorciser un « possédé » les cris doivent êtres impressionnants. Imaginer qu'un allié mythique agit à travers nous est d'un grand secours. Chaque fois que nous rencontrons un esprit envahisseur nous imitons l'autorité de Jésus-Christ. Dans Marc 9, 25 : « Jésus, voyant qu'une foule affluait, menaça l'esprit impur en lui disant : "Esprit muet et sourd, je te l'ordonne, sors de lui, et n'y rentre plus." »

Une femme de trente-cinq ans, qui souffre parce qu'elle a six kilos de trop, nous montre ses cuisses affectées par la cellulite. Depuis quinze ans, malgré tous les traitements, elle ne peut s'en débarrasser. En établissant son arbre généalogique nous comprenons que cette inflammation du tissu cellulaire symbolise sa mère possessive. La femme sent que sa génitrice, avec sa haine des hommes, l'empêche de réaliser une vie sexuelle satisfaisante. Nous lui proposons de l'opérer pour lui retirer ces six kilos de matière, et aussi la libérer de sa mère. Nous commençons par lui entourer chaque cuisse d'une grande feuille de papier qui symbolise la cellulite. Puis nous lui demandons de choisir, parmi les participants au cours, une femme qui représentera sa mère. Ce qu'elle fait. Nous demandons à la femme choisie de se cramponner au corps de la patiente et de faire semblant de résister autant qu'elle le peut. Nous nous mettons à vociférer des ordres exigeant de l'esprit impur qu'il abandonne le corps de sa fille. Malgré tous nos efforts pour la détacher, la femme s'accroche. Enfin nous la séparons de la patiente, qui pendant la scène théâtrale a pleuré, a insulté sa mère en criant et a expulsé sa rage. Dès qu'elle se voit libre, elle se calme. Alors nous la couchons et faisons semblant de lui ouvrir un canal dans les cuisses ; puis, avec de grands efforts, nous lui arrachons ce papier qui les entoure. La femme crie avec d'authentiques douleurs. Nous lui donnons les papiers, roulés en boule. « Voilà ta cellulite. Va aux toilettes, brûle-la, jette la cendre dans la cuvette et tire la chasse. » Ce qu'elle fait. Quatre mois plus tard je reçois une lettre où elle nous apprend qu'elle a totalement perdu ces six kilos.

Parfois, quand le patient se sent diminué ou ne s'accepte pas parce que ses parents voulaient un enfant du sexe opposé, ou parce qu'ils lui ont dit qu'il était laid, après l'opération, au moyen d'une poudre spéciale, nous couvrons entièrement ou partiellement son corps de peinture dorée ou argentée. Nous demandons à la personne, ainsi peinte, de rentrer chez elle en s'exposant au regard des autres. Ayant ainsi modifié la perception qu'elle a d'elle-même, elle se sent digne d'être admirée.

Une femme avait été abandonnée par son amant et ne pouvait cesser de souffrir à cause de lui. Nous avons arraché de sa poitrine un papier où elle avait écrit le nom de l'homme ; puis, faisant semblant de plonger nos mains profondément en elle, nous lui avons dit que nous allions enlever son cœur et le changer contre un neuf. Ce que nous avons fait. Tandis que nous faisions comme si nous tirions avec une force immense, elle pleura avec une grande tristesse, ajoutée à une douleur physique qui s'est calmée lorsque nous avons imité l'introduction d'un nouvel organe. Avant de refermer la blessure imaginaire, nous lui avons dit que nous allions lui tatouer sur le cœur un mot, et, piquant sa poitrine avec le doigt trempé dans de la peinture dorée, nous avons écrit « Amour ». Elle s'est sentie soulagée et pleine d'énergie pour une nouvelle vie amoureuse.

Avec un homme de cinquante ans qui, ayant subi une intervention chirurgicale à l'oreille gauche pour en extraire une tumeur, devait être aussi opéré de l'oreille droite, où s'était également développée une tumeur, nous avons tenté une opération psychochamanique pour voir si nous parvenions à le guérir sans qu'interviennent les chirurgiens. Nous avons symbolisé l'excroissance avec une petite boule de coton trempée dans du lait condensé, que nous lui avons introduit dans le conduit auditif. Puis nous avons fait asseoir le patient sur un vase de nuit. Aussitôt, une rangée de douze femmes se mit à sa droite. L'une après l'autre elles posèrent leurs lèvres sur l'oreille, et d'une voix douce murmurèrent : « Mon fils... je t'aime. » Quand toutes lui eurent dit ces mots elles se groupèrent autour de lui, et tandis que Cristóbal, à l'aide d'une pince à épiler, lui extirpait la tumeur symbolique, en simulant un gros effort, elles murmuraient une berceuse... Quelque temps plus tard nous parvint une lettre de remerciement : la tumeur avait disparu.

Un homme de soixante ans avait une douleur dans le genou droit qui l'obligeait à boiter. Les radiographies n'avaient révélé aucune anomalie. Pensant que la jambe droite pouvait avoir une relation avec le père et que le mot « genou » s'entend comme « je-nous », nous lui avons demandé quelle sorte de relation il avait eue avec son géniteur. Le patient s'en émut profondément. Son père, enfermé dans ses problèmes, l'avait toujours nié. Mais lorsqu'il s'était retrouvé à l'hôpital, atteint d'une maladie incurable, il s'était permis de l'appeler pour lui demander de débrancher ses appareils et pouvoir ainsi mourir. Le patient s'était senti contraint de lui obéir. Se mettre sur le dos la culpabilité d'avoir tué son père avait fait naître en lui une rage qu'il s'était vu obligé de réprimer. C'est alors qu'il avait commencé à avoir mal au genou. Avant de l'opérer, nous avons posé plusieurs couches de toile adhésive symbolisant l'os du genou. Nous l'avons allongé sur le dos, puis à sa droite, à quatre pattes par terre, avons placé un participant que le patient avait préalablement choisi pour symboliser son père ; pour protéger celui-ci, nous lui avons mis un coussin sur le dos. Tandis que nous « ouvrions » sa chair et lui « enlevions » l'os, simulant de gros efforts pour arracher les couches de sparadrap, nous lui avons demandé d'exprimer sa rage en frappant le dos de son « père ». Ce qu'il fit entre cris de douleur causés par l'opération et cris d'insulte à son géniteur, déchargeant sa fureur en donnant de terribles coups dans le coussin. Après lui avoir mis un os « neuf », nous avons peint son genou en doré. L'opération terminée, le patient releva le participant qui avait reçu les coups et, en pleurant, le tint embrassé pendant plusieurs minutes émouvantes. Dès lors, ses douleurs cessèrent.

Un homme jeune est venu au cours accompagné de son épouse. Il l'aime profondément mais il a un problème : quand ils font l'amour, son phallus ne se redresse qu'à moitié, mi-dur mi-mou. Ce défaut détruit la vie sexuelle du couple. Nous avons la chance que son père et sa mère l'aient accompagné au cours. Observant l'arbre généalogique, nous voyons que tous les hommes, infantiles, pèchent par leur absence et que les femmes, envahissantes et possessives, éduquées avec des préjugés religieux, culpabilisent la sexualité. Nous voyons également qu'il y a une tension entre la mère et l'épouse : celle-ci considère que sa belle-mère ne lui a pas cédé l'amour de son fils qu'elle oblige à rester, comme son mari, à un niveau infantile, dépendant d'elle. Les quatre participants, dans une authentique recherche de vie équilibrée, font tomber leurs défenses et prennent conscience de la racine du problème. Nous procédons alors à l'opération : nous couchons le mari sur une table, de dos, nu. Je lui tiens une jambe, Cristóbal l'autre, et deux participants lui tiennent les bras. Étendue sur lui, accrochée à son corps, se trouve la mère. Hors de la salle, de l'autre côté de la porte fermée, son père attend. L'épouse, penchée près de son oreille gauche, lui murmure sans cesse : « Je t'aime. » Le patient doit tenter de se défaire de sa mère, mais nous, le tenant par les bras et les jambes, l'empêchons de bouger. Le patient doit appeler son père en criant, demandant de l'aide. Celui-ci frappe violemment à la porte, puis il l'ouvre, se précipite vers la mère et après avoir tous deux simulé une lutte intense, il la détache. La mère doit alors souffler avec tout son amour sur la région du cœur de son fils comme si elle gonflait un ballon, et le père, de la même façon, doit souffler sur son périnée, pour lui insuffler une nouvelle force virile. Pendant ce temps, je fais semblant de lui couper le sexe, enfonçant les doigts autour du pénis et des testicules. Je prends les organes sexuels et lui donne la sensation de les lui arracher. Puis je lui implante un nouveau sexe imaginaire. L'opération terminée, nous arrosons la partie opérée avec de l'eau bénite et indiquons aux deux parents de prendre leur fils et d'aller le déposer dans les bras de son épouse. À ce moment, tous quatre éclatent en pleurs et s'embrassent avec soulagement et tendresse. Le lendemain, heureux, les époux viennent nous dire qu'enfin l'érection a été parfaite.

Une femme d'âge mûr est affligée de boules de graisse sur de nombreuses parties de son corps. Nous observons, en étudiant son arbre généalogique, que sa grand-mère maternelle a perdu des jumeaux au moment de l'accouchement, un garçon et une fille. La dame n'a jamais pu s'en remettre. La mère de notre patiente a vu sa mère s'enfermer pendant des années dans un chagrin inconsolable. Lorsqu'elle a accouché de notre patiente, elle lui a donné le nom de la jumelle décédée, avec le désir inconscient de l'offrir à sa mère pour apaiser cette souffrance. Effectivement, sa grand-mère l'a élevée, mais dans une atmosphère de tristesse : le jumeau garçon n'avait pas été remplacé. Lorsque nous lui disons que les boules de graisse sont la représentation de l'enfant mort qu'elle porte en elle, elle nous répond : « J'ai toujours pensé que j'avais un frère jumeau quelque part. » Nous procédons à l'opération. Nous faisons semblant de pousser les boules vers un même endroit situé sur le ventre. Puis, comme si elles formaient un seul paquet, nous les poussons vers la gorge et, avec une autorité implacable, nous lui ordonnons : « Vomis le jumeau ! Tu n'en as pas besoin pour être aimée ! » Nous lui plaçons un sac de plastique devant la bouche. Elle a de fortes nausées et se met à vomir. Lorsqu'elle a fini, nous nouons le sac et lui demandons d'aller le déposer, accompagnée de sa mère, sur la tombe de sa grand-mère. Une lettre nous apprend qu'elle l'a fait et que ses boules de graisse ont commencé à disparaître. Elle se demande cependant si c'est à cause de l'opération ou parce qu'elle suit un régime strict... Qu'il est difficile de remercier !

Un jeune homme de vingt-cinq ans qui se sent incapable d'aimer nous demande de l'aider. Il est venu accompagné de sa mère. Nous le lui avons demandé parce qu'il vit en symbiose avec elle. Le père, faible, alcoolique, a été expulsé du foyer et, depuis tout petit, le fils a pris sa place. Sa mère et lui ont suivi une psychanalyse lacanienne pendant cinq ans, ce qui leur a permis de prendre conscience du lien œdipien, mais sans lui trouver de solution. Nous demandons à la mère de lui enrouler sept fois un gros cordon de soie rouge autour du cou (nous savons que l'enfant est né avec le cordon ombilical enroulé sept fois autour de son cou). Nous lui faisons écrire sur une feuille de papier « Maman, tu es la seule femme que j'aimerai dans ma vie. À toi pour toujours », et sa signature. Nous introduisons ce contrat badigeonné de gomme arabique sous sa chemise et le lui collons sur le cœur. Nous l'enveloppons des pieds à la tête dans un drap mouillé, et avec le reste du cordon rouge l'attachons en l'entourant d'anneaux de soie. Nous donnons une paire de ciseaux de couturière à la mère et lui demandons de commencer par couper les anneaux rouges, en disant chaque fois plus fort : « Libre ! » Puis nous déchirons le drap, comme si nous lui enlevions une aura nocive, et le sortons du cocon. Le jeune homme, presque immobile, plongé dans une sorte de transe, se laisser porter. Simulant un effort énorme, nous lui enlevons le contrat collant. Il crie de douleur physique et mentale, pleure comme un enfant. Nous demandons à la mère de couper les sept anneaux qui lui emprisonnent le cou, en disant : « Anneau un : pour toi, mon fils, l'amour pur et l'amour de la vie. Anneau deux : pour toi, mon fils, l'amour de la mère et l'amour du père. Anneau trois : pour toi, mon fils, l'amour de toi-même et l'amour de l'autre. Anneau quatre : pour toi, mon fils, l'amour de la famille et l'amour de l'humanité. Anneau cinq : pour toi, mon fils, l'amour de tous les êtres vivants et l'amour de la planète. Anneau six : pour toi, mon fils, l'amour des astres et l'amour de l'univers. Anneau sept : pour toi, mon fils, l'amour de toute la création et l'amour de la Conscience créatrice. » Après avoir récité ces paroles, que nous lui murmurons à l'oreille au fur et à mesure, la mère et le fils tombent dans les bras l'un de l'autre, en pleurant et se pardonnant. Au bout d'un moment, ils se séparent heureux, se sentant tous deux libérés.

Un couple demande de l'aide. Ils ne cessent de se disputer

pour des raisons futiles, mais lorsqu'ils commencent ils ne peuvent s'arrêter : leurs insultes augmentent et le ton monte. Elle l'énerve car elle refuse d'arrêter de crier jusqu'à ce qu'il commence à l'étrangler. Il a peur, un jour, de la tuer. Elle se sent attachée à lui et, malgré le danger, ne peut le quitter. Lorsque nous étudions les arbres généalogiques, l'épouse se souvient que ses trois frères l'ont violée lorsqu'elle avait douze ans. Pour l'empêcher de protester, ils l'avaient immobilisée en l'étranglant. L'époux se souvient d'avoir vu, lors des bagarres de ses parents, son père en train d'étrangler sa mère. Il doit maintenant lutter contre ses désirs d'étrangler des femmes, tandis que sa femme doit lutter contre ses désirs d'être étranglée. Nous procédons à l'opération. Nous demandons à la femme de choisir parmi les assistants trois hommes qui représenteront ses frères. Nous lui expliquons qu'après le viol elle est restée possédée par eux. Les trois hommes s'agrippent à elle, en la tenant par le cou. Toutes les femmes du cours, une vingtaine, doivent leur faire lâcher prise en criant des insultes et leur ordonnant de laisser cette « petite fille » tranquille. Ils font semblant de résister jusqu'à ce qu'enfin ils la lâchent. Les sanglots de la victime sont convulsifs. Nous la couchons et, métaphoriquement, nous mettons en devoir d'extraire son vagin et de le changer par un autre. Nous peignons les lèvres extérieures de son sexe et le duvet pubien d'un bel argent. À son mari, qui dit sentir avoir des mains d'assassin, après que dix hommes et dix femmes ont détaché de lui le père et la mère, nous « coupons » ces extrémités qu'il déteste et les lui remplaçons par de « nouvelles » mains, en les peignant d'or. Une lettre de remerciement nous apprend que leurs disputes ont cessé.

Ces opérations, par leur extrême étrangeté, provoquent un état d'attention si intense que thérapeutes, patients et observateurs, comme cela se passait avec Pachita, entrent dans une dimension psychologique où la notion du temps et de l'espace change. On est totalement « là », dans le « lieu ». Les actions et réactions s'enchaînent de manière parfaite et, étant le produit de l'instant intense, il n'y a pas de possibilité d'erreur. Le monde se concentre sur l'opération. On peut comparer cela à des moments vécus dans la corrida traditionnelle. Au cours de cette cérémonie mortelle, à une seconde donnée, le torero et le taureau entrent sur le « lieu », s'amalgament, s'unissent, charge et cape ne font qu'une seule et même chose, et cette danse devient un aimant qui attire irrésistiblement l'attention du public. Les mains du guérisseur s'enracinent dans le monde. Ce n'est pas un individu qui opère, c'est l'humanité entière. Ce n'est pas le torero qui réalise les passes, c'est le public lui-même. Dans un cas on donne la vie, dans l'autre, la mort. Il faut découvrir l'essence de cette similitude.

À la base, toute maladie est un manque de conscience imprégné de crainte. Cette conscience a son origine dans un interdit, imposé sans conviction préalable, que la victime doit accepter sans le comprendre. On exige de l'enfant de ne pas être ce qu'il est. S'il désobéit, il est puni. La plus grande punition est de ne pas être aimé.

Le psychochaman, tout comme le guérisseur primitif, doit opérer en éludant non seulement les défenses du patient, mais également ses craintes. L'éducation purement rationnelle nous interdit d'utiliser le corps dans toute son extension, en nous donnant la peau comme limite de notre être, en nous faisant croire qu'il est normal de vivre dans un espace réduit. Cette éducation dépouille le sexe de son pouvoir créateur, nous donnant l'illusion que nous vivons seulement un temps court, en niant notre essence éternelle. Du centre émotionnel, au moyen d'une philosophie dévalorisante, on nous extirpe les sentiments sublimes. On nous inculque la peur du changement, nous maintenant à un niveau de conscience infantile où nous vénérons la sécurité toxique et détestons l'incertitude salutaire. Par tous les moyens, en s'appuyant sur des doctrines politiques, morales et religieuses, on nous fait ignorer notre pouvoir mental.

Si la réalité est semblable à un rêve, nous devons agir en elle sans en souffrir, tout comme nous le faisons dans un rêve lucide, sachant que le monde est ce que nous pensons qu'il est. Nos pensées attirent leurs équivalents. La vérité est ce qui est utile, non seulement pour nous mais aussi pour les autres. Tous les systèmes, nécessaires à un moment donné, deviennent plus tard arbitraires. Nous avons la liberté de changer de système. La société est le résultat de ce qu'elle croit être et de ce que nous croyons qu'elle est. Nous pouvons commencer à changer le monde en changeant nos pensées.

La peau n'est pas notre barrière : il n'y a pas de limites. Les seules limites positives sont celles dont nous avons besoin, momentanément, pour nous individualiser, mais en sachant que tout est relié. La séparation est une illusion utile, comme lorsque le guérisseur place un lien de corde autour du cou du patient pour lui indiquer qu'il doit assumer la responsabilité de sa maladie et ne pas la propager. La guérison miraculeuse est possible, mais elle dépend de la foi du patient. Le psychochaman doit subtilement guider le malade pour qu'il croie ce que lui-même croit. Si le thérapeute ne croit pas, il n'y a pas de guérison possible.

La vie est une source de santé, mais cette énergie ne surgit que là où nous concentrons notre attention. Cette attention doit non seulement être mentale mais également émotionnelle, sexuelle et corporelle. Le pouvoir ne réside ni dans le passé ni dans le futur, sièges de la maladie. La santé se trouve ici, maintenant. Les mauvaises habitudes peuvent être instantanément abandonnées si nous cessons de nous identifier au passé. Le pouvoir du « maintenant » croît avec l'attention sensorielle. Il faut conduire le patient à explorer le moment présent, à faire en sorte qu'il prenne conscience des couleurs, des lignes, des volumes, des tailles, des ombres, des espaces qu'il y a entre les objets. Il doit sentir chaque partie de son corps et les unir ensuite en un tout ; il doit changer sa respiration en plaisir, doit capter sa chaleur et son énergie dans et hors de lui, il doit comprendre qu'aimer, c'est être content de ce qu'on est et de ce que sont les autres. L'amour croît dans la mesure où la critique décroît. Tout est vivant, éveillé, et tout répond. Tout acquiert du pouvoir si le patient se le donne... Une mère qui suivait un traitement phytothérapeutique pour soigner son bébé, dans lequel elle devait lui donner à boire de l'eau additionnée de quarante gouttes d'un mélange d'huiles essentielles, voyait que la maladie continuait. Je lui dis : « Ce qui se passe, c'est que tu ne crois pas à cette médecine. Puisque tu es catholique, chaque fois que tu lui donnes les gouttes à boire, dis un Notre-Père. » Ce qu'elle fit, et rapidement le bébé guérit. Si nous ne donnons pas de pouvoir spirituel à la médecine, elle n'agit pas.

Soulignons ici l'importance de l'imagination. D'une certaine manière, dans ce livre, je me suis livré à un exercice d'autobiographie imaginaire, pas au sens de « fictive », car tous les personnages, lieux et événements sont vrais, mais du fait que l'histoire profonde de ma vie est un effort constant pour dilater l'imagination et élargir ses limites, pour l'appréhender dans son potentiel thérapeutique et transformateur. À part l'imagination intellectuelle existent l'imagination émotionnelle, sexuelle, corporelle, sensorielle. L'imagination économique, mystique, scientifique, poétique. Elle agit dans tous les domaines de notre vie, même dans ceux que nous considérons « rationnels ». Voilà pourquoi on ne peut aborder la réalité sans développer l'imagination sous des angles multiples. Normalement, nous visualisons tout selon les étroites limites de nos croyances conditionnées. De la réalité mystérieuse, tellement vaste et imprévisible, nous ne percevons rien de plus que ce qui filtre à travers notre point de vue étriqué. L'*imagination active* est la clé d'une vision ample · elle permet d'envisager la vie à partir d'angles qui ne sont pas les nôtres, en *imaginant* d'autres niveaux de conscience, supérieurs au nôtre. Si j'étais une montagne, la planète ou l'univers, que dirais-je ? Que dirait un grand maître ? Et si Dieu parlait par ma bouche, quel serait son message ? Et si j'étais la Mort ?... Cette mort que me révéla un chien en déposant à mes pieds une pierre blanche, laquelle m'a séparé de mon moi illusoire, m'a fait fuir le Chili et poussé à chercher désespérément un sens à la vie. Cette Mort qui d'épouvantable ennemie s'est convertie en mon aimable dame de compagnie.

Je voudrais, pour terminer ce livre, revenir à ma jeunesse et à nouveau être assis sur la branche d'un arbre à côté de mon ami poète pour, comme en cette occasion inoubliable, déduire, de tout ce que nous ne savons pas, le magnifique et le peu que nous savons.

Je ne sais où je vais, mais je sais avec qui je vais.
Je ne sais où je suis, mais je sais que je suis en moi.
Je ne sais ce qu'est Dieu, mais Dieu sait ce que je suis.
Je ne sais ce qu'est le monde, mais je sais qu'il est mien.
Je ne sais ce que je vaux, mais je sais ne pas me comparer.
Je ne sais ce qu'est l'amour, mais je sais que je jouis de ton existence.
Je ne peux éviter les coups, mais je sais comment les supporter.
Je ne peux nier la violence, mais je peux nier la cruauté.
Je ne peux changer le monde, mais je peux me changer moi-même.
Je ne sais ce que je fais, mais je sais que ce que je fais me fait.
Je ne sais qui je suis, mais je sais que je ne suis pas celui qui ne sait pas.

Appendice

Actes psychomagiques transcrits par Marianne Costa

1. Un homme jeune voudrait travailler dans le tourisme, aller à Hong Kong et dans d'autres villes mythiques. Mais ce désir professionnel lui paraît irréalisable. Il doute de lui-même. Après l'avoir interrogé, A. J. découvre que la mère du consultant est morte et que dans son enfance son frère a accaparé tout l'amour maternel.

Réponse : Sur un côté d'une boîte de sardines, colle une photographie de ta mère et, sur l'autre côté, une de ton frère. Remonte le côté droit de l'avenue des Champs-Élysées, de l'Obélisque jusqu'à l'Arc de triomphe, en poussant la boîte à coups de pied jusqu'à ce qu'elle soit près de la flamme du soldat inconnu. Puis va-t'en sans regarder en arrière.

2. Après lui consulte une jeune fille. C'est sa fiancée, mais leur relation demeure platonique. Elle aussi doute de ses capacités professionnelles et ses problèmes psychologiques sont semblables à ceux de son ami : une sœur aînée préférée, un père distant et peut-être incestueux.

Réponse : Tu vas faire comme ton fiancé, mais au lieu d'une boîte de sardines, achète, dans un magasin spécialisé, un faux phallus. Pour éviter d'être interpellée par la police, tu l'envelopperas dans un sac, avec un portrait de ton père. Et tu marcheras à côté de ton ami, chacun donnant des coups de pied à son objet. Avant de quitter l'Arc de triomphe, vous vous mettrez face à face, le visage à un pouce de distance, et vous pousserez des rugissements de colère jusqu'à vous fatiguer.

3. Une Algérienne est affligée d'une grande tristesse. Le tarot montre que cette peine est celle de sa mère, morte en exil, loin du pays natal.
Réponse : Puisque tu ne peux aller en Algérie, arrange-toi pour te faire rapporter de là-bas un sac contenant sept kilos de terre du village où vivait ta mère. Puis va au cimetière et dépose cette terre sur sa tombe. Ensuite, pour célébrer cet événement, va à la mosquée et bois sept thés à la menthe

4. Une autre femme triste Elle ignore la joie de vivre. Quand sa mère était enceinte d'elle de six mois, son père l'a abandonnée pour aller vivre avec une autre femme.
Réponse : Va voir ton père déguisée en femme enceinte de six mois. Demande-lui de s'agenouiller devant ton ventre et de demander pardon au fœtus qu'il a abandonné.

5. La consultante, pacifiste, végétarienne, confesse qu'elle a une telle rage contre sa mère qu'elle veut la tuer.
Réponse : Comment faire pour que tu réalises ton désir sans tuer un animal ? Achète deux pastèques, qui symboliseront les seins de ta mère, et détruis-les à coups de poing. Dans un sac de couleur chair que tu auras toi-même confectionné, mets les morceaux de pastèque. À minuit, va jeter le sac dans la Seine et va-t'en sans regarder en arrière.

6. Un garçon, désorienté sur le plan professionnel, dit qu'il ne sait quel métier faire. Interrogé, il confesse qu'il a étudié le droit et les sciences politiques dans une grande école, mais qu'il n'a pas obtenu son diplôme.
Réponse : Fabrique-toi un diplôme identique à celui que tu aurais reçu, mais plus grand de trente centimètres en largeur et en longueur. Encadre-le, puis accroche-le au mur de ta chambre et, sous lui, pose une coupe de champion de boxe. Va aussitôt exercer le métier que tu veux.

7. Une femme de trente ans doute d'elle-même. Elle est avare, aussi bien sur le plan matériel que sur le plan émotionnel.
Réponse : Lorsqu'on passe son temps à demander, et qu'on vit dans l'insécurité, c'est parce que les parents, obnubilés par leurs propres projections, ne nous ont pas vus tels que nous étions. Achète deux belles pommes rouges. Gardes-en une dans ton sac,

porte l'autre dans une main. Prends le métro et observe les passagers. Si une personne, homme, femme ou enfant, éveille en toi le désir de lui donner la pomme, fais-le. Tu continueras à voyager aussi longtemps que tu n'auras pas ce désir, plusieurs jours s'il le faut. Quand tu auras donné la pomme, sors du métro et marche dans la rue en savourant l'autre pomme, celle que tu gardais dans ton sac. Tu comprendras ainsi qu'en donnant tu reçois

8. Un homme de trente ans ne parvient pas à se réaliser en tant que musicien. Quand il était petit, il étudiait le piano, mais son père, garagiste, se moquait de son goût en le traitant d'inverti. Il avait une sœur qui vivait en symbiose avec sa mère, toutes deux haïssaient les hommes. Dans son foyer, les deux mondes, le masculin et le féminin, étaient séparés par un abîme.

Réponse : Pour réussir à t'exprimer artistiquement, tu dois assumer ta sensibilité féminine. Couvre ton corps de graisse de moteur et ainsi, nu, sale comme ton père, joue du piano. Bien sûr tu tacheras les touches. Quand tu auras, avec fureur, joué toutes les mélodies qui te passent par la tête, nettoie le clavier. Ensuite, masse le piano comme si c'était une femme, exactement pendant une heure. Puis colle une photo de ta mère sur la plante de ton pied gauche, une de ta sœur sur celle de ton pied droit, et remets-toi à jouer. Tu verras que la fureur se transformera en plaisir créateur. Pour me remercier, tu m'apporteras une rose blanche.

9. Un homme de cinquante ans ne supporte pas le procès de divorce avec son épouse. Trois mois plus tôt, après avoir vécu huit ans avec lui, sa femme lui a exprimé son profond désir d'avoir un enfant. Il a catégoriquement rejeté la proposition. Elle a réfléchi, puis lui a proposé le divorce, qu'il a tranquillement accepté. Mais au bout de trois mois, d'un seul coup, il s'est repenti et a proposé à son épouse d'avoir l'enfant désiré. Inflexible, elle lui a répondu qu'elle le ferait avec un autre. Le tarot révèle que cet homme a un frère jumeau. Lorsqu'on lui demande quelles furent ses relations avec lui, il bégaie un peu et répond un laconique : « Acceptables. »

Réponse : Appelle ta femme et dis-lui que tu ne veux pas un enfant mais deux. Qu'étant jumeau, tu ne peux t'imaginer que vous fassiez un seul enfant et que cela est la raison pour laquelle tu as refusé de la mettre enceinte quand elle t'a demandé « un » enfant. Cela t'obligera à réfléchir : veux-tu vraiment être le père de deux enfants ? Si c'est ce que tu désires, appelle-la. Il est probable qu'elle acceptera.

10. Une femme brune d'une quarantaine d'années, avec de grands yeux noirs, a une relation très conflictuelle avec l'un de ses collègues de bureau. Malgré tous les efforts pacificateurs qu'elle fait, il refuse de résoudre ce conflit.

Réponse : Nous voyons dans le tarot que tes relations avec ton frère aîné ont été désastreuses. Tu projettes ce conflit originel, très ancré en toi, sur ton compagnon de travail. Tu as besoin qu'il te déteste, pour reproduire l'amour-haine de ton enfance. Lui, de son côté, doit projeter sa sœur sur toi. Tu dois déstabiliser son regard. S'il te voit différente, tu ne seras plus l'objet de son ancienne rage. Il faut que tu arrives brusquement au bureau sous un autre aspect : nouvelle coupe de cheveux, teinte en blonde, avec des lentilles de contact qui te donnent des yeux clairs, et un autre style de vêtement.

11. Une femme qui a changé de maison ne se sent pas bien sur son nouveau territoire, il lui semble étranger. Que faire ?

Réponse : Urine dans un récipient, remplis-en un compte-gouttes et verse une goutte à chaque coin de ta nouvelle maison.

12. Un thérapeute de quarante ans a une relation passionnée mais conflictuelle avec une femme qui ressent une grande agressivité envers les hommes, parce qu'elle a vu son père tuer sa femme (sa mère à elle) avec le fusil de chasse que lui avait offert son grand-père. Comment calmer cette haine de l'homme qu'elle projette sans cesse sur lui ?

Réponse : Va voir ton amie en portant un fusil de chasse chargé de balles à blanc et demande-lui de tirer sur ta poitrine où tu auras caché une poche en plastique pleine de sang artificiel. En sentant les coups, arrange-toi pour te couvrir de sang. Auparavant, tu auras averti ton amie que les balles sont fausses, mais sans lui révéler l'effet du sang. Tu la verras éclater en sanglots et t'embrasser. À partir de ce moment, la relation va s'améliorer.

13. Une jeune fille de vingt ans consulte le tarot pour voir comment vont les relations avec son amant. Apparemment tout va bien, il accepte de se marier et d'avoir des enfants. Cependant la jeune fille souffre de ne pas savoir ce qu'elle veut, ce qui lui plaît,

ce qu'elle ressent vraiment. Le tarot révèle la forte influence de sa mère, qu'elle ressent comme un vampire. Comment peut-elle savoir si c'est elle qui voit et pense, ou si c'est sa mère qui a pris sa place ?

Réponse : Trouve une photographie du visage de ta mère et fais-la agrandir à la taille réelle. Fais des trous dans les yeux et fabrique-toi un masque de style vénitien, avec une baguette pour le tenir. Lorsque tu te trouves dans une situation dans laquelle tu souhaites dissocier ton regard de celui de ta mère, mets le masque devant ton visage et prends conscience que tu vois et sens comme elle. Puis ôte le masque et constate comment tu vois et sens les choses.

14. Une femme de trente ans consulte parce qu'elle souffre encore, étant adulte, du rejet de son père lorsqu'elle était petite. Cette attitude s'explique parce que son frère cadet était mort trois semaines après sa naissance. Le père, qui voulait perpétuer son nom, a considéré injuste que son fils soit mort et pas sa fille.

Réponse : Quand ton frère est mort, il devait peser environ trois kilos. Achète une tête de veau et, si nécessaire, un peu d'os et de viande pour compléter les trois kilos. Mets cela dans un sac imperméable et hermétique que tu mettras ensuite dans un sac à dos noir, que tu porteras sur le dos trois jours entiers (ils symbolisent les trois semaines de vie de l'enfant). Va ensuite chez ton père et, sans qu'il s'en rende compte, enterre ton fardeau dans le jardin. Puis offre à ton père un saucisson, regarde-le manger quelques rondelles, et demande-lui de te faire cadeau d'une boîte de chocolat.

15. Une dame très bien habillée, de soixante ans, ne peut se défaire de la profonde rancœur qu'elle éprouve pour un médecin qui lui a par erreur diagnostiqué la maladie d'Alzheimer, ce qui lui a valu de vivre deux années dans l'angoisse. Années qui ont complètement détérioré ses relations avec ses enfants. Le tarot révèle qu'elle projette sur ce médecin, qui l'a menacée de la paralysie de ses fonctions mentales, ses propres parents paralysants.

Réponse : Madame, vous devez protester d'une manière enfantine. Déposez vos excréments dans une boîte de galettes en métal et envoyez-la par courrier au médecin. La boîte doit être enveloppée comme un cadeau de Noël.

16. Un homme jeune ayant des gestes, une voix et un visage d'enfant dit connaître une « souffrance existentielle ». D'après lui, la raison pour laquelle il ne peut sortir de l'enfance et devenir

un homme, c'est sa mère, qui l'a conçu avec un inconnu étant célibataire.

Réponse : Tu as raison. Si ta mère déteste les hommes, toi, pour ne pas perdre son amour, tu restes un enfant. Habille-toi comme tu imagines que s'habille ce père que tu n'as jamais vu. Et sur ces vêtements, mets des vêtements de femme, volés à ta mère. Ainsi vêtu, va te promener dans les rues. Dès que tu rencontreras une femme qui te plaît, commence à la regarder fixement et enlève-toi peu à peu les vêtements féminins pour laisser apparaître tes vêtements masculins. Quand tu auras réalisé le changement, approche-toi de la femme et dis-lui qu'elle te plaît. Il est possible qu'elle te rejette, ou qu'elle t'accepte. Vis avec plaisir cette situation. Plus tard, peins une pomme en noir, enroule autour le vêtement féminin. Autour de ce vêtement, enroule celui de ton père et va voir ta mère pour lui donner, sans aucune explication, le paquet en disant : « Je te rends ce que tu m'as donné. » La pomme noire symbolise ton angoisse existentielle.

17. Une dame de soixante-dix ans, qui souffre de surdité, consulte pour résoudre un problème avec sa fille de quarante-huit ans, qui se plaint de ce qu'elle ne l'a jamais écoutée.

Réponse : En présence de ta fille, lave-toi avec un savon rose sept fois chaque oreille. Aussitôt après, enduis tes conduits auditifs de miel d'acacia : avec le médium de la main droite dans l'oreille gauche et le médium de la main gauche dans l'oreille droite. Demande ensuite à ta fille de venir y lécher le miel, en te murmurant tout ce qu'elle souhaite te dire.

18. Une femme d'une quarantaine d'années, alcoolique, se plaint d'être « nulle » et de « ne pas pouvoir se réaliser » bien que, ayant reçu une éducation catholique, elle pratique le bouddhisme. Quand je lui demande quel est son alcool préféré elle répond : « Le bordeaux rouge. »

Réponse : Achète une bouteille de bordeaux rouge. Va avec dans une église, assieds-toi sur un banc et, l'ayant posée devant toi, adresse-lui tes prières comme ci c'était un saint. Ensuite, va à ton temple bouddhiste et médite en tenant la bouteille entre tes jambes, pour la consacrer. Puis, chez toi, fais-lui un petit autel avec des fleurs, des bâtons d'encens et deux petites lampes, l'une prise dans l'église, l'autre dans le temple. Ainsi tu auras chez toi ton propre sanctuaire et le vin deviendra un élixir magique. La nuit venue, avant de dormir, tu te frictionneras la poitrine avec ce vin sacré. Il te protégera et te soignera.

19. Une très grosse femme veut maigrir. « Ma mère s'est mise à grossir après m'avoir donné naissance. Je porte la responsabilité de ses régimes incessants, de son "drame corporel". J'ai dix kilos de trop. »
Réponse : Achète n'importe quel objet qui pèse dix kilos, par exemple un téléviseur, un aspirateur, une série de casseroles, etc. Sur le paquet, mets une photo de toi, nue et triste, et tu l'offres à ta mère en disant : « Ça, c'est à toi. Je te rends ton cadeau. »

20. Un artiste connu, peintre de cinquante ans, confesse avec honte qu'il hait son petit frère, enfant tardif de ses parents. Le bébé est arrivé lorsque lui-même avait vingt-deux ans et il lui a « volé » l'amour maternel.
Réponse : Achète un berceau en bois, une bouée de sauvetage et un gros melon. Tu mettras le melon dans le berceau et le berceau sur la bouée de sauvetage. Ensuite, avec un pistolet automatique, tu tireras vingt-deux fois dans le fruit. Puis tu verseras sur les restes une bouteille d'essence et enverras le berceau enflammé, posé sur la bouée de sauvetage, flotter sur l'eau d'une rivière. Aussitôt, pour changer la rage en acceptation, tu feras alors cadeau de vingt-deux roses blanches à ton frère.

21. Une femme portant des vêtements hindous a passé douze ans dans un ashram. Son gourou, Muktananda, a baptisé sa fille du nom de « Krishna ». Il y a dans cela quelque chose qui la fait se sentir mal à l'aise. À la lumière du tarot elle se rend compte que, pour l'inconscient, cet acte révèle son désir de coucher avec son maître, élevé à la catégorie de Dieu le Père, pour faire un Christ (un Krishna), un enfant parfait.
Réponse : Achète un Christ de plâtre et peins-le tout en bleu pour le transformer en le dieu Krishna, qui est de cette couleur. Attache à ses pieds de nombreux ballons orange (la couleur de Muktananda) et envoie-le vers le ciel. Tu réalises cette cérémonie accompagnée de ta fille et de ton mari. Quand vous voyez disparaître le Christ, donnez à la fillette un nom occidental. Vous la libérerez ainsi de l'obligation d'être un demi-dieu et vous lui rendrez son identité et sa féminité.

Bref florilège psychomagique

1. Voler pour guérir

Lorsqu'une personne dit être incapable d'aimer, ce n'est pas parce qu'elle a le cœur vide. Les sentiments, comme dans un congélateur, s'accumulent, anesthésiés. Dans cet acte psychomagique, au lieu d'essayer de donner ce qu'on désire obtenir, on provoque, par une succession de situations dangereuses, le réveil du sentiment positif de base : l'amour de sa propre vie.

Du Chili je t'ai écrit : « Il y a des jours où ma vue se trouble et où je ne fais que me lamenter d'être vivant. Je te serais infiniment reconnaissant si tu pouvais me conseiller un acte psychomagique pour pouvoir aimer sans demander tellement en échange. » Tu m'as répondu : « Dans un supermarché, vole un cœur cru tous les 6 de chaque mois, pendant un an. Ces cœurs, tu les fais cuire et tu les répartis en morceaux à des amis et des animaux qui ont faim. Ensuite tu aimeras. » D'avril 1997 à mars 1998 j'ai volé un cœur chaque mois dans différents supermarchés de Santiago. Jamais je ne me suis fait prendre ; ensuite, je les ai toujours fait cuire et partagés entre des amis et des animaux. (Il était difficile de trouver des animaux affamés dans mon quartier, aussi je sortais en général me promener et les donnais aux premiers chiens que je rencontrais.) Comme la date indiquée était le 6 (je suppose à cause de la carte VI du tarot, l'Amoureux), au début de chaque mois je me sentais très nerveux, j'avais peur. J'ai usé de diverses stratégies pour voler les cœurs : les cachant dans une poche de ma veste, dans mon caleçon ou dans ma casquette, etc. L'été, c'était encore plus difficile, parce que avec la chaleur qu'il faisait, je ne pouvais y aller avec ma veste. Heureusement, à cette époque j'avais déjà acquis une bonne expérience en tant que voleur de supermarché, si bien que je m'en suis toujours tiré sans encombre. Une autre difficulté était qu'on ne vendait pas des cœurs dans toutes les grandes surfaces. Il me fallait donc en parcourir plusieurs avant d'en trouver. En ce qui concerne les amis avec lesquels je devais partager les morceaux cuits, la plupart du temps, je l'ai fait uniquement avec ma famille, et parfois avec une connaissance qui se trouvait par hasard chez moi. Le dernier mois, avec le dernier cœur, j'ai invité un groupe de jeunes voisins. Cette communion sociale fut une manière de célébrer le travail accompli jusqu'au bout. Peu de temps après est mort un oncle très proche, frère de ma mère. La force intérieure que j'avais acquise m'a permis d'agir avec détermination auprès de ma famille : tous en ont été surpris. Cette force n'était pas une attitude dure, mais plutôt le fait d'être dans la situation précise avec la disposition adéquate. Maintenant, depuis trois mois, j'apprends une danse d'origine brésilienne qui est également un art martial. L'énergie que j'emploie dans cette activité et que je fais croître me donne une assurance en moi que je n'avais jamais connue. Je viens d'avoir vingt-cinq ans et je ressens beaucoup de force pour aimer sans demander autant en échange.

2. *Conversation symbolique*

Grâce à des actes symboliques on peut entrer dans des relations profondes, qui guérissent, sans qu'intervienne la raison.

Voici ma demande : « Mon frère s'est pendu à l'âge de vingt-huit ans, le jour de son anniversaire. D'une certaine manière, j'ai porté le chagrin coupable de ma mère pour cette disparition si brutale. Comment m'en débarrasser ? » Tu m'as répondu : « Porte sur le dos, dans un sac blanc, pendant vingt-huit jours, une boule de pétanque que tu auras peinte en noir. Puis offre-la à ta mère, en lui disant : "Cette boule est à toi, je te la rends." »

Je suis allé voir ma mère et, juste avant que je sorte la boule et la lui donne, elle m'a dit : « J'aimerais te faire une chemise noire », et elle a commencé à prendre mes mesures. J'ai été très surpris, l'ai laissée faire et ensuite lui ai donné la boule. Elle l'a regardée, l'a grattée avec un ongle et en souriant m'a dit : « La peinture part facilement. » Je lui ai répondu : « Le noir s'en va mais le poids reste. » Elle s'est mise à pleurer. Je l'ai prise dans mes bras pendant un long moment. Aujourd'hui, je respire beaucoup mieux.

3. La couleur perdue

Le moindre détail, douloureux, fait obstacle au développement général. Bien des fois je compare un problème considéré comme petit à un clou dans la chaussure. Bien que de taille réduite, il affecte la totalité de notre marche. Voici le témoignage de José Zaragoza, poète mexicain qui vit à Paris :

Connaissant l'œuvre de A. J., j'allai me faire lire les cartes du tarot. À cette époque, j'étais obsédé par l'idée que je provoquais la peur chez les gens, idée renforcée par le fait que j'étais étranger. A. J. m'a simplement dit : « Le diable, il faut l'habiller de rouge », et il m'a conseillé de m'habiller de vêtements de cette couleur, de la tête aux pieds. J'ai refusé tout net, car j'avais une peur atroce du ridicule. Mais le lendemain, par orgueil plus que par conviction, j'ai décidé de mener à bien le remède prescrit, ajoutant un foulard tarahumara qui, comme on le sait, est rouge et se porte sur le front. L'expérience a été terrible. Au coin de ma rue, je suis tombé sur un groupe de personnes qui me regardaient, surprises. « Je vais à une fête déguisée », ai-je bégayé. Dans le métro, la chose est devenue quasiment insupportable. Tout le monde me dévisageait de la tête aux pieds. Je me suis senti mal, car, ayant toujours voulu passer inaperçu, c'était absolument impossible dans de telles circonstances. De retour chez moi, je me suis senti très fatigué et très sale. J'ai pris une douche et me suis senti mieux. Le lendemain, j'ai remarqué que ma perception avait changé de manière importante. C'était comme si j'avais pris une dose de mescaline. Le rouge, je le voyais orange, l'orange, je le voyais jaune, etc. Une fois dans la rue, j'ai effectivement constaté que ma perception avait changé et que je devais m'habituer à voir différemment toute la gamme des couleurs chaudes. Bien que cette situation soit quelque peu embarrassante je ne me suis pas du tout senti mal et suis arrivé à réaliser mes activités habituelles. Je suis allé partout où j'ai coutume d'aller habillé de rouge et, habillé de la sorte, ai vu toutes les personnes que j'ai l'habitude de voir, etc. Au bout d'une semaine j'avais intégré à ma personne la couleur prescrite. C'est alors que je me suis souvenu d'un fait précis de mon enfance : un jour, pour une petite faute, ma mère m'avait réprimandé de manière brutale en me disant : « Tu es un diable ! » Ce qui m'avait profondément irrité et fait rougir. Elle avait insisté : « Tu vois bien, tu es même rouge à présent ! » Je m'étais alors mis dans une colère indescriptible ; passé la crise, mort de tristesse, j'avais compris que ma mère n'aimait pas le rouge... Dès cet instant j'avais supprimé de mes vêtements — et naturellement de mon apparence — le plus petit détail faisant allusion au rouge, bien que ce soit ma couleur préférée. En retrouvant cette couleur, grâce à l'acte psychomagique, j'ai retrouvé le monde. Mon mal a été résolu.

4. Du lait dans les yeux

Certaines maladies organiques peuvent être soignées par des éléments symboliques

Le lendemain de la mort de ma mère, j'ai commencé à avoir mal aux yeux. Cette douleur durait depuis déjà huit ans et aucune médecine n'avait pu l'atténuer. Vous m'avez conseillé ce qui suit : « Une nuit de pleine lune, dans ton jardin, accompagnée de ton mari, fais bouillir un litre de lait. Laisse-le refroidir là, baigné par la lumière lunaire. Ensuite rince plusieurs fois tes yeux avec ce lait, jusqu'au point du jour. » Ce que j'ai fait. La douleur a complètement disparu.

5 Un dévoreur de négations

Dans chaque partie se trouve la totalité tout entière. La plupart du temps nous nous mettons en colère pour une autre raison que celle que nous croyons, et nous demandons autre chose que ce que nous voulons.

Je t'ai consulté parce que mon fils a des attaques de fureur, exigeant des choses en criant et trépignant. Tu m'as conseillé d'accéder à ses demandes, mais sans les satisfaire totalement, seulement en partie : « S'il veut des chocolats, donne-lui-en un seul. S'il demande un gâteau, donne-lui-en seulement un petit morceau, etc. » Je me suis demandé comment cela pourrait faire que l'enfant cesse de faire esclandre sur esclandre. Eh bien les premiers jours il n'a pas changé : il dévorait le premier chocolat, puis hurlait pour en obtenir un second. Un jour, il a mangé une tablette entière de chocolat et s'est mis d'un seul coup cinq chewing-gums (que j'avais mal cachés) dans la bouche. Évidemment, comme d'habitude, il a fait une crise de colère.

Après, peu à peu, je me suis rendu compte d'une chose que tu m'avais suggéré dans la lecture : impatiente, je lui disais « non » toute la journée. Très peu de « non » à cause d'un danger et de nombreux « non » parce que son exigence allait perturber mes gestes habituels. C'est-à-dire que je ne le voyais que lorsqu'il me dérangeait. C'est pourquoi il faisait tout ce qu'il pouvait pour me déranger, de préférence hors de la maison, où il ne courait pas le risque de subir ma violence. Enfin, voilà déjà un mois qu'il n'y a plus un seul « non » dans ma bouche. Un mois que, lorsque nous sommes ensemble, je lui accorde une totale attention. Ses esclandres ont cessé. Nous nous entendons très bien. Mais je me rends compte à présent qu'il me manque un mari et, à lui, un père.

6. *Candidate à la calvitie*

Il arrive que la maladie de la fille ne soit que la maladie de la mère.

Voilà ce que je t'ai dit : « Je m'arrache les cheveux un par un et les mâche entre mes dents. Je pressens que cela a un rapport avec ma mère. Je ne sais comment mettre fin à cette manie. » Tu m'as répondu : « Tu pulvérises l'amant entre tes dents. Chaque cheveu que tu t'arraches et que tu mâches te rapproche de la calvitie et donc t'éloigne de l'homme. Ta mère, femme abandonnée enceinte, t'a donné une image épouvantable de ton père. Tu vois les hommes avec son regard à elle. Tu te sens de trop en ce monde. Au moment de te coucher, arrache-toi un cheveu et donne-le à mâcher à ta mère. Tout en le mâchant, elle doit être tout près de toi et te chanter une berceuse. Le lendemain matin, tu dois te laver la tête, puis te peigner avec douceur. » J'ai fait tout ce que tu m'as demandé. Chose étrange, ma mère, toujours taciturne et froide, a collaboré à l'acte de toute son âme. Tandis que je me peignais elle s'est mise à pleurer, en me demandant pardon. Je ne m'arrache plus les cheveux et ma relation avec ma mère s'est améliorée.

7. *Réalisation métaphorique d'un inceste lesbien*

Certaines névroses d'échecs proviennent d'une interdiction du plaisir sexuel. La plupart des maladies sont l'effet d'un manque de liberté. Quand on ne critique pas le consultant sur sa manière particulière d'obtenir le plaisir, et qu'il sent qu'il a l'« autorisation », il cesse, de manière inconsciente, de s'attacher à son désir d'inceste et s'autorise à réaliser ses rêves.

La relation avec ma mère, très détériorée, affecte ma féminité. Malgré mon profond désir, voilà des années que je ne peux avoir d'enfant. Lorsqu'une grossesse se présente, je me vois obligée d'avorter. Ma psychanalyse m'a fait prendre conscience d'un grand nœud psychologique lesbien avec cette mère, qui fut si absente et tellement désirée avant d'être haïe. En apprenant que ma mère vit aux Antilles depuis quinze ans et que je n'ai pratiquement pas de contacts avec elle, vous m'avez proposé de faire une immense salade de fruits frais exotiques pour la manger en compagnie d'une femme, n'importe laquelle, sans lui donner aucune explication. À mon travail j'ai une collègue de mon âge qui, comme moi, s'appelle Catalina et est mère d'une petite fille. La personne idéale ! Souvent, nous mangeons ensemble un morceau au café du coin. Ce jour-là elle s'étonne, avec grand plaisir, que je l'invite à partager une grosse salade de fruits exotiques. Nous mangeons avec gourmandise. Au cours des mois suivants je donne le jour à un enfant, engendré en toute conscience, aimé, qui s'appelle Angel. Son père est né et a été élevé en Côte-d'Ivoire, au milieu de ces fruits exotiques que j'ai partagés avec ma collègue.

8. *Prostituée repentie*

Dans la pensée magique, les vêtements d'une personne sont son prolongement. C'est pourquoi les sorciers font de ces vêtements ce qu'ils disent faire à la personne.

Je suis allée te voir parce que, ayant rencontré l'homme de ma vie, je me torture en pensant que, obligée par des nécessités économiques, j'ai dû me prostituer (conseillée par ma mère, une femme qui a complètement effacé mon père, en brûlant ses photographies et gardant son identité secrète — j'en arrive parfois à croire que je suis la fille de mon grand-père). Devant la pureté morale de mon compagnon, je me sentais sale, méprisable. Tu m'as demandé si j'avais gardé une robe que j'aurais utilisée pour attirer les clients. Je t'ai dit que je les gardais toutes dans une malle. Tu m'as demandé que, quelle que soit la quantité, je m'habille avec, en mettant une robe par-dessus l'autre. Que je me couche ensuite dans le lit de ma mère (je vis avec elle) à quinze heures (trois heures de l'après-midi) et que je reste là jusqu'à minuit. Puis je devais me lever et dans un baquet posé dans le jardin, à la lueur de la pleine lune, après les avoir arrosées de sept litres d'eau bénite, laver toutes les robes, sans utiliser de savon, ce qui m'obligerait à les tordre et à les frotter avec force. La lessive terminée, suivant tes indications, j'ai tendu trois cordes dans ma chambre et j'y ai suspendu les robes mouillées. Puis j'ai placé des récipients en dessous pour récupérer l'eau qui s'égouttait. Le lendemain matin, j'ai ramassé les robes, fait un trou dans le jardin, les y ai déposées et, enfin, ai planté un arbre que j'ai arrosé avec l'eau recueillie dans les récipients. Puis j'ai réalisé ton deuxième acte : tu m'as demandé d'acheter un Christ de plâtre, grandeur nature et, après l'avoir placé dans ma chambre, de le recouvrir de tous les fouets que j'avais utilisés pour fouetter les masochistes. Je devais les y laisser le vingt-deuxième jour du mois pour une durée de vingt-deux jours. Chaque nuit, avant de dormir, je devais regarder cela et méditer en unissant mon ancien travail à la spiritualité ; d'une certaine manière, changer les fouets en objets sacrés. Tu m'avais raconté que, d'après la légende, sur la pointe de la lance qui avait blessé le Christ s'étaient mises à fleurir des roses, dont les pétales soignaient la cécité. Tu avais commenté : « En contact avec la divinité, même l'objet le plus vil devient sacré. » Résultat : j'ai abandonné le foyer maternel et, sans remords, je vis avec l'homme que j'aime. Nous avons décidé de cesser d'utiliser des contraceptifs

9. Lettre au père absent

Nous sommes unis à l'inconscient collectif. Le monde apporte une réponse à toute action que nous commettons, même si elle est anonyme. Ce que nous faisons aux autres, nous nous le faisons a nous-mêmes.

Pendant la consultation tu m'as parlé d'un contrat inconscient que, lorsque j'étais petite, j'avais signé envers mon père (« Je n'aimerai que toi »), ce qui m'empêchait de me réaliser sur le plan émotionnel. Un jour, mon père est parti acheter des allumettes, et il n'est jamais revenu. Tu m'as conseillé, pour me libérer de cette amarre, de lui écrire une lettre en lui disant tout ce que je ressentais sur notre relation, en l'insultant pour s'être permis de quitter le foyer familial de cette manière parfaitement irresponsable. Je devais en outre ajouter un papier déchiré sur lequel j'aurais auparavant écrit avec une écriture d'enfant : « Je n'aimerai que toi », et signé d'une goutte de sang. Sur l'enveloppe, je devais mettre en guise d'adresse :

Monsieur Père Absent
Rue de l'Inconscient s/n
Ville de Moi-Même
Conscience Universelle

J'ai écrit la lettre, l'ai envoyée par courrier avec de nombreux timbres sans indiquer d'expéditeur, puis j'ai pleuré, j'ai senti la rage m'envahir et me brûler à l'intérieur de la poitrine. Ensuite, une paix que je n'avais jamais connue auparavant m'a envahie. La semaine suivante, à ma grande stupeur, le facteur a déposé dans ma boîte la lettre que j'avais envoyée. Comment avaient-ils su, à la Poste, que c'était moi qui l'avais envoyée ? À coup sûr, ce n'était pas grâce au tampon, car je n'avais pas posté la lettre dans mon quartier. Je ne crois pas aux miracles, il y a sans doute une mystérieuse raison. Je me souviens cependant qu'au cours d'une conférence tu as raconté qu'un jour un élève avait demandé au grand mystique Ramakrishna : « Si je lance une pierre vers l'infini, où arrive-t-elle ? » L'illuminé avait répondu : « Elle arrive dans ta main. » Quoi qu'il en soit, je te remercie sincèrement pour cet acte qui me fait avancer. Surtout parce qu'il est arrivé une chose qui paraît avoir une relation avec cette lettre : sans aucune demande de ma part, une association vient de me proposer un poste d'éducatrice dans un quartier pauvre. Ils utilisent des méthodes très compréhensives où les parents, bien conseillés par des pédiatres, soignent leurs relations avec leurs enfants.

10. La fausse invalide

Pour nous voir nous-mêmes, nous devons nous rendre compte de la manière dont les autres nous voient. L'être essentiel est pris dans une cage psychique construite par le regard des autres.

Ma première expérience sexuelle fut traumatisante. Je suis tombée tout de suite enceinte et j'ai avorté en secret. J'ai été malade pendant plusieurs mois. Depuis, je n'ai rencontré que des hommes qui ne fonctionnaient pas bien sur le plan sexuel. J'ai été mariée vingt ans avec un éjaculateur précoce. Je t'ai demandé quoi faire. Tu m'as répondu : « Tu dois comprendre qu'aucun de ces hommes, prisonniers de leur égoïsme, ne t'a vue telle que tu te sens. À cause de ton aspect sensuel ils pensent que tu es une femme ardente, alors qu'en réalité tu te vis comme une invalide sexuelle. Nous devons faire tout notre possible pour qu'ils te voient dans l'état où tu es. Je conseille que quelqu'un, six jours de suite, te pousse dans des lieux publics assise dans une chaise roulante. Cette promenade quotidienne devra durer six heures. » Le lendemain, j'ai trouvé le magasin spécialisé où j'ai loué la chaise et une amie a accepté de m'accompagner. À peine dans la rue, j'éclate en sanglots, j'ai honte, je me sens comme un cadavre vivant exposé au regard du monde. Bien qu'il fasse chaud, mes jambes s'engourdissent, la fatigue de plus de vingt années de combat sans espoir me tombe dessus. Je vois mon reflet dans une vitrine. Cette femme en noir, ramassée sur elle-même, c'est moi. Je prends conscience de l'autoflagellation qu'a été ma vie. Je me mets en colère presque jusqu'à la folie, puis je remercie cette chance de me plonger dans la réalité de mes sentiments, pour parvenir à être à travers ma frustration. Le lendemain je m'habille de la manière la plus séduisante possible. Nous tentons de déjeuner dans un restaurant indien, il nous est impossible d'accéder aux salles à manger. Deux hommes jeunes, avec de grands sourires, me portent dans la chaise. Je ne dissimule pas mon regard satisfait. J'ai perdu la peur de désirer et celle d'être désirée. Au bout des six jours j'ai expulsé vingt années de craintes, de désirs stagnants, de sexualité méprisée. J'ai décidé d'assumer le regard des hommes comme une complicité sensuelle. Lorsque j'ai rendu la chaise roulante j'ai été remplie de joie, mais aussi de tristesse pour cette femme qui, dans sa négation d'exister, s'était immobilisée. Pour la première fois je me sentais avancer vers la vie.

Table

Appendice

DU MÊME AUTEUR

BIBLIOGRAPHIE SOMMAIRE

Métagénéalogie. La famille, un trésor et un piège, avec Mariannc Costa, Albin Michel, 2011.

Contes de l'intramonde, Albin Michel, 2011.

Les Araignées sans mémoire et autres fables paniques, Albin Michel, 2010.

Manuel de psychomagie, Albin Michel, 2009.

Cabaret mystique. Histoires spirituelles, Albin Michel, 2008, rééd. « Espaces Libres », 2011.

Solo de amor. D'amour seul, Maëlstrom, 2007.

La Sagesse des contes, Albin Michel, 2007.

Contes paniques, Le Relié, 2006.

Mu, le Maître zen et les Magiciennes, Albin Michel, 2005, rééd. « Espaces libres », 2008.

L'Échelle des anges : un art de penser, Albin Michel, 2004.

La Voie du Tarot, avec Marianne Costa, Albin Michel, 2004.

Dire ne suffit pas, trad. de l'espagnol par Martin Bakero, David Giannoni et Emmanuel Lequeux, Le Veilleur, 2003.

Un Évangile pour guérir, trad. de l'espagnol par Alex et Nelly Lhermillier, éd. du Relié, 2003.

Le Théâtre de la guérison, Albin Michel, 2001.

Opéra panique : cabaret tragique, trad. de l'espagnol par Marianne Costa, Métailié, 2001.

L'Enfant du jeudi noir, trad. de l'espagnol par Caroline Lepage, Métailié, 2000.

L'Arbre du dieu pendu, trad. de l'espagnol par Mara Hernandez et René Solis, Métailié, 1998. rééd. Points Seuils, 2010.

Le Doigt et la Lune, Albin Michel, 1997.
La Sagesse des blagues, Vivez Soleil, 1994.
La Tricherie sacrée, Dervy, 1984.
Le Paradis des perroquets, Flammarion, 1984.

SCÉNARII DE BANDES DESSINÉES

Louz de Gara, Humanoïdes associés, 2011.
Showman killer, Delcourt, 2010.
Sang Royal, Glénat, 2010.
La passion de Diosamante, Humanoïdes associés, 2010.
Borgia, Drugstore, 2008.
Pietrolino, Humanoïdes associés, 2007.
Castaka, Humanoïdes associés, 2007.
Astéroïde hurlant, Humanoïdes associés, 2006.
Bouncer, Humanoïdes associés, 2001.
Megalex, Humanoïdes associés, 2001.
Les Technopères, Humanoïdes associés, nouvelle édition 2000.
L'Incal, Humanoïdes associés, nouvelle édition 2000.
Avant l'Incal, Humanoïdes associés, nouvelle édition 2000.
Après l'Incal, Humanoïdes associés, nouvelle édition 2000.
La Caste des Méta-Barons, Humanoïdes associés, nouvelle édition 2000.
Alef-Thau, Humanoïdes associés, 1998.
Anibal Cinq, Humanoïdes associés, 1999.
Juan Solo, Humanoïdes associés, 1999.
Le Lama Blanc, Humanoïdes associés, nouvelle édition 2000.

« *Espaces libres* »
au format de Poche

DERNIERS TITRES PARUS

180. *Le Visage du vent d'est. Errances asiatiques*, de K. WHITE.
181. *Petit lexique des mots essentiels*, d'O. VALLET.
182. *Lettres sur la méditation*, de L. FREEMAN.
183. *Dix questions simples sur Dieu et la religion*, d'A. HOUZIAUX.
184. *Dix questions simples sur la vie*, d'A. HOUZIAUX.
185. *Les Nouveaux Penseurs de l'islam*, de R. BENZINE.
186. *Au dernier survivant*, du rabbin D. FARHI.
187. *Schizophrénie culturelle*, de D. SHAYEGAN.
188. *Apprendre à être heureux*, d'A. HOUZIAUX.
189. *Inventaire vagabond du bonheur*, de J. KELEN.
190. *Le Secret de l'Aigle*, de L. ANSA et H. GOUGAUD.
191. *Le Retour de l'enfant prodige*, de H. NOUWEN.
192. *Mu. Le maître et les magiciennes*, d'A. JODOROWSKY.
193. *La Conférence des oiseaux*, de J.-Cl. CARRIÈRE.
194. *Enquête au cœur de l'Être*, dir. par G. E. HOURANT.
195. *Paroles d'Orient*, de M. de SMEDT.
196. *Les Mouvements du silence*, de G. MANZUR.
197. *Jésus, Marie-Madeleine et l'Incarnation*, de J.-Y. LELOUP.
198. *Juifs et chrétiens face au* XXIe *siècle*, coll. dir. par P. THIBAUD.
199. *La Force de l'amour*, de Sœur CHÂN KHÔNG.
200. *Simon le Mage*, de J.-Cl. CARRIÈRE.
201. *Œdipe intérieur. La présence du Verbe dans le mythe grec*, d'A. de SOUZENELLE.
202. *Saint François d'Assise ou la puissance de l'amour*, de S. ROUGIER.
203. *Dieu* versus *Darwin*, de J. ARNOULD.
204. *Sagesses pour aujourd'hui*, entretiens réalisés par C. MESNAGE.
205. *Jésus, l'homme qui évangélisa Dieu*, de R. LUNEAU.
206. *Anthologie du chamanisme*, de F. HUXLEY et J. NARBY.
207. *La Roue de la médecine. Une astrologie de la Terre mère*, de S. BEAR et WABUN.
208. *Moine zen en Occident*, entretiens avec R. RECH et B. SOLT.
209. *Enquête sur la réincarnation*, dir. par P. VAN EERSEL.

210. *Une femme innombrable, le roman de Marie Madeleine*, de J.-Y. LELOUP.
211. *Sœur Emmanuelle, la chiffonnière du ciel*, de sœur SARA et G. COLLARD.
212. *S'ouvrir à la compassion*, collectif dir. par L. BASSET.
213. *Le Livre du vide médian*, de F. CHENG.
214. *Préceptes de vie de l'Abbé Pierre*, d'A. NOVARINO.
215. *Préceptes de paix des Prix Nobel*, de B. BAUDOUIN.
216. *Cheminer vers la sagesse*, de D. CHOPRA.
217. *Le Chant des profondeurs*, collectif dir. par N. NABERT
218. *Islam et démocratie*, de F. MERNISSI.
219. *Le Harem politique*, de F. MERNISSI.
220. *Contes de la chambre de thé*, de S. de MEYRAC.
221. *Deux mille dates pour comprendre l'Église*, de M. HEIM.
222. *La Femme dans l'inconscient musulman*, de F. AÏT SABBAH.
223. *La Consolation des consolations. L'Abbé Pierre parle de la mort*, d'A. NOVARINO.
224. *La mort est une question vitale*, d'E. KÜBLER-ROSS.
225. *Les Araignées sans mémoire et autres fables paniques*, d'A. JODOROWSKY.
226. *Une spiritualité d'enfant*, collectif dir. par L. BASSET.
227. *Quel devenir pour le christianisme ?* de Mgr P. BARBARIN et L. FERRY.
228. *Thérapie de l'âme*, du Cheikh K. BENTOUNES.
229. *Cathares, la contre-enquête*, d'A. BRENON et J.-Ph De TONNAC.
230. *La Foi des démons ou lathéisme dépassé*, de F. HADJADJ
231. *Rastenberg*, de C. SINGER.
225. *Les Araignées sans mémoire et autres fables paniques*, d'A. JODOROWSKY.
226. *Une spiritualité d'enfant*, collectif dir. par L. BASSET.
227. *Quel devenir pour le christianisme ?* de Mgr P. BARBARIN et L. FERRY.
228. *Thérapie de l'âme*, du Cheikh K. BENTOUNES.
229. *Cathares, la contre-enquête*, d'A. BRENON et J.-Ph De TONNAC.
230. *La Foi des démons ou lathéisme dépassé*, de F. HADJADJ.
231. *Rastenberg*, de C. SINGER.
232. *Cabaret mystique*, d'A. JODOROWSKY.

Composition Nord Compo
Impression CPI Bussière en octobre 2011
à Saint-Amand-Montrond (Cher)
Editions Albin Michel
22, rue Huyghens, 75014 Paris
www.albin-michel.fr

ISBN 978-2-226-15169-8
ISSN 1147-3762
N° d'édition : 14176/08. – N° d'impression : 113364/1.
Dépôt légal : janvier 2004.
Imprimé en France.